ŒUVRES COMPLÈTES DE J. MICHELET

HISTOIRE
DE LA
RÉVOLUTION FRANÇAISE

TOME SEPTIÈME

ÉDITION DÉFINITIVE, REVUE ET CORRIGÉE

PARIS
ERNEST FLAMMARION, ÉDITEUR
26, RUE RACINE, PRÈS L'ODÉON

Tous droits réservés.

HISTOIRE
DE LA RÉVOLUTION
FRANÇAISE

VII

IMPRIMERIE E. FLAMMARION, 26, RUE RACINE, PARIS.

ŒUVRES COMPLÈTES DE J. MICHELET

HISTOIRE

DE LA

RÉVOLUTION

FRANÇAISE

ÉDITION DÉFINITIVE, REVUE ET CORRIGÉE

TOME SEPTIÈME ET DERNIER

PARIS

ERNEST FLAMMARION, ÉDITEUR

26, RUE RACINE, PRÈS L'ODÉON

Tous droits réservés.

HISTOIRE DE LA RÉVOLUTION FRANÇAISE

LIVRE XV

CHAPITRE PREMIER

DU RENOUVELLEMENT DE LA ROYAUTÉ.
VICTOIRES : LANDAU, TOULON, LE MANS (DÉCEMBRE 1793).

On demande que le Comité se renouvelle par mois. — Il eût dû l'être, mais lentement. — Cette amovibilité eût trop affaibli le gouvernement. — Trinité dictatoriale. — Missions des robespierristes. — Robespierre jeune à Toulon. — Saint-Just à Strasbourg. — Hoche et Pichegru. — Lutte de Baudot et Lacoste contre Saint-Just. — Kléber, Marceau, fin de la Vendée. — Nantes et Lyon. — Le *Vieux Cordelier*. — Un robespierriste propose l'amnistie. — Desmoulins demande un comité de clémence.

Une fatalité fort dure pesait sur la France. L'impuissance d'association, l'esprit d'isolement, créé et fortifié par la longue servitude, la force des habitudes monarchiques, tout ramenait la royauté. Nul homme, en réalité, ne méditait la tyrannie. Elle se refaisait pourtant. La nation, par son état moral, conspirait contre elle-même. Toujours mineure, nullement préparée à sa majorité, sa lassitude la menait déjà à l'abdication, la mettait sur la triste pente d'un retour involontaire au gouvernement d'un seul.

La guerre et l'extrême péril où nous fûmes avant Wattignies exigeaient la dictature. Depuis, la France était toujours entamée aux extrémités, mais non menacée au centre; il y avait lieu d'examiner si la dictature, utile encore, ne serait pas modifiée par un renouvellement partiel du Comité de salut public.

C'est ce que Bourdon (de l'Oise) et Merlin (de Thionville) demandèrent le 12 décembre.

Merlin eut le tort de proposer le renouvellement *par mois*, ce qui eût trop affaibli le gouvernement.

Il ne s'agissait pas d'écarter du Comité ceux qui en faisaient la force et la gloire, les chefs d'opinion, les grands hommes de tribune, pas davantage les travailleurs héroïques qui, par d'incroyables labeurs, recréaient à ce moment toutes les administrations. Quelque modification minime que reçût le Comité, elle était indispensable pour témoigner de la République, pour avertir ce Comité souverain de sa légitime dépendance à l'égard de l'Assemblée, son auteur et créateur, l'unique source de son droit. La Convention avait fait, pour la crise, un roi collectif, à condition, bien entendu, que l'amovibilité le distinguerait suffisamment de la royauté anciennne.

C'était l'avis des plus sages, et dans le Comité même. C'était le conseil de Lindet, qui pria plusieurs membres influents de la Convention d'obtenir le renouvellement partiel. Malheureusement Merlin rendit lui-même la chose peu admissible, en l'exagérant, en demandant qu'*un tiers du Comité sortît chaque mois.*

Il fallait un renouvellement moins rapide, mais enfin il en fallait un. Dans le besoin croissant d'unité qu'on éprouvait, si l'Assemblée ne s'harmonisait le Comité par des changements graduels et légaux, il allait arriver certainement que le Comité, en désaccord avec elle, tenterait de la mettre à son point, épurant, taillant, rognant, jusqu'à ce qu'elle le brisât, ce qui se fit en Thermidor, mais ce qui ne put s'accomplir qu'en tuant aussi la République.

Était-ce à dire que le Comité contenait et absorbait d'une manière si complète tout ce qu'il y avait de vie et de génie à la Convention, qu'il fût impossible d'en remplacer un seul membre? Nullement. Plusieurs membres du Comité étaient des hommes secondaires, un ou deux très dangereux (je parle surtout de Barère). Ils auraient été, sans nul doute, très glorieusement remplacés par tels des Montagnards illustres qui ont écrit leurs noms aux Alpes, aux Pyrénées et au Rhin, par de grands citoyens, des hommes de principes, tels que Romme, par Cambon dont l'Assemblée venait d'accepter le *Grand-Livre*. L'exclusion d'un homme si considérable resta une cause de faiblesse pour le Comité de salut public.

L'utilité du renouvellement était si palpable que le Comité n'osait rien objecter contre. Un légiste vint à son aide; Cambacérès, qui avait beaucoup à expier à l'égard de Robespierre depuis le 3 juin, parla pour le

Comité. « Le renouvellement *obligé*, dit-il, limiterait le pouvoir de l'Assemblée; *laissons-le libre*. A chaque membre d'exercer *librement* son droit. »

On remit le vote au lendemain; et, le lendemain, un violent robespierriste, Jay-Sainte-Foy, dit insolemment : « J'entends demander l'appel nominal... Oui, on devrait le demander *pour connaître ceux qui votent une mesure si favorable à l'ennemi*. » Suivait un éloge hautain du Comité de salut public; lui seul, il avait tout fait. L'Assemblée céda et le renouvela sans changement, sans condition.

Personne n'y perdit plus que le Comité lui-même. Il tombait irrémédiablement sous la royauté de Robespierre.

Toute-puissante aux Jacobins, pesante sur la Convention, elle était écrasante au Comité de salut public.

Elle s'était manifestée deux fois au dehors, à nu et sans ménagement :

Le 21 novembre, par le démenti qu'il donna à la Convention, sans égard au décret du 16;

Le 12 décembre, par la pression qu'il exerça sur les Jacobins, exigeant d'eux cet acte humiliant de versatilité, de chasser celui qu'ils venaient de nommer leur président.

L'autorité, c'était la Convention; le pouvoir, c'étaient les Jacobins. Convention et Jacobins, autorité et pouvoir, tout avait plié. Un homme était plus autorisé que l'autorité, plus puissant que le pouvoir.

On se fait des idées absolument fausses de l'intérieur du Comité de salut public. On se figure que les grandes mesures y étaient délibérées. Rien n'est moins exact. Ses registres ne relatent rien des choses les plus décisives ; leurs lacunes sont éloquentes. Elles suffiraient pour montrer, quand même on ne le saurait d'ailleurs, que les grandes affaires révolutionnaires n'étaient pas traitées en commun.

Robespierre, un en trois personnes, c'était le gouvernement.

La trinité dictatoriale, Robespierre, Couthon, Saint-Just, se suffisait à elle-même. C'était assez de trois signatures pour qu'un arrêté, un décret proposé fût estimé l'œuvre du Comité réuni. Il apprenait souvent par les journaux, non sans étonnement, qu'il avait voulu ceci, décidé cela.

Cette trinité pourtant s'appuyait ordinairement de la fixité de Billaud-Varennes, de la flexibilité de Barère, du furieux génie mimique de Collot d'Herbois.

Billaud, Collot, les deux terroristes, entrés le 6 septembre, étaient là pour veiller Robespierre, pour le perdre, si par la clémence il allait à la tyrannie.

La trinité gouvernementale, planant sur le tout, marchait par deux choses, nullement amies, mais qui la servaient à merveille.

Par Billaud, figure immuable de la Terreur hors des intérêts de parti, elle disait : « Je suis le gouvernement révolutionnaire. »

Par Lindet, Carnot, Prieur, Jean-Bon Saint-André,

elle disait : « Je suis l'ordre, la prévoyance et la victoire. »

Ces grands et admirables travailleurs avaient rendu à la France le service capital de détrôner le chaos[1]. On avait démembré pour Carnot, Prieur et Lindet le royaume hébertiste du ministre de la guerre. Ils le suppléèrent, réparèrent ses fautes, mais malheureusement ne le brisèrent pas. Ils se créèrent des bureaux à côté, s'enfermèrent et firent la besogne. Il y eut un chef de la guerre, un chef des administrations militaires (subsistances, transports, habillement, etc.); du reste, étrangers aux affaires, n'inquiétant en rien la haute trinité dictatoriale. Leur travail de seize heures par jour les rendait pour

---

1. Chaque jour Carnot indiquait à Lindet les mouvements des armées. A lui de trouver les ressources : les subsistances, transports, équipement, habillement, effets de campement, etc. La difficulté alla augmentant, à mesure que la réquisition produisit ses résultats. La France se rassurait, en voyant ses quatorze armées, ses douze cent mille hommes. L'administration s'en épouvantait. « Quel État peut entretenir ce prodigieux peuple armé! Nous périrons, disait Lindet à Carnot, si nous n'envahissons le pays ennemi. » Quand le Comité fit revenir Lindet de sa mission (2 novembre), il demanda où étaient les trois administrations qu'on lui confiait, et on lui montra... le vide. Les administrateurs de l'habillement étaient en prison depuis quatre mois; on n'avait pas songé qu'il fallait les remplacer. Aux questions de Lindet on ne faisait qu'une réponse : « Nous aurons l'armée révolutionnaire. » Ainsi, dit-il, la France allait devenir un gouvernement tartare à la Tamerlan. Cette armée, courant l'intérieur, eût alimenté de ses razzias les armées, les places fortes. La France eût été défendue peut-être; mais elle n'eût pas eu grand'chose à défendre, n'offrant qu'un désert, des volcans. — Quels moyens emploierait-on? Pouvait-on avoir recours à des auxiliaires étrangers? Nullement. La France, serrée de toutes parts, était comme une place bloquée. Ces grands services publics qu'il fallait organiser, pouvaient-ils être confiés à des compagnies? Nulle n'eût inspiré confiance, et nulle en réalité n'eût répondu par les ressources à l'immensité des besoins. Il ne fallait pas moins que l'emploi de la France même, tout entière et sans réserve, à cette opération énorme, qui était de sauver la France. Un mot magique et terrible y suffit :

elle des collègues infiniment commodes. Ils signaient, le plus souvent sans lire, ce qu'elle leur envoyait, la soutenant de leurs noms honorables et de leur probité connue, de leur concert apparent, en même temps que le succès de leurs travaux la comblait de gloire.

Tout travaillait à favoriser cette dictature des trois. La violence du terrorisme poussée par Billaud, Collot, la protection que le Comité de sûreté donnait aux petits tyrans de localité, jetaient les populations dans le désespoir et les faisaient d'autant plus regarder en haut vers cette trinité secourable.

Qui recrutait, alimentait les quatorze armées de la France? Les réquisitions (en hommes, chevaux, grain, argent, draps, souliers, etc.). Point de réquisitions

Réquisition. Pour l'habillement, Lindet et Carnot firent requérir chaque district d'habiller, équiper un bataillon, un escadron. Pour les subsistances, le grain fut requis et versé de proche en proche, de sorte qu'il refluât du centre aux armées. Pour les transports, on requit le vingt-cinquième cheval et le douzième mulet, ce qui fit cinquante-quatre mille têtes. Ces mesures violentes furent adoucies, autant qu'elles pouvaient l'être, par la sagesse de Lindet. Il remédia à l'abus qui, dans les commencements, faisait faire au cultivateur, pour la réquisition des grains ou les transports militaires, des quarante et cinquante lieues. Chaque district charria son grain seulement *jusqu'aux limites de son arrondissement.* Nul autre transport ne fut exigé *au delà de dix lieues.* Cette tyrannie nécessaire fut conduite avec une douceur ferme qui remplit d'admiration. Les districts de Commercy et de Gondrecourt avaient refusé leurs grains; les agents de ces districts étaient en péril de mort. Lindet les fit venir à Paris, les éclaira, leur expliqua les nécessités générales, les sauva et les renvoya pleins de repentir. — La situation de Lindet était double et difficile. Qui lui permettait de faire ces réquisitions? *La Terreur...* Qui l'empêchait de profiter des ressources qu'il eût trouvées dans le commerce? *La Terreur...* Dès son entrée aux affaires, il avait essayé d'intéresser des négociants à s'associer pour nous faire venir ce qui nous manquait, d'Afrique, d'Italie, des États-Unis. Mais, d'une part, nos corsaires irritaient les neutres, les dépouillaient sans pitié, leur faisaient éviter nos côtes; d'autre part, les aveugles terroristes menaçaient de guillotiner les agents mêmes de Lindet, pour crime de négociantisme.

sans terreur, point de terreur sans tyrannie. Serait-elle locale ou centrale? La première, intolérable, faisait désirer la seconde.

La France vaincue, suspecte, royaliste ou girondine, contre la terreur locale qui la poursuivait partout, appelait un bon tyran.

La France victorieuse, républicaine ou montagnarde, subissait déjà l'ascendant du censeur universel, du redouté tuteur politique.

Le tout résumé par ce mot jacobin, déjà cité : « Espérons un dieu sauveur. »

Ce dieu descendait par moments, intervenait en effet d'une manière souvent sage, utile, d'autant plus mortelle à la liberté. Les *missi* de Robespierre apparaissaient comme ceux d'une puissance supérieure, et dans une position dominante par rapport à ceux de la Convention.

Couthon, Saint-Just, Robespierre jeune, d'autres agents, même inférieurs, habituaient les populations à placer l'espoir du salut, non plus en elles-mêmes, en la France ou l'Assemblée nationale, mais dans un individu.

On a vu l'étrange opération, grandiose et populaire, par laquelle Couthon entraîna, solda magnifiquement un monde de paysans d'Auvergne pour la ruine de Lyon; puis, la foudre suspendue sur la malheureuse ville, tout à coup il fit grâce, arrêta les vengeances et ne quitta Lyon qu'après l'avoir convaincue qu'elle était sauvée si elle n'eût eu rien à craindre que Couthon et Robespierre.

Loin de répondre au mémoire du vainqueur de Lyon, de Dubois-Crancé, Couthon, rentré aux Jacobins, lui parla, non en collègue, mais en juge, l'interrogea, faisant pleinement sentir la distance qu'il y avait entre un membre du Comité de salut public et un simple représentant du peuple. Un homme de Robespierre, Julien (de la Drôme) étouffa brusquement la chose. On fit taire Dubois-Crancé.

Robespierre jeune, qui n'avait nullement l'importance de Couthon, se trouva avoir, qu'il le voulût ou non, une importance princière, quasi dynastique, dans sa mission de Toulon. De même que Couthon avait recueilli le succès tout fait de Lyon, ce jeune homme arriva à point pour partager l'honneur de l'affaire si populaire du Midi. Une artillerie immense ayant été amenée de Lyon et des Alpes, concentrée autour de Toulon avec des forces considérables, les assiégés anglais, espagnols, n'ayant pu rien faire pour prendre pied dans le pays, le succès était certain. Il était fort avancé par les efforts de Fréron et de Barras. Robespierre voulait les faire rappeler pour que son frère commandât seul. Ils furent avertis à temps (27 octobre). Une députation formidable de quatre cents sociétés populaires du Midi déclara vouloir garder Barras et Fréron, qui seuls étaient à la hauteur, non suspects de modérantisme. Robespierre jeune n'y alla donc que comme adjoint aux deux autres. Ils n'en furent pas moins effacés. Il eut une espèce de cour; un foyer d'intrigues et d'ambition se forma autour de lui. Un jeune officier d'artillerie, le Corse Buonaparte, esprit prodigieusement inquiet, s'était donné à Barras, à Fréron (c'est-à-dire aux dantonistes). Robespierre jeune arrivé, il devint robespierriste et fit passer un plan au Comité de salut public contre celui de son général Dugommier. Voyant pourtant le vent souffler à gauche, le prévoyant jeune homme crut qu'il ne suffisait pas du patronage des deux Robespierre. Le soir même du jour où il entra à Toulon, il écrivit à la Convention une lettre infiniment violente et signée du nom de Brutus.

Barras et Fréron, sans s'inquiéter de la politique des deux Robespierre et de leurs vues de clémence intéressée, exécutèrent la loi à la lettre et fusillèrent tout d'abord huit cents hommes pris les armes à la main.

La chose fut plus claire encore à Strasbourg. Saint-Just apparut, non comme un représentant, mais comme un roi, comme un dieu. Armé de pouvoirs immenses sur deux armées, cinq départements, il se trouva plus grand encore par sa haute et fière nature. Dans ses écrits, ses paroles, dans ses moindres actes, en tout éclatait le héros, le grand homme d'avenir, mais nullement de la grandeur qui convient aux républiques. L'idée d'un glorieux tyran, telle que Montesquieu l'a donnée de Sylla dans son fameux *Dialogue*, semblait toute réalisée en cet étonnant jeune homme, sans qu'on démêlât bien encore ce qui était du fanatisme, de la tyrannie de principes et de celle du caractère. Un homme tellement au-dessus des autres n'eût pas été souffert deux jours dens les cités antiques. Athènes l'eût couronné et l'eût chassé de ses murs.

Remarquons en passant que le modèle original du style officiel, employé plus tard avec tant d'éclat par d'habiles imitateurs, n'est autre que celui de Saint-Just.

Ce jeune homme si violent se montra en même temps d'une habileté consommée. Il atteignit précisément l'idéal de la terreur, en obtenant tous les effets sans avoir besoin de verser le sang.

Cela tint au profond et subit saisissement dont il frappa tout d'abord les imaginations.

L'homme dominant de Strasbourg était l'ex-capucin Schneider, versé dans les lettres antiques, puissant dans sa langue allemande et chaleureux prédicateur, directeur adoré des femmes. Aujourd'hui même, en cette ville où l'on a créé contre lui une légende d'exécration, des femmes (bien âgées) qu'il aima n'en sont pas consolées encore. Schneider, furieux démocrate, l'était à la façon des anciens anabaptistes, du roi-tailleur de Leyde, qui, pour le nombre des femmes, prétendit lutter avec Salomon. Ce moine était insatiable; non content de celles qui, d'elles-mêmes, couraient après lui, on assure que, sur son passage, il mettait les femmes en réquisition.

Il voulait pourtant se fixer et venait d'en épouser une par force et terreur. Il rentrait avec sa conquête le soir à grand bruit dans Strasbourg; voiture à quatre chevaux. Il était tard pour une place de guerre; les portes étaient fermées; il les fait ouvrir. Saint-Just saisit ce prétexte, celui d'aristocratie pour son train et sa voiture, le fait prendre la nuit même dans le lit de la mariée; et le matin, Strasbourg, surpris à n'en pas croire les yeux, voit son tyran attaché au poteau de la guillotine. Il resta là trois heures dans cette piteuse figure et n'en quitta que pour être envoyé à Paris, à la mort. Pendant l'exposition, on vit Saint-Just paraître au balcon de la place et regarder le patient avec une superbe impassibilité. Cette population catholique, dans l'humiliation de ce renégat, reconnut la main de Dieu et couvrit de bénédictions l'envoyé de Dieu et de Robespierre.

Saint-Just, avec Schneider, expédiait impartialement à Paris les adversaires de Schneider, les administrateurs de la ville, suspects de vouloir la livrer. Du reste, pas une goutte de sang. Des réquisitions seulement pour l'armée du Rhin, sous peine d'exposition à la guillotine. Un habile équilibre entre les deux fanatismes qui se partageaient la ville. Pour plaire à l'un, il afficha que les figures du portail de la cathédrale seraient détruites, et, pour ménager l'autre, il les fit couvrir de planches.

Le rôle militaire de Saint-Just et de son compagnon Lebas a été entièrement défiguré. La manie française de rapporter tout au pouvoir central, soit par instinct idolâtrique, soit pour simplifier l'histoire, a égaré ici tous les narrateurs. Nous rétablissons les faits d'après les pièces tirées des archives de la guerre[1].

En même temps que Saint-Just et Lebas, membres des hauts comités, arrivaient à Strasbourg, à l'armée du Rhin (fin octobre) deux représentants montagnards, Lacoste et Baudot, qui prenaient la direction de l'armée de la Moselle. Toutes deux étaient commandées par deux soldats : celle du Rhin, par le flegmatique et politique Pichegru, dont l'extrême dépendance plaisait à Saint-Juste. Lacoste et Baudot avaient obtenu que le commandement de la Moselle fût donné à Hoche, ex-Garde-française, qui avait fait merveille à Dunkerque. C'était un jeune Parisien de vingt-six ans, d'une capacité extraordinaire, d'une ardeur terrible; il avait écrit jadis à Marat, depuis à Carnot, qui fut étonné et dit : « Ce sergent-là ira loin. »

[1]. Ces pièces sont les lettres de Baudot et Lacoste (décembre 1793). Non seulement elles rectifient l'histoire militaire, mais elles dévoilent l'irritation des représentants contre les missions supérieures et *princières* des membres des comités : « Croiriez-vous que les généraux ont dédaigné de nous faire part de leurs opérations pour en instruire Saint-Just et Lebas, qui étaient à huit lieues du champ de bataille? Voilà les effets de la différence des pouvoirs. Notre mission paraît en sous-ordre et soumise à la bienveillance des chefs à qui l'on prétend tout rapporter. Nous ne sommes pas d'humeur à laisser ainsi avilir la représentation nationale. Nous répondrons à ces petites intrigues en partageant le pain et la paille du soldat, en forçant les généraux à faire leur devoir et nos collègues à marcher d'égal à égal. » (Archives de la guerre.) M. Moreaux, fils du brave et patriote général de ce nom (ce n'est pas Moreau, le Breton, général des *alliés* en 1812), a bien voulu me communiquer ces lettres avec celles de son père, dont je profiterai plus tard. Moreaux, outre le malheur d'une telle homonymie, a celui encore qu'on oublie qu'entre autres faits d'armes, il a contribué, avec Marceau, à prendre Coblentz.

Baudot et Lacoste, parfaitement étrangers à la guerre, y furent admirables. Ils s'y mirent, non pas en représentants, mais en intrépides soldats, durs, sobres, couchant sous la neige des Vosges. Puis, par un ferme bon sens qui touche au génie, ils laissèrent là la routine terroriste de mener les généraux sous le bâton et le couteau, en les faisant tous les jours accuser et dénoncer. Ils eurent foi à la nature, foi à la République, ne crurent pas qu'aucun homme pût jamais rivaliser contre la Patrie. Ils comprirent qu'il n'y avait à attendre nulle victoire sans unité, et que l'unité militaire, c'était celle de l'âme et du corps, du général et du soldat. Et, pour général, ils prirent le plus aimé, le plus aimable, le plus riche des dons du ciel, un homme en qui était le charme de la France, l'image de la victoire.

L'armée fut enthousiaste de lui avant qu'il eût rien fait. Un officier écrivait : « J'ai vu le nouveau général. Son regard est celui de l'aigle, fier et vaste. Il est fort comme le peuple, jeune comme la Révolution. »

Hoche avait les Prussiens en tête, et Pichegru les Autrichiens. Hoche devait percer les lignes des Vosges, débloquer Landau, opérer sa jonction avec Pichegru. L'armée de Moselle, qui avait le plus à faire, avait été jusque-là une armée sacrifiée; on l'avait souvent affaiblie au profit de celle du Nord, et récemment au profit de celle du Rhin, qui en tira six bataillons. Elle était bien plus affaiblie encore par sa longue inaction, par son mélange avec la levée en masse, par l'indiscipline. Hoche comprit les difficultés. Une telle armée était susceptible d'un grand élan, mais peu de manœuvres savantes. Il était difficile de suivre les idées méthodiques du Comité. La rapidité était tout. Hoche supprima les bagages, les tentes même, en plein décembre. Malheureux dans ses premières attaques, il revint à la charge avec un acharnement extraordinaire. Toute l'armée criait : « Landau ou la mort ! »

Bien lui prit en ce moment d'être un soldat parvenu. Noble, il eût été suspect, destitué, et il eût péri ; mais il reçut une lettre rassurante et généreuse de Saint-Just et de Lebas. Lacoste et Baudot le suivaient pas à pas et combattaient avec lui. Les Prussiens cédèrent ; l'armée de Moselle déboucha des Vosges, descendit en plaine ; Landau fut sauvé, la jonction opérée avec Pichegru. Hoche se jeta dans ses bras : « Qu'est-ce que c'est que ce Pichegru ? écrivait-il ; ses joues m'ont paru de marbre. » — Le premier bulletin, daté de Landau, fut envoyé par Pichegru. Barère parla de la victoire, sans dire un seul mot de Hoche.

Qu'allait-on faire maintenant ? qui devait commander les deux armées pour agir d'ensemble ? Saint-Just ne daignait pas communiquer à Baudot et Lacoste ses instructions secrètes. Il se lassèrent de cette taciturnité et de l'inaction de Pichegru. Ils jouèrent leur vie. Le 24 décembre, ils ordonnèrent à Pichegru d'obéir à Hoche. Tout alla comme la foudre. Hoche lança six mille hommes au delà du Rhin, sur les derrières de l'ennemi. Puis, lui-même, en cinq jours de combats, terribles, acharnés, il poussa l'ennemi à mort et le jeta vers le Rhin. Voilà l'Alsace sauvée, l'étranger chassé, le Rhin repris, conquis, gardé (et jusqu'en 1815) !

Baudot et Lacoste, justifiés par la victoire, écrivirent sèchement au Comité souverain : « Nous avions oublié de vous écrire que nous avons donné le commandement en chef au général Hoche... Si Saint-Just avait fraternisé avec nous, si nous eussions eu connaissance de vos plans, nos mesures ne se fussent pas contrariées. »

Quels étaient ces plans admirables qu'on reproche à Hoche, Lacoste et Baudot d'avoir fait manquer par leurs victoires ? On eût, dit-on, enveloppé l'armée autrichienne ; c'est ce qu'on voulait que fît Houchard pour l'armée anglaise à Dunkerque. L'idée fixe était toujours de prendre et d'envelopper. Il semble qu'on ait pas su ce qu'étaient les armées de la République. Ce n'étaient point du tout les armées impériales. Très vaillantes, elles étaient très peu manœuvrières encore ; elles étaient capables d'un élan, mais bien moins de ces opérations compliquées, si faciles à combiner dans le cabinet, si difficiles à exécuter sur le terrain avec des soldats novices, émus, spontanés, et qui, par la passion même, étaient infiniment moins propres à servir d'instruments aux calculs des tacticiens.

Il ne faut pas oublier non plus que cette armée

autrichienne qu'on méprise tant, était fortement appuyée sur les populations d'Alsace ; son général Wurmser était du pays, y avait toutes ses racines. L'offensive brillante en Allemagne que prit Hoche et qu'on arrêta était chose plus faisable certainement que la tentative de prendre, comme en un filet, une armée très aguerrie par la nôtre, formée d'hier, les vieilles moustaches hongroises par nos toutes jeunes recrues.

Hoche, arrêté dans ses succès, fut furieux, écrivit brutalement qu'il briserait son épée, qu'il irait vendre du fromage chez sa tante la fruitière (papiers de R. Lindet). Le Comité, indigné, effrayé de ce langage nouveau, l'éloigna de ses soldats « pour un autre commandement ». Ce commandement fut aux Carmes, dans une écurie de six pieds carrés.

Malgré cette cruelle injustice et tant d'extrêmes misères, avouons que cette France de 1793 était grande à ce moment : à Toulon, Dugommier, le vaillant créole, qui bientôt donna l'offensive la plus brillante à l'armée d'Espagne ; aux Pyrénées, notre vieux général Dagobert, audacieux à quatre-vingts ans, vénéré, adoré de tous et mourant dans la victoire, pauvre, enterré avec les sous que donna chaque soldat; Soubrany, Milhaud, toujours en avant, le sabre à la main, irréprochables et farouches représentants de la Montagne, ne regardant que l'ennemi, ignorant toutes les intrigues, les mouvements de l'intérieur, couvrant la France de leurs corps et l'étendant de leurs conquêtes.

L'Ouest, d'octobre en décembre, vit des choses non moins héroïques; la fraternité immortelle de Kléber et de Marceau, qui termine la Vendée, leur dévouement, leurs périls. — « Combattons ensemble, disaient-ils ; ensemble, nous serons guillotinés. »

Le Comité avait nommé l'inepte général Léchelle, dont Kléber fait cet éloge : « Je ne vis jamais si sot général, mais jamais si lâche soldat. » Léchelle, malade, fut remplacé par un autre qui ne valait guère mieux, Turreau ; mais entre les deux, il y eut par bonheur un entr'acte, pendant lequel Marceau, Kléber, Westermann, portèrent enfin à la Vendée l'épouvantable coup de la bataille du Mans. Blessée à mort, elle vint expirer à Savenay, qui ne fut guère qu'un massacre. Alors arriva Turreau, le général du Comité, Marceau fut rudement écarté, et l'on parla plus d'une fois de faire guillotiner Kléber.

La victoire mit les vainqueurs dans un embarras terrible. Que faire de cette population qui avait passé la Loire, mourante de faim, de misère et de maladie, ramassée sur tous les chemins ? La difficulté était la même et bien pire encore qu'à Lyon, où l'immense majorité des victimes avaient échappé. Quoique les soldats en sauvassent un nombre incroyable, des milliers de Vendéens étaient rabattus sur Nantes. Les décrets étaient précis : tout ce qui avait pris la cocarde blanche devait être mis à mort.

L'occasion était belle et grande pour l'ami de

l'humanité qui eût pu intervenir. Elle était tentante pour le politique qui eût eu l'adresse et l'audace de répondre aux besoins des cœurs.

Il y avait un nombre considérable d'hommes dans la Convention qui désiraient qu'à tout prix on interprétât ces décrets de mort, portés à une autre époque, en représailles des massacres royalistes, et dans l'extrême danger. Malheureusement l'initiative de ces adoucissements, ayant était prise à Lyon en octobre par l'homme de Robespierre, tout retour à l'humanité prenait la fâcheuse apparence d'un complot robespierriste.

Dès le 29 novembre, Collot d'Herbois écrivait à la Commune de Paris : « Il y a un grand complot pour demander l'amnistie. »

L'amnistie apparaissait comme le sacre du dictateur.

Cette situation, ce danger de la République, contribuèrent sans nul doute à la précipitation féroce avec laquelle Carrier, Collot et Fréron, à Nantes, à Lyon, à Toulon, exécutèrent et dépassèrent les décrets de l'Assemblée. Ils abrégèrent en faisant canonner, noyer. Collot, le 4 décembre, fit tirer à boulets sur soixante hommes pris les armes à la main. En quelques jours, ses commissions firent fusiller, guillotiner deux cent dix personnes. Il écrivait à Robespierre, avec une ironie cruelle : « Nous tâchons de vérifier la sublime inscription (Lyon n'est plus) *que tu as proposée.* » Toulon résistait encore, et Collot accélérait d'autant plus les exécutions, croyant effrayer à la fois Toulon et Paris, tirer sur l'Anglais, tirer sur le dictateur.

Un flot invincible montait cependant, comme une puissante marée, une émotion générale de pitié et de clémence. Le 13 décembre, une foule de femmes vinrent pleurer à la barre de la Convention, prier pour leurs maris, leurs fils. Le 15, la grande voix du temps, le mobile artiste qui avait devancé, annoncé les grands mouvements de la Révolution, Desmoulins lança le n° 3 du *Vieux Cordelier*. Simple traduction de Tacite, pour répondre aux détracteurs de la République, à ceux qui pourraient trouver 1793 un peu dur, il leur conte la Terreur de Tibère et de Domitien : elle ressemble si fort à la nôtre que cette apologie paraît (ce qu'elle est) une satire.

Les exagérés, par leur furie maladroite, aidaient aussi au mouvement qui les menaçait. Ronsin, l'exécuteur barbare des mitraillades de Lyon, pour répondre aux accusations, opposant l'audace à l'audace, arrive à Paris, placarde une affiche horrible. Le même jour, on en profita à la Convention. L'attaque fut entamée très habilement contre les agents hébertistes de la Guerre, qui avaient saisi des dépêches adressées à la Convention, bien plus, arrêté sur une route un représentant, sans égard à son caractère. Bourdon alla jusqu'à dire qu'il fallait supprimer les ministres, le conseil exécutif.

Ce qui étonna le plus, c'est que pendant que le Comité de sûreté cherchait à atténuer, le Comité de salut public, par l'organe de Couthon, appuya les demandes qu'on faisait contre ces agents hébertistes de la police militaire. Lebon, autre robespierriste, rapporta un propos insolent des bureaux de la Guerre contre le Comité de salut public.

L'attitude encourageante des robespierristes contre les exagérés permettait d'aller plus loin. Fabre d'Églantine demande, enlève l'arrestation immédiate de Vincent. D'autres ajoutent : « Ronsin et Maillard. » — Décrété. — « Ajoutez donc Héron, crie Bourdon (de l'Oise); Héron, qui a osé prendre notre collègue Panis au collet. »

A ce nom d'Héron, tout se tut. On renvoya prudemment l'affaire au Comité de sûreté. Héron était un personnage. Homme triple, il servait et la police militaire et celle des comités; dans les choses graves, il recevait le mot d'ordre de Robespierre.

La violence de Bourdon avait dépassé le but. Il avait frappé plus haut que les hébertistes. Néanmoins le mouvement était si fort contre l'exagération qu'il n'en continua pas moins. Le 18, sur la nouvelle qu'on reçut de la débâcle effroyable des Vendéens, le robespierriste Levasseur (homme qui n'avait jamais ouvert que des avis violents) hasarda de dire : « Il y aurait un moyen bien simple de pacifier le pays, ce serait de *proclamer une amnistie* pour ceux des Vendéens qui n'ont été qu'égarés. »

Une machine ingénieuse se préparait en même temps. Un frère du représentant Gauthier avait encouragé à Lyon quatre patriotes à venir prier à Paris pour leur ville infortunée. Gens illettrés, ils s'adressèrent à un jeune royaliste qui leur écrivit leur adresse, très adroite et très touchante. Ce jeune homme était Fontanes, l'homme le plus prudent qui ait vécu en nos jours. Osa-t-il tenir la plume, dans une affaire si dangereuse, sans être bien sûr que ces hommes fussent appuyés de Couthon (c'est-à-dire de Robespierre)? Nous ne le croirons jamais.

La Convention donna un signe non équivoque de son impression favorable sur l'adresse lyonnaise en prenant pour président Couthon, celui qu'on accusait d'avoir été à Lyon trop modéré, trop humain.

Le même jour (20 décembre), où cette adresse fut accueillie de l'Assemblée, Robespierre se déclara. Les femmes des prisonniers, de nouveau, en foule immense, étaient venues à la barre; tout le monde était ému. Robespierre fut très habile. Il les reçut au plus mal, les gronda, les accusa, disant même « qu'apparemment c'était l'aristocratie qui avait poussé cette foule ». Mais quand il eut suffisamment parlé « contre le perfide modérantisme », aux applaudissements de la Convention, il proposa précisément ce que demandaient ces femmes : « Que les deux comités nommassent des commissaires pour rechercher les patriotes qui auraient pu être incarcérés, et que les comités pourraient élargir. »

Le mot fut ainsi lancé. La chose votée d'enthousiasme, avec un applaudissement sincère, incroyable. Une chose pourtant restait louche. Les noms de ces commissaires, « pour éviter les sollicitations », disait le décret, *devaient rester inconnus*. Il était facile à prévoir que ces mystérieux inquisiteurs de clémence, tous Jacobins sans nul doute, seraient choisis sous l'influence unique de l'homme qui pouvait seul faire de la modération sans soupçon de modérantisme. Énorme accroissement à son influence ! Seul, il allait tenir la clé des prisons !

Le lendemain, 21 décembre, au matin, le libraire Desenne avait à sa porte la longue queue des acheteurs qui s'arrachaient le n° 4 du *Vieux Cordelier*. On le payait de la seconde, de la troisième main, le prix augmentant toujours, jusqu'à un louis. On le lisait dans la rue, on en suffoquait de pleurs.

Le cœur de la France s'était échappé, la voix de l'humanité, l'aveugle, l'impatiente, la toute-puissante pitié, la voix des entrailles de l'homme, qui perce les murs, renverse les tours... le cri divin qui remuera les âmes éternellement : « Le Comité de la clémence ! »

Cette feuille, brûlante de larmes, était tout inconséquente dans sa violence naïve. « Point d'amnistie ! » disait-elle. Et tout à côté : « Voulez-vous que je l'adore votre constitution, que je tombe à genoux devant elle? *Ouvrez la porte à ces deux cent mille citoyens que vous appelez suspects.* »

Mais qui aurait été maître de ce mouvement immense ? On l'eût rapporté à un seul, il eût fait une religion, un sauveur, un messie. Cet homme eût régné, malgré lui. Malgré lui, il eût été placé vivant sur l'autel.

Et croyez-vous que ce danger effraye beaucoup Desmoulins? Point du tout. « O mon cher Robespierre, ô mon vieux camarade de collège!... souviens-toi que l'admiration et la religion naquirent des bienfaits, que les actes de clémence sont « l'échelle de mensonge », comme disait Tertullien, par lesquels *les membres des comités de salut public* se sont élevés jusqu'au ciel. »

CHAPITRE II

TENTATIVES IMPUISSANTES POUR ARRÊTER LA TERREUR,
POUR SUBORDONNER LA ROYAUTÉ RENAISSANTE (DÉCEMBRE 1793).

Robespierre menacé se réfugie dans la terreur. — Les Comités offrent en vain de modifier la terreur. — Robespierre fait attaquer Desmoulins et Phelippeaux. — Il fait rejeter la proposition des comités. — L'Assemblée veut subordonner les dictateurs.

A la lecture de ce fatal numéro de Desmoulins, Robespierre fut épouvanté. La plus cruelle dénonciation de ses ennemis eût été moins dangereuse. L'innocent, trompé par son cœur, enivré, aveuglé de ses larmes, n'avait pas vu qu'il le perdait, en lui proposant d'être dieu.

Robespierre se sauva à gauche, chercha sa sûreté dans les rangs des exagérés, ses ennemis, se confondit avec eux.

On ne pouvait se dissimuler qu'à ce mot terrible (de ces mots qui font le destin) : *Ouvrez les portes aux deux cent mille...*, qu'à ce mot, dis-je, la foule des patriotes compromis qui avaient joué leur vie pour la République ne vissent distinctement venir la revanche royaliste, la *Terreur blanche*, et ne se réfugiassent sous le canon de Collot d'Herbois.

Il arrivait en hâte de Lyon. Ses amis criaient : « Voici venir le géant ! »

Pourquoi cet effet fantasmagorique? Et comment Collot, jusque-là de taille ordinaire, apparaissait-il ainsi?

Trois choses le grandissaient.

Il envoyait devant lui, contre la religion de Robespierre, un bien autre dieu, fétiche effroyable, la tête même de Chalier, cette tête brisée trois fois par le couteau girondin.

Devant lui marchait aussi le bruit, la terrible légende des prisonniers foudroyés aux Brotteaux. On sentait assez qu'un si rigoureux exécuteur de la vengeance nationale ne se réservait pas de porte de derrière et ne composerait pas avec les politiques qui spéculaient sur l'amnistie.

Une chose tomba comme un pavé sur la tête de ceux-ci. L'ami de Chalier, son vengeur, ce fameux Gaillard, qui, sortant de son cachot, le 19 octobre, avait été si froidement reçu des Jacobins, tomba dans le désespoir au premier bruit de l'amnistie, crut la République perdue et se brûla la cervelle.

Collot d'Herbois lui prête ces paroles, non sans vraisemblance : « Je ne suis pas un homme faible, je n'ai point pâli devant les poignards. Mais je meurs, ô Jacobins, d'être abandonné de vous. »

Collot, monté sur Chalier, monté sur Gaillard, arrivait géant. Il faisait peur non seulement à Robespierre', mais aux hommes que Robespierre inquiétait le plus, aux membres impartiaux du Comité de salut public. Barère, Lindet, Carnot, Prieur, d'accord en ceci avec la partie indépendante de la Montagne, craignaient que les violents, délaissés de Robespierre, ne se ralliassent à l'homme qui avait donné les gages les plus terribles contre tout retour, et, pour leur sûreté, ne créassent une dictature de terreur contre la royauté de clémence et d'hypocrisie.

Ces grands organisateurs, qui, à ce moment, par des travaux incroyables, recréaient la France, de concert avec Cambon et quelques représentants modestes et laborieux, se voyaient avec douleur arracher des mains leur œuvre, et la Patrie tout à l'heure replongée dans le chaos.

Pouvaient-ils, comme le voulait Desmoulins, renoncer aux moyens de terreur ? C'eût été renoncer aux réquisitions provisoires que la Terreur seule donnait. Sans elle, avec quoi auraient-ils nourri, vêtu, équipé leurs douze cent mille soldats ?

Carnot, Lindet, nullement terroristes, aimaient peu les Jacobins. En attendant, ils vivaient des réquisitions frappées par les comités jacobins. Ils aimaient peu Collot, Billaud, et n'en étaient pas moins forcés de se serrer contre eux, pour faire équilibre à la pesante trinité dictatoriale.

S'ils brisaient les agents de terreur, les armées mouraient de faim, la République périssait. Et s'ils les laissaient aller, ces agents aveugles comblaient les prisons, faisaient des millions d'ennemis au gouvernement, la République périssait.

Ils s'arrêtèrent à une mesure sage, ferme et très hardie.

La responsabilité terrible de cette chose si dangereuse (ouvrir et fermer les prisons), ils la demandaient pour eux-mêmes. Ils demandaient que, sans confier l'examen préalable à des *commissaires inconnus*, tels que les voulait Robespierre, les membres des comités, chacun à son tour, fussent chargés d'examiner les réclamations. Point d'examen anonyme. Si on les constituait juges d'une affaire si délicate, ils voulaient la prendre eux-mêmes sans passer par l'obscure filière des agents robespierristes, la juger sous le soleil.

La seconde réforme proposée eût été, celle-ci : séparer les *accusés* des *suspects*, créer pour ces derniers des *maisons de suspicion*. Dans un temps où la prison était si près de l'échafaud, il était horriblement injuste et dangereux de laisser pêle-mêle ensemble, par exemple, les herbagers de la Normandie, pauvres diables de *suspects* à qui on ne reprochait rien, avec un M. Rimbaut qui avait livré Toulon.

Dans cette grande et décisive circonstance où était la destinée de la Révolution, au moment où ses collègues proposaient une réforme peu différente de la sienne, Robespierre, chose inattendue! s'isola, se sépara d'eux pour se rattacher à son ennemi, Collot d'Herbois, laissant dans la stupeur et le plus grand étonnement les robespierristes qui avaient cru le suivre dans les voies de modération.

Déjà, une fois (fin septembre), sa tactique tortueuse les avait embarrassés. Son immense succès d'alors leur fit croire qu'il était libre de l'odieuse alliance de la presse hébertiste et des bureaux de la Guerre, quand tout à coup il frappa ses propres amis qui faisaient feu avant l'ordre sur les hébertistes.

Ce qui de même en décembre lui fit quitter tout à coup ses amis pour ses ennemis, ce fut d'une part Desmoulins, qui, le dénonçant à l'admiration, à la reconnaissance du monde, montrait dans la commission robespierriste le germe du Comité de la clémence; d'autre part, les véhémentes accusations de Phelippeaux, qui, avec Merlin, témoin oculaire, démontraient la trahison des généraux hébertistes et les tristes ménagements du Comité pour eux; le Comité ici, c'était spécialement Robespierre, qui, le 11 septembre et le 25, les avait défendus, fait défendre, patronnés aux Jacobins.

Phelippeaux revint à la charge trois fois dans un mois, et ces accusations reçurent une publicité immense de l'étourdi Desmoulins, qui, dans les numéros mêmes où il divinisait Robespierre, louait, exaltait Phelippeaux, l'adversaire de Robespierre.

Celui-ci, du 20 au 23 décembre, en trois jours, sans transition, tourna le dos à ses amis, passa à ses ennemis, planta là son adorateur Desmoulins et se rattacha, contre lui, à la terrible alliance de Collot, d'Hébert.

Qui le poussa là? Phelippeaux, le reproche de connivence hébertiste dans l'affaire de la Vendée.

Qui le poussa là? Gaillard, le reproche de modérantisme dans l'affaire de Lyon, la mort de Gaillard, son ombre, visible à tous dans la pompe solennelle que fit la Commune à Chalier (21 décembre).

Collot n'arriva que le lendemain. Mais, avant son arrivée et dès le soir même, Robespierre renia, attaqua Camille Desmoulins, du moins le fit attaquer aux Jacobins par un rustre à lui, Nicolas, son porte-bâton, qui lui servait souvent d'escorte. C'était un grand drôle, robuste et farouche, qu'on avait fait juré, et qui eût dû être bourreau. Il s'acquitta très gauchement de la commission de Robespierre, disant du charmant écrivain, d'ailleurs représentant du peuple : « Camille frise la guillotine. »

A quoi l'autre répondit plaisamment : « Toi, tu frises la fortune... Je t'ai vu, il y a un an, dîner avec une pomme cuite; et aujourd'hui qu'on t'a fait imprimeur du tribunal révolutionnaire, imprimeur des bureaux de la Guerre, le tribunal seul te doit cent mille francs. »

Collot, le 21 au soir, entra dans la Convention, moins comme un homme qui s'excuse que comme un triomphateur. Il conta hardiment la mort des Lyonnais mitraillés, attesta la nécessité, Toulon qu'il fallait effrayer.

Beaucoup, même des robespierristes, reçurent assez

mal ces aveux, croyant que Collot allait être attaqué par Robespierre. La réconciliation entre eux n'éclata que le 23.

Ce jour, Collot, aux Jacobins, donna toute carrière à son éloquence mélodramatique ; il fut terrible, écrasant de mise en scène. Il amena Gaillard même, tout mort qu'il était, fit apparaître son ombre, la fit parler, hurla, pleura. Robespierre fut trop heureux de trouver une diversion, de lever un autre gibier, de tourner la meute contre Phelippeaux. Il avait amené avec lui un dogue, docile et furieux, Levasseur, qui, le 18, s'était aventuré à demander l'amnistie, et qui, comme le chien qui s'est trompé à la chasse, ne demandait qu'à réparer l'erreur en mordant quelques morceaux dans la chair de Phelippeaux. Danton essaya d'adoucir, mais Robespierre, prenant la parole avec la placide autorité d'un moraliste, demanda à Phelippeaux si, dans son âme et conscience, *il était bien sûr de n'avoir pas été entraîné par la passion*, par le patriotisme même. Un autre casuiste, Couthon, lui fit la même question. Enfin on ne demandait qu'à innocenter Phelippeaux, étouffer l'affaire. Il répondit qu'il ne pouvait composer, *qu'il y avait eu trahison de la République*.

« Nommons une commission », dit Couthon (pour gagner du temps). Elle fut nommée, ne fit rien ; le tout fut escamoté par une farce de Collot d'Herbois.

Robespierre, pour sa sûreté, rentra donc dans la terreur. — Il fit à la Convention un discours sur l'équilibre, se jeta à gauche, demanda la tête d'Houchard et de Biron.

Deux têtes de généraux dans un tel moment, on n'en voyait pas l'à-propos. On l'eût mieux compris, comme avis sévère, dans une défaite ; mais la République apprenait de tous côtés des victoires. Le 24, on apprit la reprise de Toulon ; le 25 ou le 26, la bataille de Savenay et l'anéantissement de la Vendée ; le 30, les lignes de Wissembourg ; le 1ᵉʳ janvier, Landau débloqué, l'ennemi repassant le Rhin.

La proposition du Comité de salut public, faite le 26 décembre, pour examiner les réclamations des prisonniers et mettre à part les suspects, arrivait admirablement. Barère, avec beaucoup d'adresse, pour écarter tout soupçon de modérantisme, frappait d'allusions hostiles les molles propositions de Desmoulins, faisant parfaitement sentir qu'il ne s'agissait pas de clémence, mais de justice. Cette justice, le Comité la proposait sévère et forte, du haut de la victoire.

Robespierre ne craignit pas de parler contre. La seule raison qu'il donna, c'est que les deux comités ne pouvaient consacrer leur temps aux aristocrates. Il aima mieux sacrifier sa propre commission qu'il avait obtenue le 20. Billaud-Varennes, immuable contre tout adoucissement, fit voter la Convention, et contre le décret obtenu par Robespierre et contre le projet du Comité. Il demanda qu'on ne fît rien.

Tout fut fini. Les prisons durent, dès lors, aller s'encombrant, jusqu'à ce qu'elles crevassent et vomissent en une fois un peuple d'ennemis furieux pour tuer la République.

L'accélération des jugements, demandée ce jour même par Robespierre, était un remède impuissant qui avilissait la justice, la rendant positivement, physiquement impossible, lui ôtant la foi de tous. Elle n'en fut pas moins exigée, et lorsque le danger national, tellement diminué, ne l'expliquait plus.

Ce sinistre 26 décembre, qui fermait décidément les prisons, n'y laissant plus d'ouverture que le terrible guichet d'une justice *accélérée*, devait avoir deux effets contraires.

D'une part, les rivaux de la dictature centrale, Fouché à Lyon, Carrier à Nantes, dans leur émulation effroyable, *accéléraient la justice*.

D'autre part, les indulgents, n'espérant plus rien ni de Robespierre ni du Comité, poussèrent leur guerre contre les hébertistes, alliés actuels de Robespierre, de sorte que leurs ennemis durent ou les tuer ou périr.

Desmoulins se releva et jeta sa vie au vent. De ce jour, il est immortel. Au n° 5 du *Vieux Cordelier*, il expie le n° 4 et se justifie devant l'avenir : « L'anarchie mène à un seul maître. C'est ce maître que j'ai craint. » — Donc il n'est plus à genoux. Le voilà debout devant Robespierre.

Rien de plus hardi que ce n° 5, si amusant, si véhément, d'une colère comique et sublime... Le rire, mais celui de la foudre qui rit en éclairs, va, vient, frappe et réduit en poudre, des éclats de sa joie terrible... Tous ceux qu'ici elle toucha, vaine cendre, ont gardé figure pour servir d'éternelle risée.

Incroyable audace! il frappe non seulement les géants, les Collot et les Billaud, mais, chose plus hardie peut-être, le type de la horde basse des tartufes de troisième ordre, les Brutus hommes d'affaires qu'engraissait le patriotisme : maître Nicolas.

Le mieux traité est Hébert. Le puissant artiste, avec l'adresse et le soin d'un naturaliste habile qui d'une pince a saisi un hideux insecte, le tourne et le montre au jour sous tous ses aspects. Camille a détruit celui-ci, sans en altérer les formes, et l'a parfaitement conservé. Il ne serait pas facile d'en trouver un autre. Hébert bien décrit, bien piqué, classé au musée des monstres, pose là pour tout l'avenir.

La fin est la simple liste des sommes que Bouchotte a données à Hébert, spécialement soixante mille livres, données le 4 octobre pour tirer le fameux numéro à *six cent mille*, qui extermina Danton au profit de Robespierre, au moment où celui-ci venait de patronner Ronsin (25 septembre), au moment où les hébertistes opéraient dans la Vendée une seconde trahison pour faire périr Kléber (3 octobre).

L'innocent Camille peut-être croyait ne frapper qu'Hébert. Il est fort douteux qu'il sût à quelle profondeur ce coup entrait au cœur de Robespierre. Très probablement il était conduit par gens plus habiles, peut-être par Fabre d'Églantine.

La faiblesse de Robespierre avait été partagée par le Comité de salut public. Sa haute autorité en restait compromise. La question allait se poser de nouveau : *Renouvellerait-on le Comité?* ou se contenterait-on de le *ramener à une dépendance* légitime et raisonnable de la Convention?

La France avait une halte, ses trois victoires ajournaient le danger, et peut-être pour toujours. C'est ce qui eut lieu en effet, la Prusse étant restée occupée en Pologne et l'Autriche trouvant dans les Belges une telle mauvaise volonté que définitivement elle ne put rien en 1794 contre nos frontières du Nord.

Le 18 nivôse (7 janvier), dans un discours très habile, fort modéré d'expressions et probablement calculé par Fabre d'Églantine, Bourdon (de l'Oise), après force éloges du Comité de salut public, tomba sur le ministère, demanda *qu'il cessât d'être monarchique*, qu'il devînt républicain, c'est-à-dire *qu'il ne puisât nuls fonds à la trésorerie sans demande d'un Comité à la Convention et sans décret de l'Assemblée.*

Tout ceci à l'occasion des subventions monstrueuses données par Bouchotte à Hébert.

Danton, avec infiniment de prudence et de ménagements, dit et redit par trois fois *qu'il fallait renvoyer la chose au Comité de salut public.*

Elle n'en fut pas moins décrétée, avec ce mot : *en principe*, — et cette réserve : *de sorte que l'activité des forces nationales n'éprouve nul ralentissement*, c'est-à-dire en donnant au Comité tous les moyens d'éluder ce qu'on venait de décréter.

Carnot, Lindet, Prieur, Saint-André, qui seuls dépensaient et qui seuls étaient atteints du décret, ne se plaignirent pas; Robespierre seul se plaignit, il dit, écrivit : *Que tout le mouvement des armées était arrêté,* chose matériellement fausse. Toutes ou presque toutes les choses nécessaires se faisaient par des réquisitions *en nature*, levée de grains, levée de draps, levée de chevaux, etc. La Convention venait de voter cent millions *argent* pour les subsistances. Elle eût voté les yeux fermés ce que le Comité eût pu demander. Ne l'avait-elle pas elle-même forcé en août de prendre en mains cinquante millions, sans vouloir aucun détail? Mais il y aurait eu retard? Autant qu'il faut de minutes pour aller d'un pavillon à l'autre, dans le château des Tuileries.

Il fallait franchement laisser là des objections peu sérieuses et dire à la Convention : « Ceci est la question même de la souveraineté. Nous voulons la dictature sans mélange, autocratique. »

A quoi l'on eût pu répondre : « Qui créa la dictature? Le moment, le péril, la nécessité de la défense contre l'ennemi... L'ennemi maintenant, c'est celui qui gardera la dictature. »

CHAPITRE III

LA CONSPIRATION DE LA COMÉDIE. — FABRE ARRÊTÉ.
(JANVIER 1794).

Ironie, mobilité, élasticité de la France. — Robespierre eut peur du rire. — Terreur que lui inspirent les comiques, Fabre, Desmoulins. — Il essaye d'étouffer Desmoulins. — Il attaque Fabre aux Jacobins. — Fabre arrêté comme faussaire par le Comité de sûreté.

Je plonge avec mon sujet dans la nuit et dans l'hiver. Les vents acharnés de tempêtes qui battent mes vitres depuis deux mois sur ces collines de Nantes accompagnent de leurs voix, tantôt graves, tantôt déchirantes, mon *Dies iræ* de 1793. Légitimes harmonies! je dois les remercier. Bien des choses qui me restaient incomprises m'ont apparu claires ici dans la révélation de ces voix de l'Océan (janvier 1853).

Ce qu'elles me disaient surtout, dans leurs fureurs apparentes, dans leurs aigres sifflements qui perçaient mon toit, dans le cliquetis sinistrement gai dont frémissaient mes fenêtres, c'était la chose forte et bonne, consolante : que ces menaces de l'hiver, toutes ces semblances de mort, n'étaient nullement la mort, mais la vie tout au contraire, le profond renouvellement. Aux puissances destructives, aux violentes métamorphoses où vous la croiriez abîmée, échappe, élastique et riante, l'éternelle ironie de la nature.

Telle la nature, telle ma France. Et c'est ce qui fait sa force. Contre les plus mortelles épreuves où périssent les nations, celle-ci garde un trésor d'ironie éternelle.

Nul enthousiasme n'y mord pour longtemps, nulle misère, nul découragement.

Qui fera peur à la France ? Elle a ri dans la Terreur, et elle n'a pas été entamée. Il y avait le rire et les larmes, l'émotion dans les deux sens, nullement la tristesse immobile. L'élasticité morale resta tout entière ; la très utile légèreté du caractère national l'empêche toujours d'être écrasé. Ce peuple n'est jamais véritablement avili, ni profondément corrompu.

Cette légèreté, qui ailleurs est signe de nullité, se trouve ici dans des esprits souvent de grande vigueur. C'est la mobilité du ressort d'acier qui, pour fléchir aisément, n'en est pas moins fort à se relever.

Ce peuple est terrible au fond, redoutable à tous ses dieux.

Le premier conquérant du monde moderne, revenant de la grande défaite, disait, pendant cinq cents lieues : « Du sublime au ridicule il n'y a qu'un pas. »

Telle fut aussi, dans son règne si court, la frayeur de Robespierre.

Un mot, gai comme ceux du festin de Balthazar, était écrit dans Desmoulins : « A coté de la guillotine où tombent des têtes de rois, on guillotine Polichinelle, qui partage l'attention. »

Le puissant chef des Jacobins, qui avait fait le miracle le plus incroyable en France, une royauté d'opinion, sans armes, sans succès militaire, sentait bien que le mystère de cette puissance était tout dans le sérieux, que si la France perdait son sérieux une minute, la fascination finissait, le prestige s'évanouissait, tout était fini.

Cet homme, vraiment extraordinaire, d'apparence aristocratique, avocat et juge d'Église, d'une personnalité anti-militaire, avait contre lui à la fois et les instincts révolutionnaires et les tendances militaires de la nation. A quoi tenait le mystère de sa puissance ? A l'opinion qu'il avait su imprimer à tous de sa probité incorruptible et de son immutabilité. Tous les autres personnages de la Révolution furent naïvement mobiles, au gré des événements. Lui seul, avec un merveilleux esprit de suite, une tactique prodigieuse, il manœuvra de manière à soutenir le renom de cette immutabilité. Il finit par le soutenir de sa seule affirmation. Et sa parole eut un tel poids qu'on en vint à démentir l'évidence même des faits, à accepter comme autorité supérieure, contre la réalité, l'affirmation de Robespierre.

La foi au prêtre revint, le lendemain de Voltaire ! Ce prêtre nia la nature, en fit une, de sa parole. Et celle-ci fut crue contre l'autre.

Par quels miracles d'adresse, dans une situation si changeante, se maintenait l'immobilité fictive du thaumaturge ? C'était, pour l'observateur, le plus étonnant des spectacles. Le contraste de ces revirements agiles, au nom de principes immuables, faisait du personnage le plus sérieux de l'époque le sujet comique entre tous, d'un comique si terrible et si imprévu qu'aucun des maîtres, ni Aristophane, ni Rabelais, ni Molière, ni Shakespeare, n'eût pu soupçonner une telle conception.

Mais qui avait le sang-froid, en un tel péril, d'observer ce terrible acteur, dont le pénétrant regard pouvait être mortel à l'observateur, et qui ne craignait rien tant que d'être sérieusement regardé ?

C'est ici l'audace de Pline, qui, pour observer, avança au bord même du cratère et se tint payé de la vie, s'il était bien sûr d'avoir vu.

Un homme observait Robespierre, grand artiste, amant de l'art et surtout des arts d'intrigue. C'était le premier auteur dramatique du temps, Fabre d'Églantine. « Sa tête, disait Danton, est un vaste imbroglio. » Imbroglio pour les autres, mais clair pour le grand dramaturge, qui se plaisait à voir les fils s'embrouiller pour se débrouiller.

Robespierre et sa manœuvre étaient l'objet permanent sur lequel sa lorgnette de théâtre (qui ne le quittait jamais) était constamment braquée.

Il y eut un côté que ne put jamais atteindre l'excellent observateur; sa nature était fine, forte, ardente, mais point élevée. Le côté élevé du sujet lui resta inaccessible.

Robespierre ne trompait les autres que parce qu'avec une étonnante habileté instinctive, il se trompait d'abord lui-même, qu'il était sa propre dupe, et que, sous les tours, retours, circuits infinis de l'hypocrisie que lui imposait le moment, il restait sincère dans l'amour du but où il croyait arriver par cette route sinueuse.

Ce haut mystère de la nature : le grand nombre d'enveloppes dont l'âme humaine est compliquée, lesquelles, rentrant l'une dans l'autre, l'empêchent de se voir elle-même, ce qu'un mystique appelle ingénieusement : *les sept enceintes du château de l'âme;* — tout cela était lettre close pour Fabre d'Églantine.

Il ne voyait que la surface, mais voyait parfaitement, décrivait avec une propriété, une fine *spécification*, qui contraste avec cet âge de fades généralisateurs. Ce don n'appartient guère alors qu'aux deux éminents comiques, Fabre et Camille Desmoulins. Le beau portrait de Marat qu'a fait le premier est une œuvre d'une fermeté, d'une précision admirables. Il fait habilement ressortir le trait dominant de Marat, celui qui couvre le reste et le sauve dans l'avenir, son incontestable candeur. Ce portrait, piquant en lui-même, l'est bien plus par le moment, par l'à-propos du jour où il fut lancé.

Il parut le 6 janvier, le jour même où Phelippeaux, par une nouvelle brochure, caractérisait la conduite tortueuse du Comité et de Robespierre. Il parut dix jours après ce cinquième numéro de Desmoulins où l'on entrevit si bien comment Robespierre, après l'avoir lancé sur Hébert et Clootz, recula précipitamment vers les hébertistes. Marat, bien posé, tel qu'il fut, devant le public, tout simple et tout d'une pièce, dans son abandon complet de toute tactique, dans l'emportement d'un caractère essentiellement spontané, faisait une amère satire du caractère si contraire qui en fut l'envers exact et la complète opposition.

Robespierre, par la force de seconde vue que donne la passion, sentait Fabre, même absent, derrière lui, qui le regardait. Il en était cruellement inquiété, irrité. Il sentait d'instinct, de terreur, ce que Danton avait dit sans en sentir la portée : « La tête de cet homme-là est un répertoire d'idées comiques. »

Son imagination maladive lui exagérait les choses. Il se figurait que ce chercheur impitoyable de situations comiques créait ces situations, que ce cruel machiniste faisait lui-même les fils, les poulies, les trappes où Robespierre à chaque instant pouvait se prendre ou heurter.

Il se trompait. Ni Fabre ni personne n'avait une telle action.

Les pièges où Robespierre risquait de périr étaient en Robespierre même, et aussi, en grande partie, dans les contradictions quasi fatales de son rôle.

Sa fatalité principale avait été sa triste connivence pour les hébertistes, tout-puissants par la presse, en août et septembre. Leur ami pour la Vendée, il fut leur ennemi pour Lyon en octobre. Modéré ici, exagéré là, il eut dans Phelippeaux et Dubois-Crancé ses deux Euménides.

Ce n'était pas Fabre qui avait fait cette situation.

C'est lui qui la voyait le mieux, la formulait, la démontrait, en faisait jaillir le comique. Il en marquait, en artiste, d'une plaisanterie douce et fine qui semblait n'y pas toucher, le terrible *crescendo*. Robespierre, fuyant son adorateur, poursuivi par Desmoulins qui dénonçait sa bonté à l'admiration du monde, allait se jeter d'effroi dans les bras de ses ennemis, Collot, Hébert et Ronsin. Son malheur d'avoir défendu le Ronsin de la Vendée le poussait fatalement à défendre aussi le Ronsin de Lyon, à endosser les mitraillades. C'est ce qu'il fit en effet le 29 janvier.

Fabre commentait, critiquait. Agissait-il ?

Robespierre assure que c'est Fabre, qui, par le fougueux Bourdon, lui aurait porté ce coup de Jarnac, de faire ôter au Comité la facilité de puiser à même aux caisses de la trésorerie. Ce qui n'est pas moins vraisemblable, c'est que le même Fabre fit faire à Robespierre, par l'innocent Desmoulins, deux malices signalées : l'une, de signaler à toute la terre les *Mémoires* de Phelippeaux qui seraient morts étouffés ; l'autre, de mettre en lumière les changements de Robespierre, de montrer comment ce bon et sensible Robespierre allait tourner à l'indulgence, et cela au moment où le tremblant tacticien voulait rentrer dans la terreur et rattachait précipitamment son masque de sévérité, de sorte que cette admiration exaltée de la bonté de Robespierre, en opposition visible avec sa marche en sens inverse, illuminait sa manœuvre et trahissait cruellement les tâtonnements de sa tactique.

Celui-ci, sans s'en douter, lui donna beau jeu, le 7 janvier, où on lut les numéros accusés du *Vieux Cordelier*. Camille assura que son comité de *clémence* ne voulait dire autre chose que comité de *justice*. Pour le reste, il persista. Ce fut très naïvement la scène de Galilée devant l'Inquisition. Qui le croirait? Robespierre, allant au delà de ce que ses ennemis auraient demandé, se servit exactement du langage du Saint-Office : « Camille avait promis d'abjurer ses hérésies, ses propositions malsonnantes... Les éloges des aristocrates l'empêchent d'abandonner le sentier que l'erreur lui avait tracé... »

Puis, croyant qu'il était plus utile d'humilier que de frapper, il ajouta bénignement :

« Il faut pourtant distinguer sa personne de ses écrits... C'est un enfant que les mauvaises compagnies ont égaré... Je demande seulement pour l'exemple que ses numéros soient brûlés dans la société. »

Desmoulins : « Brûler n'est pas répondre. »

Robespierre : « Ta résistance prouve assez que tu as de mauvaises intentions... »

Danton : « Camille ne doit pas s'effrayer des leçons d'un ami sévère. Citoyens, que le sang-froid préside à nos discussions... Craignons de porter un coup à la liberté de la presse. »

Le succès de Desmoulins fut complet, même aux Jacobins. Ses juges les plus hostiles furent touchés, ravis. Mais Robespierre le voulait : ils obéirent et le rayèrent.

Le vainqueur se sentait vaincu, en réalité. Sa fureur n'eut aucune borne. Sa sombre imagination lui montra un profond accord entre Desmoulins, Bourdon, Phelippeaux, hommes pourtant spontanés, violents, plus que calculés. Quel était le calculateur, l'adroit machiniste qui tirait les fils? L'ancien secrétaire de Danton, l'homme des imbroglios, le dramaturge Fabre d'Églantine. Lui seul, parmi eux, était capable de tracer un plan, de préparer et ménager les moyens, les ressorts, de les faire habilement concourir à une action commune.

C'est Fabre qu'il fallait perdre, envelopper si l'on pouvait dans la conspiration dont Robespierre parlait sans cesse : *la conspiration de l'étranger*.

Fabre, infiniment prudent, laissait aller devant les autres et n'agissait guère qu'à coup sûr. Il donnait bien peu de prise du côté du modérantisme; il avait concouru à la mort des Girondins. S'il avait obtenu l'arrestation de Ronsin et de Vincent, c'était le jour même où leurs sbires avaient arrêté, insulté des députés, au grand émoi de la Convention, si bien que Couthon et Lebon, deux hommes de Robespierre, avaient parlé eux-mêmes dans le sens de Fabre. Fort de tout ceci, il s'alarma peu, et, sachant que Robespierre devait commencer contre lui l'attaque aux Jacobins, le 8 au soir, il alla s'asseoir en face de lui, avec sa lorgnette de spectacle qu'il portait toujours, et vint observer par où allait s'avancer l'ennemi.

Robespierre, selon sa coutume, fit parade d'un grand équilibre, disant qu'il était impartial entre Desmoulins et Hébert, parla de deux factions, des ultra et citra-révolutionnaires, dit *que l'étranger agissait* par toutes deux à la fois, que des meneurs adroits faisaient mouvoir la machine et se tenaient dans les coulisses, que c'était toujours la Gironde, la même action théâtrale, seulement d'autres acteurs sous des masques différents. Ces métaphores accumulées désignaient assez Fabre d'Églantine, acteur et auteur dramatique.

Enfin ces masques, ces acteurs, ces machinistes, où voulaient-ils en venir?... Conclusion inattendue : *à dissoudre la Convention!*

Ceci ne rimait plus à rien; on se regardait, on se demandait ce qu'il voulait dire. C'était justement pour maintenir et faire respecter la Convention que Fabre, appuyé ce jour-là des robespierristes mêmes, avait obtenu l'arrestation d'Hébert et Vincent.

Il tourna, tourna toujours dans cette vaine allégation, reprenant toute l'histoire du girondinisme. A quoi Fabre ne tint plus et, perdant patience, se leva pour s'en aller. Mais, à ce moment, Robespierre, fixant sur l'homme à la lorgnette ses lunettes et son regard fauve, le pria d'attendre. Il reprit avec fureur sur les intrigants, les serpents qu'il s'agissait d'écraser (Applaudissements unanimes) : « Parlons de la conjuration, *et non plus d'individus...* » Et au moment même : « Je demande que *cet homme* qu'on ne voit qu'avec une lorgnette et qui sait si bien exposer des intrigues au théâtre veuille bien s'expliquer ici... *Nous verrons comment il sortira de celle-ci...* »

Fabre dit froidement qu'il répondrait quand on préciserait les accusations, que du reste on avait tort de croire qu'il influençait Desmoulins, Bourdon ou Phelippeaux.

Une voix : « A la guillotine! » Robespierre demanda qu'on chassât l'interrupteur. Cependant, qu'avait fait ce trop zélé robespierriste ? Dire contre Fabre ce qu'avait dit contre Desmoulins Nicolas, l'homme de Robespierre.

Celui-ci put voir le 10 combien il avait peu satisfait les Jacobins par une agression si vague. Aux premiers mots qu'il prononça, une voix s'écria : « Dictateur! » La société refusa de rayer Bourdon (de l'Oise) et rapporta la radiation de Desmoulins.

A ces échecs manifestes, à cet éloignement visible de l'opinion, on répondit par un coup de terreur. Dans la nuit du 12 au 13, le Comité de sûreté fit arrêter Fabre d'Églantine.

Le prétexte fut celui que tous les pouvoirs emploient avec succès dans les arrestations politiques pour donner le change : arrêté comme voleur.

L'étonnement fut profond. D'autres, surtout Bourdon (de l'Oise), avaient bien autrement provoqué Robespierre. Voici cependant deux mots qui peuvent éclaircir la chose.

1° Fabre, peu de jours auparavant, avait eu l'imprudence de dire qu'il prouverait, pièces en mains, qu'Héron, l'agent général des arrestations, *avait des mandats d'arrêt en blanc*, et qu'ainsi le Comité de sûreté le lançait sans savoir sur qui. Dans ce cas, quelqu'un sans doute dirigeait Héron, un homme apparemment plus puissant que le Comité.

2° On nous apprend que Fabre en prison, malade et tout près d'aller à la mort, n'était occupé, ne parlait que d'une grande *comédie en cinq actes*, qu'on *lui avait prise en l'arrêtant* (*Mémoire sur les prisons*, I, 69).

Quel en était le sujet? Nous devrions au moins en trouver le titre dans l'*inventaire de ses papiers* qui se fit en juin. La pièce n'y est point relatée, ce qui prouve qu'en effet *elle lui avait été prise* au moment de l'arrestation.

Le sujet ne serait-il pas celui qui semble indiqué par allusion dans Desmoulins : « Il est telle comédie grecque, contre les ultra-révolutionnaires et *les tenants de la tribune* de ce temps-là, qui traduite ferait dire à Hébert que la pièce ne peut être que de Fabre d'Églantine. »

Ce sujet était si naturellement indiqué par la situation que les Girondins eux-mêmes, dans leur misérable fuite, toujours si près de la mort, en faisaient une comédie.

CHAPITRE IV

PREUVES DE L'INNOCENCE DE FABRE D'ÉGLANTINE (JANVIER 1794).

Dépendance et terreur du Comité de sûreté. — Présidence de David. — On empêche d'entendre Fabre. — Qui a rédigé le compte rendu du procès? — On refusa de vérifier les écritures. — Le faux n'est pas de l'écriture de Fabre. — Découverte tardive du faux. — Le faux n'eût servi à rien. — Qui a pu inventer cette machination? — Ligue des hébertistes et des robespierristes. — Mort de Jacques Roux. — Robespierre justifie les hébertistes.

Avant de juger l'accusé, essayons de juger les juges. Quel était le Comité de sûreté? Rappelons-nous son origine. Il avait été renouvelé le 26 septembre, le lendemain du triomphe de Robespierre, sur une liste présentée par lui. Il le composa généralement d'hommes compromis par leurs précédents et leur donna à tous un très rude surveillant, le peintre David. Ex-peintre du roi, modéré encore au 10 août 1792, David avait d'un bond sauté au sommet de la Montagne. Il expiait, en se faisant l'œil et le bras de Robespierre, le piqueur du Comité, en terrorisant ses collègues, qu'il traitait comme des nègres.

Un fait montrera combien ce redoutable Comité était lui-même courbé sous la terreur. La Vicomterie, un de ses membres, auteur des *Crimes des rois*, craignait tellement de voir la face de Robespierre qu'aux jours où les deux comités se réunissaient, il se cachait, faisait le malade et ne venait pas. — Voulland, Jagot, Lebon, Vadier, avaient tous été ou Feuillants ou Girondins. — Voulland (d'Uzès) était une créature des Rabaut, et son nom était sur la liste fatale trouvée aux Feuillants. — Jagot siégeait à droite en 1792 à côté de Barbaroux. En mission pendant le procès du roi, avec Hérault et Grégoire, il demanda, comme eux, *la condamnation*, sans ajouter le mot *à mort*. — Lebon, prêtre marié, avait protesté (à Arras dont il était maire) contre le 31 mai, pour les Girondins. — Panis restait inquiet pour les comptes non rendus de la Commune, après les jours de septembre. — Les membres les plus indépendants étaient Ruhl et Moïse Bayle, Élie Lacoste, Louis (du Bas-Rhin). Le bon vieil Alsacien Ruhl était toutefois poursuivi par la presse pour son indulgence à Strasbourg.

Les hommes les plus exposés du Comité, sans comparaison, étaient Vadier et Amar.

Vadier, homme du Midi, vieux, faible, mobile, avait fait l'un des actes les plus décisifs de contre-révolution. Royaliste en 1791, il voulait, le jour du massacre du Champ de Mars, qu'on fit un procès à mort à la société jacobine. Robespierre, son ancien collègue à la Constituante, le maintenait en vie, croyant qu'il n'y a pas d'instrument meilleur qu'un homme perdu.

Amar, des pieds à la tête, était de l'Ancien-

Régime. Il avait l'air prêtre, doux, faible, servile. Il n'était pas sans mérite. J'ai vu de lui une lettre religieuse et touchante sur la mort de sa femme. C'était un robin de Grenoble, qui, à l'entrée même de la Révolution, se trompant d'époque, avait acheté la noblesse et un titre de trésorier du roi. Il se sentait vivre par grâce, obligé à faire plus qu'un autre pour mériter cette grâce. C'était le scribe obligé, le commis, la bête de somme. A lui les plus rudes besognes, l'accusation des Girondins, par exemple, qu'il traîna tant qu'il put, jusqu'à ce que les Jacobins furieux lui arrachassent le dossier et se chargeassent de l'affaire. Amar, effrayé, fit alors plus qu'on ne voulait, enveloppant dans la Gironde les soixante-treize que sauva Robespierre. Depuis novembre, il était poursuivi de même pour accuser les dantonistes. On voulait, de l'affaire Chabot, faire un monstrueux filet pour attraper Fabre et d'autres. Les registres témoignent de la résistance d'Amar[1]. Il fuyait le Comité, se cachait chez lui. Les menaces l'en tirèrent. Il marcha tard, sous le fouet, mal, puis mieux, mais jamais bien. Robespierre ne fut jamais content de son rapport contre Fabre.

Toutes choses étaient préparées. On avait un

---

1. Lettre du Comité de sûreté à Amar :
 « Nous t'avons envoyé notre collègue Voulland t'exprimer notre impatience sur le rapport que tu nous fais attendre depuis quatre mois. Il nous a annoncé de ta part que tu devais te rendre le soir au Comité..... Nouveau manquement de parole... Il faut absolument que tu finisses... *Tu ne nous forceras pas à prendre des moyens* qui contrarieraient notre amitié pour toi. Dubarran, Vadier, Jagot, É. Lacoste, Louis (11 ventôse). » (Archives nationales, registre 640 du Comité de sûreté générale.)

président sûr, chose capitale, pour brusquer l'affaire, déclarer les débats clos avant qu'ils commençassent. On avait mis au fauteuil cette terrifiante figure de David, dont la roulante prunelle, le débraillement sauvage, la difforme joue, bouffie de fureur, pouvaient fasciner les faibles.

Cette terreur parut commencer avant la séance. Que d'autres arrestations ne suivissent, on n'en doutait guère. La Montagne fit la part du feu. Elle sacrifia un dantoniste, le plus isolé, pour sauver les autres. « La grande colère de Robespierre ne vient-elle pas surtout de l'applaudissement indiscret que Desmoulins, Fabre et autres ont donné à Phelippeaux? Eh bien! sacrifions Phelippeaux! » Cette grande affaire fut ainsi définitivement enterrée; Phelippeaux fut débouté et ses accusations mises à néant par l'ordre du jour.

Alors on vit apparaître la mine discrète d'Amar et le vieux pantin Vadier.

Amar dit « avec douleur » qu'il remplissait un devoir bien pénible, mais qu'enfin il s'agissait de l'honneur de la Convention; que l'affaire de Chabot et Delaunay s'étendait plus qu'on ne croyait, que Fabre en était aussi, qu'il paraissait avoir fait un faux en faveur de la Compagnie des Indes; que, du reste, l'affaire allait s'éclaircir et *qu'on ne devait rien préjuger encore*.

Cambon interpellé attesta qu'en effet il y avait un faux. De qui était-il? C'était la question. Danton demanda qu'elle fût éclaircie à la Convention même.

Vadier gasconna hardiment : « Voulez-vous donc nous faire remonter à la constitution de 1790? Est-ce qu'il y a encore une inviolabilité pour les représentants?... Vaste est le complot... L'homme arrêté est le premier agent de Pitt », etc.

« Non seulement on a la pièce, dit Billaud-Varennes; mais on a les cent mille francs destinés à payer le faux. »

« Du moins qu'on fasse un prompt rapport », dit encore Danton.

« Point du tout, dit durement Billaud; la Convention doit se reposer sur la diligence de ses comités. Attendez les faits. »

David, comme président, étrangla cyniquement la question, déclarant que le débat était clos et l'arrestation confirmée.

Que la Convention se livrât ainsi elle-même, que la Montagne, frappée en Osselin, Bazire et Fabre, menacée en tous ses membres qui revenaient de mission, ait pu si peu résister, ce serait inexplicable, si l'on n'y voyait la cruelle revanche prise par la droite et le centre, par les amis des Girondins. Je doute que Robespierre eût fait voter ainsi à l'Assemblée sa propre mort, si ce vote n'eût été très doux à la rancune de ceux qui, jusque-là dominés par la Montagne, devenaient ses juges et ses maîtres, en servant leur nouveau patron.

Ils jouirent deux fois en ce jour, de frapper en même temps et l'auteur du catéchisme et l'auteur du calendrier, d'étouffer en Phelippeaux la probité montagnarde, d'écraser le génie en Fabre, de briser la plume terrible qui risquait de doubler *Tartufe*.

Tous les historiens jusqu'ici (sans excepter M. Thiers, plus spécial en finances) ont suivi l'accusation, copié docilement Amar et Fouquier-Tinville. Pourquoi ? Ces deux autorités étaient-elles si rassurantes ? Une autre, sans doute plus grave, était celle de Cambon, qu'on fit venir comme témoin. Le *Bulletin du tribunal révolutionnaire*, rédigé et arrangé chaque soir par le juge Coffinhal (qui le falsifia dans l'affaire d'Hébert), *indique* en effet une déposition de Cambon *contre* Fabre; il ne la donne pas textuellement, de sorte qu'on ne voit pas bien *en quoi* elle était *contre* Fabre. Cette déposition unique (car il n'y eut qu'un témoin dans cette affaire immense) méritait bien, ce semble, d'être donnée mot à mot. N'importe ! toute la presse du temps copie, sans oser rien changer, l'extrait de la déposition, telle que la donne le *Bulletin*. Les historiens ont à leur tour suivi les journaux.

Une chose étrange pourtant et faite pour donner des doutes, c'est qu'au tribunal, quelques instances qu'ait faites l'accusé, *on refusa obstinément de représenter la pièce qu'on disait falsifiée*. Ce fut la première fois, depuis l'origine du monde, qu'on crut pouvoir frapper un faussaire sans montrer le faux.

« Fabre (dit le *Bulletin du tribunal*), Fabre a demandé communication des pièces *originales*, prétendant que la représentation des *originaux* était nécessaire à sa défense. »

Je le crois bien; comment décider une affaire de faux, si l'on ne voit les écritures?

La réponse du président, Herman, est admirable :

« Le président a observé *avec fondement* à Fabre qu'il lui suffisait de reconnaître ou désavouer les changements et altérations *qui lui étaient mis sous les yeux.* »

Mis sous les yeux? mensonge atroce!... non dans les pièces originales, où l'on eût apprécié les écritures, mais dans une copie quelconque!!!...

On n'osa guère, au procès, insister sur le point des signatures que Fabre, Cambon et autres avaient données de confiance. La question grave était celle *des surcharges* ajoutées en faveur de la Compagnie. *Sont-elles ou ne sont-elles pas de l'écriture de Fabre?* Elles avaient pour but, la première, de liquider les affaires de la Compagnie « selon ses statuts et règlements »; la deuxième, de lui épargner un droit rétroactif dont on frappait ses transferts, « excepté ceux faits en fraude », et de restreindre ce droit à une amende.

Eh bien, les écritures examinées, étudiées, calquées avec un extrême soin, établissent non seulement *que les surcharges ne sont point de la main de Fabre*, mais qu'elles sont d'une écriture sans nul rapport à la sienne, sans la moindre ressemblance, *qu'il était impossible de s'y tromper*, de sorte qu'il a fallu absolument, pour charger Fabre d'un faux, que les juges retinssent par devers eux la pièce fatale, ne montrassent rien au jury et tirassent de ce misérable jury (trié, trompé, terrorisé, et qui résista pourtant) un pur et simple acte de foi, un assassinat sur parole[1].

Il y a des surcharges de Fabre, comme il le déclara lui-même dès le 17 novembre, au moment de la dénonciation de Chabot contre Delaunay.

Mais ces surcharges sont faites au crayon, sur la première minute, qui ne fut point adoptée ; elles sont toutes signées de lui et elles sont honorables ; ce sont des amendements qu'il propose pour empêcher la Compagnie d'éluder le décret.

[1]. Absent de Paris, je m'adressai à une personne qui m'inspirait toute confiance, plus que moi-même peut-être, parce qu'en cette grave question elle arrivait neuve et se trouvait moins émue. Je la priai de demander aux Archives la pièce fatale. Elle subsiste par miracle. L'examen a été fait froidement, consciencieusement, sans système ni parti pris, par un homme très sérieux, d'une probité bretonne (M. Lejean, de Morlaix), jeune homme d'une maturité rare, critique d'un coup d'œil sûr, comme ses livres en témoignent, et qui, par ses études habituelles dans les manuscrits de tout âge, semblait très particulièrement préparé à cet examen. — L'écriture de Fabre, forte et vivante plus que belle, allongée, sans facilité, pénible parfois et dure, comme sont souvent ses vers, est frappante ; on ne l'oublie plus dès qu'on l'a vue une fois. C'est celle d'un homme ardent, laborieux, habitué à lutter contre sa pensée. L'écriture des deux surcharges n'est ni de Fabre, ni de Delaunay, ni d'aucun des accusés ; visiblement elle n'est pas d'un député, d'un homme d'affaires, d'un homme, mais d'une plume, d'un de ces braves employés dont la définition complète est celle-ci : *une belle main*. Jamais crime si innocent dans la forme, ni plus manifestement fait en conscience et de bonne foi. L'irréprochable commis y a mis sa meilleure plume, sa meilleure ronde ; il a écrit à main posée d'une encre noire et luisante, avec la sécurité de celui qui peut dire : « Je l'ai écrit, mais non lu. » — Ces surcharges auront pu être insinuées *verbalement*. On aura pu dire au bonhomme qui avait écrit la pièce : « Vous aviez oublié ceci. » Il se sera excusé, et consciencieusement, soigneusement, aura fait le faux. — Maintenant les surcharges furent-elles ordonnées par Delaunay, Chabot, Benoît ? ou par ceux qui voulaient les attribuer à Fabre d'Églantine ? C'est ce qu'on ne peut déterminer, ni le temps où elles furent faites. Nous ne savons quel jour Cambon les a vues pour la première fois.

Ces amendements sévères étaient, dira-t-on, un moyen d'effrayer la Compagnie, ses agents Chabot, Delaunay, Julien, et d'en tirer de l'argent. Qui prouve cette intention? Chabot déclara qu'on lui avait donné cent mille francs pour corrompre Fabre, mais il dit aussi qu'il n'osa lui en parler; il les garda discrètement [1].

Quand Fabre vint, le 17 novembre, au Comité de sûreté, on lui montra la première minute chargée de ses notes, toutes signées de lui, toutes dans l'intérêt de l'État. Personne ne s'avisa alors d'avancer que la surcharge, *excepté ceux faits en fraude*, qu'on voit sur cette minute, fût de l'écriture de Fabre. Est-il sûr que cette surcharge existât à cette époque?

Ce fut le 19 décembre, le lendemain du jour où

---

1. Il faut lire la déposition du capucin, très curieuse, et ses lettres à Robespierre. Parmi un monde de mensonge, il y a beaucoup de choses vraies qui jettent un grand jour sur ce temps. « Le tout vint par un hasard, dit Chabot. Julien (de Toulouse) nous invita, Bazire et moi, à dîner à la campagne avec des filles. » Il se trouva que la maison était celle du petit baron de Batz (agioteur royaliste). Là se trouvaient le banquier Benoît (d'Angers), le corrupteur principal, le représentant Delaunay (putain à vendre au premier venu, c'est le mot même de Chabot), la comtesse de Beaufort, maîtresse de Julien, enfin le poète La Harpe. Dans cette rencontre, et autres, Bazire fut inébranlable; il dit aux banquiers qu'on les attrapait; qu'ils seraient bien sots de donner leur argent à des fripons pour des choses impossibles. Ce baron de Batz était si audacieux qu'il écrivait à Robespierre même. Connaissant sa mortelle haine pour Cambon, il lui adressait des plans de finances pour faire sauter son ennemi. Chabot, pour plaire à Robespierre, ne manque pas dans sa déposition de placer Cambon parmi ceux qui agiotaient. « On assure encore, dit-il, que Billaud-Varennes spécule sur les blés. » Le scélérat veut tellement plaire qu'il nommerait tout le monde. Il nomme Camille Desmoulins!... Sa furieuse envie de vivre lui fait accuser ses amis. Il fait pourtant exception pour Fabre et Bazire..... « Fabre, dit-il, ne spéculait ni dans un sens ni dans l'autre. »

Fabre avait lancé Bourdon (de l'Oise), pour accuser et faire sauter Héron, l'agent des comités, — c'est ce jour qu'on exhuma la seconde minute qui porte les deux surcharges. On répandit dans Paris qu'une pièce *avait été trouvée, écrite par Benoît, d'Angers* (qui était en fuite), *interlignée par Delaunay, d'Angers, signée de Fabre*, etc. Fabre avait signé, Cambon aussi, de confiance. Il n'y avait pas là de quoi prendre Fabre. Heureusement on avait en prison ce Delaunay, la machine à dénoncer ; on le tenait à la gorge en faisant semblant de croire que la pièce *était interlignée par lui Delaunay* On était sûr que ce Delaunay, sous cette pression de terreur, crierait que les additions n'étaient pas de lui, mais de Fabre. C'est ce qu'il ne manqua pas de faire le 9 janvier, le jour où la lutte entre Fabre et Robespierre lui fit croire que, pour gagner le second, il fallait tuer le premier.

Cet homme utile, en récompense, vivait royalement en prison ; tout y abondait, les vins délicats, les fruits exotiques, les filles surtout, ce qui peut énerver, troubler, annuler la conscience. On l'abrutissait et on l'effrayait, on en tirait ce qu'on voulait. Entre deux vins, il savait tout, révélait tout, dénonçait tout.

Qu'aurait-on fait, si on eût voulu suivre une marche simple et loyale ? On n'aurait pas été demander la vérité à Delaunay, dans cet égout de prison. On eût fait, en plein soleil, la simple et naturelle enquête qui ouvre toute affaire de ce genre, *l'enquête des écritures*

Non seulement on ne chercha pas d'éclaircissements, mais on repoussa ceux qui vinrent d'eux-mêmes; une lettre vint de Julien (de Toulouse), l'un des accusés en fuite ; elle vint droit à la Convention, sans passer par le Comité. N'ayant pu la supprimer, on réussit du moins à en empêcher la lecture, qui peut-être eût tout éclairci.

Ce qui rend cette affaire étrange encore plus mystérieuse, c'est que, plus on y réfléchit, plus on voit que la Compagnie ne pouvait espérer que le crime lui servît à rien.

Ce décret public, imprimé, personne ne l'aurait-il donc lu ? La commission créée pour diriger, surveiller la liquidation, ne l'eût-elle pas dénoncé au bout de deux jours ? Les coupables, dira-t-on, Fabre ou Delaunay, auraient émigré sans doute, dès qu'ils auraient reçu l'argent. D'accord. Mais les banquiers d'alors étaient-ils si sots que de jeter de l'argent dans une affaire d'un résultat si éphémère, si visiblement incertain ? Pas un homme sérieux ne le ferait aujourd'hui. Je suis bien plus porté à croire que le banquier principal, le baron de Batz, pensionné en 1815 pour avoir essayé de sauver les enfants du Temple en gagnant des députés, avait versé les cent mille francs pour entamer cette affaire, à laquelle, par Chabot peut-être, il croyait amener tels et tels; l'affaire de la Compagnie n'était qu'un prétexte.

Imputer ce crime si bête d'un faux qui crevait les yeux à l'un des grands esprits du temps, à l'homme habile et dangereux qui, disait-on, menait Danton, Desmoulins et tout le monde, c'était une contradiction hardie et cynique, qui ne pouvait être risquée que par la toute-puissance, par ceux qui, pour être crus, n'ont pas même besoin d'imiter les écritures, pouvant faire juger sans pièces ou tuer sans jugement.

Nous n'accusons nullement Robespierre de cette machination, son caractère y répugnait. D'ailleurs il est très rare que les puissants aient besoin de faire des crimes ni même de les savoir ; on devance leurs pensées.

Nous ne croyons pas non plus qu'il y ait lieu d'accuser en masse le Comité de sûreté. Il y régnait une singulière division du travail. Des affaires grandes et terribles s'y sont souvent décidées avec deux ou trois signatures.

L'accusation dont les menaçait Fabre aura décidé les membres les plus compromis du Comité. La haine et la peur auront aisément établi dans leur esprit que leur ennemi était un traître. Cela bien convenu entre eux, le moyen de le faire périr leur parut indifférent. Un faux ? Pourquoi pas ? Le mot *traître* à lui seul contient tous les crimes.

Chose singulière ! l'homme le plus envenimé contre Fabre garde une certaine réserve. Robespierre parle *de son avarice*, de son immoralité ; il n'ose articuler expressément le mot *faussaire*.

Conservait-il quelque doute ? Il s'en sera rapporté au Comité de sûreté et aux tribunaux, à son président Herman, ami trop discret pour l'inquiéter sur le mode de frapper *l'intrigant*, *le traître*, dont la disparition lui était si nécessaire.

Quoi qu'il en soit, il était à craindre que la Convention revenue de sa stupeur, la droite même et le centre, honteux de livrer la Montagne, n'appuyassent guère Robespierre dans cette terrible affaire de Fabre. Le Comité de salut public, une partie même du Comité de sûreté, ne l'y soutenaient nullement. C'est ce qui explique l'intime alliance et le très parfait concours des robespierristes et des hébertistes, vers la fin de janvier.

Un coup ayant été frappé sur les *indulgents* (12 janvier) par l'arrestation de Fabre, ils en frappèrent un sur les *enragés* par le procès de Jacques Roux (16 janvier). Fabre était accusé de faux, Roux fut accusé de vol. Hébert était cruellement jaloux de Roux, de Varlet, de Leclerc, obscurs tribuns des quartiers industriels, qui, quels que fussent ses efforts, occupaient toujours l'avant-garde. Roux, puissant aux Gravilliers, leur signalait le Père Duchesne comme un tartufe, un muscadin et un modéré. Robespierre même en avait peur, et c'est ce qui plus qu'aucune chose le condamna à l'alliance hébertiste, qui fut sa fatalité. Pourquoi avait-il peur de Roux, d'une influence qui semblait confinée dans un quartier de Paris? C'est qu'il en voyait (dans Leclerc, de Lyon) les rapports avec les amis de Chalier, en deux mots le germe obscur d'une révolution inconnue dont la révélation plus claire se marqua plus tard dans Babeuf.

Et comme la peur est cruelle, on fut impitoyable pour Jacques Roux. Chaque fois qu'il y eut du bruit dans Paris, on tomba sur lui ; on lui mit d'abord sur le dos l'émeute du savon (juin) et on lui lança Marat. Il essaya un journal avec Leclerc, de Lyon. Et on l'étouffa par une réclamation de la veuve Marat (août). Au mouvement de septembre, les choses à peine arrangées, on tombe encore sur Jacques Roux, sous le prétexte d'un vol[1] ; il demande en vain qu'on le juge, en vain les Gravilliers réclament à la Commune ; Hébert rit et pirouette, comme un marquis d'autrefois. Les *femmes révolutionnaires*, qui le soutenaient, sont dissoutes, leurs clubs fermés. Le pauvre homme reste là, attendant toujours des juges... Le procès est escamoté. La police cor-

---

[1]. Loin que cette accusation eût la moindre apparence, ces fanatiques marquaient par leur désintéressement. Quand on assigna une indemnité pour l'assistance aux sections, celle des Droits-de-l'Homme, sous l'influence de Varlet, refusa l'indemnité, dans ce temps d'extrême misère ! Le faubourg se piqua d'honneur et les Quinze-Vingts dirent aussi : « Nous avons fait la Révolution sans intérêt et nous continuerons de même. » (Archives de la Police. Procès-verbaux des Quinze-Vingts, 12-13 septembre 1793.) — Quant à Jacques Roux, son crime fut d'avoir soutenu (contre le Comité de salut public) qu'une dictature prolongée était la mort de la liberté ; puis d'avoir demandé qu'on établît des *magasins publics* où les fermiers seraient forcés de porter leurs denrées ; l'État eût été *seul vendeur et distributeur*. Doctrine très populaire aux Gravilliers, aux Arcis et autres sections du centre de Paris. Voir la très rare brochure :

Discours sur les moyens de sauver la France et la liberté, prononcé dans l'église métropolitaine, à Saint-Eustache, Sainte-Marguerite, Saint-Antoine, Saint-Nicolas et Saint-Sulpice (vers la fin de 1792?, par *Jacques Roux, membre de la société des Droits-de-l'homme et du citoyen. Chez l'auteur, rue Aumaire, n° 120, cloître Saint-Nicolas-des-Champs, par le petit escalier, au second.* (Collection Dugast-Matifeux.)

rectionnelle, ne pouvant tirer parti de l'accusation de vol, renvoie Jacques Roux à Herman, au tribunal révolutionnaire. Il vit bien qu'il était mort et se frappa de cinq coups de couteau (16 janvier). Les Gravilliers ne le pardonnèrent jamais ni à Hébert ni à Robespierre ; et ils ont retrouvé cela en mars et en Thermidor.

Les robespierristes n'attendaient pas que l'homme qu'ils croyaient salir échapperait de cette façon, se lavant dans son propre sang. Ils furent assez inquiets de l'effet aux Gravilliers et dans les quartiers du centre. Ce martyr des *enragés* les dénonçait par sa mort, les notait de *modérantisme*. C'est ce qui les précipita dans une comédie plus qu'hébertiste qui étonna tout le monde.

Couthon, comme Robespierre, était la décence même, un homme très composé. Au 21 janvier, anniversaire de la mort du roi, dans un enthousiasme à froid, il demanda le bonnet rouge, que Robespierre avait toujours obstinément rejeté. Il proposa que tous les représentants, *chacun portant le bonnet rouge, la pique à la main*, allassent visiter l'arbre de la liberté au bout du jardin des Tuileries. Arrivée là, l'Assemblée se trouva nez à nez avec le bourreau, en face de la charrette qui menait les condamnés du jour à la guillotine. Plusieurs détournèrent les yeux et beaucoup craignirent de les détourner. Ils crurent la chose calculée, se sentirent sous l'œil de l'espionnage qui notait leurs répugnances. Bourdon (de l'Oise) rompit le lendemain ces tristes chaînes de peur, exprima violemment la pensée de tous et trouva un écho dans les cœurs ulcérés de l'Assemblée.

Les hébertistes étaient maîtres. Robespierre avait besoin d'eux. Il leur donna (9 pluviôse) cet étrange certificat qui contrista ses amis : « Il est inutile que les Jacobins interviennent en faveur de Ronsin et de Vincent. Le Comité de sûreté *sait qu'il n'existe rien à leur charge*. Il faut le laisser agir afin que *leur innocence* soit proclamée par l'autorité publique. Il n'y a rien de pis pour l'*innocence opprimée* que de fournir aux intrigants le prétexte de dire qu'on leur a forcé la main. Le Comité de sûreté sera fidèle à ses principes ; il n'a *aucune preuve* des dénonciations faites par Fabre d'Églantine. »

Il oubliait pour Lyon la violation des lois, patente et publique, pour la Vendée les preuves écrasantes qu'avait imprimées Phelippeaux.

LIVRE XVI

CHAPITRE PREMIER

CARRIER A NANTES. — EXTERMINATION DES VENDÉENS (DU 22 OCTOBRE AU 13 DÉCEMBRE 1793).

Fautes de tous les partis. — Douleur de Kléber. — Carrier chargé d'en finir. — Les deux partis ne voulaient plus de grâce. — Barbarie des Vendéens. — Peur de Carrier. — Résistance qu'il trouve à Nantes. — Attitude des prisons et de la ville. — Le comité révolutionnaire. — Le créole Goullin. — Noyades. — Victoires du Mans et de Savenay, 12-13 décembre 1793. — Comment Carrier y contribua.

Mes lecteurs ont cru sans doute que décidément j'avais perdu de vue l'Ouest, qu'entraîné, comme enroulé dans le fil tourbillonnant de l'histoire centrale, je laissais échapper sans retour le fil trop divergent des affaires de la Vendée.

Le centre les oubliait. Les yeux sur Paris, sur le Nord, il faisait bon marché du reste. L'Ouest restait comme une île. Nantes pour s'approvisionner traitait avec l'Amérique. Sans la crainte d'une descente anglaise, on n'eût plus pensé, je crois, qu'il y eût une Vendée.

A Dieu ne plaise que j'imite cet oubli, que je manque si cruellement à la mémoire de nos pères, que j'abandonne là nos armées républicaines, que je ne donne à nos braves ma pauvre et faible expiation, de dire au moins comment ces hommes, invincibles aux grandes armées d'Allemagne, périrent dans les boues de l'Ouest, moins sous le feu des brigands que par l'ineptie de leurs chefs!

Si j'ai ajourné ce récit, c'est que j'ai voulu attendre que les événements eussent atteint leur maturité, que tout l'apostume eût crevé, et que cette histoire locale, éclatant dans un jour d'horreur aux yeux de la France, apparût en rapport étroit avec l'histoire même du centre, dont on la croyait séparée.

Les succès inattendus des Vendéens fugitifs, leur déroute qui suivit, la tragédie de Carrier, tout cela va fournir les plus terribles éléments à la tragédie centrale. Carrier, devenu légende, conté par toute la France comme une histoire de revenants, est immédiatement saisi comme une prise admirable, pour exterminer les partis.

Il faut d'abord établir que tous, Vendéens, Anglais et républicains, firent ce qu'il fallait pour échouer; les Vendéns par ineptie, les Anglais par timidité et le Comité de salut public par la dépendance où le tenaient les hébertistes (en octobre 1793).

Les Vendéens, on l'a vu, à la mort de Cathelineau, eux-mêmes énervèrent la Vendée en supprimant les élections de paroisses, désorganisant la guerre populaire qui se faisait d'abord par tribus et par familles, en étouffant la croisade dans un petit gouvernement de ci-devants et d'abbés. Pour comble ils irritèrent Charette et lui fournirent des prétextes de ne point aider au passage de la Loire (*Mémoires manuscrits* de Mercier du Rocher). Puisaye offrait de les mettre en Bretagne, et ils se moquèrent de lui.

Le gouvernement anglais montra une étrange inhabileté, bien en contraste avec l'idée qu'on se faisait à Paris du diabolique génie de Pitt. Il ne sut pas même profiter des étonnantes circonstances que la fortune semblait arranger exprès pour lui. La Vendée eût été trop heureuse de recevoir leur direction en cette dernière extrémité. Ils passèrent le temps à se demander *si cette bande avait des chefs respectables*, et autres questions anglaises. Ce n'est pas tout, ils chicanèrent, exigeant toujours un port et voulant savoir au juste ce qu'ils gagneraient à sauver ces infortunés.

Enfin, pour achever les fautes de tous, le Comité de salut public, après avoir décidé sagement qu'il n'y aurait plus qu'une direction et un général, donna cette grande position à l'homme le plus capable de tout perdre en une fois, à l'inepte Léchelle d'abord, puis, quand il eut essuyé une sanglante défaite, à l'automate Rossignol, déjà parfaitement connu, méprisé, maudit de l'armée, éreintée deux fois par lui. Et c'est au moment où les Montagnards de Nantes écrivaient que ce Rossignol infailliblement allait être guillotiné, c'est alors, dis-je, qu'on le fit général en chef de toutes les armées de l'Ouest, qu'immédiatement il fit battre en ouvrant toute la Bretagne. Le remède de cet idiot, c'eût été *de brûler Rennes!* et *de faire venir un chimiste*, surtout le citoyen Fourcroy, — pour analyser l'ennemi! (11 et 25 novembre).

« Rossignol, lui disait Prieur (de la Marne), tu perdrais encore vingt batailles que tu n'en serais pas moins l'enfant chéri de la Révolution et le fils aîné du Comité de salut public. »

Je ne connais rien de plus tragique, dans toute l'histoire de la Révolution, que ce qui advint à Kléber, à sa pauvre armée mayençaise, quand cet imbécile de Léchelle leur eut fait subir leur première défaite. « Je voulus parler aux soldats, dit Kléber dans ses *Notes*, je voulais leur faire des reproches... Mais quand je me vis au milieu de ces braves gens, qui jusque-là n'avaient eu que des victoires, quand je les vis se presser autour de moi, dévorés de douleur et de honte... les sanglots étouffèrent ma voix, je ne pus proférer un seul mot et me retirai[1]. »

---

[1]. Le livre le plus instructif sur l'histoire de la Vendée (j'allais dire le seul) est celui de Savary, père du membre de l'Académie des Sciences : *Guerres des Vendéens*, par un officier, 1824. Dans les autres, il y a peu à prendre. Ce sont des romans qui ne soutiennent pas l'examen ; les noms, les dates, les faits, presque tout y est inexact, faux, impudemment surchargé de fictions. Je le sais maintenant à mes dépens, après avoir perdu des années

C'est précisément le moment où Carrier arrivait à Nantes. Tête faible, autant que furieuse, incapable de faire face à une telle situation (22 octobre 1793).

Carrier, vers la fin de septembre, y fut envoyé par le Comité de salut public. La descente anglaise paraissait probable. Nantes était devenue un centre d'inertie malveillante, que Phelippeaux n'avait pu vaincre. Carrier le remplaça. On le choisit comme honnête homme d'une probité auvergnate (il venait de signaler le voleur Perrin), et dans la réalité il sortit pauvre de Nantes. Il avait juste à sa mort ce qu'il eut en 1789, un petit bien de dix mille francs. Il n'était point robespierriste, mais ami des extrémités, ami de Billaud-Varennes et nullement

---

dans la critique inutile de ces déplorables livres. Savary donne les vraies dates et un nombre immense de pièces; les notes de Canclaux, de Kléber et d'Obenheim y ajoutent un prix inestimable.

L'*Histoire de Nantes*, de Mellinet, m'avait donné quelque espoir; l'auteur avait à sa disposition les riches dépôts de cette ville; il en a bien mal profité. Il adopte, par complaisance pour la bourgeoisie girondine, toutes les rancunes de ce parti, suit servilement toutes les traditions hostiles à la Montagne. Rien de plus confus que son récit de l'époque de Carrier; il copie, sans choix, sans dates, tous les *on dit* du procès, les erreurs même qui ont été prouvées telles avant le jugement (des cavaliers, par exemple, qui s'étaient rendus *et qu'on avait fusillés*, et qu'on retrouva vivants). — Le livre estimable de M. Guépin, très abrégé, n'a pu corriger Mellinet. — Il m'a donc fallu marcher seul, préparer un travail immense, que les proportions resserrées d'une histoire générale, comme est celle-ci, ne me permettront pas d'insérer. A peine en donné-je quelques résultats. Les actes imprimés, inédits, en ont été la base, avec un nombre considérable de pièces du temps qu'ont mises à ma disposition M. Dugast-Matifeux (j'ai dit combien je lui devais); M. Guéraud-Francheteau, jeune et savant libraire, très spécial pour l'histoire des Marches ; M. Chevas enfin, auteur de plusieurs ouvrages estimés, spécialement de la *Police municipale de Nantes*, lui-même vivantes archives de la Loire-Inférieure, prodigieusement érudit dans toutes les histoires de communes et de familles. Les nuances d'opinions qui pouvaient me séparer de ces savants n'ont nullement diminué leur infatigable obligeance.

ennemi d'Hérault. Hébertiste, il n'était pas moins équitable pour les dantonistes ; dans ses lettres, il rend justice à Merlin (de Thionville), à Westermann, à Phelippeaux même.

La bataille de Wattignies n'étant pas gagnée encore, la terreur d'une descente qui nous prendrait par derrière faisait désirer d'en finir à tout prix avec l'Ouest. Les *indulgents* mêmes le voulaient ainsi. Merlin demanda « qu'on fît de la Vendée un désert ». Hérault écrivit à Carrier au nom du Comité : « Si ta santé le permet, va souvent de Rennes à Nantes... Il faut purger cette ville. Les Anglais vont arriver. Nous aurons le temps d'être humains, lorsque nous serons vainqueurs. »

Carrier était un homme très nerveux et bilieux, d'une imagination violente et mélancolique. Dans une lettre à Billaud (11 octobre), il exprime toute sa pensée, il se sent voué à la mort. Il dit, dans un dîner à Nantes, qu'il voyait bien qu'on se servait de lui pour le sacrifier ensuite. Eut-il des instructions secrètes? Napoléon croit qu'il en eut et qu'on les lui enleva. La tradition nantaise est qu'il les portait sur lui dans une bourse de maroquin rouge, que Barère, Billaud et Collot dînèrent avec lui, le grisèrent et lui enlevèrent les pièces qui les compromettaient. Ces traditions sont romanesques. Sans imaginer ces mystères, on va voir que tout s'explique par la situation. Elle se trouva inattendue, effroyable, prodigieuse de trouble et de vertige. La tête de Carrier n'y tint pas.

C'était un grand homme sec, de teint olivâtre, dégingandé, à grands bras gesticulants et d'un geste faux, ridicule, s'il n'eût fait peur. Son signalement est celui que donne Molière de son fameux Limousin : habitude du corps grêle, barbe rare, cheveux noirs, plats, l'œil inquiet, l'air ahuri, égaré. De tels hommes sont rarement braves et très souvent furieux.

Tant qu'il ne fut pas à Nantes, toutefois il ne perdit pas l'esprit. Il écrivit de la Vendée que Merlin était l'homme indispensable à cette guerre. Il reçut avec humanité les Vendéens qui se rendaient, leur fit donner des vivres, leur parla avec douceur : c'est le témoignage que lui rend un de ses ennemis.

Il arriva à Nantes au moment de la grande terreur qu'y jeta le passage de la Loire. Tout le monde était aux retranchements qu'on achevait à la hâte. Les denrées n'arrivaient plus. Le peuple affamé voyait en face, sur l'autre rive, les brigands à mouchoirs rouges[1] qui venaient, sous son nez, lui couper les vivres, lui ôter le pain. Il trouvait dur de nourrir aux prisons ses ennemis. Dès 1792, c'était un cri populaire : « A l'eau les brigands! » (Lettres de Goupilleau, 10 septembre 1792.)

Mme de La Rochejaquelein nous apprend qu'en octobre 1793, les Vendéens criaient de même :

---

1. La pauvre ville de Cholet, si cruellement ravagée et qui un moment n'eut plus d'habitants que les chiens vivant de cadavres, avait fourni contre elle-même ces mouchoirs, insignes de la guerre civile. La fabrique des mouchoirs, populaire par toute la France, y fut, dit-on, fondée vers 1680 par les Lebreton. Au temps de la Révolution, elle fut illustrée par les Cambon (de Montpellier), nombreuse famille qui avait colonisé à Cholet.

« Plus de grâce! » C'était, dit-elle, l'exaspération causée par la mort de la reine. Mais avant, dès le 20 septembre, les Vendéens n'avaient-ils pas comblé le puits Montaigu des corps vivants de nos soldats, écrasés à coups de pierres? Charette, en prenant Noirmoutiers (15 octobre), n'avait-il pas fait fusiller tous ceux qui s'étaient rendus[1]?

On racontait des choses inouïes des Vendéens, des hommes enterrés jusqu'au col, pour que leur misérable tête, vivante et voyante, servît de jouet, des prisonniers mis au four, des femmes (exemple, la fille D..., à Cholet, morte récemment), lesquelles, d'une main délicate, allaient sur les champs de bataille, piquer à l'œil, de leurs longues aiguilles, nos soldats agonisants. Des patriotes échappés (j'en ai des lettres sous les yeux) disaient, chose plus diabolique, que les Vendéens n'étaient pas contents de tous les supplices, à moins qu'ils ne fussent infligés par de très proches parents; ils obligeaient par exemple un garçon de dix-sept ans à assassiner son père, sauf à le sabrer ensuite.

Carrier, arrivant à Nantes, fut terrifié de la fureur du peuple. Il craignit d'être mis en pièces dans un moment de famine. Il reprocha aux corps administratifs de vouloir le faire périr, en rejetant sur lui l'embarras des subsistances.

Il exprimait cette peur, surtout quand on lui parlait d'indulgence : « Voulez-vous me mettre en

---

[1]. Piet, *Histoire de Noirmoutiers*. Ouvrage très rare et curieux, que l'auteur a tiré à seize exemplaires. (Bibliothèque de Nantes.)

danger? disait-il. Ai-je le droit de faire grâce? »

Le comité révolutionnaire, formé d'hommes de Phelippeaux, mais reflétant fidèlement le progrès de la fureur populaire, apparaissait à Carrier comme un œil ouvert sur lui. Dans une rare occasion, où Carrier élargit un homme, il recommanda qu'il partît, échappât à la surveillance du comité révolutionnaire[1]. Le comité, de son côté, qui, sous main, sauvait des enfants, craignait extrêmement Carrier.

Cet homme, tellement attentif à ne pas se compromettre, chercha sa sûreté en trois choses : ne point donner d'ordre écrit, s'attacher les pauvres en forçant les marchands de vendre au prix strict du maximum, enfin se débarrasser par tous les moyens des bouches inutiles. Vendre au rabais, même à perte. Les Nantais aimaient mieux mourir. Ils trouvèrent cent moyens ingénieux d'éluder la loi. Carrier se consumait d'efforts; rien n'y faisait. Il employait les plus terribles menaces, jusqu'à dire : « La loi d'une main, la hache de l'autre, nous forcerons les magasins. » Par trois fois il entreprit l'opération impossible d'arrêter tous les marchands[2], même les revendeurs en détail. Ils fermaient ou se cachaient.

---

[1]. Un armateur devait partager une prise fort considérable avec le capitaine Dupuy. L'armateur dénonce Dupuy. La mère d'un de mes amis, bon et brave patriote, prend sur elle d'aller voir Carrier.

« Ton Dupuy, lui dit celui-ci, me fait l'effet d'être vraiment un b..... de royaliste. Ce serait dommage pourtant qu'il ne mourût pas pour son royalisme, qu'il mourût pour un ennemi. Prends cet ordre, et qu'il se sauve; mais surtout que l'affaire ne soit pas sue du comité. »

[2]. Y avait-il alors, comme le croyait Carrier, un parti pris d'affamer Nantes? Je ne le crois pas. Mais la chose est certaine pour 1793. J'avais tou-

Carrier donnait des scènes de fureur épouvantable, attestant le ciel et la terre qu'on voulait le faire périr, le rendre victime de la rage du peuple affamé.

Quoiqu'il donnât trois francs par jour à la garde nationale, tout le monde, même les patriotes, était contre lui. Dans un accès de colère, il ferma pendant trois jours la société populaire, cette société de Vincent-la-Montagne, qui, seule véritablement dans cette ville représentait la Révolution.

Qui profiterait de cette scission déplorable des patriotes et de la folie de Carrier?

Les royalistes constitutionnels, anglomanes et Girondins, si la flotte anglaise arrivait;

Ou les royalistes purs, si la grande armée vendéenne se jetait sur Nantes.

Les constitutionnels, c'était le commerce et la ville presque entière; ils opposaient à la défense une résistance sournoise, une grande force d'inertie.

Les royalistes purs, c'étaient généralement la masse des prisonniers, qui, collés à leurs barreaux, des hauteurs de Nantes, regardaient, appelaient sur la côte d'en face les écharpes rouges. C'étaient les prêtres enfermés aux pontons de la Loire, vrai centre, profond foyer de la contre-révolution, auquel tenait tout un monde d'intrigue et de dévotion, qui, par ruse, par argent et de cent manières,

---

jours douté de ces pactes de famine. J'en ai trouvé la preuve écrite dans les notes du plus croyable, du plus modéré des hommes, M. Grelier, excellent administrateur. Ces curieuses notes se trouvent dans la *Biogr.* de Grelier, par M. Guéraud.

communiquait avec eux, des femmes discrètes, hardies, qui faisaient les commissions, passaient sous leurs jupes lettres, proclamations et tout, allaient, venaient, sous mille prétextes que donnait surtout l'apport des denrées.

Tout cela était d'autant plus facile que les royalistes avaient des parents dans la garde nationale, généralement girondine. Chaque famille était ainsi divisée. L'esprit d'individualité est tel, dans ces malheureux pays, que six frères prennent six noms, et volontiers prendraient autant de partis différents. Donc nulle sûreté en personne. Et c'est ce qui donnait à la guerre un caractère embrouillé, inextricable, inguérissable. Misérable maladie, tenace, vraie gale maudite, où la peau ne se guérit qu'en tirant la chair après elle, emportant le malade même. Les royalistes en 1793, plus tard les républicains, ont péri. L'Ouest est devenu pâle, comme vous le voyez aujourd'hui.

L'âme de Charette était dans les prisons de Nantes autant qu'au camp de Charette. L'outrecuidance moqueuse des nobles prisonniers dépassait tout ce qu'on peut imaginer. Ils savaient toutes les nouvelles, les mauvaises surtout, et en triomphaient avant que la ville les sût. A chaque revers des nôtres, ils sautaient de joie, jetaient leurs vivres à la tête des gardiens. « Nous n'en avons plus besoin, disaient-ils ; l'armée du roi arrive ce soir. » Ils étaient fort mal nourris ; mais toute la ville l'était de même (c'est ce que dit Champenois, celui qui chassa Carrier). Plusieurs fois, ils essayèrent de prendre les armes; l'ingénieur Rapatel, même avant Carrier, avait dit que les prisonniers cherchaient des instruments tranchants et voulaient s'unir à Charette.

Un fait certain, c'est que les proclamations de celui-ci paraissaient d'abord à Nantes, et pour une raison très simple; elles s'imprimaient justement chez l'imprimeur de Carrier. Cet imprimeur, républicain d'opinion, mais Nantais d'abord, c'est-à-dire marchand, travaillait pour qui le payait. Le jour, portant le bonnet rouge (et sa femme de même, ses enfants, ses ouvriers, tous en bonnet rouge), il imprimait des choses rouges. La nuit, seul, en blanc bonnet, il imprimait à petit bruit les blanches proclamations, empochant impartialement les assignats et les guinées.

L'or anglais, irrésistible contre la monnaie de papier, créait partout aux royalistes des serviteurs pleins de zèle. Des cordonniers de Nantes (qui vivent encore) bâclaient au prix du maximum de mauvais souliers pour nos troupes; les meilleurs, ils avaient l'honneur de les faire passer aux *Messieurs* de l'autre rive, à Vertou, à Saint-Sébastien. Les armuriers étaient de même. Quand Charette (dit son chroniqueur) ébréchait son sabre sur la tête des républicains, il l'envoyait, sinon à Nantes, à Paris même, où l'on s'empressait de le réparer[1].

---

1. On ne devinerait pas l'impertinence du beau monde d'autrefois, si je ne rapportais l'acte singulier qui suit, écrit par Philippe Tronjolly, magistrat

Tout mouvement projeté à Nantes était à l'heure même connu, prévenu de l'autre côté de la Loire. C'était une chose magique. Nul moyen de saisir les communications.

On se rappelle la situation de la ville, en juin, lorsque l'accord admirable des Montagnards et des Girondins assura son salut. Ici tout est changé. La grande masse girondine (le commerce en majorité) était infiniment suspecte. Ceux qu'on appelait sans-cullottes, uniquement parce qu'ils étaient pauvres,

---

très modéré, favorable aux royalistes : « 30 juin 1793, a été conduit au département un particulier, vêtu d'une veste bleue, mouchoir de col rouge, bonnet blanc, chapeau très mauvais, culotte brune et gilet idem. Dans l'une de ses poches, il s'est trouvé six cartouches, une poudrière, un chapelet, trois bouts de chapelet, un couteau, un sac à tabac, cinq assignats de 10 sous, deux de 15, un de 5, un billet de confiance de la commune de Saint-Jacques de 2 sols, deux cartes de la commune de Rennes, chacune de 5 sols, et quatre petits papiers écrits et une tabatière en buis. Et nous avons procédé à l'interrogatoire, ainsi qu'il suit : — Interrogé de ses nom, surnoms, âge, qualités, profession et demeure. Rép. S'appelle André Le Bouc, n'ayant pas de barbe sous le nez, qu'il se fera toujours raser de frais. Représenté à l'interrogé que la réponse ne satisfait pas à notre interrogat, et que nous l'interpellons au nom de la loi de répondre d'une manière catégorique, il persiste à dire qu'il s'appelle A. Le Bouc, qu'il demeure dans l'étable. — Dans quelle municipalité demeurez-vous? La municipalité des haies. — Représenté à l'interrogé qu'il contrefait l'imbécile et se joue de la loi, l'interpellant de dire son âge et son état. Répond qu'il faut aller le demander à sa mère qui doit savoir l'âge qu'il avait lorsqu'elle le mit au monde. — Représenté à l'interrogé six cartouches et une poudrière, sommé de nous déclarer l'usage qu'il en voulait faire. Répond que c'était pour faire de la fumée. Interrogé d'où il vient et où il a couché la nuit dernière. Répond qu'il vient de la métairie d'auprès de la campagne, qu'il a couché dans l'étable de la métairie. D. A quelle distance est située cette métairie? R. Quelle est la plus proche à droite ou à gauche? D. N'avez-vous pas été arrêté, ce jour, à Nantes, rue Richebourg? R. Qu'oui. Interrogé sur ce qu'il était venu faire à Nantes, s'il y arrivait ou s'en retournait. — R. Qu'il arrivait et qu'il était passant. Représenté à l'interrogé que la garde qui l'a arrêté a dit au contraire qu'il sortait de Nantes. R. Qu'il rentre par un côté et qu'il sort par l'autre. Sommé de déclarer pourquoi il est en contradiction. Répond que, s'il pouvait n'avaient d'opinion que la faim. Les marins ne naviguaient plus, les cordiers ne filaient plus, les pêcheurs ne pêchaient plus, les poissonnières ne vendaient plus ; celles-ci, mobiles et furieuses, changèrent de partis trois fois en deux ans [1].

Les patriotes se comptèrent ; je crois qu'ils n'étaient pas cinq cents. Et pour chefs ils avaient un fou !

Ils jugèrent la situation exactement du point de vue du radeau de la *Méduse*, ou comme dans un vaisseau négrier qui enfonce sous sa cargaison.

P... encore, il répondrait. Interrogé quelles personnes il connaît à Nantes ou dont il est connu. R. Qu'il est connu de la bique, sa mère. Interrogé qui lui a remis les quatre billets ou papiers écrits trouvés sur lui. R. Que ce sont ceux qui les lui ont donnés. Sommé de nous dire leur nom et leur demeure. R. Que nous pouvons y regarder. — A cet endroit, nous étant aperçu que ledit particulier avait mal à une jambe, nous lui avons fait tirer le bas qui la couvrait et nous avons aperçu une blessure qui nous a paru l'effet d'une balle. Nous l'avons interpellé à dire d'où provenait cette blessure. R. Qu'elle provient de ce qu'il a sauté la haie. Sommé de nous dire si elle n'est pas l'effet d'un coup de fusil ou autre arme à feu. R. Que non, qu'elle lui a été faite par une écotte en sautant une haie. D. Quel jour ? R. Le jour où il se la fit, au matin ou au soir. Nous avons représenté à l'interrogé que, quoique vêtu en habitant des campagnes, la chemise dont il est couvert est d'une toile tellement fine qu'il n'est pas possible de croire, surtout lorsqu'on examine le dedans de ses mains, qu'il soit un laboureur ou exerce un état mécanique. R. Que si nous trouvons sa chemise trop sale, il faut lui en donner une autre. Interrogé s'il ne serait point un prêtre. R. Que *sia*, qu'il dit tous les jours la messe. Interrogé où il l'a dite aujourd'hui, — a répondu : Comment vous appell'*ous*. — Tels sont ses interrogatoires dont lecture lui a été faite, a déclaré qu'ils sont véritables, et ne savoir ni lire ni écrire.

« Phelippes »

1. En 1792, des dames de la bourgeoisie girondine, irritées contre les couvents, ateliers de la guerre civile qui leur enlevait leurs amants, étaient allées battre et fouetter les religieuses des Couets. Les poissonnières, habilement ameutées par les royalistes, allèrent fouetter les fouetteuses. Elles étaient donc royalistes ? Point du tout. En 1793, dans la cherté des vivres, elles criaient : « Vive Carrier ! A l'eau les brigands ! » En 1794, la sensibilité revint, l'intérêt aussi, et le ménagement des grosses pratiques ; elles allèrent déposer contre Carrier.

L'homme qui dit le mot fatal était une tête volcanique, arrivée de Saint-Domingue, un planteur. Nous avons dit que le premier des massacreurs de Paris avait été de même un planteur, Fournier dit l'Américain.

Nantes, fort engraissée de la traite, riche, splendide en 1789, parlant beaucoup de liberté, vit avec effroi Saint-Domingue faire écho à ses paroles, et fut tout à coup submergée d'un monde de réfugiés qui arrivait d'Amérique. Il y avait bon nombre de nègres ; elle les enrégimenta, en fit d'excellents escadrons très braves, mais très féroces, terribles aux prisonnières surtout. Les nègres disaient : « Ce sont nos esclaves. »

Des créoles réfugiés le plus brillant était Goullin, homme du monde, homme élégant, spirituel, éloquent même, doué d'une fine et exquise sensibilité nerveuse (il ne pouvait voir la mort); et, en même temps, chose étrange, ignorant tout à fait le prix de la vie humaine, manquant d'un sens entièrement, celui de l'humanité. Qu'est-ce que la vie aux colonies ? Que pèse celle d'un nègre ? Un prisonnier, pour Goullin, n'était rien qu'un nègre blanc.

Le malheur voulut encore que ce violent créole qui influa sur le sort de Nantes, autant que Carrier, était, comme lui, maladif. Il sortait, en 1793, d'une grande maladie nerveuse, dont il avait conservé l'irritabilité, la fébrile exaltation. Elle pouvait le porter au crime ou à l'héroïsme.

Les hommes dans cet état ont des puissances

terribles. Tout lui cédait. Le comité révolutionnaire était en lui seul. Chaux, secrétaire de Phelippeaux, était un patriote ardent, brutal, de peu de tête. L'ex-notaire Bachelier, fin et doux, faux par faiblesse, avait peu d'initiative. Goullin l'a dit plus tard en justice : « Moi seul, j'ai tout fait... Moi seul, j'ai droit de mourir. » Ce qui saisit le jury ; il fut condamné à vivre[1].

Le 15 juin 1793, Goullin avait eu l'heureuse initiative de réunir dans Saint-Pierre et de faire fraterniser, manger ensemble les partis réconciliés, qui jurèrent de défendre Nantes.

Le même homme, au 8 novembre, quand les républicains défaits ne couvrirent plus Nantes, quand elle se voyait sans troupes, quand les prisonniers

---

[1]. J'ai sous les yeux l'autographe du dernier mot lu par Goullin, dans la nuit du 15-16 décembre 1794, au moment où le jury se retirait pour prononcer sur son sort. L'écriture est belle, facile, chaleureuse et vivante, très visiblement hardie : « Ce n'est pas pour moi que je prends la parole... Pendant le cours entier de la procédure, je fus constamment vrai. Je tâchai même d'être grand sur la sellette comme on me reproche de l'avoir été dans le fauteuil du comité. Mais je n'ai rempli que la moitié de mon devoir. L'heure de la liberté ou de la mort va sonner, et ce n'est pas à l'instant du péril que Goullin reculera. Enfiévré de patriotisme, poussé jusqu'au délire par l'exemple de Carrier, je fus plus coupable à moi seul que le comité tout entier. C'est moi qui fis passer dans l'âme de mes collègues cette chaleur brûlante dont j'étais consumé. C'est leur excès de confiance dans mon désintéressement, mon républicanisme, mes vertus, j'ose le dire, qui les a perdus. Je suis, avec les intentions les plus pures, le bourreau de mes camarades. S'il faut des victimes au peuple, je m'offre. Indulgence pour eux !..... Que le glaive de la loi s'appesantisse sur moi seul ! Que j'emporte dans la tombe la consolation de sauver la vie à des frères, à des patriotes ! Mon nom, si la Loi le proscrit, vivra du moins dans la mémoire de ceux pour lesquels je me dévouai. Puisse mon sang consolider la République !... Puisse-t-il imprimer une leçon terrible aux fonctionnaires audacieux qui seraient tentés de méconnaître les lois et d'outrepasser leurs pouvoirs. » (Collection de M. Dugast-Matifeux.)

attendaient les Vendéens d'heure en heure, prit encore l'initiative, mais celle-ci effroyable, de mettre à mort les prisonniers, et, par ce coup de terreur, de s'emparer vraiment de Nantes, de vaincre la force d'inertie du commerce et des Girondins, de sorte que cette ville énorme, si riche en dessous, s'ouvrît, livrât ses ressources et, se donnant tout entière, devînt une machine de guerre pour arrêter l'ennemi.

Le tribunal révolutionnaire, présidé par un avocat, Phelippes Tronjolly, d'opinion très douteuse et prodigieusement craintif des futures réactions, ne voulait agir que sur pièces ; il exigeait des témoins. Nul témoin n'eût osé venir, étant parfaitement sûr d'être assassiné au retour. Restaient les commissions militaires, et rien n'empêchait d'y avoir recours dans l'état de siège où était la ville. Les décrets de mars et d'août étaient très précis. On pouvait les appliquer. Dix fois, vingt fois, à la tribune, on les avait commentés, et de la manière la plus rigoureuse. Le sens n'en était pas douteux.

Dès le mois de mai, l'encombrement des prisons avait été épouvantable ; une épidémie commençait (Registres du département). Tout le remède que les Girondins avaient imaginé, c'était, de temps à autre, d'élargir au hasard les prisonniers, qui se moquaient d'eux, passaient l'eau et joignaient Charette. Cette méthode de donner des soldats à l'ennemi ne pouvait guère être suivie au moment où la grosse armée vendéenne était près de tomber sur Nantes.

On prit le moyen opposé à celui des Girondins :

tuer tout. Les commissions militaires et les fusillades y auraient suffi. On y ajouta un affreux supplément, furtif dans le commencement, hypocrite, sans tromper personne. Ce fut de se passer de tout jugement, et nuitamment, furtivement, de vider les prisons dans la Loire.

Cette invention d'un supplice que la loi n'autorise point, était un crime contre elle ; elle en encouragea un autre, les mitraillades de Lyon, qui eurent lieu trois semaines après.

Carrier n'ignorait nullement la responsabilité qu'il encourait. Il refusa tout ordre écrit. Point d'ordre et point d'exécuteur. Rien d'organisé encore. Ce fut presque seuls, eux-mêmes, et en grande partie de leurs mains, que ces furieux patriotes firent l'horrible exécution.

On avait vu une chose étonnante à Rochefort, qui révèle le fanatisme de ce temps. Quand on y prit les officiers de l'*Apollon* qui avaient livré Toulon, il n'y avait point de bourreau. Le représentant Lequinio, dans la société populaire, demanda s'il se trouvait un homme dévoué qui voulût être le *vengeur du peuple* (cela s'appelait ainsi). Un jeune homme, nommé Ance, jusque-là irréprochable, se leva, dit : « Moi. » Dix autres s'offrirent alors. Mais Lequinio donna la préférence au premier et le fit manger avec lui. Lequinio, si terrible en 1793, est précisément celui dont les vives réclamations en 1794 arrêtèrent dans la Vendée le massacre et l'incendie.

Ce fut à la descente de la Loire, au-dessous de

la ville, devant l'embouchure de la Sèvre et comme devant Charette, que le comité de Nantes noya d'abord quatre-vingts prêtres. La rive gauche frémit du coup, et le contre-coup dans Nantes frappa ce monde mystérieux de femmes et d'agents secrets qu'on ne savait où saisir.

C'étaient ces prêtres que la population voulait noyer elle-même (en septembre 1792). Elle ne prit pas mal la chose [1]. On y trouva sur-le-champ des gens de bonne volonté qui se firent exécuteurs.

Une tentative de révolte aux prisons amena une seconde noyade (nuit du 9 au 10 décembre).

Carrier, quoiqu'il n'eût donné aucun ordre écrit, n'était pas trop rassuré du côté de la Convention. Il la tâta par cette lettre étrange où les choses semblaient attribuées au hasard. Après avoir annoncé un succès, il ajoutait : « *Mais pourquoi faut-il* que cet événement soit accompagné d'un autre ? Cinquante-huit prêtres, la nuit dernière, ont été engloutis dans cette rivière... Quel torrent révolutionnaire que cette Loire ! »

Plus tard, il écrivit à la Convention que les pri-

---

1. Si l'on n'a le souvenir des scènes de la retraite de Moscou, il est impossible de comprendre l'état de démoralisation, d'abandon de soi et de tout, où était la ville de Nantes. Un marchand qui vit encore faisait naguère à un de nos amis l'étonnant aveu qu'on va lire : « Nous étions épuisés de jeûnes et de veilles; de trois nuits, nous en passions deux. Une nuit, deux de nos camarades défaillirent dans une patrouille ; nous les mîmes sur des brancards et les emportâmes. Mais les forces nous manquèrent aussi... Le croira-t-on? J'ai peine à le croire moi-même... Nous posâmes les brancards et les laissâmes en pleine rue. Le lendemain, ils étaient morts ; on les retrouva gelés. » Des gens qui s'abandonnaient eux-mêmes à ce point devaient, à plus forte raison, se soucier peu de la vie des Vendéens, auteurs d'une telle misère.

sonniers arrivaient par centaines, que désormais il les ferait fusiller.

Le terrible nœud de la Vendée venait d'être tranché, il faut le dire, par hasard. Les Vendéens avaient échoué dans leur attaque de Granville; la flotte anglaise n'avait pas paru pour les soutenir. Ils revenaient débandés, n'obéissant à personne, croyant, non sans apparence, que tels de leurs chefs voulaient les abandonner. Terribles encore par l'excès du désespoir et des misères, ils pouvaient se jeter en Bretagne. Ils revinrent plutôt mourir sur la route de leur pays. Ils coururent jusqu'à la Loire, ne purent passer, remontèrent au Mans. Chose étrange! les républicains attendaient un général en un tel moment! Marceau avait l'intérim; personne n'obéissait. Westermann courait en avant, et, derrière Marceau, Kléber rejoignait comme il pouvait. Westermann, arrivant aux portes du Mans, n'attendit pas un moment, s'y précipita. Marceau le pria de s'arrêter et de prendre position : « Ma position est au Mans! » Marceau le suit et fait dire à Kléber d'accourir. On se bat toute la nuit. Ce ne fut qu'au jour qu'une charge à la baïonnette emporta la résistance. La déroute fut épouvantable. La Vendée ne s'en est jamais relevée.

Une part considérable dans cette victoire appartenait aux administrations de Nantes, au comité, à la société populaire, et, il faut le dire, à Carrier. C'est le témoignage que lui rend, dans ses lettres, son ennemi Goupilleau, qui ne le ménage pas et signale en même temps ses fureurs absurdes. Il s'était montré zélé et actif, avait réussi, dans cet abandon du centre, à chausser, habiller l'armée, ayant mis les draps, les cuirs en réquisition, ayant créé des ateliers révolutionnaires pour faire les habits, les souliers ; il en envoyait à l'armée six cents paires par jour. Aux moments les plus décisifs, il agit avec à-propos. Lorsque les Vendéens arrivèrent devant Granville, croyant voir venir les vaisseaux anglais, ce furent deux canonnières envoyées par Carrier qui vinrent au contraire et tirèrent sur eux. Une petite Vendée qui se formait dans le Morbihan fut à l'instant étouffée en deux combats par les généraux Avril et Cambrai, qu'il y dépécha. Angers, sans vivres, au moment où les brigands fondirent sur elle, vit, le soir, arriver quarante charrettes de pain, qui, de Nantes, avaient fait les vingt lieues au grand galop. Tous les bâtiments furent saisis sur la Loire ; les Vendéens ne trouvèrent pas deux barques pour repasser. Leurs radeaux furent fracassés par les chaloupes canonnières de Carrier, qui, rangées en file, balayèrent le fleuve et en noyèrent des milliers. Il garda de même la Vilaine, leur ferma ainsi la Bretagne, en sorte qu'ils vinrent s'enfourner, se faire écraser au triangle de Savenay.

Les Auvergnats de Carrier (troisième bataillon du Cantal) se lancèrent dans la Vendée ; unis aux troupes qu'on envoyait de l'armée du Nord, ils reprirent l'île de Noirmoutiers. La côte fut fermée aux Anglais.

CHAPITRE II

SUITE DE LA MISSION DE CARRIER
(DU 23 DÉCEMBRE 1793 AU 6 FÉVRIER 1794).

L'armée vendéenne avait été embarrassée par les femmes. — Pourquoi elle ne put entraîner la Bretagne. — Différence de la femme bretonne et de la vendéenne. — La déroute reflue sur Nantes, fin décembre. — Le typhus. — Climat de Nantes. — Noyades. — Carrier consent à sauver les enfants. — Il veut proscrire les filles publiques. — On sollicite l'intervention de Robespierre. — Carrier rappelé, 6 février. — La légende de Carrier. — Le comité de Nantes s'assure de Robespierre. — On guillotine les agents de Carrier, 16 avril.

La France avait failli périr par le côté qu'on négligeait, par l'Ouest. Le Comité de salut public avait cru que le seul danger était le Rhin. Les victoires du Rhin, comme celle de Toulon, ne vinrent qu'à la fin de décembre. Mais, pendant six grandes semaines, du 16 octobre au 12 décembre, la Vendée, échappée et libre, par notre désorganisation, put à volonté se porter sur Nantes, ou s'emparer d'un des grands ports, ou même marcher sur Paris.

La Vendée périssait chez elle. Talmont conseilla de partir (16 octobre), et il fut appuyé, dans cette proposition romanesque, par Bonchamps, le plus judicieux des chefs vendéens. L'idéal de Bonchamps avait toujours été l'union de la Vendée et de la Bretagne.

A ce moment, il espérait justement dans le désespoir, dans les forces qu'il donnerait, quand, ayant quitté son fort, son profond Bocage, et mise en rase campagne, la Vendée courrait la France, dont les forces étaient aux frontières. Cette course de sanglier voulait une rapidité un élan terrible, une décision vigoureuse d'hommes et de soldats. Bonchamps n'avait pas calculé que dix ou douze mille femmes s'accrocheraient aux Vendéens et se feraient emmener.

Elles crurent trop dangereux de rester dans le pays. Aventureuses d'ailleurs, du même élan qu'elles avaient commencé la guerre civile, elles voulurent aussi en courir la suprême chance. Elles jurèrent qu'elles iraient plus vite et mieux que les hommes, qu'elles marcheraient jusqu'au bout du monde. Les unes, femmes sédentaires, les autres religieuses (comme l'abbesse de Fontevrault), elles embrassaient volontiers d'imagination l'inconnu de la croisade, d'une vie libre et guerrière. Et pourquoi la Révolution, si mal combattue par les hommes, n'aurait-elle pas été vaincue par les femmes, si Dieu le voulait ? On demandait à la tante d'un de mes amis, jusque-là bonne religieuse, ce qu'elle espérait en suivant cette grande armée confuse où elle courait bien des hasards. Elle répondait martialement : « Faire peur à la Convention. »

Bon nombre de Vendéennes croyaient que les hommes moins passionnés pourraient bien avoir besoin d'être soutenus, relevés par leur énergie. Elles voulaient faire marcher droit leurs maris et leurs amants, donner courage à leurs prêtres. Au passage de la Loire, les barques étant peu nombreuses, elles employaient, en attendant, le temps à se confesser. Les prêtres les écoutaient, assis sur les tertres du rivage. L'opération fut troublée par quelques volées perdues du canon républicain. Un des confesseurs fuyait... Sa pénitente le rattrape : « Eh! mon père! l'absolution! — Ah! ma fille, vous l'avez. » — Mais elle ne le tint pas quitte; le retenant par sa soutane, elle le fit rester sous le feu.

Tout intrépides qu'elles fussent, ces dames n'en furent pas moins d'un grand embarras pour l'armée. Outre cinquante carrosses où elles s'étaient entassées, il y en avait des milliers, ou en charrette, ou à cheval, à pied, de toutes façons. Beaucoup traînaient des enfants. Plusieurs étaient grosses. Elles trouvèrent bientôt les hommes autres qu'ils n'étaient au départ. Les vertus du Vendéen tenaient à ses habitudes; hors de chez lui, il se trouva démoralisé. Sa confiance en ses chefs, en ses prêtres, disparut; il soupçonnait les premiers de vouloir fuir, s'embarquer. Pour les prêtres, leurs disputes, la fourbe de l'évêque d'Agra, les intrigues de Bernier, leurs mœurs jusquelà cachées, tout parut cyniquement. L'armée y perdit sa foi. Points de milieu; dévots hier, tout à coup douteurs aujourd'hui, beaucoup ne respectaient plus rien.

Deux partis divisaient l'armée. L'un voulait qu'on profitât sérieusement de ce dernier coup, que, d'une marche rapide, on s'enfonçât en Bretagne, ou que, par la Normandie, on marchât au centre. Mais cela ne se pouvait qu'en abandonnant les faibles, cette masse de femmes et d'enfants. Le parti vraiment vendéen était pour les femmes, voulait marcher à leur pas, les garder, repasser la Loire, du moins s'en écarter peu.

Ce ne fut qu'après avoir échoué à Granville, échoué à Angers, à Ancenis, au passage de la Loire, que cette armée prit des ailes, parce que, dans l'absolue démoralisation où elle tomba, chacun ne pensant plus qu'à soi, on laissa les femmes et les enfants sur tous les chemins. On en trouvait à gauche, à droite, de trois ou quatre ans, jetés dans les prés.

Par deux fois l'armée vendéenne toucha la Bretagne, sans pouvoir s'y recruter. Pourquoi? Il y en a deux raisons. Les Bretons n'ignoraient nullement la disposition antipathique et méprisante qu'ont les Vendéens pour eux. Ceux-ci, Français, ignorants et légers, ne comprennent rien à cette énigme de l'ancien monde et sont fort loin de deviner combien ces sauvages, inertes et sales, leur sont poétiquement supérieurs. Ajoutez le caractère, tout spécial en Bretagne, de la famille et du clergé. Le prêtre breton, qui est un paysan breton, homme de la localité, enraciné là par sa langue qu'on ne parle nulle part ailleurs, ne poussait nullement la population à courir hors du pays. Il n'avait pas sur la femme bretonne l'action du prêtre français sur la Vendéenne. La Bretonne, plus timide, qui, au repas, ne s'asseoit pas devant son mari, qui se nourrit pauvrement (et qui boit, malheureusement), n'est point du tout, comme l'autre, la maîtresse du logis. La Vendéenne, aux yeux noirs, emportée, nourrie de viande, ne doute de rien. Elle pense et veut plus que l'homme, qui passe ses jours tout seul entre deux haies, derrière ses bœufs, et elle le fait vouloir. Dans l'Aunis, il n'est pas rare qu'elle le batte ; en certains villages, on en fait ce qu'ils appellent des *ballades* et de grands charivaris.

Les *Mémoires inédits* de Mercier du Rocher, patriote fort modéré, d'autre part les registres judiciaires de Nantes, établissent à quel point la Vendéenne appartenait au prêtre. Les correspondances des religieuses de Vendée que saisit Mercier expliquent ces demi-mariages, et pourquoi les prêtres ne purent se décider à émigrer. Les registres sont pleins de femmes qui se battent pour les mêmes causes ou livrent des hommes à la mort. Marie Chevet, par exemple, une lingère de vingt-cinq ans, agent des dames La Rochefoucauld et Lépinay (amazones de Charette), avoue bravement qu'au 29 juin, elle vint au siège de Nantes, armée, pour tirer de prison le curé de Machecoul. A la messe du massacre qui fut dite (en mars) à Machecoul, sur le champ de mort, elle assistait en robe blanche près du drapeau blanc. (Registres du greffe de Nantes.)

« Ah ! brigandes ! ce sont les femmes qui sont

cause de nos malheurs. Sans les femmes, la République serait déjà établie, et nous serions chez nous tranquilles. »

Ce mot, d'un officier républicain que j'ai cité déjà ailleurs, fait comprendre pourquoi les femmes furent si maltraitées à la bataille du Mans. Pas une pourtant ne fut tuée avant l'arrivée des représentants Bourbotte et Turreau. Alors on en fusilla beaucoup devant leurs fenêtres, sans qu'ils l'ordonnassent ou le défendissent. Les deux régiments qui avaient décidé l'affaire se montrèrent pourtant plus humains. Les soldats, donnant le bras aux dames tremblantes, les tirèrent de la bagarre. On en cacha tant qu'on put dans les familles de la ville. Marceau, dans un cabriolet à lui, sauva une demoiselle qui avait perdu tous les siens. Elle se souciait peu de vivre et ne fit rien pour aider son libérateur ; elle fut jugée et périt. Quelques-unes épousèrent ceux qui les avait sauvés ; ces mariages tournèrent mal ; l'implacable amertume revenait bientôt.

Un jeune employé du Mans, nommé Goubin, trouve le soir de la bataille une pauvre demoiselle se cachant sous une porte et, ne sachant où aller. Lui-même, étranger à la ville, ne connaissant nulle maison sûre, il la retira chez lui. Cette infortunée, grelottant de froid ou de peur, il la mit dans son propre lit. Petit commis à six cents francs, il avait un cabinet, une chaise, un lit, rien de plus. Huit nuits de suite, il dormit sur sa chaise. Fatigué alors, devenant malade, il lui demanda, obtint de coucher près d'elle habillé. Inutile de dire qu'il fut ce qu'il devait être. Une heureuse occasion permit à la demoiselle de retourner chez ses parents. Il se trouva qu'elle était riche, de grande famille, et (c'est le plus étonnant) qu'elle avait de la mémoire. Elle fit dire à Goubin qu'elle voulait l'épouser : « Non, Mademoiselle ; je suis républicain ; les bleus doivent rester bleus ! »

Les historiens de l'Ouest raconteront cette cruelle histoire. Ils diront qu'un seul des généraux de la malheureuse armée, L'Augrenière, lui resta fidèle à son dernier jour. Il la conduisait encore quand elle périt à Savenay[1].

Comment dire la chasse horrible qui les rabattit sur Nantes? En foule, ils venaient se livrer, attestant le décret qui sauvait ceux qui se rendaient. « Oui, ceux qui viennent d'eux-mêmes, disait-on ; mais vous venez traqués, cernés, ne pouvant plus échapper. » Nantes fut, à la lettre, submergée d'un déluge d'hommes. Procession épouvantable de cadavres vivants, de revenants, d'exhumés. Mille costumes étranges et bizarres. Des femmes demi-vêtues en hommes, des hommes ayant des jupes pour manteaux sur les épaules, jusqu'à des habits

---

[1]. Ce qui accabla les Vendéens et acheva de les rendre incapables de résistance, c'est qu'ils croyaient que tous leurs chefs avaient été tués. Ceux-ci firent une chose politique sans doute en repassant la Loire pour recommencer la Vendée. Mais leur peuple ne voulut jamais imaginer qu'ils pussent l'abandonner ; il crut à leur chevalerie et se tint pour sûr de leur mort. Voir la très importante *déposition de Fordonet de l'Augrenière*, pièce manuscrite de huit pages in-folio. (Collection Dugast-Matifoux.)

de théâtre qu'ils avaient pris dans les villes pour se garantir du froid. Ce carnaval de la mort l'apportait avec lui dans Nantes. Tous malades. On suivait les bandes à l'odeur.

Les prisons, combles déjà, étaient en proie au typhus. Et ils y apportaient encore une diarrhée meurtrière. Le froid des bivouacs, la misère, le blé noir, le cidre, nouveau pour eux, tout avait brisé le nerf vendéen. Et, contre cette énervation, la foi ne les soutenait plus. D'âme et de corps, la dissolution était arrivée. Ils ne venaient que pour mourir. La ville ne les absorbait que pour les rendre à l'instant; mais elle avait beau, la nuit, vomir des morts et des morts, elle s'emplissait le jour de malades, à en crever.

Le vertige d'un tel spectacle, l'infection qui se répandait, l'invasion de la mort qui voulait emporter tout, avaient troublé les plus fermes. Tels pleuraient, tels s'alitaient, d'autres s'enivraient et voulaient jouir encore. Carrier était hors de sens. Il n'avait pas dormi vingt heures sur quarante nuits. Ses yeux allumés et sanglants, son teint plombé, livide, trahissaient la flamme atroce qu'il avait dans les entrailles. Il se cachait à Richebourg, était invisible, sauf pour des amis de bouteille et des femmes avec qui il se roulait dans l'orgie.

Ceux qui connaissent l'histoire de la peste de Marseille n'ignorent pas jusqu'où les épidémies peuvent démoraliser. Il n'y a pas de ville qui y soit plus exposée que Nantes. Un vent doux, humide de la mer (mais non maritime, non salin et fortifiant), y souffle toute l'année. Qu'il vienne du midi, du grand maris vendéen, même du nord en rasant les marais de l'Erdre, il est admirable pour les végétaux, médiocrement sain pour l'homme. Toute décomposition s'y fait rapidement au profit de la vie végétale. Hâve sur l'Erdre, ailleurs blafarde et bouffie, cette population élève les plus beaux légumes du monde, les arbres même du Midi, les lauriers, les magnolias ; elle-même, elle végète mal, se flétrit vite ; jeune à peine, elle incline sans transition vers le penchant de la vie.

Un séjour de François Ier et de sa galante cour eut, dit-on, tel effet à Nantes qu'on dut fonder l'hospice du Sanitat. Si riche au dix-huitième siècle et devenue tout à coup une des belles villes du monde, elle soignait peu ses hôpitaux. Son Hôtel-Dieu, sur cent soixante lits de fiévreux, en perdait seize cents par année. (Voy. Laënnec et Leborgne.) La charité n'y manque pas. Mais le fatal commerce de la traite, commerce de paresseux, sans combinaisons, facile, et qui a tué même l'esprit d'entreprise, entraîne avec lui une extrême incurie de toutes choses, surtout de la vie humaine.

Cette ville est marquée de ce signe. Des quartiers entiers (l'île Feydeau, par exemple, chargée de palais) semblent frappés de la main de Dieu, comme ces villes de l'Ancien-Testament. Et en même temps les hauteurs, occupées de plus en plus par les longs murs des couvents, par des rues où l'on ne voit ni portes ni fenêtres, rappellent ces quartiers de Rome que gagne la *mal'aria*[1].

Telle était l'épidémie que, d'un poste de vingt hommes qui monta la garde aux prisons, dix-huit moururent en quelques jours.

« Voulait-on que les Vendéens, de leur odeur, de leurs cadavres, continuassent la guerre meurtrière qu'ils ne faisaient plus de leurs armes? Pour ménager la Vendée, voulait-on exterminer Nantes? » C'est ce que dirent à Carrier ses nouveaux amis, un Lamberty, carrossier, un Fouquet, tonnelier, un jeune Robin, étudiant, un Lavaux, un Lallouet, ces trois derniers de vingt ans.

On avait tué pour le péril. On tua pour la salubrité.

La difficulté était les enfants. Qu'en devait-on faire? Après Savenay, il en vint jusqu'à trois cents du même coup. La commission militaire écrivit à Prieur (de la Marne), qui répondit : « Demandez à la Convention. » Mais s'adresser à la Convention, sans passer par les comités, c'était chose hasardeuse. La commission militaire écrivit au Comité de sûreté générale, lequel ne répondit pas, voyant bien qu'il n'y avait qu'une réponse possible et craignant, s'il la faisait, de passer pour modéré.

---

1. Un jeune médecin, plein d'esprit, me disait : « Nantes n'est qu'un gémissement. » Cela est vrai dans plusieurs sens. C'est la ville de France où il y a le plus de couvents et le plus de femmes entretenues. Nulle part le divorce dans le mariage n'est réellement plus profond; mais tout en grande décence... On n'aime pas les plaisirs publics. Le théâtre même est négligé.

Les choses suivirent leur cours, et d'autant plus cruellement que Robin et les autres étaient des enfants eux-mêmes. Nul âge plus cruel pour l'enfance.

Ces sauvages disaient, comme ce pape, des enfants de Frédéric II : « De la vipère vient la vipère. »

Mais là on avait atteint les limites du possible. Ces noyades d'enfants bouleversèrent les cœurs. Les femmes allaient au moment et les arrachaient aux noyeurs. Chaux et d'autres membres du comité révolutionnaire ou de Vincent-la-Montagne, bonnes familles patriotes[1], se firent donner des enfants et les élevèrent. Malheureusement, comme il arrive dans les grandes villes commerçantes, la spéculation s'en mêla. Des femmes en prirent pour trafiquer de ces infortunés et firent des sérails d'enfants. Le comité révolutionnaire ordonna que les filles de plus de quinze ans seraient rendues aux prisons. C'était les rendre à la mort.

Le maire de la ville, Renard, était malade chez lui. Le département avait, dit-on, protesté, mais secrètement. D'honorables citoyens avaient hasardé quelques mots. Le seul qui fut écouté, ce fut Savary, ami de Kléber, l'excellent historien des guerres vendéennes. Savary dit à Carrier qu'en rendant à leurs parents les femmes, les vieillards, les enfants qui venaient de tant souffrir, il répandrait dans la Vendée une extrême terreur de la guerre et l'hor-

---

1. Citons entre autres les Mangin, de patriotisme, de talent héréditaires, famille dès ce temps chère à Paris, à la liberté.

reur de recommencer. Carrier parut goûter l'idée, et la chose était obtenue quand Kléber vit dans les rues l'affiche du comité pour faire rentrer les enfants en prison. Savary revient chez Carrier. « J'entre, dit-il, dans sa chambre. Il était encore au lit. Il paraît effrayé au bruit de la porte : « Qui t'amène si matin ? — « A-t-on juré de faire tout périr
« dans la Vendée, jusqu'aux enfants au berceau ? » Cette question l'étonne ; je lui parle de l'ordre du comité ; c'était une énigme pour lui. Il entre en fureur, jure, tempête, saute de son lit, sonne : un gendarme se présente : « Qu'on aille sur-le-champ, « dit-il, chercher les membres du comité ; qu'on me « les amène. Pour toi, ajouta-t-il en me serrant « la main, reste ici pour être témoin de la récep- « tion que je vais leur faire... » Le comité arrivé, le président en tête ; on l'annonce. Carrier entre de nouveau en fureur, court à son sabre, en menace le président ; je le retiens. « Que signifie, dit-il en « jurant, cet avis du comité concernant les enfants « vendéens, et qui t'a autorisé à le faire afficher ? « Vous mériteriez tous qu'on vous fît passer à la « guillotine... — Citoyen représentant, répondit en « balbutiant le président, le comité a pensé qu'il « ne faisait que prévenir tes intentions : il n'a pas « cru te déplaire... » Nouvel accès de fureur de Carrier... « Si, dans cinq minutes, dit-il en mena- « çant, le comité n'a pas fait afficher un avis qui « détruise celui-ci, je vous fais tous guillotiner... » Carrier m'a semblé un grand enfant qui aurait eu

besoin de bonnes lisières ou d'une place à Charenton. »

On ferait un livre des inconséquences de Carrier.

D'après l'esprit de Chaumette, de la Commune de Paris, il persécutait les filles publiques. Déjà, dans sa mission de Rennes, il parlait de les faire périr. Elles furent protégées par le maire de cette ville, l'héroïque tailleur Leperdit, homme de bien, homme de Dieu, qui lui dit en face : « Je ne le souffrirai pas; ce sont mes administrées ». A Nantes, où la guerre entassait de tous les pays voisins la population féminine, ces pauvres créatures étaient en nombre énorme. Les filles et les chiens remplissaient les rues. Ces derniers, errants, affamés, semblaient s'être donné rendez-vous de toute la Vendée. Carrier trouvait naturel, dans l'intérêt de la santé publique, de purger la ville des uns et des autres. Il s'en tint à la menace; il eût irrité les soldats.

La tradition nantaise a accumulé sur lui nombre de récits fantastiques. Au boulevard, on montre avec terreur la place d'une maison disparue, qu'on appelait « le repaire du crime ». S'il a fait tout ce qu'on raconte, il faut avouer que personne n'a jamais rempli à ce point le temps. Il est resté cent jours à Nantes, et, des cent, la moitié passa dans l'extrême péril, la crise absorbante qui ne lui laissa pas deux nuits de sommeil. Il tomba malade ensuite et fit tout ce qu'il fallait pour l'être de plus en plus. Il buvait, et sa maîtresse, la Caron, ne le quittait pas; de plus, entouré de femmes; d'intrépides dames de Nantes s'immolaient pour sauver des hommes. Que ce malade, à tant de femmes, dans ces dernières six semaines, ait encore joint des prisonnières, il est difficile de le croire. On n'aurait pas manqué de mettre ce fait en lumière au procès de Carrier.

Ajoutez qu'elles étaient dans un état effroyable. Le typhus les protégeait; elles le portaient avec elles. Exténuées, défaillantes de misères et de diarrhée, elles sentaient la mort à dix pas; on brûlait huit jours du vinaigre où elles avaient passé.

Il paraît cependant que les noyeurs, Lamberty, le jeune Robin, eurent le féroce courage de s'attaquer à ces mourantes. Ils disaient qu'ils voulaient les *républicaniser*. Ils mettaient une joie sauvage à avilir ces grandes dames qui avaient lancé la Vendée. Ils respectèrent la résistance d'une femme de chambre des Lescure et se montrèrent impitoyables pour une marquise renommée pour son fanatisme, qui avait fait la campagne dans un beau carrosse, et qu'on appelait par emphase Marie-Antoinette.

Il n'y eut guère de noyades après Savenay[1]. Les

---

1. On peut dater sept noyades; rien de certain au delà. Le comité ne fit que les deux noyades des prêtres. Les autres semblent avoir été faites par les hommes de Lamberty.

Combien de noyés? De deux mille à deux mille huit cents, selon le calcul le plus vraisemblable.

Tous les noyés périssaient-ils? On peut en douter. Cela dépendait du lieu et de la manière dont se faisait la noyade. Ce qui est sûr, c'est que deux des prêtres noyés ont vécu dans Nantes jusqu'aux derniers temps. — La mortalité totale à Nantes, en 1793, a été de douze mille. Mais ce chiffre officiel n'en est pas moins fort douteux. Les fossoyeurs, recevant tant par tête de mort qu'ils inhumaient, étaient fort intéressés à exagérer le nombre, et ils le pouvaient assez aisément dans le désordre qui régnait alors.

fusillades firent tout. Les prisonniers des deux sexes passant devant les commissions militaires étaient précipitamment condamnés, exécutés, jetés dans les carrières de Gigand. Le métier de fusiller était exercé par des hommes *ad hoc*, des déserteurs allemands, qui, ne sachant pas le français, étaient sourds aux plaintes.

Ces commissions, sur qui tout retombait maintenant, se lassaient pourtant, s'inquiétaient de cette boucherie quotidienne. Elles voyaient que, peu à peu, chacun avait décliné la responsabilité, le tribunal révolutionnaire d'abord, qui déclarait ne vouloir condamner que sur pièces et procès-verbaux, puis le comité, qui désormais renvoyait tout aux commissions militaires. Celles-ci n'osaient s'arrêter : leur président seulement hasarda d'écrire à Couthon, qui en parla à Robespierre.

L'humanité commandait de faire quelque chose, et la politique aussi. L'occasion était bonne pour intervenir et se créer dans l'Ouest cette gratitude que Couthon s'était assurée dans le cœur des Lyonnais. Malheureusement Robespierre venait d'être obligé (le 23 décembre) de se rapprocher de Collot d'Herbois, il poursuivait les indulgents, Camille Desmoulins et Fabre, et, le 28 janvier, il proclama l'innocence de Ronsin, l'exécuteur des mitraillades de Lyon, l'ami de Carrier. Il semblait assez difficile que les robespierristes prissent à Nantes le rôle des *indulgents*, qu'ils accusaient à Paris.

Ce qui paraît avoir entraîné, malgré tout, Robespierre, c'est la lutte qui éclata dans le Morbihan entre le représentant Tréhouard et les agents de Carrier au sujet des prêtres. Carrier soutenait que trente mille Anglais allaient débarquer; qu'en ce péril, il fallait s'assurer des prêtres, véritables chefs des populations. Tréhouard emprisonnait non les prêtres, mais les agents de Carrier.

Celui-ci, dans son vertige, son ivresse permanente, poussa la fureur au point de défendre d'obéir à Tréhouard, son égal, son collègue, un représentant du peuple! Toute sa prudence l'avait abandonné. Non seulement il avait accepté un banquet public sur l'infâme bateau des noyades, non seulement il avait arbitrairement fermé la société populaire, mais il avait donné des preuves *écrites* contre lui, deux ordres à Tronjolly, président du tribunal, de faire mettre à mort des prisonniers *sans jugement*. Mot absolument inutile, dans un moment où tous les prisonniers périssaient à peu près sans jugement; on reconnaissait seulement l'identité et l'on appliquait le décret qui frappait de mort tous les insurgés.

On ne pouvait toutefois procéder contre Carrier qu'avec beaucoup de prudence, par un moyen indirect. L'agent fut le petit Jullien, le fils de Jullien (de la Drôme), qui voyageait comme membre de la commission exécutive de l'instruction publique. Sous ce titre pacifique, il devait préparer la guerre, observer l'ennemi, encourager Nantes contre Carrier, Bordeaux contre Tallien.

Et d'abord il alla au Morbihan examiner avec Tréhouard ce qu'on pouvait faire et s'informer exactement des prises qu'on pouvait avoir sur Carrier. La société populaire lui en voulait pour l'avoir fermée. Le comité révolutionnaire lui en voulait, parce qu'il savait que Carrier songeait à le remplacer par des hommes plus militaires, comme Sullivan et Foucauld, ou plus frénétiques, Lamberty, Fouquet et Robin.

L'attaque fut commencée par un brave homme du peuple, un potier d'étain, Champenois, de la société Vincent. La ville souffrait horriblement, pendant que Carrier était ivre, le général Turreau malade. Champenois crut avoir trouvé un moyen de saisir Charette; il courut chez Carrier; porte close. Champenois, en vrai sans-culotte, dit le soir à la société : « Si Carrier ne vient plus nous voir, il n'est plus des nôtres; il faut le rayer. »

Comment dire l'étonnement, la fureur du roi de Nantes? Il se fait amener Champenois, crie, menace. L'autre ne branle, loin de là, demande hardiment le nom de ceux qui l'ont dénoncé. Carrier sentit que cet homme était appuyé fortement et devint très doux.

Jullien effectivement était à Nantes (1er février); Carrier le fit venir, tira son grand sabre, et autres comédies ridicules. Le blondin de dix-neuf ans, fort de Robespierre, lui dit (en se mettant toutefois à l'autre bout de la chambre) : « Qu'il pouvait le faire tuer, mais qu'avant huit jours il irait à la guillotine ». Cela du ton didactique, qu'eut toujours, comme on le sait, ce célèbre philanthrope. Carrier devint aimable et doux.

Jullien partit le soir même, mais le coup était porté. La municipalité enhardie déclara que Champenois avait toute sa confiance.

De la première ville où il s'arrêta, d'Angers, Jullien écrivit à Robespierre une lettre habile, ostensible, contre la royauté de Carrier : « J'ai vu l'Ancien-Régime rétabli dans Nantes », etc. L'effet en fut excellent. Le jour où la lettre arriva, Carrier fut rappelé à la Convention (6 février).

Carrier, revenu à Paris, apportait à Robespierre une arme inappréciable pour faire la guerre aux hébertistes, quand le moment serait venu.

Carrier était une légende.

Une grande et féconde légende que l'imagination populaire allait chaque jour enrichir d'éléments nouveaux, rapportant à un même homme tout ce qui s'était fait d'atroce dans ce moment d'extermination. Tout ce qu'on fit devant Troie d'exploits héroïques, c'est Achille qui l'a fait ; et tout ce qu'on fit dans Nantes de choses effroyables, la tradition ne manque pas d'en faire honneur à Carrier.

La légende est capricieuse. A Lyon, c'est Collot d'Herbois qui en a été l'objet, quoique, sous lui, il ait péri dix fois moins d'hommes que sous son successeur Fouché. La mitraillade des soixante a marqué son nom pour toujours.

Mais la Loire eut bien plus d'effet. Cette grande rivière, d'aspect placide, qui, après avoir fécondé trois cents lieues de rivages, porte une mer d'eau douce à la mer, a l'innocence apparente des grandes forces de la nature. Qu'on l'eût associé aux fureurs de l'homme, qu'on en eût fait un bourreau, que, dans le mystère de ses flots, on ait enseveli un monde, tout le naufrage vendéen, prêtres, nobles, hommes et femmes, des femmes enceintes! et des enfants!... l'imagination fut saisie, épouvantée. Loin d'en rabattre, de voir s'il n'y avait pas exagération, on y ajouta plutôt. Les hommes aiment à frissonner.

Du chiffre probable, deux mille, Tronjolly, l'accusateur, porte le nombre à dix mille ; Mme de La Rochejaquelein en ajoute encore cinq mille, etc.

De même que, dans la Loire, le flot pousse en avant le flot, les accusations, une fois commencées, allaient se poussant. Tronjolly, président du tribunal, accusa le comité ; le comité accusa Lam-

---

1. Ce progrès de la boule de neige et de l'avalanche qui va grossissant explique le procès de Carrier. Il était, comme on a vu, très coupable. Mais de la manière dont on procéda, il aurait péri de même innocent. Il se défendit très mal, et Goullin le lui reprocha : « Eh ! Carrier, ne chicane donc pas ainsi ta vie, en procureur..... Tout ce que nous avons été forcés de faire, nous l'avons fait pour la République ! » On n'osait pas trop faire comparaître les véritables témoins à charge, qui eussent été les royalistes. Mais on s'était cotisé à Nantes pour envoyer et pensionner à Paris des témoins sans-culottes; d'autres aussi très récusables, un voleur, par exemple, déjà condamné à quatre ans de prison, et qui, pour la peine, eut sa grâce. Le vrai héros des débats appartient à une classe dont les riches disposaient aisément. C'est une poissonnière, la femme Laillet, admirablement choisie pour ajouter au dramatique : cette femme, d'un bec étonnant, parfois éloquente, interrompt à chaque instant, place un mot, et toujours bien. C'est elle qui a conté, avec une apparence de simplicité qui asséna it mieux le coup, la mort de Mme et Mlles de La Métayrie, qui fit pleurer tout le monde. Seulement elle oublie de

berty et le fit périr; des amis de Lamberty échappèrent en rejetant tout sur Carrier. Ainsi, ce procès immense s'étendait, s'agrandissait, s'enrichissait de témoignages[1]. Robespierre n'avait qu'à les laisser faire et regarder. Ils travaillaient tous à lui donner contre Carrier et, en général, contre le parti hébertiste, une force incalculable, celle de la passion populaire, celle d'une accusation poussée en commun par tous les partis de l'Ouest. Les uns, républicains, voulaient qu'on punît Carrier d'avoir sali la République. Les autres, secrètement royalistes, saisissaient l'occasion de venger sur lui la Vendée.

Ce fut le comité de Nantes qui, assez maladroitement, travaillant contre lui-même, fit commencer la rumeur à Paris. Il y envoya cent trente-deux Girondins (suspects pour la liaison de Villenave avec Bailly). Ces hommes, de leurs prisons, où chacun venait les voir, travaillèrent violemment l'opinion contre le comité, en même temps que

---

dire que ces dames étant cousines germaines de Charette, personne ne pouvait les sauver, et, si on l'eût essayé, on eût été proclamé traître par le peuple, par les poissonnières et peut-être par Laillet même.

Les légendes de la Terreur rouge ont été ainsi très habilement exploitées. J'attends celles de la Terreur blanche. Certes, ses assassinats nocturnes en fourniraient de saisissantes. Pourquoi ne les écrit-on pas? Par égard pour d'*honorables* familles. Les hommes, souvent très capables, des localités qui pouvaient les recueillir, m'ont souvent fait même réponse : « Nous serions assassinés. » — La prospérité apparente qui a recouvert les ruines ne doit pas faire illusion. Tel département qui alors eut comme une pléthore de vie a vu tous les patriotes d'âge mûr égorgés par les chouans sur des listes systématiques, puis leurs fils tous morts dans nos grandes guerres, puis leurs petits-fils livrés par les mères, les veuves, à la mortelle direction de ceux qui firent tuer leurs pères. Cette terre, si habilement stérilisée, ne porte plus que *de bons sujets*.

l'agent de Robespierre agissait contre Carrier. Goullin surtout avait à craindre ; comme colon de Saint-Domingue, on le disait noble.

Mandés à Paris, Goullin et Chaux cherchèrent abri, dans cet orage, sous le patronage de Robespierre. Ils mirent à sa disposition tout ce qu'ils avaient contre Carrier; c'était le 9 mars. Le 13, il devait faire arrêter les amis de Carrier, Hébert et Ronsin. Il reçut avec bonheur ce secours inespéré que lui envoyait la fortune, les accueillit, s'épanouit jusqu'à dire : « Rien d'étonnant si l'on vous persécute ; vous êtes de vrais patriotes. »

Carrier prêtait singulièrement. Il en disait contre lui-même encore plus que ses ennemis. Aux Jacobins, par exemple, comme on parlait de cimetières, prenant brusquement la parole, comme pour une chose personnelle : « Ah! dit-il, il y en avait trop, je n'ai pu enterrer tout! » Loin d'atténuer l'effet de sa sinistre personne, il l'augmentait à plaisir, se posant lugubre et tragique, comme l'homme de la fatalité, l'exterminateur, le fléau de Dieu. En quittant Nantes, il disait à une femme qu'il aimait : « Sois tranquille, ma bonne amie ; Nantes n'oubliera pas le nom de Carrier... Par le fer ou par le feu, elle périra tôt ou tard. »

Il se croyait en sûreté, imaginant qu'on ne l'attaquerait que pour exagération, c'est-à-dire que les accusateurs eux-mêmes s'avoueraient modérés et moins violents patriotes. Il ne s'attendait nullement au coup qui le transperça. Ses hommes, Lamberty et Fouquet, furent guillotinés le 16 avril pour contre-révolution et modérantisme[1].

1. Fouquet (de Nantes), âgé de trente-sept ans, ex-magasineur, adjudant général, et Lamberty, âgé de trente ans, ci-devant carrossier, adjudant général d'artillerie, ont été condamnés à mort, convaincus du crime de contre-révolution, en soustrayant à la vengeance nationale la femme Giroust de Marsilly, condamnée à mort le 25 pluviôse, et qualifiée par les comités révolutionnaires de Laval et la Flèche de seconde Marie-Antoinette, à cause de son acharnement contre les patriotes et son adhésion aux projets des brigands, ainsi que la femme de chambre de Lescure, fameux chef de brigands, et les filles Dubois, suspectes de complicité avec les brigands. (Greffe de Nantes, 23 germ.)

CHAPITRE III

LUTTE DE ROBESPIERRE CONTRE LES REPRÉSENTANTS EN MISSION (FÉVRIER 1794).

Lutte de Robespierre contre Tallien et contre Fouché. — Il étend ses accusations. — Il inquiète le Comité de salut public. — Il méconnaît les titres des représentants en mission. — Pouvait-on juger équitablement l'année 1793? — Combien 1793 différait de 1794. — Obscurité des voies de Robespierre.

Ce qui honore le plus Robespierre, c'est sa lutte contre les représentants en mission. Et ce qui le condamne aussi, ce qui l'a perdu, c'est la guerre qu'il leur a faite.

Pour expliquer cette énigme, disons que Robespierre, très justement, poursuivit à mort trois ou quatre scélérats qui déshonoraient l'Assemblée;

Que, moins justement, avec une sévérité excessive et déraisonnable, il étendit cette poursuite aux vingt et quelques représentants les plus compromis par la dictature que le péril les avait forcés de prendre en 1793;

Enfin, que sa terrible imagination, soupçonneuse et maladive, embrassant dans ses défiances les deux cents représentants revenus de mission, en venait à menacer la Convention. Cette monomanie d'épuration absolue le poussait fatalement, quelque désintéressé qu'il pût être du pouvoir, à saisir une espèce de dictature judiciaire, une position de censeur et de grand juge, — et non seulement sur les actes politiques, mais sur les mœurs et les pensées.

Distinguons d'abord les époques.

Beaucoup d'hommes, qui, dans la réaction emportés par le torrent, devinrent extrêmement coupables, ne l'étaient nullement avant Thermidor. On ne pouvait les juger sur des faits à venir.

Et dans ceux qui, dès l'époque où nous sommes arrivés, étaient déjà très coupables, tel fut un fripon, comme Chabot, tel, comme Carrier, une bête sauvage, un chien enragé, sans pourtant être un scélérat. Ce mot n'implique pas seulement le crime, mais la perversité réfléchie, la corruption voulue de l'esprit et du cœur. Il y a eu peu d'hommes dans la Convention à qui on doive ce titre. Peut-être n'y en eut-il que trois : Rovère, Tallien, Fouché

Rovère est, je crois, le seul membre de cette assemblée qui ait fait fortune. On verra par quels moyens.

On en peut dire autant de Tallien. Ce grand homme resta pauvre, les mains vides, sinon les mains nettes. Nous l'avons vu à Paris, traîner aux Champs-Élysées, à l'aumône de sa femme, alors princesse de Chimay.

Le fait est que Tallien fut un ventre, rien de plus, un tonneau sans fond. Il eut beau voler toujours ; nul remède à sa pauvreté.

Né dans la cuisine d'un financier de Touraine et fils de son cuisinier, il eut l'âme à l'avenant, une âme de Laridon, tout à la gueule et aux filles. Il eût été moine à une autre époque, vrai moine de Rabelais. Il était beau et beau diseur, prêcheur, enjôleur de femmes. Sa plus grande jouissance, partout où il arrivait, était de monter en chaire et de prêcher pêle-mêle la Révolution, la Raison, Jésus, Marat et le reste. Les femmes étaient ensorcelées.

Nullement cruel de nature, Tallien le devint toutes les fois qu'il y eut le moindre intérêt. Agit-il? laissa-t-il agir en septembre? C'est un problème. A Bordeaux, il ne fut ni au-dessus ni au-dessous des fureurs locales. Il les flatta en faisant mettre la guillotine devant ses fenêtres. Cette guillotine, dit-on, lui fut d'un excellent rapport. Tout est commerce à Bordeaux. Tallien commerça de la vie. Pour tromper les haines sérieuses qui voulaient du sang, il lui fallait enchérir en gestes, en paroles, en fureurs. Il hurlait, beuglait la Terreur, sans crainte d'exagérer son rôle. Pendant ce temps-là, dit-on, sa maîtresse tenait le comptoir. On dit pourtant que parfois elle escamotait quelques grâces et sauvait des gens pour rien[1].

---

[1]. Une enfant, une petite fille perce la foule sans-culotte qui entourait le proconsul, arrive jusqu'à lui et demande la liberté de sa mère. Tallien entre

Ces choses n'arrivaient point à Lyon. L'homme de Lyon n'était pas, comme Tallien, l'enfant dépravé de la nature, c'était son maudit, son Caïn. La figure déshéritée de Fouché (quoique intelligente) effrayait d'aridité. Le prêtre athée, le dur Breton, le cuistre, séché par l'école, tous ces traits étaient repoussants dans sa face atroce. *Réussir* fut tout son symbole. C'était un homme au fond très froid, d'un positivisme horrible[1]. Il s'était fait hébertiste, croyant que c'était l'avant-garde. Successeur de Collot à Lyon, il fut brisé par Robespierre, revint conspirer contre lui, et plus que personne travailla au 9 thermidor. Rien n'honore plus Robes-

---

dans une horrible fureur, jure, sacre et frappe l'enfant. L'assistance, qui n'était pas tendre, trouve pourtant que le citoyen représentant se laisse emporter trop loin dans sa colère patriotique. Le tout était une farce pour faire passer l'élargissement de la prisonnière, qui déjà était ordonné. Ceci m'a été conté à Bordeaux par une personne très digne de foi.

1. Il est juste pourtant de reconnaître que, sans lui, sans les Parisiens qui entrèrent dans la commission temporaire de Lyon et dans le tribunal révolutionnaire, la fureur des vengeances locales aurait été bien plus loin. Le plus sévère des cinq juges était un Lyonnais. Tous les départements voisins envoyant des accusés au tribunal de Lyon, ce ne fut pas sans peine qu'il limita le nombre des condamnations à dix-huit cents, nombre énorme, et toutefois énormément inférieur au nombre de ceux qui périrent à Nantes. J'ai sous les yeux un jugement de ce tribunal (celui de Marie Lolivic, femme Coibel), jugement fortement motivé et qui ne s'accorde guère avec ce qu'on a dit de la précipitation aveugle des juges. Quant à Collot et Fouché, leur justification fut toujours celle-ci : « Nous ne jugions pas ; il y avait un tribunal, et nous n'avions pas le droit de faire grâce. » Fouché suivit le progrès de l'opinion et vers la fin réprima ceux qui voulaient continuer l'effusion du sang. Rien ne contribua plus à cet adoucissement que l'humanité de nos soldats. Un jeune Lyonnais pris les armes à la main allait être condamné. Un dragon républicain, qui ne l'avait jamais vu, s'avance et répond pour lui, dit qu'il le connaît, qu'il est patriote. Le Lyonnais était M. de Gérando, l'illustre philosophe, l'oncle du jeune homme plus illustre encore que nous avons perdu en 1848, de Gérando-Téléki, l'auteur des beaux livres sur la Hongrie, le martyr de la liberté.

pierre que cette circonstance : les principaux auteurs de sa chute furent les deux pires hommes de France, Tallien et Fouché.

Ils ne l'auraient pas renversé, s'il n'eût impolitiquement étendu ses accusations, terrifié tout à la fois les honnêtes gens et les fripons, et la Convention tout entière. Devant un tel moraliste, un tel juge, un tel épurateur (qui voulait flétrir Cambon même!), qui était en sûreté?

Il y avait en lui un contraste. Il était né avec l'amour du bien. Il posait sans cesse, en ses discours, l'idéal de l'équilibre. Et sa violence intérieure (celle aussi de la tempête révolutionnaire) le jetait à tout moment à droite et à gauche. Il imposait à tous un milieu impossible qu'il ne put jamais garder.

Tout cela ne se sent que trop dans le sinistre discours qu'il fit sur cette thèse le 5 février. Ce discours, fort général (« La démocratie, c'est la vertu », etc.), n'en était pas moins une menace contre tous les représentants qui avaient rempli les missions de 1793.

Et ce n'étaient pas seulement les sauvages exécuteurs des vengeances nationales, les Collot et les Carrier, qui avaient à craindre. C'étaient tous ceux qui, dans ces circonstances inouïes, avaient été dictateurs malgré eux.

Non content de les désigner, il en nommait un bon nombre dans un essai de rapport sur Fabre qu'il montra au Comité de salut public. Il parlait ainsi de Merlin : « Fameux par la capitulation de Mayence *et plus que soupçonné* d'en avoir reçu le prix. » Du reste, pas la moindre preuve. Il renouvelait contre Dubois-Crancé le reproche, écarté cent fois, *d'avoir trahi devant Lyon*, d'avoir sauvé les Lyonnais, niant hardiment l'évidence, puisque Dubois cessa de commander le 6 octobre et qu'ils échappèrent le 8.

Le Comité, alarmé, tout en admirant ce rapport, le pria de n'en pas faire encore usage, de revoir cette belle pièce et de la porter à la perfection dont elle était susceptible.

Il était clair qu'à travers ce large abatis fait dans la Convention, il en viendrait aux Comités. Il prenait des gages contre eux. On lui avait apporté de Toulon une lettre très ambiguë où l'ennemi semblait instruit des secrets de l'État. Il s'était jeté sur cette pièce, la tenait comme une épée, suspendue sur le Comité de salut public. Ses regards menaçants disaient : « Quel est le traître parmi vous? » Deux hommes (de gauche et de droite), Billaud et Hérault avaient tout à craindre.

Sa malveillance pour Lindet parut d'une manière indirecte, mais très significative, quand il fut accusé à la Convention pour sa mission de Normandie. Lindet avait fermé les yeux sur une erreur passagère, involontaire, d'une toute petite commune. Minime en apparence, l'affaire était grande en réalité. Cette première petite porte allait ouvrir une carrière infinie d'accusations, qui pouvait envelopper neuf départements. Poursuivrait-on le fédéralisme de Normandie et de Bretagne? — C'était l'immense question. Lindet la soumit aux comités, à la Convention, qui parurent croire, comme lui, que, les chefs frappés, il fallait négliger le reste, fermer les yeux. Mais Lindet, en obtenant cette décision si importante, ne put tirer un seul mot, ni dans un sens ni dans l'autre, de la bouche de Robespierre. Il resta silencieux, immobile, gardant, par ce cruel mutisme, une prise sur ses collègues, et se réservant de pouvoir leur dire un jour : « Vous avez innocenté le fédéralisme. »

Cela était injuste, ingrat. Il fallait noblement honorer, rassurer ceux qui, dans la crise horrible de l'été de 1793, dans l'éclipse du Comité de salut public, avaient par leur habileté ou leur énergie personnelle sauvé le pays.

Il était dur de chicaner avec Lindet et Phelippeaux, dont l'ascendant avait brisé la Gironde dans l'Ouest. Dur de dire à Merlin, Briez, qui, de leur corps, avaient couvert la France désarmée, ce mot étrange : « Êtes-vous morts? » Dur d'accuser Dubois-Crancé, qui, par un effort inouï, dans son abandon de trois mois, seul maintint tout le Sud-Est contre la Gironde, contre l'ennemi, contre le chaos, organisa l'affaire énorme du siège de Lyon et pour récompense fut ramené prisonnier.

Les noms de ces hommes héroïques, de tant d'autres moins connus qui sauvèrent la France, ceux de Baudot et Lacoste qui nous ont donné le

Rhin, celui du pur et vaillant Soubrany, le vainqueur des Espagnols, iront dans la gloire éternellement avec ceux des grands hommes du Comité.

Combien d'autres, mis par le devoir dans des positions moins brillantes, égalèrent leur dévouement! Nous pouvons dire hardiment que trente représentants du peuple ont mérité, pour leurs missions seules, d'être mis au Panthéon. Que serait-ce si l'on ajoutait les travaux intérieurs de l'Assemblée, de ses infatigables commissions, ces travaux poussés au delà de toutes les forces humaines, ces jours de labeur acharné, ces nuits sans sommeil? A regarder l'entassement énorme de ce que fit la Convention, on est tenté de croire que le temps, en ces années, changea de nature, que ses mesures ordinaires perdirent toute signification. Les jours furent au moins doublés; on peut nommer cette Assemblée *l'Assemblée qui ne dormit pas.*

Pour juger équitablement la Convention et surtout les représentants en mission, il fallait, de la situation meilleure de 1794, se reporter à la crise du milieu de 1793. Combien ces premières missions différaient de celles qui suivirent! En 1794, il y avait encore du désordre, mais des forces énormes, les armées les plus nombreuses, des administrations créées. Les hommes de 1793 ne trouvèrent rien, créèrent tout.

Leur situation fut terrible. Plusieurs furent assassinés, plusieurs près de l'être. Presque tous n'étaient appuyés que d'une minorité minime. Baudot, par exemple, à Toulouse, en juin 1793, n'eut pas quatre cents hommes pour lui. Il n'en dompta pas moins la ville.

Un représentant montagnard (hier avocat, médecin, journaliste), tout à coup homme de guerre, arrivait gauche et novice, avec son sabre et son panache, dans une ville inconnue; il était terrifié de sa solitude. S'il ne faisait peur, il était perdu. Les républicains mêmes étaient Girondins, se cachaient. Les Montagnards de la localité, en minorité minime, étaient d'autant plus furieux. Ils connaissaient leur péril. L'imminence de la *Terreur blanche* exaltait la *Terreur rouge*. Ils voyaient déjà en esprit les assassinats de 1795, les compagnons de Jéhu, les massacres de Marseille, le roc sanglant de Tarascon, les quatorze cents pères de famille fusillés chez eux en huit jours dans les environs d'Angers, les chouans et les chauffeurs. Ils disaient au représentant : « Il faut tuer les traîtres aujourd'hui ou nous périrons demain. »

Un fait sûr, c'est que les plus violents même des représentants furent souvent très embarrassés de contenir la violence des hommes de la localité.

Non, on ne pouvait juger un seul des représentants en mission. Entre eux et leurs ennemis, le procès aurait été par trop inégal. Lequinio, par exemple, Hentz ou Francastel avaient durement appliqué les lois, au milieu des grandes villes où toute chose est en lumière. Mais les barbaries vendéennes dont celles-ci furent les représailles, les fusillades quotidiennes de Charette au coin des bois, qui en tint les procès-verbaux? Pour commencer de tels procès, il fallait aller sous terre chercher les ossements blanchis, pouvoir dire : « Ceci est un meurtre vendéen ou patriote », noter les périls, les détresses, les terreurs où ces actes furent commis, retrouver les fureurs populaires qui souvent les ont dictés.

Le plus habile homme du monde, le plus juste, si l'on veut, qui, loin de l'action et des intérêts, passa sa vie en discours, entre la maison Duplay, les Jacobins et l'Assemblée, tournant toujours sur un point, sans mouvement que d'une maison à l'autre de la rue Saint-Honoré, pouvait-il apprécier la destinée de ces terribles voyageurs de la Révolution? des hommes de la fatalité, qu'elle lança un matin hors de toutes les habitudes, hors des réalités connues, loin du centre et de la règle qu'elle força, par l'imprévu qui les prenait à la gorge, de fouler la loi aux pieds pour sauver la loi, de faire des crimes pour fuir le crime, d'éteindre la lumière du monde en laissant périr le seul peuple en qui elle parût encore?

C'étaient des hommes sacrifiés, perdus; ils le sentaient bien. Ils rentraient, un à un, dans le monde des vivants, ces infortunés revenants, avec un confus souvenir de ce qu'eux-mêmes avaient fait. Sous une impulsion surhumaine et d'un prodigieux bond, ils avaient sauté un abîme... Vous leur auriez proposé de recommencer à froid, ils auraient reculé d'horreur; ils disaient : « Qui a fait nos actes ? Nous n'en savons rien[1] !... »

Ces malheureux trouvaient au retour la blême, l'impitoyable figure d'un juge qui dans chaque discours posait, comme reproche et menace, l'équilibre moral et civique, la ligne fine, précise, à suivre sous peine de mort.

Représentez-vous un homme qui, dans une affreuse tempête, au violent passage des mers, tendrait de Douvres à Calais un fil délié, en menaçant de la mort ceux qui ne suivraient pas le fil.

S'il n'eût été qu'un politique, la terreur eût été moins grande, on eût pu s'entendre encore. Mais il était surtout et avant tout moraliste. Sa sévérité naturelle, sa rapide interprétation traduisait tout acte léger, tout fait d'immoralité, de simple indélicatesse, par « corruption, vénalité, trahison, entente avec l'étranger ». Plusieurs des représentants se calomniaient eux-mêmes, il est vrai, par leur conduite. Prodiguant leur sang, ils prodiguaient tout. Bourbotte, dînant à Tours, s'indignait de n'avoir que six bougies sur table. Il allait à quatre chevaux. Merlin vivait en général, portait moustache. Robespierre y voyait distinctement l'avènement futur du pouvoir militaire. Autre crime

---

[1]. C'est, en propres termes, ce que Baudot disait à mon ami Edgar Quinet. Celui-ci, jeune alors, allait voir l'illustre vieillard à la campagne, dans une grande maison déserte, quasi démeublée, et l'homme des anciens jours lui parlait volontiers des temps héroïques, n'oubliant jamais qu'une chose, la part qu'il avait eue à tout cela, et comme il avait contribué à sauver la France qui l'oubliait, — qui s'oubliait elle-même.

de Merlin : il courut follement le cerf (sans doute avec les chiens du roi); Robespierre en concluait qu'il avait dû rapporter de Mayence une fortune royale.

Cet étrange moraliste, l'œil armé d'un microscope, qui grossissait horriblement, voyait les délits de ce genre juste au niveau de la trahison de Toulon ou de celle de Dumouriez. Il voyait ce qu'on lui montrait, accueillant crédulement tout ce qui venait des départements contre les représentants du peuple, tous les témoins furieux qui venaient leur faire expier leur dictature éphémère, et sommaient Robespierre de les accuser.

Du 15 janvier au 13 mars, ces représentants revenant un à un, Robespierre les attendait, dans une inertie calculée, perdant le temps aux Jacobins, faisant le malade, voulant les voir arriver tous, avec toutes les accusations des départements, pour commencer le procès.

Dangereux procès! injuste! qui, ouvert par lui contre ses ennemis, a continué après lui contre ses amis[1], contre la Révolution! Ce procès, en 1795, a

---

1. Qu'étaient ces deux cents représentants qui avaient eu des missions? *La Convention agissante*, l'énergie de la Convention, et ce qu'il y avait de plus sûr pour la République. Je ne m'étonne pas qu'en prairial, Albitte ait demandé qu'on leur confiât exclusivement le pouvoir. Quelles mains plus pures, plus héroïques eût-on trouvées que celles de Romme, Soubrany, Goujon, Baudot, J.-B. Lacoste, etc.? Robespierre fut très dur pour eux, en les empêchant (le 6 avril et toujours) de rendre compte de leur fortune avant et après leur mission, c'est-à-dire de constater leur glorieuse pauvreté. Ceux même d'entre eux qui étaient foncièrement robespierristes, il ne les soutint que très indirectement contre leurs ennemis. Lebon, par exemple, étant accusé (en juin), Robespierre n'osa le défendre, il le fit défendre aux Jacobins

fait mettre sur la sellette *deux cents* représentants devant la Convention, puis la Convention tout entière devant l'opinion. Telle était la pente naturelle, du moment qu'on entrait dans l'accusation de l'année 1793.

Elle finissait, la terrible, l'héroïque, la sanglante année, sur qui a crevé la débâcle entassée depuis mille ans. Tous ces maux lui venaient de loin. L'héroïsme vint d'elle-même.

1794 devait être pénétré de reconnaissance pour son père 1793, qui l'avait fait être et vivre, qui,

par Couthon. Lebon, après Thermidor, fut poursuivi aussi cruellement que Robespierre avait poursuivi les dantonistes, et avec aussi peu de preuves. On lui reprocha d'avoir violé une femme qui n'existait pas, d'avoir volé un collier de perles qu'on retrouva à sa place, sous les scellés mêmes. On ne tint aucun compte des ordres terribles qu'il avait reçus, à l'entrée de la campagne, de Carnot, Billaud et Barère, qui lui indiquaient d'avance le plan concerté entre les Autrichiens et les traîtres qui étaient pour eux dans chaque place, et qui, effectivement, leur livrèrent Landrecies. Lebon s'enferma dans Cambrai, et là seul (toute la ville était royaliste) il arrêta le cours de la trahison. Les prisonniers avouèrent que c'était lui qui avait tout fait manquer. Maintenant qu'était cet homme, pour remplir ce rôle étonnant? C'était un jeune oratorien, prêtre marié, professeur de quelque talent, d'un caractère faible et doux. Il avait été Girondin, puis robespierriste. Son isolement, son péril extrême, lui troublèrent l'esprit. Il y avait eu beaucoup de fous dans sa famille; lui-même, il eut quelques moments singuliers d'excentricité. Un jour, au théâtre, à une représentation des *Gracques*, un passage lui semblant aristocratique, il sauta sur le théâtre le sabre à la main et mit les Romains en fuite, et comme les spectateurs riaient, il menaça de les faire tous arrêter. — Il n'était pas sans générosité; car il sauva malgré lui le général Foy, alors fort jeune, très violent, et qui faisait tout ce qu'il fallait pour forcer Lebon à le faire périr. — Dans la dictature terrible que lui imposait le péril, dépassa-t-il la mesure? C'est probable. Mais comment le savoir? Ses ennemis, avant de le mettre en jugement, s'emparèrent de tous ses papiers; *ils le firent juger par des émigrés*, par ceux qu'il avait empêchés d'entrer en France avec l'ennemi! — Dans sa dictature de quatre mois, pour lui, sa famille, ses secrétaires et employés, frais de bureaux, de voyages à Paris, etc., il dépensa 29,000 francs. — Son fils a publié ses lettres, vraiment admirables. — Par quelle fatalité a-t-on confondu un tel homme avec Carrier?

par un effort désespéré, avait triomphé de la mort, franchi le passage que personne n'a passé, et qui, par delà le Styx, avait rouvert à la vie de nouvelles terres et de nouveaux cieux.

La nouvelle année arrive, insolente des victoires déjà gagnées, des grandes créations déjà faites, avec douze cent mille soldats, la force, la jeunesse et l'oubli.

Elle arrive impitoyable et volontairement ignorante de ce qu'on a fait pour elle. L'organe de la sévérité, c'est cet homme triste, amer, en qui la nature, la vertu, le bien, le mal, l'intérêt et le désintéressement, tout tournait à l'inquisition. Il n'y avait pas un homme dans la Convention, pas un dans la République qui pût être rassuré. Nul patriote n'eût pu regarder dans son passé sans y trouver quelque chose qui craignait l'œil de Robespierre. Le Jacobin des Jacobins, Montaut, disait : « De sept cent cinquante que nous sommes, il pourra en rester deux cents. » David lui-même, en avril, eut peur de son maître : « Je crois, dit-il, que nous ne resterons pas vingt membres de la Montagne. »

Mais ces deux cents, mais ces vingt, qui était bien sûr d'en être? Voyait-on précisément la ligne de Robespierre?

La finesse excessive de sa stratégie, qui, derrière l'apparente immutabilité des doctrines, donnait espérance à plus d'un parti, troublait, obscurcissait la voie où il conduisait la Révolution.

A Lyon, par exemple :

Il avait laissé par Couthon un tel souvenir de modération que les amis de la clémence se crurent sous son patronage quand ils hasardèrent contre Collot, en décembre, la pétition écrite par le royaliste Fontanes.

En mars, il fit rappeler, comme exagéré, Javogues, ami de Collot, de Fouché.

Fouché avait décrété la suppression de la misère et frappé des contributions énormes sur les riches pour nourrir les pauvres. Les riches espéraient que Robespierre, les délivrerait de Fouché.

Mais, d'autre part, les exagérés, voulant exécuter à la lettre le fameux décret : *Lyon n'est plus*, et menaçant la propriété, Fouché les réprima vigoureusement. Les exagérés implorèrent l'appui de Robespierre qui parla pour eux.

Tous à Lyon[1], vaincus et vainqueurs, s'adres-

---

[1]. La jalousie des Lyonnais contre les Parisiens venus à Lyon favorisait singulièrement l'ascendant croissant des robespierristes dans cette ville. Le maire Bertrand, ami de Chalier, mais rallié à Couthon, travaillait à réunir pour Couthon et Robespierre les Lyonnais de tout parti, modérés et exagérés, de manière à chasser Fouché, Marino, membre de la Commune de Paris, et autres Parisiens. Les robespierristes avaient influence dans le tribunal, comme à la municipalité, et y balançaient les hébertistes. C'est ce qui explique ce fait singulier.

On amène un prêtre au tribunal. « Crois-tu en Dieu ? » S'il disait oui, les hébertistes peut-être le frappaient comme fanatique. Il dit : « Qu'il y croyait *peu*. — Meurs donc, dirent les robespierristes, meurs, infâme, et va le reconnaître. »

Ils demandent à un autre prêtre : « Que penses-tu de Jésus ? — Je soupçonne qu'il pourrait bien avoir trompé les hommes. — Quoi, Jésus ! le meilleur sans-culotte de la Vendée !... Scélérat, cours au supplice ! » L'abbé Guillon, généralement favorable aux robespierristes, n'enregistre pas moins, par ce fait, une preuve frappante de leur étrange intolérance.

saient à lui, croyaient avoir sujet d'espérer en lui.

Il ne rebutait personne.

Cette tactique du chef laissait dans une grande incertitude les robespierristes, qui le suivaient toutefois, — de moins en moins comme un principe, — et de plus en plus comme un homme, une idolâtrie personnelle, c'est-à-dire, à leur insu, s'engageant dans la monarchie.

CHAPITRE IV

LA RÉVOLTE DE DESMOULINS CONTRE ROBESPIERRE
(FÉVRIER 1794).

Les Montagnards se serrent contre Robespierre. — Aplatissement général; alliance. — Desmoulins seul n'y consent pas. — Le malheur de Fabre le détache de Robespierre. — Lucile l'encourage. — Ses attaques contre le Comité de sûreté. — Ses attaques contre Robespierre. — Inquiétude de Robespierre.

La stratégie de Robespierre, en terrifiant la Montagne, lui donnait, pour la résistance, une unité obligée où les nuances hostiles allaient s'effaçant. Tous sentaient qu'ils étaient perdus s'ils ne profitaient encore de leur ascendant sur la Convention pour obtenir qu'elle approuvât les Montagnards qui revenaient, de sorte que si, plus tard, Robespierre voulait, par le centre et la droite, entamer le grand procès des hommes de 1793, on pût dire : « La chose est jugée. »

Donc, par un pacte tacite, la Montagne ne souffrit pas qu'il s'élevât un mot de doute sur tout représentant revenu de mission. Elle les approuva tous, hébertistes ou dantonistes, les loua ou amnistia, et elle fut suivie en cela des vrais patriotes, qui sentaient qu'en pareille situation on n'eût pu toucher aux coupables sans compromettre toute la représentation nationale et la République elle-même.

On accueillit non seulement Lacoste et Baudot, chargés des drapeaux du Rhin et de leur glorieuse désobéissance, non seulement Chasles, guéri de sa blessure et des calomnies jacobines, mais des hommes discutables comme Fréron, des coupables comme Tallien, de furieux hébertistes, Javogues, Lequinio, Carrier même. On ne voulut voir en eux que des hommes qui s'étaient compromis à mort pour la Révolution, et contre qui les robespierristes exploitaient habilement les haines, les vengeances locales.

Souffert à la Convention, bien reçu aux Jacobins, Carrier, le brutal, le barbare, montra une diplomatie dont on put être étonné. Il loua les dantonistes, fit l'éloge de Westermann, alla jusqu'à dire que Phelippeaux se trompait sans doute, mais se trompait en conscience.

L'alliance des partis, déjà essayée (fin septembre), tentée encore et manquée (10 novembre) par l'emportement d'Hébert, semblait cette fois prête à se faire sous l'influence de la nécessité et de l'intérêt commun. Elle devenait plus facile par la grande fatigue morale, l'affaissement réel des opinions divergentes.

Les grands travailleurs du Comité de la Convention songeaient plus aux résultats, à la victoire sur l'Europe, qu'aux divisions de partis. Nous voyons dans les *Mémoires* de Carnot qu'il dînait aux Tuileries chez un restaurateur avec Collot d'Herbois.

Collot se fût sans difficulté arrangé avec Danton, et il lui eût ramené la moitié des Jacobins. Il restait comme à la chaîne, et sous la fatalité de sa grande affaire de Lyon, qui lui revenait sous mille formes.

La défaillance était grande dans les hommes principaux. Thuriot avait perdu la parole; sa poitrine ne lui permettait plus de monter à la tribune. Legendre y montait toujours, mais pour devenir de plus en plus ridicule; la naïveté de ses peurs, de ses colères mal jouées, ses reculades sous forme d'emportements patriotiques, étaient une farce habituelle qui eût fait rire la mort même.

Mais la ruine la plus lamentable était Danton. Son aplatissement volontaire eût été moins remarqué s'il eût gardé le silence; mais non, il parlait. Il rusait avec infiniment d'esprit et de lâcheté avec la situation. Il s'était fait le second de Robespierre pour accabler Clootz; et, en retour, il en fut protégé à l'épuration jacobine. Il étonna encore bien plus le 7 janvier, quand, un dantoniste proposant de ramener le Comité dans la dépendance de la Convention, Danton fit renvoyer cette proposition au Comité même. Il eut (26 février) une lueur d'indépendance et s'en effraya tellement que lui-même le lendemain il parla en sens inverse.

Danton, par Westermann, par Merlin (de Thionville), par Dubois-Crancé et autres, se fût aisément arrangé avec Collot, Carrier, Hébert.

La difficulté réelle était Camille Desmoulins. Il avait, dans son n° 4, rendue la conciliation impossible avec Hébert; celui-ci portait au sein la flèche mortelle; il allait, mais comme un mort. Ronsin de même était percé, de même irréconciliable; et qui dit Ronsin dit Collot d'Herbois; pour Lyon, c'était même chose.

Entre tous les politiques qui se seraient arrangés, Camille seul embarrassait. Entre tant d'hommes fatigués, lui seul, constamment éloigné de la tribune, s'était conservé entier. Avec son libre génie d'inspiration naïve et soudaine, il était l'homme du monde qui pouvait le moins composer.

Voltairien, matérialiste, tout ce qu'on voudra, le grand écrivain n'en fut pas moins celui qui démontra, à son péril, la souveraine indépendance de l'âme.

L'austère et spiritualiste chef des Jacobins, par deux fois (septembre et janvier), composa avec Hébert... Et ce fut, dans le mondain, le bouffon, le léger Camille qu'apparut, contre l'alliance monstrueuse et dégradante, la résistance intrépide de la morale publique.

Un instinct confus, très fort, semblait dire aussi à l'artiste que son immense puissance de juillet 1789 allait lui revenir entière. La presse est la reine des reines, au début et à la fin des révolutions. La tribune finissait; sauf quelques mots éloquents, superbes, hautains de Saint-Just, quelques belles et laborieuses élucubrations de Robespierre, elle avait perdu la voix. Avant l'ennuyeuse époque des Portalis et des Jordan, la France devait parler encore, parler une fois à la presse, témoigner de son vrai génie, pour entrer ensuite, un peu consolée, dans le tombeau.

Donc Camille se sentait revivre. Après avoir, lui aussi, traîné, tremblé et alangui, il sentait, comme Samson, que les cheveux lui repoussaient. Non content d'avoir, des deux pieds, écrasé les Philistins, je veux dire les hébertistes, il allait, poussé d'une force inconnue, secouer les colonnes du temple et la réputation de Robespierre.

L'affaire de Fabre avait percé le cœur de Camille ; elle le détacha de son maître. L'amitié pouvait seule l'émanciper de l'amitié. On le voit aux premiers mots du n° 6 (15 janvier) : « Considérant que l'auteur immortel du *Philinte* vient d'être mis au Luxembourg avant d'avoir vu le quatrième mois de son calendrier, voulant profiter du moment où j'ai encore encre et papier, et les deux pieds sur les chenets, pour mettre ordre à ma réputation, je vais publier ma foi politique, dans laquelle j'ai vécu et mourrai, soit d'un boulet, soit d'un stylet, soit *de la mort des philosophes*, comme dit *le Compère Mathieu*. »

Elle fut écrite, cette profession de foi, mais non publiée.

Personne, jusqu'en 1836, n'a pu deviner pourquoi Desmoulins est mort.

Le cœur déjà serré de la censure pontificale qu'il

avait subi en décembre, en janvier, aux Jacobins, il voyait devant lui se dresser un mur. Il eût peut-être abandonné les libertés de la parole. Mais la liberté de la presse! elle manquant, l'air lui manquait! Il sentait la pierre du sépulcre se poser sur sa poitrine, et avant que d'étouffer, par un effort désespéré, il voulut la lancer au loin.

Qui ne voyait à ce moment le danger du pauvre artiste?... Entrons dans cette humble et glorieuse maison (rue de l'Ancienne-Comédie, près la rue Dauphine). Au premier, demeurait Fréron. Au second, Camille Desmoulins et sa charmante Lucile. Leurs amis, terrifiés, venaient les prier, les avertir, les arrêter, leur montrer l'abîme. Un homme, nullement timide, le général Brune, familier de la maison, était un matin chez eux et conseillait la prudence. Camille fit déjeuner Brune et, sans nier qu'il eût raison, tenta de le convertir. C'était le moment où leur ami Fréron, enthousiaste de Lucile, venait de lui écrire la victoire et les périls de Toulon. Camille aussi, à sa manière, était, voulait être un héros : *Edamus et bibamus*, dit-il en latin à Brune, pour n'être entendu de Lucile ; *cras enim moriemur*. Il parla néanmoins de son dévouement et de sa résolution d'une manière si touchante que Lucile courut l'embrasser. « Laissez-le, dit-elle, laissez-le, qu'il remplisse sa mission : c'est lui qui sauvera la France... Ceux qui pensent autrement n'auront pas de mon chocolat. »

Cette scène d'intérieur explique l'explosion du n° 7.

Cet audacieux numéro regarde au visage et décrit ceux que personne n'osait plus regarder en face, les redoutables membres du Comité de sûreté générale. Il établit parfaitement qu'on n'y a mis que d'anciens Feuillants, des Girondins convertis. David et sa joue, sa fureur, son écume, Camille a tout mis, au risque d'éclabousser Robespierre. Mais il l'est bien plus par ce mot : « Que Fabre a été arrêté, parce qu'il avait des pièces contre Héron. » Héron, l'engin mystérieux du pouvoir, Héron, qui en toute autre chose grave ne faisait rien sans prendre le mot du maître.

« La Convention a rendu contre elle-même ce vrai décret de suicide qui la réduirait bientôt à la condition servile d'un parlement qu'on embastille pour refus d'enregistrement. Le Comité de salut public, qui donne toutes les places, gouvernait par l'espérance ; et voilà qu'il a la Terreur. »

Dans un passage décisif, l'attaque est directe contre Robespierre : « Il fit preuve d'un grand caractère, quand, dans un moment de défaveur, il se cramponna à la tribune... Mais toi, tu fus un esclave, *et lui est un despote*, le jour que tu souffris qu'il te coupât si brusquement la parole dès ton premier mot. »

Une certaine comparaison d'Octave et d'Antoine semble une allusion cruelle à Robespierre et Danton, au 19 juin, au 10 août, au 5 septembre. « Le lâche Octave, *qui s'était caché*, vainqueur par le courage d'Antoine, insultait le corps de Brutus », etc.

Ce n'était pas la première fois que Desmoulins hasardait des allusions à la bravoure de Robespierre. Dans le rude coup de cravache dont il cingla Nicolas, son garde du corps, il ne se refusa pas une ligne sur l'amusante figure du porte-bâton qui suivait partout le grand homme. Nicolas fut dès lors connu, regardé, admiré, aussi bien que le chien Brount qui lui fut associé, comme garde du corps, l'été de 1794.

Camille fit encore bien pis. Il trouva, toucha d'une main rude un endroit plus délicat encore en cette âme endolorie. Ce point était celui où l'amour-propre littéraire était mêlé, confondu avec l'orgueil politique. Ceci était le fond du fond. Et même Robespierre eût pu ne pas être un politique; mais, de toutes façons, s'il n'eût été prêtre, il eût été sans nul doute homme de lettres.

Il faut savoir qu'en janvier, après son grand avantage sur Fabre et sur Phelippeaux, croyant avoir été trop vite et voyant que le procès contre les représentants était loin d'être mûr encore, Robespierre voulut gagner du temps et chercha quelque terrain neutre où l'on pût parler sans rien dire, occuper les Jacobins. Il établit une espèce de concours *sur les vices du gouvernement anglais,*

La société, redevenue docile depuis le grand coup, donna, sous son pédagogue, le plus étonnant spectable de radotage académique. Tous, dans leur parfaite ignorance de la question, parlaient d'autant plus aisément. Ce flot d'insipidité coula un mois et plus, sans autre incident que quelques coups de férule distribués par le maître. Et la chose eût duré encore, si on ne l'eût embarrassé lui-même par la question de savoir si, en attaquant le gouvernement anglais, on devait attaquer le peuple qui aidait ce gouvernement. Robespierre dit *non* d'abord, et *oui* le surlendemain (9 et 11 pluviôse).

L'impitoyable Camille, le saisissant juste ici, lui jeta avec respect deux lourdes calottes de plomb : ennuyeux et brissotin.

« Parlons un peu des *vices du gouvernement britannique*. » — « Qu'est-ce que tout ce verbiage ? dit brutalement l'autre interlocuteur. Cette vieille question des deux gouvernements a été tranchée au 10 août. »

« Robespierre, sans s'en douter, *reprend le rôle de Brissot*, qui nationalisait la guerre. Pitt a dû rire en voyant cet homme, qui l'appelle imbécile, s'y prendre si bien pour le raffermir, pour démentir Fox et l'opposition anglaise. »

Ces mots si forts expliquaient le vrai sens de l'épigraphe mise en tête, épigraphe édulcorée dans la traduction de Camille par un reste de respect, mais bien plus claire en latin. La voici sans ménagement : « Ne pas voir ce que les temps exigent, se répandre en vaines paroles, se mettre toujours en avant sans s'inquiéter de ceux avec qui l'on est, cela s'appelle être un sot... Avec l'intention bien bonne, Caton perd la République ; il ne voit pas que nous sommes dans la boue de Romulus, et disserte comme il ferait dans la cité de Platon ». (Cicéron.)

Le libraire de Desmoulins, Desenne, recula d'horreur quand il lut, en épreuve, ces lignes terribles. Il se crut mort, déclara qu'il hasarderait d'imprimer tout ce qui était anti-hébertiste, mais que tout passage contre Robespierre devait disparaître. L'ardent et fougueux écrivain, arrêté dans son élan, se débattit, disputa. Les épreuves allaient et venaient; on les lisait au passage; les amis en parlaient tout bas. Les ennemis en surprirent-ils quelques pages? C'est probable. Du reste, le bruit suffisait. L'effet du factum eût été terrible. C'était à Robespierre à voir s'il devait attendre le coup.

Tout grand homme politique doit craindre d'être touché de près. Mais combien plus Robespierre, un prêtre, une idole, un pape! Le plus digne ne peut jouer ces rôles étranges qu'avec un masque mobile à plusieurs visages. Celui-ci, sérieux, patriote, acceptait cette adoration pour le salut de la patrie et croyait qu'elle périssait si les voltairiens touchaient encore à cette dernière religion.

De hasarder la parole contre Desmoulins, il n'y avait pas à y songer. Un dieu qui discute est perdu. Robespierre, d'ailleurs, n'avait qu'une corde, sérieuse et triste. Il était sans armes contre l'ironie. Ses excursions en ce genre n'étaient pas heureuses. Il croit mordre Phelippeaux en disant que ses philippiques « ne sont que des philippotiques ».

Il ne pouvait plaisanter Desmoulins, mais bien le tuer.

Nous ne doutons aucunement qu'il n'ait été terrifié, la première fois que cette idée cruelle lui vint à l'esprit. Cet aimable, ce doux, ce bon camarade, qui n'avait pas passé un jour sans travailler à sa réputation! ces souvenirs n'étaient-ils rien? Y avait-il un homme encore en Robespierre? Pour avoir passé, repassé dans le Styx et l'onde des morts, n'avait-il pas en quelque coin gardé une goutte du sang de la femme?... Je soutiens et je jurerais qu'il eut le cœur déchiré.

D'ailleurs, tuer Desmoulins, c'était encore autre chose; on ne pouvait s'arrêter. Le pauvre Camille, qu'était-ce? Une admirable fleur, qui fleurissait sur Danton. On n'arrachait l'un qu'en touchant à l'autre... L'arbre noueux, fort, puissant, avait jeté aux vents ses feuilles; mais, tel qu'il était, quelle main eût été sûre de l'arracher?

CHAPITRE V

ROBESPIERRE MENACE LES DEUX PARTIS PAR SAINT-JUST
(26 FÉVRIER 1794).

Robespierre malade. — Alarmé de l'attitude de la Convention. — Il fait revenir Saint-Just, 26 février. — Robespierre paraît s'éloigner de ses doctrines. — Combien il grandit Saint-Just.

Robespierre tomba malade le 15 février, resta chez lui jusqu'au 13 mars.

Dur moment où il eut sans doute sa suprême tentation.

Tout ce temps, sa seconde âme, Couthon, se dit malade aussi, s'absenta; il disparut le 15, reparut le 13.

D'autres diront que cette absence était politique (comme la vaine discussion sur le gouvernement anglais), qu'il fallait gagner du temps pour les raisons qu'on a vues. Moi, je crois que la maladie fut réelle, qu'elle fut la fièvre, l'inquiétude, la terrible indécision qui doit précéder de tels actes.

Si Desmoulins n'eût pas été la créature innocente qu'il était, il eût profité du délai. La chose éventée, il eût sur-le-champ imprimé sous terre (les royalistes imprimaient bien). On ne provoque pas un tel homme. Il fallait ou l'adorer ou d'un coup sûr et rapide le clouer vivant sur l'autel.

Une chose paralysa le puissant pamphlétaire, c'est qu'il n'avait pas encore perdu le respect. Au fond même, il aimait encore. S'il eût, dès la première attaque et sans avertissement, touché le texte redoutable qui agit en Thermidor (les dévotes de Robespierre, les momeries du parti, etc.), le coup eût porté si droit que le blessé n'eût pu le rendre.

Celui-ci, on n'en peut douter, était dans cette terreur. Il avait immolé Fabre. A quoi bon avoir mis le drame sous clé, si le pamphlet courait Paris? Camille était un enfant sans doute, on se plaisait à le redire; oui, mais meurtrier dans ses jeux; s'il égratignait d'abord, ne pouvait-il aussi, *pour rire*, appliquer son pédagogue contre un mur infranchissable, l'écraser et l'aplatir à une consistance si mince que, transparent, diaphane, la joyeuse lumière du soleil le perçât sur chaque point?

Il ne fallut pas moins qu'une telle anxiété pour finir l'indécision de Robespierre, lui faire mettre les fers au feu. Une chose aussi le décida, l'accueil imprévu que Carrier reçut à la Convention (23 février). Si elle amnistiait un tel homme, il était évident qu'elle était décidée à innocenter tous les représentants en mission, qu'hébertistes et dantonistes sur ce point étaient d'accord, que tous allaient se serrer, ne connaissant plus qu'un ennemi, le dictateur. Robespierre se décida, tira le couteau pour raser les deux partis. Ce couteau était Saint-Just.

Il était à l'armée du Nord, mais averti et tout prêt; il fondit, le 26, sur la Convention.

Il apportait un discours d'extermination pour qui savait le comprendre.

Ce discours avait deux buts; il témoigne du pas prodigieux que fit Robespierre, dans son âpre solitude, sous l'épreuve des attaques imminentes et du ridicule possible.

Non seulement il note les indulgents comme traîtres, mais d'un bond il passe par-dessus les exagérés, les note comme indulgents.

« Plus de terreur! non, justice! » Mais cette justice de Saint-Just est telle qu'elle accuse l'Assemblée d'indulgence, une Assemblée où siégeaient Carrier et Collot d'Herbois!

« On ne punit point les coupables », dit Saint-Just. L'Assemblée se regardait; l'autre jour elle s'était vue au pied de la guillotine; elle trouvait que vraiment le tribunal ne chômait pas. Que voulait donc dire ce mot? Apparemment, qu'en frappant les petits coupables, on ménageait trop les grands, les représentants du peuple.

Parmi plusieurs belles choses, vives, fortes, profondes, il y en avait d'effrayantes par le vague et l'équivoque.

« La société doit s'épurer. Qui l'empêche de s'épurer veut la corrompre, qui la corrompt veut la détruire. » Glissantes interprétations. L'Inquisition ne raisonna jamais autrement. Si on les eût appliquées, on n'eût point trouvé d'innocent. Tous sortis de la monarchie, tous plus ou moins corrompus, par cela seul tous étaient traîtres, avec cette étrange doctrine. Saint-Just était-il innocent, lui qui, deux ans auparavant, venait de réimprimer son imitation de la *Pucelle?*

La Convention ne fut pas moins suprise des traits lancés par Saint-Just contre le mouvement de Chaumette, mouvement avoué d'elle-même (16 novembre). Il ne devina pas lui-même l'effet immense de ses paroles, la joie de la contre-révolution.

La conclusion est hardie, décisive : « Le besoin asservit le peuple, la Révolution n'est pas encore entrée dans l'état civil. Celui qui s'est montré l'ennemi de son pays n'y peut être propriétaire. Indemnisons les malheureux avec le bien des ennemis de la Révolution. »

Il substitue ainsi aux principes des biens nationaux *vendus* par l'État le simple *don*, l'indemnité gratuite [1].

« Les *comités révolutionnaires* feront connaître au Comité de sûreté générale la conduite de tous les *détenus* depuis mai 1789. »

Le sens de cet article fut très clairement indiqué par Couthon et autres, qui demandèrent que le bien

---

[1]. Entre le premier système qui a favorisé l'usure et le second qui favorise la paresse et le sommeil, il y avait pourtant un milieu, l'*affermage* des biens nationaux à un prix très bas, qui mettrait l'homme laborieux en état d'acquérir peu à peu des parcelles. Soulager les malheureux par l'aumône gratuite d'une confiscation, c'est une solution éphémère et pauvre.

des *suspects* fût confisqué, comme celui des *émigrés* ; autrement dit, que ceux qu'on soupçonnait seulement fussent assimilés aux coupables convaincus.

Ce discours avait une portée immense ; il déconcertait l'opinion. Il montrait Robespierre sur un terrain nouveau, étranger à ses doctrines, peu éloigné des lois agraires. Mais ceux mêmes qui les voulaient auraient trouvé qu'il y passait par une très mauvaise porte, remettant en réalité le gouvernement de la chose, non pas au pouvoir central qui ferait espérer quelque impartialité, mais à la tyrannie locale, puisque la confiscation ne serait prononcée en réalité que sur les notes transmises par ces petits comités de sections, villes ou villages.

Ces agents ne pouvaient-ils être infidèles, ennemis de la République ? On s'en aperçut en avril, où l'on vit que les comités de villages se composaient justement des agents des émigrés, de leurs procureurs, de leurs intendants. On les supprima d'un coup. Il n'y eut plus de comités que dans les villes de districts.

L'avantage du décret pour Robespierre, c'était d'annuler logiquement et les dantonistes et les hébertistes, d'ôter à ceux-ci l'avant-garde et de marcher devant eux.

Pour obtenir ce résultat, Robespierre avait payé cher et s'était préparé peut-être des embarras d'avenir. Il avait dressé bien haut le piédestal de Saint-Just. Cette hautaine raideur n'était plus celle du Jacobin seulement, mais du militaire. Saint-Just répondait bien mieux que son maître à l'idéal du temps nouveau qui venait. Il avait trouvé tout d'abord ce que n'eut jamais Robespierre, une faculté puissante sur le grand bétail humain : *la parole du tyran.*

Tout cela eût éclaté sans le 9 thermidor. Robespierre le regardait et disait parfois tristement : « Il y a en lui du Charles IX. »

Un mot du 24 février parut fort sinistre à tous : « La République, dit Saint-Just à la Convention, *ce n'est point un sénat*, c'est la vertu. » Dès lors, pourquoi *un sénat ?* Cette morale inattendue fit passer aux yeux éblouis je ne sais quelle lueur lointaine du 18 brumaire.

LIVRE XVII

CHAPITRE PREMIER

MOUVEMENT DES CORDELIERS. — ARRESTATION DES HÉBERTISTES.
PREMIER COUP SUR LES DANTONISTES
(25 FÉVRIER - 18 MARS 1794).

Les Cordeliers indignés d'être dépassés. — Poussés à la vengeance par les petites sociétés. — Ils appellent l'insurrection, 4 mars. — Ils restent seuls. — Ils sont arrêtés, 13 mars. — Discours de Saint-Just contre les exagérés et les indulgents. — On enveloppe Clootz dans le procès d'Hébert. — Robespierre félicite l'Assemblée de se décimer. — On arrête Hérault, Chaumette. — Danton défend ses ennemis, 18 mars.

Le dernier mot de Saint-Just qu'on a trouvé sur lui le 9 thermidor est celui-ci : « Diviser, *non les propriétés*, mais les fermages. »

Donc, comme Marat et Robespierre, comme tout ce qu'on peut appeler la révolution classique, Saint-Just défendait la propriété.

En cela, ils apparaissent comme les adversaires de Babeuf et sans doute de Jacques Roux, de Varlet, de Leclerc, de Lyon, et des amis de Chalier.

L'effort de Robespierre, on l'a vu dès juin 1793, fut

d'arrêter les Cordeliers sur la pente qui les entraînait de ce côté. Il n'y réussit que par l'alliance de Marat, plus tard par Hébert et le *Père Duchesne*, jusqu'à ce que le foyer redoutable qui subsistait aux Gravilliers parût éteint dans le sang de Jacques Roux.

Les Cordeliers, maîtrisés par Hébert et par les robespierristes, avaient abandonné ce fanatique, patriote sincère pourtant, nullement convaincu du vol qui le mena à la mort. Ils avaient perdu par là, et pour plaire aux Jacobins, leur influence au centre de Paris, spécialement aux Gravilliers. L'alliance jacobine leur arracha encore l'abandon de Chaumette, qui, par ses prédications religieuses, leur avait conquis cette grande et importante section.

L'étonnant discours de Saint-Just leur fit sentir tout à coup que tant de sacrifices étaient perdus.

Sans adopter les principes de ceux qu'on avait proscrits, il arrivait en pratique, à des résultats analogues. La mesure, infiniment élastique, d'un séquestre qui permettait « d'indemniser tous les malheureux », — l'axiome : « Celui-là seul a droit dans la patrie qui coopère à l'affranchir », c'étaient des moyens suffisants pour atteindre indirectement les résultats des lois agraires.

D'un bond, sans transition, les robespierristes se trouvaient ainsi avoir passé par-dessus les Cordeliers. Après les avoir si longtemps arrêtés ou retardés, ils les rejetaient maintenant à l'arrière-garde, pêle-mêle avec les indulgents, et comme dans les bagages. Ils leur avaient surpris leur drapeau et le portaient en avant.

Les Cordeliers étaient fort abattus. Hébert, après avoir tué Jacques Roux, renié Chaumette, subi le joug de Robespierre, n'allait plus aux Jacobins ; il avait mis prudemment la sourdine au *Père Duchesne*. Les petites sociétés du centre de Paris, très petites, mais agitées toujours des furies de Jacques Roux, ne permirent pas aux Cordeliers d'avaler l'outrage. Elles firent honte à Hébert, le lâche aboyeur, d'aboyer sans mordre. La diplomatie hébertiste (on a vu celle de Carrier) ne pouvait continuer sans soupçon de trahison.

Paris avait, à ce moment, une saison qui lui est propre, un dur carême à vent aigre, temps froid, sec, pauvre, irritant. Très peu de vivres arrivaient. Des boutiques partout fermées, les marchands ne voulant plus vendre, plutôt que de vendre à perte. La longue queue grelottante avant le jour à la porte des boulangers, queue aux chantiers, queue aux bouchers. C'étaient là certainement les éléments d'un mouvement. Le 4 mars, les Cordeliers voilèrent d'un crêpe noir la Déclaration des droits, déclarant qu'elle resterait telle « jusqu'à ce qu'on vît cesser la disette et punir les ennemis du peuple. » Le 5, l'exaltation croissant, Vincent, Hébert, attaquèrent le Comité de sûreté qui ajournait l'affaire de Fabre; puis, comme Hébert s'accusait lui-même de ne pas tout dire, Boulanger, un fier-à-bras de l'armée révolutionnaire : « Parle, Père Duchesne, ne crains rien; tu parleras, et nous frapperons ! » Alors Hébert se lâcha, et contre les Jacobins qui lui refusaient la parole, et contre un homme *égaré sans doute* (Robespierre) qui, disait faussement Hébert, avait fait rentrer Desmoulins aux Jacobins.

Dans ce *crescendo* de gens échauffés, comme on parlait de créer un journal, le grand spectre noir, Carrier se lève, et d'une voix creuse : « Un journal ! dans un tel moment !... Ce qu'il faut, *c'est l'insurrection !* »

Parole très imprudente, qui fut appuyée d'Hébert.

Le moment n'était pas venu. Une seule section peut-être se serait levée, celle qui se leva en Thermidor contre Robespierre, celle qui pleurait Jacques Roux, celle qui avait été remuée à fond par les prédications de Chaumette et de Léonard Bourdon, le ventre profond, agité, du Paris industriel, la section des Gravilliers (Filles-Dieu, Saint-Denis, Saint-Martin).

Il eût fallu avoir Chaumette. Mais eux-mêmes l'avaient tué. Ils n'allèrent à lui qu'à la fin, quand leur affaire eut avorté. Ils en furent reçus froidement; la Commune ne fit rien pour eux.

Au Comité du salut public, Collot d'Herbois, quoique lié avec eux, ne pouvait les soutenir. Son intérêt n'était pas d'attaquer les dantonistes. Au contraire, d'unir étroitement contre Robespierre, hébertistes et dantonistes, les représentants de toute nuance qui revenaient de mission. Leur ami, Collot, le 6 mars, fut parfaitement d'accord avec leur ennemi Tallien pour blâmer l'insurrection.

Nulle autorité n'appuyant celle-ci, restait la force brutale, l'armée révolutionnaire. Cette armée était-elle encore? Le Comité de salut public l'avait divisée, dispersée. Le Comité de sûreté en avait débauché les meilleurs hommes. A Lyon, elle était en guerre avec la ligne, jalouse de sa haute paye. A Paris, on avait lancé contre elle le faubourg Saint-Marceau, qui vint dire à la Commune que, dans une seule compagnie, il y avait vingt voleurs. Son fameux général Ronsin était seul sur le pavé de Paris; s'il eût voulu tirer l'épée, il n'eût tiré que la sienne.

Il n'en promenait pas moins ses épaulettes au Palais-Royal, disant partout que la Convention était usée, Robespierre usé, qu'il faudrait bien faire un matin un gouvernement, que l'armée révolutionnaire serait portée à cent mille hommes, qu'on nommerait un grand juge qui pourrait être le maire Pache; sous cet automate, Ronsin aurait été dictateur militaire.

Ce beau projet se colportait, se disait à tout venant, spécialement aux prisons. Ronsin y allait voir les siens; on concluait de ces visites qu'il voulait organiser un massacre des prisons. Ce bruit, habilement semé, ne contribua pas peu à tuer le mouvement. Le peuple se mit lui-même à arracher les affiches des Cordeliers. Ils s'empressèrent alors de se rétracter et d'enlever leur crêpe. Cela ne servit à rien. Ils furent tous arrêtés le 13 au soir.

Personne ne s'y attendait. Ils avaient été si faibles et si ridicules que l'opinion leur faisait grâce. Mais la prise qu'ils donnaient était trop belle pour qu'on les lâchât. Ils avaient tenté la Mort.

Le manifeste que Saint-Just lut contre eux, une heure avant l'arrestation, indiquait sans trop de mystère un plan d'extermination impartiale des exagérés et des indulgents. On commençait par les premiers, mais la pièce était peut-être plus violente contre les autres ; les exagérés se contentaient d'affamer Paris ; les indulgents faisaient plus, ils corrompaient la République.

Les accusations sinistres, les mots sanglants de famine qui circulaient dans les groupes à la porte des boulangers, Saint-Just n'hésite pas à les ramasser pour les jeter à la tête de l'ennemi. « On fait des repas à cent écus par tête. On mange la vie du peuple. Tel patriote, avec une feuille, gagne trente mille livres de rentes... Et ailleurs, on vit de châtaignes », etc.

Tout arme lui semble bonne, même un mot de lois agraires : « Donnez des terres à tous les malheureux ! »

On dirait un mauvais rêve, écrit dans une nuit d'orage, parmi les allants et venants, sur la table du Comité. Le décret est un vrai chaos, où les affaires spéciales de police (comme *l'arrivage des denrées à Paris*) marchent de front avec les mesures les plus générales de la politique. Les délits moraux s'y confondent avec les crimes d'État, par exemple *la corruption des citoyens et la subversion de l'opinion publique* avec *la subversion des pouvoirs publics*.

Peine de mort pour qui résiste au gouvernement, c'est-à-dire aux comités. Puis, pour rassurer la Convention : *Peine de mort pour qui usurpe son pouvoir.* Les Comités nomment six commissions pour juger tous les détenus.

Les dantonistes étaient pâles du coup frappé sur les hébertistes. Legendre donna carrière à sa peur sous forme d'enthousiasme. Il demanda que le sublime discours lu pieusement tous les décadis au temple de la Raison, fût envoyé aux quarante-quatre mille municipalités, aux armées, aux sociétés.

On le relut le soir aux Jacobins devant Robespierre et Couthon qui reparurent ce jour (13 mars), comme pour le sanctionner de leur présence, en avouer le contenu. Ils revenaient faibles encore, languissants. « Mes forces défaillent », dit Robespierre le 15 encore, et il se renfonça dans sa chambre de malade.

Il était trop facile d'accabler Hébert et Ronsin. Mais on ne pouvait dire leurs crimes réels sans stigmatiser indirectement l'indulgence de Robespierre pour les déportements des hébertistes à Lyon et dans la Vendée, spécialement pour le certificat d'innocence qu'il venait de leur donner (27 janvier). On attaqua Hébert, comme on avait fait pour Jacques Roux, par une accusation de vol. On lui reprocha d'avoir calomnié... Danton ! qu'on fit mourir huit jours après.

Chose non moins étonnante ! « Hébert, Ronsin, Vincent, Momoro, étaient royalistes ! C'était pour servir le royalisme qu'ils simulaient l'exagération ! »

Rien de plus calomnieux. Coupables sous tant de rapports, ils n'en étaient pas moins républicains. Même ce misérable Hébert, en montant sur la charrette, disait à Ronsin : « Ce qui me tue, c'est que la République va périr ! — Non, dit l'autre, elle est immortelle ! »

Grande époque ! où même les pires avaient cependant la foi.

Pour les faire croire royalistes, on imagina de mêler au procès une Vendéenne. Puis, comme l'affaire s'appelait conspiration de l'étranger, on y mit des étrangers : le banquier Kock, ami d'Hébert, le Belge Proly, qui, bâtard d'un prince autrichien, pouvait entrer comme appoint dans toute conspiration.

Mais l'horreur, l'horreur éternelle, fut d'y mettre encore, sans cause, ni raison, ni prétexte, Anacharsis Clootz, le pauvre Allemand.

Clootz contre qui, il est vrai, on trouva ce grief si grave qu'il avait invité à déjeuner un membre du Département *pour savoir de lui si telle femme était portée sur la liste des émigrés.*

Ayant frappé ce coup à gauche, le 16, on frappa à droite. On força Amar à donner enfin son rapport sur Chabot et Fabre, qu'on avait cousu à Chabot. Amar se cachait chez lui. On l'en arracha. Il dut parler ou périr.

Tout ce qu'Amar fit pour Fabre, qu'on le forçait d'accuser, ce fut de le montrer comme un filou, non comme un criminel d'État, de sorte que la chose n'allant qu'aux tribunaux ordinaires, Fabre pouvait, par le bagne, éviter la guillotine.

Robespierre ne le permit pas ; il remit la chose au point d'un crime d'État. Et, s'adressant à la Convention : « La corruption de quelques individus fait glorieusement ressortir la vertu de cette auguste assemblée... Peuple! où a-t-on vu encore celui qui est investi du pouvoir tourner contre lui-même le glaive de la loi ? Où a-t-on vu un sénat puissant chercher les traîtres dans son sein ? Qui a donné ce spectacle ? Vous, citoyens, et vous seuls ! »

Encouragement délicat, pour décider l'Assemblée à trouver bon qu'on la saignât, qu'on lui coupât bras et jambes.

Parlait-il sérieusement ? Quoi qu'il en soit, de telles paroles sont justement ce qui l'a fait le plus mortellement haïr. Le 5 février déjà, il avait lancé celle-ci, qui parut horriblement équivoque : « La terreur est le ressort du gouvernement despotique. *Est-ce que votre gouvernement ressemble donc au despotisme ?*

Nouvelle saignée le 17 mars. Saint-Just demande la vie d'Hérault de Séchelles et de Simon.

On se rappelle cette pièce énigmatique que Robespierre jeune avait apportée de Toulon et que gardait Robespierre. A cette époque, voulant, par Hérault, entraîner les dantonistes et, en général, les représentants revenus de mission, il terrorisa Billaud, Collot, tout le Comité. Il exhuma cette pièce : « Il y a un traître ici... Voyez entre vous. »

— Billaud détourna le péril : « C'est Hérault sans doute, dit-il, Hérault, l'ami de Proly. »

Il n'y avait point de meilleur patriote qu'Hérault, ni d'homme plus innocent. Son crime fut sa légèreté, ses liaisons faciles avec tout le monde, ses agréments personnels; il était suivi, pas à pas, par une belle royaliste qui l'aimait éperduement. Simon et lui avaient voulu sauver un homme soupçonné d'émigration.

Hérault, l'un des rédacteurs de cette constitution tant vantée, Hérault, président de la fête du 10 août, et comme consacré lui-même et par la coupe et par l'urne qu'il y tint au nom du peuple! Hérault, qui, avec Camille, fut au plus profond du cœur de Danton!... Le coup était frappé bien près. Qui allait suivre? Quelle serait la première victime? Les dantonistes frémissants apprirent le 18 au matin qu'au contraire on frappait les rangs opposés; on venait d'enlever Chaumette.

Coup imprévu, que rien ne commandait que cet à-propos de bascule.

Mort dès longtemps était Chaumette, mort son conseil général. Il semblait du reste accepter parfaitement sa nullité. Il ne décidait plus rien, renvoyait aux comités gouvernants les moindres affaires douteuses.

Quelque peu important qu'il fût devenu, l'arrestation du pauvre apôtre de la Raison n'en fut pas moins pour le monde prêtre et le monde royaliste une délicieuse surprise. Les prisonniers du Luxembourg où on l'envoya nageaient dans les roses. Mesquin d'apparence, petit, faible, avec ses cheveux noirs, plats, il provoqua chez eux une hilarité universelle, Ils le criblèrent de mots piquants, d'une verve si intarissable, que Chaumette n'osait descendre et restait seul dans son coin.

Les dantonistes ne riaient point ; ils voyaient bien que, si l'on frappait parmi leurs adversaires un homme si inoffensif, ce n'était pas pour les épargner. Les uns (Legendre, Tallien, Dufourny) se ruèrent dans la flatterie, dans les outrages aux vaincus ; ils écrasèrent aux Jacobins les Cordeliers qui venaient tête basse, s'excuser et demander quelque appui dans leur péril.

Danton, de toute autre nature, défendit ses ennemis. Le 18, à la Convention, quand la Commune humiliée vint tardivement, tristement, exprimer sa joie pour le coup qui la brisait, le vieil Alsacien Ruhl, alors président, brave homme, mais toujours en colère, la tança de ce qu'elle venait si tard féliciter l'Assemblée. Danton se leva alors :
« La réponse du président est digne de la majesté du peuple. Mais il y règne une justice sévère qui pourrait être mal interprétée. La presque totalité de la Commune est pure et révolutionnaire. Elle a si bien mérité de la liberté qu'il faudrait tout souffrir plutôt que de lui faire boire le calice d'amertume. Épargnons-lui la douleur de croire qu'elle a été censurée avec aigreur. »

Ces paroles généreuses défendaient et les présents

et l'absent, le pauvre Chaumette. Ruhl voulut quitter le fauteuil pour répliquer, mais Danton : « Si ma parole a trahi ma pensée, pardonne-moi. Je te pardonnerais moi-même en pareille erreur. Vois en moi un frère qui a exprimé librement son opinion. » Ruhl, à ces mots, se jeta dans les bras de son collègue.

Noble élan et courageux; il y avait déjà du péril à se déclarer ami de Danton. La Convention applaudit, couvrant de sa sympathie, de son enthousiasme et de ses larmes l'embrassement des deux amis qui devait être le dernier.

CHAPITRE II

LES DANTONISTES ESSAYENT DE DÉSARMER LA DICTATURE
(10 MARS 1794).

Faux matériel pour perdre Danton. — Danton cherchait à s'effacer. — Popularité des dantonistes. — Dispositions de l'Assemblée à l'indulgence. — Bourdon obtient l'arrestation du premier agent de police. — Robespierre obtient qu'on révoque l'arrestation. — Ses revirements aux Jacobins.

Saint-Just, dans le rapport qui fit arrêter Hébert, avait dit ces mots étranges : « Prenez votre élan vers la gloire. Nous appelons à partager ce moment sublime tous les ennemis secrets des tyrans, tous ceux qui, dans l'Europe et le monde, portent le couteau de Brutus sous leur habit. »

Il y eut de l'étonnement. La punition du *Père Duchesne* était-elle *ce moment sublime?* Et, quoique le mot d'*Europe* semblât éloigner les choses, n'était-ce pas plus près que Brutus avait à chercher César?

César, ce n'était à coup sûr ni Hébert ni le pauvre apôtre de la République universelle : où donc fallait-il chercher?

Sans doute, à une autre époque, quand la terre sacrée frémit au premier pas de l'ennemi, quand la

France de 1792 parut respirer dans un homme, quand de ses yeux, de ses paroles, partaient les éclairs et les foudres, quelque chose de César avait apparu, et de plus grand que César... car c'était la Révolution.

Du reste, pour épargner la peine de le chercher, on l'écrivit en toutes lettres. Dans le procès d'Hébert, partout où l'on mentionnait le dictateur et le grand juge, partout, à la place du nom de Pache, on mit hardiment le nom de Danton.

Chaque fois, le juge Coffinhal, dur et violent Auvergnat lié à Robespierre d'une fidélité auvergnate, et tout comme son chien Brount, mais attaché jusqu'au crime et prêt à tout faire sans le consulter, prenait les notes d'audience, les dépositions de témoins, les réponses des accusés, ces paroles suprêmes et sacrées de gens si près de mourir; il bâtonnait cyniquement devant témoins, sans se cacher; bien plus, il changeait, ajoutait. Et le produit dégoûtant de cette infâme cuisine, il le passait à Nicolas, l'imprimeur du tribunal.

Les robespierristes, sans nul doute, poussaient à la mort de Danton, qui leur apparaissait comme leur propre avènement. Ils étaient généralement le parti de l'ordre, et mêlant bizarrement, la plupart à leur insu, leurs secrets instincts monarchiques à leurs idées républicaines, ils plaçaient l'ordre en l'unité, l'unité en Robespierre. Deux reines des abeilles, c'est trop, disaient-ils pour la ruche ou la République; la dictature veut l'unité.

J'ai peine à croire cependant que Robespierre eût déjà consenti cette atroce simplification. Il était trop évident que Danton, ami des plaisirs (et désormais du repos), n'avait aucune ambition, ni orgueil, ni vanité même, aucune velléité de concurrence. C'était chose monstrueuse et d'une rage délirante de songer à tuer un homme qui, dans deux circonstances récentes, non seulement contre Chaumette, mais contre les dantonistes Merlin et Bourdon s'était fait le second de Robespierre. Ce qu'il voulait visiblement, c'était de vivre à tout prix. Il habitait presque toujours à deux lieues de Paris, à Sèvres. Dès qu'il pouvait (et au printemps encore dans cette terrible crise), il courait chez lui, à Arcis, où étaient sa mère et ses deux petits enfants. Les gens d'Arcis racontaient qu'à ses voyages, ils le voyaient des heures et des heures immobile à sa fenêtre, rêvant en bonnet de nuit. Les champs, la nature, l'amour, c'étaient tous ses entretiens. Sa jeune femme de seize ans était grosse. L'âme de Danton était là, absente partout ailleurs.

Quels étaient donc les crimes de Danton, aux yeux des robespierristes? Nul doute qu'il ne les eût choqués, lorsque, bien avant Desmoulins, il avait lancé hardiment cette parole : « Qu'un jour la République, hors de péril, pourrait être un Henri IV, faire grâce à ses ennemis. » N'était-ce pas de ce mot qu'étaient nés le *Vieux Cordelier*, le Comité de la clémence, les propositions imprudentes qui menaçaient de briser le nerf de la Révolution? L'Assemblée se lançait depuis dans une voie d'attendrissement qui étonnait, alarmait. Elle paraissait surtout vouloir ôter le monopole de la bienfaisance aux robespierristes. Un jour qu'ils demandaient cinq cent mille francs de secours pour les indigents : « Non, dit Cambon, dix millions. » Et ils furent votés. — Quatre cent mille francs de secours aux pensionnaires de la liste civile, — secours à une religieuse, sœur de Mirabeau, — secours à la veuve Biron, — secours aux familles girondines de Lebrun, Duperret, Biroteau, etc.

L'affranchissement des noirs et les scènes d'ivresse et d'enthousiasme qui en résultèrent attendrissaient encore les cœurs. Mais le fait qui montra le plus le changement profond qu'avait subi l'Assemblée, c'est que, le 26 décembre, le jour même où Robespierre réclamait l'accélération des jugements révolutionnaires, la Convention en déplora la cruelle précipitation. Un marchand de vins avait été par erreur condamné à mort, comme accapareur ; l'erreur reconnue au moment de l'exécution. La Convention, avertie, vota sur-le-champ un sursis. Nombre de ses membres se levèrent, coururent au Palais de Justice, à la place de la Révolution et sur le chemin, pour arrêter la charrette, bénis, applaudis du peuple, qui naturellement donna aux *indulgents* l'honneur de cet élan d'humanité et de justice.

Une autre occasion populaire fut saisie le 13 mars par Danton. Quand Saint-Just fit charger les comités révolutionnaires de rendre compte de tout ce que les suspects avaient fait depuis 1789 : « Oui, dit Danton, et aussi de ce qu'ont fait les membres de ces Comités. » Ces membres étaient tous Jacobins. Cet amendement appelait les Jacobins qui faisaient rendre compte aux autres, à rendre aussi compte eux-mêmes. La Convention le renvoya timidement au Comité de salut public. Danton, effrayé de s'être avancé à la légère, recula le lendemain et parla comme Saint-Just.

Mais les dantonistes étaient plus audacieux que Danton. Une chose leur donna cœur. Le mot prononcé le 18 par Danton en faveur de la Commune fut reproduit le soir même aux Jacobins par Collot d'Herbois. Il fit révoquer une adresse que la société avait signée de confiance, adresse robespierriste. Danton et Collot parlant dans le même sens, n'était-ce pas un signe décisif que la grande alliance était consommée ?

C'est ce qu'on crut et qu'on fit croire à un homme d'exécution, le fougueux Bourdon (de l'Oise). Ce sanglier était celui qu'on lançait dans l'occasion (19 mars 1794[1]).

Ramassant toutes ses forces, hérissant sa barbe rousse, moitié courage et moitié peur, Bourdon fit

---

[1] Une chose, très irritante, inspira peut-être Bourdon (de l'Oise) : l'arrestation de l'homme qui figurait plus que personne l'esprit de 1793, le chef du jury de la reine, du jury des Girondins, Antonello.

Il avait flotté, disait-on. Mais surtout il avait blessé, publiant, faisant imprimer tous les *considérants* de ses sentences, œuvre terroriste et pourtant de liberté très hardie, où plus d'une fois il honora ceux qu'il envoyait à la mort. (Archives. Registres du Comité de sûreté générale.)

la proposition hardie et désespérée de faire arrêter Héron.

Héron, l'agent public du Comité de sûreté, l'agent secret de Robespierre. Le Comité eût sacrifié cet agent robespierriste. Qui donc y tenait ? Robespierre. C'était sur lui seul que le coup tombait ; c'était lui qu'il dévoilait. Il était poussé à cette impasse : ou il abandonnait Héron, et il était désarmé : ou il défendait Héron, et avouait que son pouvoir n'était pas seulement d'éloquence, mais de police et de gendarmerie. Ce triste mystère d'État était dévoilé.

Le pur et chaste Robespierre n'avait aucune espèce de rapport visible avec la police. Jamais il ne vit Héron.

Du petit hôtel (démoli) où se tenait le Comité de sûreté jusqu'aux Tuileries où était le Comité de salut public, régnait un corridor obscur. Là venaient les hommes d'Héron remettre les paquets cachetés. Souvent encore de petites filles portaient les lettres ou les paquets chez la grande dévote du Sauveur futur, Mme Chalabre.

Le Comité de sûreté, dominé, brutalisé par David, était obligé de garder ce Héron et en avait peur. Robespierre, infiniment crédule pour ceux qui avaient une fois sa confiance, n'eût pas voulu entendre parler d'un autre homme.

Cela rendait Héron d'une insolence incroyable. Il crachait sur les députés.

Bourdon dit. L'Assemblée vote. Voilà Héron arrêté.

Robespierre n'avait en réalité aucune autre force. Il tombait à plat, si le vote surpris pendant son absence avait été maintenu.

On l'avertit. Il accourt, et Couthon aussi. Couthon commence, à genoux, par les plus humbles paroles : « *Je prie* la Convention, *je la supplie* de renvoyer à ses comités la chose en question, *s'ils ont toujours sa confiance* (Oui, oui.), *si leurs efforts pour la mériter* ont le succès qu'ils désirent. »

On avait averti un membre du Comité de sûreté, et l'un des plus estimés, Moïse Bayle. Il vint et témoigna qu'en effet Héron, dans plusieurs besoins, s'était montré adroit et hardi.

Robespierre commença alors, et, comme toujours, mit les choses sur le terrain de la morale, de l'humanité. « Nous sommes pressés entre deux crimes, dit-il; les deux factions agissent pour envelopper tous les patriotes dont on redoute l'énergie. Hier encore un membre fit irruption au Comité et, avec une fureur impossible à rendre, *demanda trois têtes.* »

Chacun se disait : « En suis-je ? »

Robespierre, voyant alors qu'il avait la partie gagnée, tomba dans l'attendrissement : « Pressés entre deux crimes, nous pouvons être étouffés; le plus heureux pour nous, c'est de mourir, d'être délivrés du spectacle douloureux de la bassesse et du crime. (Non, non, dit la Convention.)... Mais, si l'Assemblée veut encore atteindre la palme de la gloire, si nous voulons tous, au sortir de notre mission, goûter le bonheur *des âmes sensibles*..., je le dis, la Patrie est sauvée. »

La droite et le centre rendirent ce jour-là à Robespierre tout ce qu'ils en avaient reçu de sécurité, le 3 octobre, quand il couvrit les soixante-treize. Tous (spécialement les prêtres de la Convention) croyaient ne vivre que par lui. Au moment même il les servait : il emprisonnait Chaumette, guillotinait Clootz, tuant d'un seul coup, sans en parler, le culte de la Raison. Qui menaçait Robespierre? Sur qui allait-il frapper ? Non sur la droite à coup sûr, mais sur les représentants en mission, tous sortis de la Montagne.

Centre et droite, ils se levèrent tous, et, s'unissant au petit groupe des Montagnards robespierristes, ils révoquèrent l'arrestation d'Héron, c'est-à-dire qu'ils replacèrent la police armée dans la main de Robespierre.

Les adversaires de celui-ci, battus à la Convention, tentèrent le soir un effort désespéré aux Jacobins. Tallien, assez adroitement, fit ressortir l'étonnante mobilité de l'*immuable*. « Les aristocrates rien maintenant... Longtemps *on* n'a pas voulu combattre Hébert, parce qu'*on* croyait s'en servir ; et maintenant *on* envelopperait parmi ses complices ceux qui l'ont toujours combattu !... Dites-nous à quoi désormais nous serons sûrs de reconnaître, et distinguer les patriotes? » etc. Robespierre para très mal ce pénétrant coup de poignard. Il se rejeta dans le larmoyant. » Si vous ne frappez, dit-il, à la fois les deux factions, la paix sera passagère, vos armées seront battues, Paris sera affamé, vos enfants seront égorgés... (*Mouvement d'horreur.*) Déjà les patriotes de Lyon sont au désespoir; les amis de Chalier, de Gaillard, sont proscrits en ce moment; ils écrivent qu'ils n'ont de remède que celui de Gaillard et de Caton. »

Ainsi, par un revirement bien inattendu, après avoir le matin prêché l'économie du sang, le soir il reprit tout à coup le drapeau sanglant des ultra-terroristes de Lyon qui accusaient Fouché et Collot de modérantisme !

Telles furent les péripéties de cette étrange journée, où Robespierre, pendant une heure, se trouva nu et désarmé, comme au 9 thermidor.

La chose n'avait tenu à rien. Si Héron eût été arrêté, les dantonistes régnaient.

Leur épée était trouvée. Brune eût mis la main sur les mouchards d'Héron et Westermann eût sabré le charlatan Henriot. Ce n'était pas sans motif que ce hardi Westermann, après sa victoire du Mans, était venu à Paris et s'était justement logé au milieu des sans-culottes, près de la maison de son ami Santerre, dans la grande rue du grand faubourg.

Mais l'Assemblée, dominée par la droite et le centre, rendit la force à Robespierre.

CHAPITRE III

MORT D'HÉBERT ET CLOOTZ. — ON PROPOSE LA MORT DE DANTON
(24 MARS).

Billaud propose de faire mourir Danton. — Danton averti ne put rien. — Comment on endormait la Convention. — L'exécution d'Hébert précipite les choses. — La mort de Danton est résolue. — On prépare le cimetière de Monceaux.

Ce jour-là, Danton était mort. Il n'y avait pas à craindre, après une telle peur, que Robespierre voulût courir le même danger.

Quand, la nuit ou le jour suivant, il rentra au Comité, brisé de son agitation, Billaud, qui lui vit la mort au visage et qui trembla pour lui-même, dit : « Il faut faire mourir Danton. »

Billaud était la Terreur pure ; il ignorait solidement et volontairement le passé, et il n'avait au cœur aucun sens de l'avenir. La mécanique était son idée fixe, et il voulait à tout prix simplifier la machine. Ajoutez que Robespierre, ayant expédié Hérault sans la pièce de Toulon, la gardait contre Billaud. Celui-ci avait intérêt de détourner le péril vers les dantonistes.

Pourtant, quand ce mot horrible que personne n'eût osé dire fût lâché, Robespierre sauta...: Il s'écria comme l'homme qui a un cruel apostume dont il souffre infiniment ; si pourtant on y met l'acier, la piqûre libératrice lui arrache un cri.

Il fut, je n'en fais nul doute, effrayé, navré, ravi : « Quoi ! dit-il, vous tuerez donc tous les premiers patriotes ! » La responsabilité resta tout entière à Billaud de la chose qui ne pouvait profiter qu'à Robespierre.

Couthon était Robespierre même, et Saint-Just plus que Robespierre. Il mordit à la chose par son génie de tyran, par son orgueil de probité, croyant volontiers tout ce qu'on disait de la corruption de Danton, tenté aussi par le péril et l'audace d'un tel coup.

Collot d'Herbois, fort branlant, trop heureux d'être à temps séparé d'Hébert, seul hébertiste dans le Comité, n'osa tout à coup se faire dantoniste et démasquer l'alliance. Carnot, Barère, avaient sujet d'être encore plus inquiets. Lindet, plongé dans ses bureaux, s'y renfonça plus que jamais et seulement fit sous main avertir Danton. Il l'a nié, parce qu'alors il craignait Billaud-Varennes.

Danton était averti de tous les côtés. Le greffier du tribunal révolutionnaire, Fabricius Pâris, qui, ce soir-là, était allé au Comité et qui attendit la nuit, saisit quelque chose à travers les portes et le matin courut à Sèvres. « Eh bien, n'importe ! dit-il, j'aime mieux être guillotiné que guillotineur ! » — On lui disait de se cacher, de fuir. Danton haussa les épaules. « Est-ce qu'on emporte sa patrie à la semelle de ses souliers ? » Il sentait qu'on ne cache pas un tel homme et qu'encore en moins il eût eu un asile à l'étranger. Pour résister à Paris, il eût fallu que l'Assemblée maintînt le décret contre Héron. La droite, en biffant ce décret, avait livré les dantonistes. Le grand sens pratique de Danton lui dit tout cela. Il y avait à y regarder d'ailleurs avant de s'accuser soi-même par une démarche précipitée. Le Comité de salut public n'eût point fait une telle chose sans le Comité de sûreté. Celui-ci n'était pas informé encore. Danton y avait Ruhl et d'autres pour l'avertir ou le défendre.

Ce qui se pouvait, il le fit. Le soir du 24, Rousselin, envoyé ou par lui ou par son ami Paré, ministre de l'intérieur, conseilla aux Cordeliers d'appeler les Jacobins à l'épuration de leur club. Cette démarche fraternelle, fondant les deux sociétés, y portant l'esprit d'unité, eût pu renouer l'alliance et des Cordeliers-Jacobins et des héberto-dantonistes, si maladroitement rompue par Hébert. Là seulement était le salut. Mais les Cordelies refusèrent.

Du 21 au 24, et encore les jours suivants, on ne fit rien qu'adoucir, assoupir la Convention, la convaincre que le Comité de salut public ne gouvernait que par elle. On lui soumit des affaires qu'on avait toujours faites sans son concours. On la laissa prendre pour président Tallien, et les Jacobins Legendre. Quels sujets de sécurité pour les dantonistes ! De toutes parts, des communes des environs de Paris venaient défiler avec des discours devant la Convention pour la féliciter de sa vigueur contre Hébert ; c'était Sèvres, c'était Nanterre, c'était Bagnolet. Et des discours et des réponses. Attendrissements mutuels. Le tout idyllique, pastoral, sentimental. Ces hommes des champs, tout naïfs, parlaient en patois : « J'avions, j'étions », etc. Qui n'eût été attendri ?

Le touchant, le poétique, ce fut de voir arriver, comme un troupeau de bergers, la société des Jacobins, portant trois superbes épis, déjà murs en mars ! don de la société de Nîmes. « Vous le voyez, l'hiver a fui, un printemps perpétuel commence, voici les dons de la nature », etc.

L'orage, pendant cette bonace, s'était réfugié tout entier dans le sombre petit salon du Comité de salut public. Personne n'y défendait Danton ; on se contentait de dire, contre l'avis de Billaud, que la mesure était horriblement hasardeuse ; la peur de Barère s'adressait à la peur de Robespierre, qui généralement laissait dire.

L'exécution d'Hébert (le 24) avança les choses. Elle donna à la situation un tout autre aspect

On avait senti ce qu'il y avait de hasardeux à frapper le Père Duchesne, à supprimer son journal qu'il était habitué à avaler le matin, comme une mauvaise eau-de-vie. Il fallait un équivalent. On en donna un, admirable, un grand amusement du soir, qui pût étourdir la foule et la consoler des journaux. Ce fut le spectacle *gratis*. Le 11 mars, avant-veille de l'arrestation d'Hébert, le Comité de salut public arrêta que le Théâtre-Français désormais nommé *Théâtre du Peuple*, serait mis en réquisition trois fois par décade pour donner des représentations patriotiques et que, ces jours-là, on y entrerait *avec des marques, distribuées par les municipalités*, qu'il en serait de même *dans toutes les villes* où il y aurait spectacle[1].

La chose, mise en train pendant l'affaire hébertiste, produisit, comme on pouvait le croire, une diversion immense. Le peuple, dans l'enthousiasme de ces représentations, fortement chauffées d'esprit militaire, de tam-tam, tambours, trompettes et poudre à canon, fut sans peine désintéressé du journal et de la tribune, et supporta patiemment la mort de son journaliste.

Oublieux public! sa mort fut une espèce de fête. On fut curieux de voir quelle figure le Père Duchesne, qui avait tant parlé de guillotine, allait faire, y comparaissant lui-même en propre personne : ce fut encore un spectacle. Dès le matin, la spéculation s'en mêla; charrettes, bancs, échafaudages, tout se prépara pour faciliter cet agréable spectacle. La place devint un théâtre; on paya cher pour rester là debout tout le jour à attendre. Tout cela loué, crié avec d'étranges plaisanteries. Autour une espèce de foire, les Champs-Élysées peuplés, riants, avec les banquistes, les petits marchands; un gai et fort soleil de mars. Seulement, à voir les prix auxquels on payait les places, à voir

---

[1]. Archives. Registres du Comité de salut public, 20 ventôse an II.

la joie sauvage, quasi frénétique de plusieurs des spectateurs, on était tenté de croire qu'au total c'étaient généralement les riches, les aristocrates. Le républicain véritable ne défendait pas Hébert, qui avait sali, compromis la République. Cependant, quand elle frappait le principal journaliste, disons mieux le *journal* même (le reste au fond n'existait plus), ne rendait-elle pas insoluble la question posée par Tallien : « Sera-t-il aisé maintenant de distinguer les patriotes ? »

Ce 24 mars fut comme une échappée et du public et de la nature. Le grand public indifférent, peu changé par la Révolution, royaliste au moins d'habitudes, peureux jusqu'alors et craignant d'avouer le modérantisme, vint s'épanouir au soleil. La Révolution, ce jour-là, avait l'air de régaler, de fêter ses ennemis avec la mort de ses amis. Je dis amis. Hébert n'était pas tout dans cette boucherie de vingt personnes. Qu'avait fait le pauvre Clootz ? Le royaliste avait goûté au sang patriote, et déjà il en était ivre. Il était là attablé à cet horrible banquet où la France le soûlait des morceaux vivants de son cœur.

« Qu'auraient fait les Vendéens, sinon de faire périr ceux qui avaient invariablement prêché l'extermination de la Vendée?

« Qu'auraient fait les prêtres, maîtres de Paris, sinon de faire disparaître le grand hérétique, l'impie, l'athée, le fondateur du culte de la Raison?

« A qui a-t-on rendu service en tuant Hébert et

la Commune? A Danton, qui se trouve dès lors le seul centre d'opposition. Tous les représentants en mission, les hébertistes aussi bien que les autres, vont maintenant se tourner vers lui.

« Qui sait si cette forte ligue, entraînant la Convention, ne renversera pas les situations, n'échangera pas les rôles, mettant les accusateurs au rang d'accusés? N'a-t-on pas entendu Tallien, menaçant ceux qui le menacent, crier que la conspiration est plus grande encore qu'on ne croit, qu'il la voit aux Jacobins, qu'elle vise à la dictature?... Qu'adviendra-t-il, si ces choses, bien reçues de la Convention qui l'en a récompensé en le faisant président, retentissaient tout à coup par le tonnerre de Danton, par les échos des prisons, par les deux cent mille suspects?... La République elle-même ne s'écroulerait-elle pas? »

C'est certainement ce que Billaud et Saint-Just dirent dans la nuit du 24. Robespierre, accablé et ne sachant que répondre, leur abandonna la vie du seul homme qu'il eût à craindre. Il s'immola, se dévoua, sacrifia ses souvenirs, tant d'années de travaux communs. Mais il n'eut pas le cœur d'égorger de sa main Danton. Tristement il tira de sa poche la minute, fort travaillée (elle existe) de l'acte d'accusation, et il la passa à Saint-Just. Celui-ci, d'une foi atroce, avec son furieux talent, a tout couvert au hasard d'une blanche écume de rage, ne sachant rien, n'ayant pris nulle information et n'en voulant prendre.

Pas un mot ne fut dit encore au Comité de sûreté. Mais l'homme de Robespierre, Payan, qu'il avait mis à la Commune à la place de Chaumette, fut averti sans nul doute. Il demanda un arrêté qui défendît d'apporter des bancs pour les spectateurs sur la place des exécutions. Il fit savoir à Fouquier-Tinville que désormais le cimetière de la Madeleine ne recevrait plus les guillotinés. Fouquier lui-même (le 25) en avertit l'exécuteur[1].

Ce cimetière était plein, il est vrai, mais l'on entassait toujours. Louis XVI et la Gironde, l'un sur l'autre, c'était trop. Placé si près des boulevards, il était hanté, ce champ de repos, par les passions brûlantes; les ombres y erraient en plein jour. Royalistes et Girondins, en pressant du pied la terre, croyaient la sentir vivante. Mais qu'aurait-ce été, grand Dieu! si l'on eût mis là encore Danton, Desmoulins?... La terre eût pris feu... On prévit donc sagement. Dix jours d'avance, dans un lieu infiniment peu fréquenté, près d'une barrière déserte, dans une partie réservée du parc abandonné de Monceaux, on créa un cimetière pour cacher, si l'on pouvait, cet objet terrible.

Danton en ouvrit les fosses et y attendit Robespierre.

1. Archives. Armoire de fer, lettres de l'accusateur public à l'exécuteur.

CHAPITRE IV

ON ARRACHE AUX COMITÉS L'ORDRE D'ARRÊTER DANTON
(NUIT DU 30 AU 31 MARS).

Suppression du ministère de la guerre en faveur de Carnot, Lindet, Prieur. — Création d'une police spéciale de Robespierre. — Saint-Just lit l'acte d'accusation. — Les Comités votent l'arrestation.

Pendant que notre œil se fixe sur ce point noir de Paris, que nos regards plongent déjà dans cette fosse où la République descendra peut-être, le printemps s'est fait et toutes les armées sont en mouvement. La résurrection de la Pologne par Kosciuszko resserre la coalition. Les rois savent que la Pologne, assassinée plusieurs fois, ne sera jamais tuée qu'en France. Le péril revient, immense. Et la défense n'est pas complètement organisée.

Pourquoi ! Parce que Lindet, Carnot, Prieur, les hommes de la situation, n'ont pas encore définitivement la dictature de la guerre.

Le ministère de Bouchotte, Vincent et consorts, n'est plus, et il dure; vaine ombre, il fait obstacle à tout, et rien ne le remplace encore.

Le plus grand service qu'on pût rendre à la

République, c'était de réaliser enfin l'idée proposée, dès le 1ᵉʳ août, par Danton, de faire *que le Comité de salut public fût vraiment un gouvernement*, — de réaliser ce que Bourdon et autres avaient demandé tant de fois et qui avait été repoussé par Robespierre, comme chose de haute trahison, *d'anéantir la monarchie ministérielle*, de faire que l'apparence concordât avec la réalité, de prendre pour le Comité toute la responsabilité en supprimant les ministères, en divisant chacun d'eux entre de simples commis, qui, chaque soir, rendraient compte aux membres du Comité.

« Rendre chaque administration collective, dira-t-on, n'est-ce pas la polysynodie du bon abbé de Saint-Pierre, essayée sous la Régence, et qui ne fut qu'une Babel, bavarde et paralytique, jasant toujours, ne faisant rien? »

La collectivité ici n'était qu'apparente. Elle était dans les commis, simples chefs de division. Mais la Guerre avait la plus stricte unité dans un homme, dans Carnot. De même en Lindet les administrations auxiliaires (subsistances, équipement, transports). De même en Prieur, celle des armes et munitions, en Saint-André la marine.

La nuit du 30 au 31 mars furent convoqués les trois Comités de salut public, de sûreté et, chose inouïe, *le Comité de législation*. Celui-ci, probablement, avait été chargé par Robespierre et Saint-Just de rédiger le grand décret d'organisation. La plume de ce comité, le petit blondin Merlin (de Douai), compromis par sa protestation contre le 31 mai, était, de sa nature, un instrument très docile. Cambacérès, Treilhard, Berlier, légistes impériaux, nés pour formuler en lois les volontés de César, n'avaient garde d'objecter à rien. Cambacérès, le 3 juin, avait proposé, fait passer le décret qui fermait le pouvoir à Robespierre, et depuis se mourait de peur. Le Comité de législation avait déjà perdu Fabre et il allait perdre Lacroix; chacun craignait que cette contagion de mort ne vînt jusqu'à lui.

Donc on l'appela dans la nuit, ce Comité tremblant, docile. Si l'on voyait résistance dans les Comités de salut public ou de sûreté, on était à même de faire voter les légistes et d'avoir, par eux, une majorité pour écraser tout.

Le projet, en réalité, était magnifique pour Carnot et pour Lindet; on leur immolait enfin leur mortel obstacle, le ministère de la guerre : on les faisait rois.

Le droit de *préhension*, vieux mot monarchique, le droit de requérir et prendre toutes choses nécessaires au salut public fut ôté aux représentants en mission, à toutes les autorités, et placé uniquement dans les mains de la commission des approvisionnements, c'est-à-dire dans la main de Lindet.

Ces commissions ne répondaient *pas* exactement aux anciens ministères. On avait, par exemple, démembré l'Intérieur et la Justice, en tirant de l'Intérieur *les administrations civiles*, et de la Justice *la surveillance des tribunaux*, pour les donner à une même commission. Ajoutez une petite chose qu'elle cumulait encore, un simple *bureau de police*, d'attributions très limitées, mais qui envahit bientôt, et qui, remis à Herman, le meurtrier de Danton, fit la plus redoutable concurrence au Comité de sûreté générale.

Ce bureau était la part réelle de Robespierre et le vrai but de la loi, part minime en apparence. La grosse part était pour Carnot. On lui mit le rapport dans la main, lui imposant de le lire à la Convention. Véritable coup de maître! de faire endosser par cette lecture au plus honnête, au plus humain des hommes, la solidarité apparente de l'acte affreux qu'on préparait!

Les choses étant arrivées là, tout convenu, la nuit avancée, chacun près de s'en aller, Saint-Just tira de sa poche un volumineux manuscrit, sa barbare et furieuse traduction du réquisitoire de Robespierre.

Cette pièce, horriblement éloquente, nous a atteints, tous, amis de la liberté, d'une inguérissable blessure! Elle nous a avilis. Elle fait et fera toujours la joie des tyrans. Ils rient deux fois en la lisant, sur la perte de Danton, sur l'aveuglement de Saint-Just. La France dit, le cœur arraché : « J'ai perdu mes deux enfants. »

Le plus triste, dans ce discours si superbement montagnard, ce sont les appels à la droite, la subite piété de Saint-Just. Lui, qui le 13, était encore un sceptique, un douteur, qui attestait le néant, le 30 il a appris la langue du maître, il répète, à vide, à sec, Immortalité, Providence, Être suprême, Divinité, que sais je? et tout cela, pour tuer.

Chose odieuse! de voir Saint-Just, sous des formes si hautaines, flatteur et rusé, fouiller dans la Convention les bas-fonds de la vanité : « Ils disent *que vous êtes usés*, et vous avez vaincu l'Europe ; ils disent *que vous êtes usés* », etc.

Il ne voit pas qu'en allant trop loin dans l'absurde la pierre retombe d'aplomb sur celui qui l'a lancée! Par exemple, si Danton soutenait la levée en masse, c'était *pour faire massacrer d'une fois tous les patriotes*.

Tout le monde baissait la tête, on était navré, malade. Lui, d'une voix monotone, faible et basse, mais invariable, il allait comme un timbre d'airain. Plusieurs choses, vraiment furieuses, tranchaient pourtant, rappelaient que cet être était un homme, un homme enragé de haine; par exemple, ce mot à Danton : « Faux ami, naguère tu disais du mal de Desmoulins, *instrument* que tu as perdu, tu lui prêtais des vices honteux. » Ainsi, au moment même où il les envoie à la mort, il les brouille, les envenime, leur ôte les pleurs mutuels et les embrassements de l'amitié.

Ce long supplice des trois Comités étant fini, les bougies aussi finissaient et la lumière défaillait.

Les têtes se relevèrent un peu ; les ternes regards se tournèrent vers Robespierre, plus pâle que l'aube blafarde de mars. Il ne donna pas un signe. Y eut-il un vote? On ne sait... La Vicomterie a raconté que tous étaient anéantis.

On ne leur donna pas une minute pour en revenir. A Billaud, qui avait eu le mérite de l'idée première, revenait l'honneur de la signature ; il prit la minute du mandat d'arrêt précipitamment griffonnée sur mauvais papier d'enveloppe, signa, passa à Vadier. Ils signèrent tous dans cet ordre (je mets en italique les noms du Comité de sûreté) : Billaud, *Vadier*, Carnot, *Lebas*, *Louis*, Collot, Barère, Saint-Just, *Jagot*, Prieur, Couthon, *Voulland*, *Dubarran*, *Élie Lacoste*, *Amar*, *Moïse Bayle*, Robespierre, La Vicomterie. (Pièces du rapport de Saladin, p. 245.) Lindet et Ruhl signèrent-ils? Je ne le vois pas. Mais comment purent-ils éluder?

CHAPITRE V

ARRESTATION DE DANTON, DESMOULINS, PHELIPPEAUX
(31 MARS 1794).

Danton et Desmoulins au Luxembourg. — Desmoulins continue le *Vieux Cordelier*. — Robespierre intimide l'Assemblée. — Résistance de la Montagne. — La droite et le centre votent l'arrestation. — Danton et Desmoulins à la Conciergerie. — Ce qu'étaient alors le tribunal et les jurés.

Les victimes, comme il arrive dans une trop longue alarme, s'étaient rassurées, et ce jour ne s'attendaient plus à rien. On avait habilement augmenté leur sécurité. Billaud dit que Robespierre, *le jour où il consentit la mort de Danton, avait accepté un dîner avec lui à quatre lieues de Paris, et qu'ils revinrent dans la même voiture.* On ne sait rien de ce qui s'y passa.

Danton disait en prison : « Robespierre n'avait jamais parlé à Camille Desmoulins avec tant d'amitié que *la veille de son arrestation*. »

Le 31 mars (11 germinal) à six heures du matin, ils furent arrêtés.

Le plus frappé fut Camille. Au même moment il recevait cette lettre : « Ta mère est morte. » Et il apprit en même temps que Danton était perdu. Il se jeta sur Lucile, l'embrassa, et dans son berceau le petit Horace... partit... Famille, amour, amitié, liberté, patrie, toutes les fibres du cœur arrachées du même coup !

Débarqués au Luxembourg, une image d'innocence, bien propre à calmer, vint frapper leurs yeux. Ce grand coupable, Hérault de Séchelles, qui vendait, disait-on, les secrets de la République, sa conscience était si tranquille qu'il était là, dans la cour, qui, comme un enfant, jouait au bouchon. Dès qu'il vit Camille et Danton, il courut à eux et les embrassa.

Danton fut mieux au Luxembourg qu'il n'était depuis longtemps. Sa situation était mauvaise, mais non plus flottante. Il valait mieux pour lui être victime que protégé de Robespierre, comme il fut au 3 novembre. Il se montra gai, causeur, soulagé d'un rôle impossible.

Le concierge du Luxembourg, le bon vieux Benoît, était aimé des prisonniers. Ils racontèrent à Danton ses soins, sa sensibilité, ses larmes pour le malheur. Danton, fort touché, lui dit : « Je vous remercie, Benoît. »

Il trouva là Thomas Payne, toujours écrivant pour la Révolution, pendant qu'elle l'emprisonnait. « *Good day!* dit Danton en riant, avec une poignée de main. Ce que tu as fait pour ton pays, j'ai voulu le faire pour le mien. J'ai été moins heureux, mais non plus coupable... On m'envoie à l'échafaud; eh bien, mes amis, j'irai gaiement! »

Danton, qui avait fini en ce monde, prenait aisément son parti. Mais Camille, que la mort saisissait en pleine vie, dans son triomphe de presse, plein d'amour, aimé, adoré, sentant en lui la voix d'un monde... il arrivait désespéré. Un prisonnier d'à côté, qui entendait ses soupirs, malade lui-même, au lit, lui dit, de l'autre chambre, aussi haut qu'il put : « Qui êtes-vous, pauvre malheureux? » Et au nom de Desmoulins : « Ah! c'est toi, grand Dieu!... La contre-révolution est donc faite? »

Le malade était Fabre d'Églantine.

Le théâtre en Fabre, la presse en Desmoulins, la tribune avec Danton, tout dans la même prison.

Royalistes et robespierristes, tous voudraient avilir le malheur de Camille Desmoulins. — « Il pleurait comme une femme, restait tout le jour collé aux barreaux, pour tâcher de voir Lucile, son enfant, dans le Luxembourg. Il lisait les *Nuits* d'Young, il ne faisait qu'écrire des lettres désespérées... » Il faisait encore autre chose, on l'a imprimé en 1836. Dans cette captivité de deux jours (arrêté le 31, traîné le 2 en jugement!), le grand artiste, avec une vigueur de vie indomptable, avait commencé un foudroyant numéro du *Vieux Cordelier*. « Pauvre peuple! Jacques Bonhomme! on t'abuse, mon ami », etc.

Quand le bruit de l'arrestation se répandit dans Paris, personne n'y voulait croire. Les royalistes s'obstinaient à nier cette grande victoire qui leur tombait comme du ciel; ils baissaient modestement les yeux, cachaient leurs émotions. Les patriotes étaient tentés d'arrêter, comme alarmistes, ceux qui colportaient la nouvelle.

La Convention s'assemble. Legendre monte à la tribune. Un tel coup, frappé si près, venait à lui visiblement. Il demande que les représentants arrêtés soient entendus. La Montagne frémissait, appuyait.

Robespierre, averti, arrive : « En quoi Danton a-t-il mérité un privilège ? *En quoi diffèrent Danton et son collègue Chabot ?*... Pourquoi se défie-t-on de la justice ?... Quoi ! lorsque l'*égalité* triomphe partout, on l'anéantirait dans cette enceinte !... Qu'avez-vous fait jusqu'ici que vous n'ayez fait *librement ?*... *Quiconque tremble est coupable !* Jamais l'innocence ne redoute la surveillance publique ». (Applaudissements de la droite.)

« Plus d'idoles ! plus de privilèges !... Nous verrons si la Convention saura briser une idole pourrie, ou si, dans sa chute, *elle écrasera la Convention !*

« Moi aussi, on a voulu m'inspirer des craintes, me faire croire que le danger de Danton irait jusqu'à moi. On comptait sur le souvenir d'une ancienne liaison... Rien n'a effleuré mon âme... Que le danger m'atteigne, je ne le regarde pas comme une calamité publique.

« *Les coupables ne sont pas nombreux;* j'en atteste la presque unanimité avec laquelle vous votez pour les principes... Nous savons que quelques membres ont reçu des prisonniers la mission de demander quand finiraient les pouvoirs des comités... *De qui tiennent-ils leurs pouvoirs, si ce n'est de la patrie ?*... Cette discussion elle-même est une offense contre elle...

On défend les conspirateurs, pourquoi? Parce que l'on conspire. »

La presse de cette époque est si durement bâillonnée que pas un journal n'a osé mentionner la résistance de la Montagne. Par qui la connaissons-nous? Par l'unique témoignage de celui qui l'étouffa. C'est Robespierre, qui, dans ses notes secrètes contre plusieurs Montagnards, nous apprend que Delmas et autres demandèrent qu'au moins un vote de cette importance ne fût pas ainsi enlevé, mais qu'on avertît les membres de tous les comités, dispersés dans les bureaux, afin qu'ils vinssent voter.

Le journal des Jacobins, dit *Journal de la Montagne*, attentif ici, comme partout, à favoriser Robespierre, et qui a très adroitement caché son éclipse du 5 septembre, fait effrontément une addition pour faire croire que Robespierre ne veut rien que de raisonnable : « Demander que des coupables soient entendus *avant leurs dénonciateurs*, c'est plaider leur cause. » Ces trois mots ne furent pas dits.

La droite avait applaudi au mot *innocence*. L'innocente, c'était la droite, les Sieyès, les Durand de Maillane, les Boissy d'Anglas. La coupable, c'était la Montagne. La droite et le centre soutinrent Robespierre, comme au jour où la Montagne voulait lui ôter Héron. Alors ils lui sauvèrent Héron, son couteau contre Danton; et le 1er mars, ils lui donnèrent Danton, Desmoulins, la vie de la République, les obstacles naturels de la future réaction. Qu'auraient été les Boissy et tous ces héros, si Danton avait vécu?

La réaction elle-même commençait dans le discours de Robespierre. On y disait tenir le pouvoir, non de l'Assemblée, mais *de la patrie*. Précisément comme l'empereur Napoléon l'a dit si souvent dans le *Moniteur*.

Le soir, Legendre, aux Jacobins, roula dans la boue. Tout à coup enthousiaste du décret contre ses amis, il dit ces paroles : « Tout adversaire du décret aura affaire à moi... Je me charge de le dénoncer. »

Pour prouver à la Convention qu'on voulait bonne justice, on l'amusa d'une loi nouvelle contre les faux témoins. A quoi bon? Pas un témoin ne fut produit dans l'affaire (sauf un contre Fabre); on en avait appelé deux cents contre Hébert. Ici, ni témoins ni pièces.

Quand ils furent transférés tous du Luxembourg à la Conciergerie et que Danton entra sous la voûte qu'on ne repassait que pour mourir, il dit cette parole : « C'est à pareil temps que j'ai fait instituer le tribunal révolutionnaire [1]... J'en demande pardon

---

[1]. Le tribunal révolutionnaire avait toujours existé en France, c'est-à-dire que la Raison d'État y avait toujours dominé le Droit. On peut dire même que ces tribunaux révolutionnaires de l'Ancien-Régime étaient plus choquants et par la légèreté aristocratique des juges et par l'atrocité des peines. Tout cela était naïvement absurde, horrible. De Mesmes et Maupeou, revenant le matin du petit théâtre de la duchesse du Maine ou de chez la Du Barry, par-dessus l'habit de Scapin, passaient l'hermine à la hâte, et, selon l'intrigue du jour, politique ou religieuse, pendaient, rouaient ou brûlaient. Il manquait là cependant une laideur qui vint plus tard : un jury manipulé. Ce grand peuple, qui a été le docteur et le pape du Droit au seizième siècle, qui a trouvé, promulgué, au dix-huitième siècle, la Loi pour toute la terre, n'en a pas moins un organe faible, quelque peu atrophié et qui ne revient pas bien : le sens de la Justice criminelle et civile.

à Dieu et aux hommes... Mais c'était pour prévenir un nouveau septembre; ce n'était pas pour qu'il fût le fléau de l'humanité. »

Ce tribunal, au reste, différait entièrement de son institution première. Il fut changé jusqu'à trois fois en neuf mois de 1793.

D'après le premier projet, celui de Lindet, on n'y eût été envoyé *que par décret de la Convention*. Évidemment il n'eût jugé que des cas d'exception peu nombreux. Il aurait jugé les actes, non les opinions.

On a vu qu'à l'époque de la trahison de Toulon, la Commune exigea un tribunal plus nombreux et plus rapide. Cependant il restait des garanties. Le président devait faire un interrogatoire préalable, recevoir les dépositions écrites des témoins. Les juges, les jurés, devaient chaque mois être répartis au sort entre les quatre sections qui composaient le tribunal, de sorte qu'on ne pût prévoir quelles affaires leur seraient soumises.

L'accélération des jugements ne permit guère bientôt de suivre ces mesures. Robespierre demanda pourtant, le 25 décembre, une accélération nouvelle. Il l'eût demandée encore en ventôse, si le juré Scellier, l'un des jurés les plus durs, ne l'eût prié cependant de ne pas désespérer le jury. Il attendit prairial.

Au 2 avril, quand s'ouvrit le procès de Danton, le tirage au sort des jurés se faisait *sans nul témoin*, entre le président Herman et Fouquier-Tinville. Tirage, non; mais triage! Il y parut aux résultats.

Le chef du jury était un homme des Cévennes,

Trinchard; de ces têtes de caillou, dures et de travers, qui, dans ces gorges étroites du Midi, semblent avoir été faussées en naissant d'un dard du soleil.

L'homme principal était Renaudin (des Vosges), luthier, établi à Lyon, de là à Paris, fixe aux Jacobins, leur surveillant pour Robespierre, compagnon ordinaire des promenades du grand homme. Camille le récusa en vain.

Le Provençal Fauvety, Topino-Lebrun, un peintre, étaient des hommes de valeur, fanatiques ambitieux, qui poussaient le char du maître, sûrs avec lui d'aller très loin.

Le chirurgien Souberbielle, Gascon, âpre, intéressé, avait donné un gage particulier de dureté; il était chargé du triste examen des prisonnières qui se disaient enceintes; jamais ou presque jamais il n'en voulut voir de signes. Son vote contre Danton lui fut payé par la place de chirurgien-major de l'École de Mars.

. Un excellent juré était Ganney, qui, étant idiot et ne comprenant pas plus les demandes que les réponses, à tout hasard tuait toujours.

Meilleur encore et plus *solide* était un vieux marquis, Leroy de Mont-Flabert, qui parlait toujours du 10 août et qu'on surnomma *Dix-Août*. Celui-là, c'était l'immuable, celui qui ne bronchait jamais, qu'aucun incident n'émouvait, véritable idéal du juré : il était sourd.

CHAPITRE VI

PROCÈS DE DANTON (2-3 AVRIL 1794).

Admiration des Russes pour Robespierre. — Les robespierristes ont survécu à leurs ennemis. — Ils dominent encore l'histoire. — La vitalité de la République périt en avril — Ouverture du procès, 2 avril. — Embarras de l'accusateur public. — Embarras du président. — Un seul témoin; son témoignage mutilé. — On refuse les pièces nécessaires aux accusés. — Danton accuse les accusateurs. — Son discours du 3, mutilé, défiguré. — On lui ôte la parole par surprise.

« Ce terrible Danton fut véritablement escamoté par Robespierre. » Ce mot est d'un Girondin rancuneux, de Riouffe, depuis grand réactionnaire et sous-préfet de l'Empire. Il jouit visiblement et ne manque pas d'ajouter ce mensonge que les dantonistes, dans leur malheur, n'étaient occupés que d'eux, nullement de la patrie. Plus naïvement encore, les royalistes témoignent de la joie qui les saisit, quand, ce miracle improbable, ils le virent et le touchèrent : Danton arrivant aux prisons. Danton tué par Robespierre, la République égorgée par la République. (Voy. *Mémoire sur les prisons*.)

Ce sentiment était commun à tous les contre-révolutionnaires de l'Europe. Un très intime confident de la famille impériale de Russie, l'historien Karamsin, secrètement envoyé à Paris, peut-être pour empêcher l'alliance polonaise, fut saisi d'admiration pour la vigueur de Robespierre. L'exterminateur des factions eut dès lors toute son estime. Et quand, revenu à Pétersbourg, il apprit le 9 thermidor, il versa d'abondantes larmes.

Si les prêtres et les rois, dans leur langage officiel, maudissent le chef des Jacobins, c'est leur rôle, c'est leur métier; ils doivent parler ainsi. Dans leur for intérieur, c'est tout autre chose. Celui qui tua Clootz et Chaumette, la Commune de Paris, et brisa le nouvel autel, sa créa un titre éternel auprès du clergé. Et celui qui tua Danton, Desmoulins, la voix de la République et la vie de la Montagne, mérita par cela seul la reconnaissance des rois.

Tous les gouvernements sont frères. Et *Robespierre fut un gouvernement*. Il est résulté de là deux choses :

La tradition gouvernementale de l'Europe lui est restée favorable, comme à l'homme qui transformait la Révolution;

Et la tradition révolutionnaire lui est restée favorable, comme à l'homme en qui fut le gouvernement de la République.

Qui tua la République? Son gouvernement. La forme extermina le fond; elle chercha l'ordre et le calme dans l'extinction des forces vives. Elle brisa à la fois la liberté et la conscience. Mais c'est justement cela qui lui assurait les plus chauds défenseurs dans l'avenir. Tous ceux qui se trouvèrent associés à ces actes par fanatisme ou lâcheté sont devenus les avocats obligés de Robespierre.

Les dantonistes, d'une part; de l'autre, Clootz, Chaumette, la Commune de Paris, ont disparu tous à la fois. Leurs meurtriers ont survécu.

Plusieurs, dans leur âpre vieillesse, inquiète de la postérité, ont pu, jusqu'à près de cent ans, travailler la calomnie, conseiller les écrivains, écrire, murer dans la nuit de l'erreur la mémoire de leurs victimes.

Hébertiste et robespierriste, Choudieu, Levasseur, deux octogénaires, ont pu continuer d'ensemble leur guerre contre Phelippeaux, nier l'évidence, démentir Kléber et les témoins oculaires, les actes authentiques. Contre Danton, Desmoulins, ont pu mentir à leur aise les oracles toujours consultés, un Barère qui les livra, un Souberbielle qui les jugea. Pour comble, l'école de Babel, les catholico-robespierristes, ravis de septembriser la mémoire des incrédules, ont achevé de brouiller tout.

Je me tais sur ceux qu'on peut appeler la famille et l'intimité de Robespierre. Je respecte en eux la religion du souvenir. Cependant, comment essayent-ils de défendre leur idole? En continuant la cruelle persécution des dantonistes, en admettant comme prouvés les *on dit* sur la foi desquels on les mena à la mort.

Dans toute la Révolution, une méthode invariable

a servi aux robespierristes pour tuer leurs ennemis, une même accusation. Quelle contre Jacques Roux? Le vol. Contre Hébert? Le vol. Et Fabre? Le vol. Et Danton? Le vol.

Quand Robespierre périt, il en était à Cambon, qu'il appela *fripon* le 8 thermidor.

« Si nous n'avons aucune pièce, disent les ennemis de Danton, c'est qu'elles étaient dans un dossier entre les mains de Lebas, et ce dossier aura été brûlé par les dantonistes après Thermidor. » Mais vous l'aviez ce dossier, à l'époque du jugement. Et comment donc avez-vous été si discrets que de ne le pas produire? Vous l'avez gardé sans doute avec les preuves de la trahison d'Hérault, qui n'existèrent jamais, avec le faux de Fabre d'Églantine? Elle subsiste cette dernière pièce, elle est retrouvée maintenant, et vous en resterez accablés pour tout l'avenir.

« Mais il est de notoriété que ce parti était orléaniste. » Je sais que Louis-Philippe n'a rien négligé pour fortifier cette tradition. C'est de sa bouche qu'un historien illustre a reçu l'étrange anecdote qui, dans le fondateur principal même de la République, crée à la royauté nouvelle un patron et un prophète. J'ai montré ailleurs que la prétendue conspiration orléaniste de Danton est impossible par les dates. Dans la Belgique, on l'a vu, Danton suivit précisément la voie de Cambon, contraire à celle de Dumouriez et des orléanistes.

Ce n'est pas seulement Danton qui a été escamoté

c'est son histoire et sa mémoire, c'est celle des dantonistes, c'est celle de la Commune, de Clootz et Chaumette, celle des représentants montagnards, cruellement poursuivis pour leurs missions de 1793, qui sauvèrent la France, de juin en octobre, avant que le Comité agît.

Toute la gloire de la Montagne a été monopolisée par le Comité, celle du Comité par Robespierre : c'est-à-dire l'histoire républicaine a été constamment écrite dans le sens monarchique, au profit d'un individu.

« Prenez garde ! disent-ils, prenez garde ! si vous touchez à Robespierre, vous blessez la République ! » Je le sais parfaitement, ces choses sont identiques en vous ; tout ce que vous comprenez de la République, c'est la dictature, le suicide de la République.

Nous établissons dans ce livre que la dictature collective des comités fut pour un moment, d'octobre en décembre, la défense et le salut. Là elle devait cesser. Mais la dictature d'un individu avait commencé ; elle s'empara de toutes les forces matérielles dans les six semaines qui suivirent la mort de Danton, lançant la France dans une voie rapide de réaction monarchique qui fut applaudie de l'Europe, et que la contre-révolution continua après Thermidor.

La chute de la République date pour nous non de Thermidor où elle perdit sa formule, mais de mars, d'avril, où elle perdit sa vitalité, où le génie de Paris disparut avec la Commune, où la Montagne plia sous la terreur de la droite, où la tribune, la presse et le théâtre furent rasés d'un même coup.

Le 2 avril, à onze heures, on amena les accusés. La terreur qu'ils inspiraient était marquée naïvement par le soin qu'on avait pris de placer au tribunal (chose nouvelle) deux accusateurs publics. On ne se fiait pas assez à Fouquier-Tinville, parent de Camille Desmoulins et placé par lui. Fouquier, comme un bon nombre des juges et jurés, révolutionnaires subalternes, était client et créature de ceux qu'il allait tuer. Pour l'aider, on le surveilla, on lui donna pour acolyte Fleuriot, un des zéros de Robespierre, qu'il fit bientôt maire de Paris.

La pensée meurtrière du procès parut déjà dans l'arrangement artiste et perfide qu'on vit au banc des accusés. On avait mis Danton et Hérault aux côtés de l'homme le plus sali, Delaunay; Fabre près de Chabot et Lacroix; l'irréprochable Phelippeaux à côté de l'agioteur d'Espagnac.

Les deux Allemands Frey, l'Espagnol Gusman, le Danois Deideriksen, étaient là pour donner bonne mine au procès, pour justifier le mot d'ordre : *Conspiration de l'étranger.*

Quand Danton entra ainsi entre ces larrons, les cœurs patriotes bondirent. Un greffier du tribunal, Fabricius Pâris, jetant tout respect humain, toute peur, traversa la salle, alla au banc des accusés et se jeta en pleurant au cou de Danton.

Tout près des fauteuils des juges, du doux et sinistre Herman, la lucarne de Nicolas, imprimeur du tribunal, était toute grande ouverte et montrait flamboyants dans l'ombre les yeux avides et colères du Comité de sûreté ; plusieurs de ses membres étaient là, pour montrer du zèle, montrant qu'ils surveillaient eux-mêmes, sans s'en rapporter aux espions et regardant comment leurs hommes allaient marcher.

Qu'ils marchassent, c'était un problème. Fouquier n'avait ni pièces ni témoins (sauf un contre Fabre). Le Comité ne lui donnait nul moyen, et puis il lui disait : « Marche! »

Qu'avait donc à présenter ce pauvre Fouquier? Sa conviction personnelle ? J'en doute. Dans ce mois même, il dîna secrètement avec deux amis de Danton. Pour suppléer par la richesse des mots à la pauvreté des preuves, il fit lire d'abord le long verbiage d'Amar contre les agioteurs, et à la fin l'atroce diatribe de Saint-Just. Entre ces deux grosses pièces, il glissa vite son maigre petit travail, où, tâchant absolument de mettre quelque chose de lui, il n'a trouvé que ce non-sens : « Que Chabot n'était pas plus délicat que Camille Desmoulins. »

Il s'assit. Et alors on s'aperçut qu'on avait oublié de faire venir deux accusés : Lhuillier, qu'on innocenta (parce qu'on s'en servit, il se tua de remords) et Westermann, qui, avec Marceau, venait de finir la Vendée.

« Votre nom? votre âge? votre demeure? — Je suis Danton; j'ai trente-cinq ans. Ma demeure sera demain le néant; mon nom restera au panthéon de l'histoire. »

« Et moi, Camille Desmoulins; trente-trois ans; l'âge du sans-culotte Jésus. »

Heureusement pour le président, comme il y avait trois affaires en réalité, sans rapport entre elles, il pouvait s'éloigner longtemps de ces terribles accusés, mettre la sourdine aux débats, en s'appesantissant sur Fabre, qui était là malade, tout enveloppé, et qui à grand'peine se faisait entendre.

Quelque fort qu'il fût de sa cause, on ne craignait rien de lui, pourquoi? Parce qu'elle reposait tout entière sur l'écrit fatal que gardaient ses ennemis. Ils pouvaient, de leur lucarne, rire à l'aise en voyant le malade se débattre et s'efforcer, comme ceux qui, du haut d'un pont, riraient des efforts d'un noyé. Herman, aux demandes obstinées qu'il faisait de cette pièce, répondait toujours doucement : « Elle a été examinée. »

Fabre articula tous les faits qui ont été trouvés vrais dans l'enquête et l'examen fait récemment aux Archives (février 1853).

Du reste, il montra moins d'adresse qu'on n'eût supposé. Cambon, en attestant le faux, ne disait aucunement qu'il fût de Fabre d'Églantine. Fabre l'irrita en disant qu'il avait trouvé Cambon plus favorable que lui à la Compagnie. Cambon, sanguin

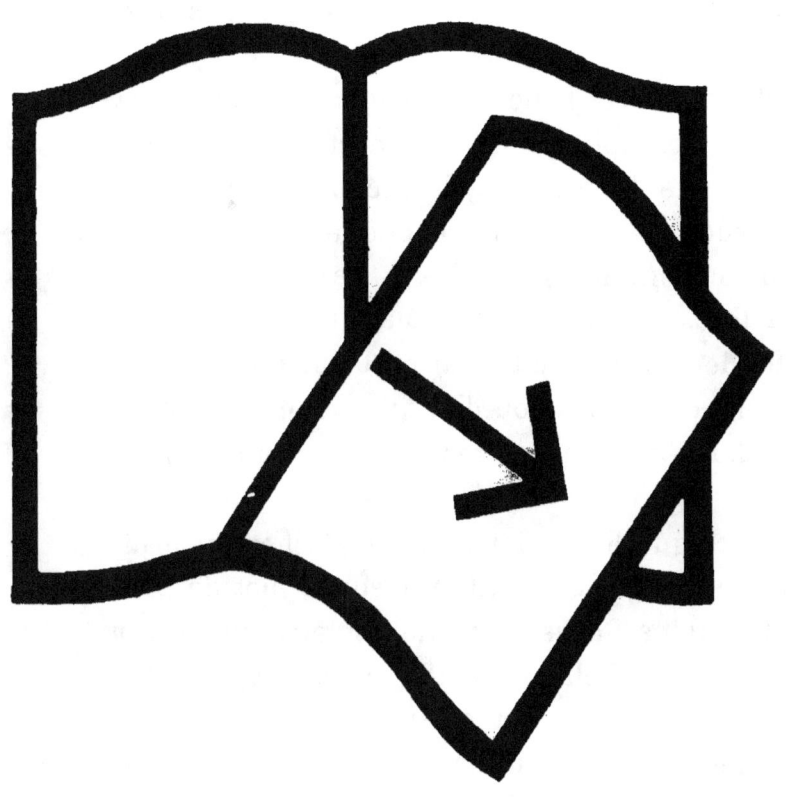

Documents manquants (pages, cahiers...)

NF Z 43-120-13

couvrir, ce sein bondissant de vie, de fureur, d'amour encore... Personne n'endurait ce spectacle... Plusieurs s'enfuirent, croyant voir la Patrie s'arracher le cœur.

Quand on arriva, rue Saint-Honoré, devant la maison de Robespierre, fermée, portes et fenêtres, muette comme le tombeau, le prétendu peuple qui suivait redoubla ses cris frénétiques, clameur de lâche abdication, sinistre salut à César au nom de la guillotine. Desmoulins, calmé à l'instant, se rassit et dit froidement : « Cette maison disparaîtra... » En vain on la cherche aujourd'hui, enveloppée qu'elle est de murs immenses, recluse dans une ombre éternelle.

On assure que Robespierre, enfermé chez lui, pâlit à ces cris sauvages et sentit au cœur le mot de Danton : « J'entraîne Robespierre, Robespierre me suit ! »

Hérault de Séchelles, Camille et Bazire, ce touchant faisceau d'amis, se tenaient de cœur ensemble et dans leur amour pour Danton. Il avait été, pour eux, l'énergie sublime, la vie de la Révolution, le cœur de la République, et elle mourait en lui. Ils ne la laissaient pas derrière eux; ils l'emportaient dans la tombe. Grande consolation de mourir avec l'idéal qu'on eut ici-bas.

Hérault descendit le premier, et d'un mouvement aimable et tendre, se tourna pour embrasser Danton. Le bourreau les sépara : « Imbécile ! dit Danton, tu n'empêcheras pas nos têtes de se baiser dans le panier. »

Camille regardait le couteau ruisselant de sang : « Digne récompense, dit-il, du premier apôtre de la liberté ! » Il se sépara alors d'une boucle de cheveux qu'il tenait entre ses doigts et pria le bourreau de rendre à la mère de Lucile ce gage suprême d'amour.

Danton mourut simplement, royalement. Il regarda en pitié le peuple à droite et à gauche, et, parlant à l'exécuteur avec autorité, lui dit : « Tu montreras ma tête au peuple; elle en vaut la peine. »

L'exécuteur obéissant la releva en effet, la promena sur l'échafaud, la montra des quatre côtés.

Il y eut un moment de silence... Chacun ne respirait plus... Puis, par-dessus la voie grêle de la petite bande payée, un cri énorme s'éleva et profondément arraché.

Cri confus des royalistes soulagés et délivrés, simulant l'applaudissement : « Qu'ainsi vive la République ! »

Cri sincère et désespéré des patriotes atteints au cœur : « Ils ont décapité la France ! »

LIVRE XVIII

CHAPITRE PREMIER

ÉPUISEMENT ET PARALYSIE DE ROBESPIERRE. — L'ÊTRE SUPRÊME
(6 AVRIL 1794).

Attitude de la Convention. — Irritation de Robespierre, 5 avril. — Annonce d'une fête à l'Être suprême, 6 avril. — Solitude de Robespierre. — Il avait brisé les fils qui dirigeaient les partis.

Pendant l'exécution même, la Convention restant muette, les deux comités remplirent la courte séance. Couthon, Vadier, se relayant, dirent, redirent à l'Assemblée qu'elle avait bien heureusement échappé à un grand péril, que Danton infailliblemet l'aurait égorgée.

Aux Jacobins, c'était plus : Danton méditait un massacre universel de Paris.

Vadier, gracieux et bon, ajouta qu'on savait bien que l'Assemblée, en général, était intègre, que tout membre serait à même de prouver sa délicatesse, en rendant compte de sa fortune. C'était dire : « Assez de sang. La Convention n'a rien à craindre.

Les représentants revenus de mission ne resteront plus sous le poids de vagues accusations. Ce compte rendu finira tout. »

La chose, appuyée de Couthon, fut décrétée à l'instant même. S'échauffant alors à froid, les deux acteurs protestèrent qu'on avait tort de parler de dictateurs et de décemvirs : « Nous, dictateurs ! » dit Couthon. Et alors, tous les deux levant leur bras débile, le vieillard et le podagre jurèrent que, si jamais il s'élevait un dictateur, il ne mourrait que de leur main.

Mais là ils eurent infiniment plus de succès qu'ils ne le voulaient. La Convention, si morte jusqu'à ce moment, tout à coup vivante et ressuscitée, se leva comme un seul homme, jura, d'une voix de tonnerre, qu'en effet le dictateur serait poignardé. Cette scène eut tout l'effet d'une répétition préalable du drame de Thermidor.

Robespierre visait-il à la dictature ? Vaine question désormais. Quelque peu qu'il l'eût désirée jusque-là, elle lui devenait indispensable dans la terrible situation où il s'était mis. Elle était son seul asile, sa nécessité, sa fatalité. Il y était poussé et par son propre danger et par l'exigence de son parti.

En un mois ou six semaines, comme on le verra, il se trouva nanti de tout instrument de pouvoir. Mais cela n'était rien pour lui. Il voulait le pouvoir moral. Et ce violent cri de l'Assemblée, qui semblait venir à lui de l'échafaud de Danton, que voulait-il dire ? « Jamais ! »

Il y répondit le soir, aux Jacobins, par un autre « Jamais ! » non moins furieux. Ce que Vadier et Couthon avaient proposé et fait décréter, la reddition des comptes et l'exposé des fortunes, cette chose accordée, consentie, qu'on croyait généralement que Couthon disait au nom de Robespierre, il la combattit aigrement, soutenant que cette mesure favoriserait les fripons. C'était retenir sous le coup d'un procès, pour une époque inconnue, pour l'époque qui plairait au pouvoir, une foule de représentants, spécialement les deux cents membres qui avaient rempli des missions.

Jamais il ne se montra plus amer, plus sauvage, et cela le soir du jour où il avait obtenu l'énorme concession d'un si horrible sacrifice ! Que fallait-il donc pour l'apaiser ? Que pouvait-on prévoir de l'avenir ?... Et le surprenant objet sur qui l'orage tomba fut un Dufourny, homme fort secondaire, absolument indigne de toute cette colère royale.

L'espoir trompé, l'implacabilité visible d'un maître qui ne se contenait plus, ajoutèrent un degré cuisant de haine et d'envenimement à la douloureuse plaie que Danton laissait dans les cœurs.

Aussi quand, le 6 au matin, Couthon dit : « Nous préparons un rapport sur une fête à l'Éternel », il y eut sur la Montagne comme un grincement de dents.

Quoique Couthon n'eût pas dit le complément de la chose, qu'on ne sut qu'un mois après (liberté des catholiques), tous odorèrent le catholicisme qui venait derrière, le retour à l'Ancien-Régime, qu'on venait déjà de flatter si cruellement par la mort des pères de la République !

Quoi ! le lendemain d'un tel jour ! et la tombe ouverte encore ! parler de fête et de Dieu !... Où la fera-t-on cette fête ? Sur la place où l'échafaud fume ?... ou bien dans le parc maudit où la chaux dévore tout ce qu'adora la France, ces bons cœurs, ces nobles cœurs, amis de l'humanité !

Et ce ne fut pas la Montagne seule qui sentit cela. Même à la droite et au centre, les croyants pour qui on parlait n'accueillirent point du tout ces avances à contretemps. L'effet de cette parole fut sur eux celui d'une corde fausse qui déchire l'oreille. Ordonner la joie dans le deuil, une fête dans cette boucherie, parmi le printemps et les fleurs, faire chanter ceux qui pleuraient, qui mourraient demain peut-être, oser, entre deux guillotines, entonner des hymnes, était-ce là honorer... ou souffleter Dieu ?

Tous taxèrent également Robespierre d'une impudente hypocrisie.

Ils se trompaient. Son appel à Dieu, tout étrange que fût le moment, était spontané, sincère. Quelque aigrie et faussée que fût sa nature, si dévastée que fût son cœur, fils de Rousseau, il en gardait toujours une certaine idéalité religieuse. Et il y avait recours dans l'effroi qu'il éprouvait de son grand isolement.

Il avait eu l'épouvantable succès de raser tout à la fois. Deux hommes restaient, sur le monde détruit, et nul avec eux. L'un, blême, épuisé, ayant donné son fruit, un homme désormais ouvert, tout entier révélé et vide. L'autre, ce jeune génie, obscure et redoutable énigme de l'avenir, qui venait de tuer Danton (lui seul et non pas Robespierre). Et maintenant il regardait son maître, attendait, exigeait son oracle... Robespierre sentait bien qu'il devait se renouveler, trouver, créer quelque chose, ou qu'il périrait. Mais peut-on créer sans Dieu?

Rappelons en peu de lignes sa destinée depuis le 31 mai. Deux spectres l'avaient poursuivi.

Le spectre de la guerre sociale, qu'il ne combattit qu'en subissant longtemps la misérable alliance d'Hébert, par qui il écrasa Jacques Roux, pour qui il ménagea Ronsin, s'engrenant dans une série d'étonnantes contradictions, à Lyon surtout, où les amis de Chalier furent tantôt combattus, tantôt défendus par lui.

Un autre spectre le suivait, la corruption publique, mal naturel d'un peuple esclave lancé tout à coup dans la liberté. Robespierre vit partout la corruption et la poursuivit partout, spécialement chez ceux qui notaient ses contradictions. Crut-il vraiment que tous ses ennemis étaient des hommes vendus? Je le pense. Sa terrible imagination lui fit croire tout ce qu'il avait intérêt de croire. Ils disparurent. Mais après? Qui les remplaça? Personne. On a retrouvé les listes qu'il faisait et refaisait des hommes qui restaient possibles. Ce sont toujours les mêmes noms, infiniment peu nombreux. Cette stérilité est tragique. Il cherche et ressasse toujours, il fouille dans les inconnus, il va descendant et ne trouve rien. Plus d'hommes! Quoi! la vie est toute épuisée? Non, sans doute, elle est ailleurs, mais décidément elle n'est plus dans les voies de Robespierre.

C'est dans cette horreur du vide qu'il se retourna violemment vers la source de la vie. Mais la retrouve-t-on comme on veut? L'idée de Dieu est féconde, quand elle jaillit du cœur, quand cette idée est sentie dans son essence vitale, qui est la Justice. Le mot Dieu n'est pas fécond; abstraction, verbalité, forme scolastique et grammaticale, si c'est là tout, n'espérez rien.

Comme Être suprême, c'est-à-dire comme neutralité politique entre la Révolution et le Christianisme, entre la Justice et la Grâce, c'était la stérilité même, l'aridité et le vide.

Ainsi, par horreur du vide, Robespierre tournait vers un vide pire encore, — car, sous forme vague et neutre, cette équivoque abstraction nullement neutre en réalité, arrêtait la vie nouvelle, tandis que la mort, le passé, à la faveur de ce nuage, relèveraient les vieilles pierres où pouvait heurter la Révolution.

L'idée bizarre de Robespierre était que la France avait perdu Dieu et qu'il allait le lui rendre. Dieu! mais où n'était-il donc pas? Qui ne le voyait aux frontières, illuminant de ses éclairs la marche de nos armées? Qui ne le voyait dans l'humble dévouement de nos soldats, dans cette vie de sacrifices obscurs dont le type connu fut Desaix? Qui ne vit Dieu dans la grande âme de cette église militante qui, par ses travaux anonymes, a fondé sans bruit les trente mille lois où la France inaugura l'égalité? Dieu était-il invisible sur la place de la Révolution dans les yeux de tant de martyrs de la liberté, dans le dernier chant de Vergniaud, le dernier mot qu'écrivent Phelippeaux et Desmoulins?... Disons plus : en des cœurs même nullement irréprochables, en des cœurs que la mort lavait, en ce suprême regard que Danton jeta au ciel... quelque chose de Dieu fut encore...

L'infirmité du scolastique était de croire qu'il fallait chercher Dieu dans un livre, à telle page de Rousseau, comme dans un dictionnaire, de ne pas le reconnaître dans les formes infinies de la vie et de l'action nationale. Blasphème énorme de dire que la France était sans Dieu! Toute fatiguée qu'elle était, cette nation, et brûlée à la surface, elle bruissait au dedans de cent fleuves inconnus. Et c'était un individu, faible et pâle bâtard de Rousseau, et lui-même tellement dévasté, qui se chargeait de la rajeunir! A cette mer de fécondité qui verse les eaux à l'Europe, le désert disait : « Sois féconde! »

Le point par où il se rencontrait bien plus directement avec l'instinct populaire, c'est par ce que j'appellerais la croyance au Diable.

Le peuple attribue tous les maux aux personnes plus qu'aux choses. Il personnifie le Mal. Qu'est-ce que le Mal au Moyen-âge? C'est une personne, le

Diable. Qu'est-ce que le Mal en 1793? C'est une personne, *le Traître*... Explication vraie et fausse. La République fut souvent trahie par les choses autant que par les personnes; elle le fut par le chaos, la désorganisation naturelle d'une telle crise. Robespierre n'admit jamais de coupables que les personnes; pour lui, comme pour le peuple, *le traître* fit tout. Comme tels, il désigna les grands meneurs des partis. Comme tels, en un coup de filet, il les fit tous disparaître. Mais, en ce même moment, il se suicida, s'ôtant ce dont il vivait, la matière et l'occasion de cette force accusatrice qui associait sa scolastique aux passions vivantes du peuple.

Jusque-là on avait pu croire que ces meneurs, tant haïs, étaient les entraves, les obstacles de la Révolution. Eux morts, elle ne put plus avancer ni reculer. On fut à même de voir qu'ils en avaient été les organes nécessaires. En chacun d'eux se résumait la force active d'un parti; par eux, ces partis étaient susceptibles d'être dirigés, ils en étaient les agents intermédiaires, les fils conducteurs. Robespierre, maître de la machine, ne s'en trouva pas moins impuissant à la mouvoir, pour une raison toute simple : il avait cassé les fils.

Comment, en 1793, avait-il si habilement joué de ce vaste clavier? En tirant ces fils, en frappant ces touches, en se servant de ces meneurs. Il avait tour à tour incliné vers l'un, vers l'autre, son influence centrale. Sans son alliance éphémère avec Collot, avec Hébert, dans plusieurs moments décisifs, un monde lui restait fermé, les six cent mille lecteurs pour qui tirait le *Père Duchesne* (par exemple au 4 octobre). Sans l'amitié de Danton et de Desmoulins, il ne pouvait en décembre liguer les quelques millions d'hommes qu'on appelait indulgents, contre Chaumette et Clootz, qui devenaient indulgents.

Il y avait des bas-fonds où Robespierre ne regardait qu'avec terreur. Nul moyen ne lui coûta pour tuer les êtres bizarres qui avaient surgi sur ce sol ultra-révolutionnaire, Jacques Roux, par exemple. Eh bien, ce furieux Jacques Roux fut plus mauvais mort que vivant. Les Gravilliers, qui avaient en lui leur tribun, auraient-ils, en Thermidor, combattu sous le parti mixte? Non sans doute, si Roux eût vécu; il était incapable de tout compromis. De même le faubourg Saint-Antoine, si on n'eût détruit, éloigné ou négligé ses meneurs, n'eût pas gardé, en cette journée, la neutralité terrible qui livra à la mort la Commune et Robespierre. Celui-ci se trouva avoir détruit les agents qui le gênaient et qui pourtant l'auraient sauvé.

CHAPITRE II

MORT DE CONDORCET (9 AVRIL 1794).

On espère une amnistie. — L'amour en 1794. — Mme de Condorcet. — Péril de Condorcet. — Son dernier livre. — Il échappe de Paris. — Sa mort, 9 avril.

Le nom de Dieu, lancé ainsi de façon inattendue sur la tombe de Danton, parut à l'Europe, à la France, synonyme d'amnistie. Si la Convention menacée, si la Montagne décimée se sentaient toujours sous le glaive, il n'en était pas de même de ceux qui, loin de la scène et ne voyant pas les acteurs, prenaient pour guide la logique qui nous trompe si souvent ou la trop crédule espérance. Dans les prisons, dans les retraites où se cachaient les proscrits, on disait, on tâchait de croire que Robespierre allait inaugurer une politique nouvelle, qu'il n'avait immolé les *indulgents* que pour reprendre leurs idées, pour avoir le monopole de ce comité de clémence qui devait fonder son pouvoir. N'était-ce pas assez de sang? La guillotine, trempée, retrempée et inondée, après l'affreuse orgie de mort qu'elle fit au 5 avril, devait être ivre et blasée. Que lui donner maintenant? Du sang de roi, du sang d'apôtre, et la fleur de tous les partis, elle avait eu toute chose.

Ces idées tombaient dans les cœurs, au moment charmant de l'année où la vie réveillée tout à coup donne espoir et sécurité aux plus inquiets. Comment mourir au temps béni où la création recommence? La nature, en son langage, en ses fleurs ressuscitées, en son soleil brillant, vainqueur, semble dire que la mort n'est plus.

Violentes furent ces pensées et ce bouillonnement d'espérance chez tant de proscrits, tant de fugitifs, qui, dans les caves ou les greniers, dans les bois et dans les cavernes, s'étaient arrangé des sépulcres pour essayer de vivre encore. Elles durent arriver aux grottes profondes de Saint-Émilion, retraite de la Gironde. Mais plus vives furent-elles peut-être pour les infortunés cachés dans les noirs murs de Paris, tel (comme Isnard) dans une étroite soupente du faubourg Saint-Antoine, tel (comme Jullien) dans un dessous d'escalier, tel Louvet, dans cette armoire que sa tendre et courageuse Lodoïska lui fabriqua de ses mains.

« L'amour est fort comme la mort. » Et ce sont ces temps de mort qui sont ses triomphes peut-être. Car la mort verse à l'amour je ne sais quoi d'âcre et de brûlant, d'amères et divines saveurs qui ne sont point d'ici-bas.

En lisant l'audacieux voyage de Louvet à travers toute la France pour retrouver ce qu'il aimait, en assistant à ces moments où, réunis par le sort dans la cachette de Paris ou la caverne du Jura, ils tombent dans les bras l'un de l'autre, défaillants, anéantis, qui n'a dit cent fois : O mort, si tu as cette puissance de centupler, transfigurer à ce point les joies de la vie, tu tiens vraiment les clés du ciel ! »

L'amour a sauvé Louvet. Il avait perdu Desmoulins en le confirmant dans son héroïsme. Il n'a pas été étranger à la mort de Condorcet.

Le 6 avril, Louvet entrait dans Paris pour revoir Lodoïska ; Condorcet en sortait pour diminuer les dangers de sa Sophie.

C'est du moins la seule explication qu'on puisse trouver à cette fuite de proscrit qui lui fit quitter son asile.

Dire, comme on l'a fait, que Condorcet sortit de Paris uniquement pour voir la campagne et séduit par le printemps, c'est une étrange explication, invraisemblable et peu sérieuse.

Pour comprendre, il faut voir la situation de cette famille.

Mme de Condorcet, belle, jeune et vertueuse, épouse de l'illustre proscrit, qui eût pu être son père, s'était trouvée, au moment de la proscription et du séquestre des biens, dans un complet dénuement. Ni l'un ni l'autre n'avait les moyens de fuir. Cabanis, leur ami, s'adressa à deux élèves en médecine, célèbres depuis, Pinel et Boyer. Condorcet fut mis par eux dans un lieu quasi public, chez une dame Vernet, près du Luxembourg, qui prenait

quelques pensionnaires pour le logis et la table.
Cette dame fut admirable. Un Montagnard qui logeait
dans la maison se montra bon et discret, rencontrant
Condorcet tous les jours sans vouloir le reconnaître.
Mme de Condorcet logeait à Auteuil et chaque jour
venait à Paris à pied. Chargée d'une sœur malade,
de sa vieille gouvernante, embarrassée d'un jeune
enfant, il lui fallait pourtant vivre, faire vivre les
siens. Un jeune frère du secrétaire de Condorcet
tenait pour elle, rue Saint-Honoré, n° 352 (à deux
pas de Robespierre), une petite boutique de lin-
gerie. Dans l'entre-sol, au-dessus de la boutique,
elle faisait des portraits. Plusieurs des puissants
du moment venaient se faire peindre. Nulle industrie ne prospéra davantage sous la Terreur ; on se
hâtait de fixer sur la toile une ombre de cette
vie si peu sûre. L'attrait singulier de pureté, de
dignité, qui était en cette jeune femme, amenait
là les violents, les ennemis de son mari. Que ne
dut-elle pas entendre ? Quelles dures et cruelles
paroles ! Elle en est restée atteinte, languissante,
maladive pour toujours. Le soir, parfois, quand
elle osait, tremblante et le cœur brisé, elle se
glissait dans l'ombre jusqu'à la rue Servandoni,
sombre, humide ruelle, cachée sous les tours de
Saint-Sulpice. Frémissant d'être rencontrée, elle
montait d'un pas léger au pauvre réduit du grand
homme ; l'amour et l'amour filial donnaient à
Condorcet quelques heures de joie, de bonheur.
Inutile de dire ici combien elle cachait les épreuves

du jour, les humiliations, les duretés, les légèretés barbares, ces supplices d'une âme blessée, au prix desquels elle soutenait son mari, sa famille, diminuant les haines par sa patience, charmant les colères, peut-être retenant le fer suspendu. Mais Condorcet était trop pénétrant pour ne pas deviner toute chose ; il lisait tout sous ce pâle sourire dont elle déguisait sa mort intérieure. Si mal caché, pouvant à tout moment se perdre et la perdre, comprenant parfaitement tout ce qu'elle souffrait et risquait pour lui, il ressentait le plus cuisant aiguillon de la Terreur. Peu expansif, il gardait tout, mais haïssait de plus en plus une vie qui compromettait ce qu'il aimait plus que la vie.

Qu'avait-il fait pour mériter ce supplice ? Nulle des fautes des Girondins.

Loin d'être fédéraliste, il avait, dans un livre ingénieux, défendu le droit de Paris, démontré l'avantage d'une telle capitale comme instrument de centralisation. Le nom de la République, le premier manifeste républicain, avait été écrit chez lui et lancé par ses amis, quand Robespierre, Danton, Vergniaud, tous enfin hésitaient encore. Il avait écrit, il est vrai, ce premier projet de constitution, impraticable, inapplicable, dont on n'eût jamais pu mettre la machine en mouvement, tant elle est chargée, surchargée de garanties, de barrières, d'entraves pour le pouvoir, d'assurances pour l'individu.

Le mot terrible de Chabot que la constitution

préférée, celle de 1793, n'est qu'un piège, un moyen habile d'organiser la dictature, Condorcet ne l'avait pas dit; mais il l'avait démontré dans une brochure violente. On a vu comment Chabot, effrayé de sa propre audace, crut se concilier Robespierre en faisant proscrire Condorcet.

Celui-ci, qui avait fait cette chose hardie le lendemain du 31 mai, savait bien qu'il jouait sa vie. Il s'était fait donner un poison sûr par Cabanis. Fort de cette arme et pouvant toujours disposer de lui, il voulait, de son asile, continuer la polémique, le duel de la logique contre le couteau, terrifier la Terreur des traits vainqueurs de la Raison. Telle était sa foi profonde dans ce Dieu du dix-huitième siècle, dans son infaillible victoire par le bon sens du genre humain.

Une douce puissance l'arrêta, invincible et souveraine, la voix de cette femme aimée, souffrante fleur laissée là en otage aux violences du monde, tellement exposée par lui, qui pour lui vivait, mourait. Mme de Condorcet lui demanda le sacrifice le plus fort, celui de sa passion, de son combat engagé, c'est-à-dire celui de son cœur. Elle lui dit de laisser là ses ennemis d'un jour, tout ce monde de furieux qui allait passer, et de s'établir hors du temps, de prendre déjà possession de son immortalité, de réaliser l'idée qu'il avait nourrie d'écrire un *Tableau des progrès de l'esprit humain.*

Grand fut l'effort. Il y paraît à l'absence apparente de passion, à la froideur austère et triste que l'auteur s'est imposée. Bien des choses sont élevées, beaucoup sèchement indiquées [1]. Le temps pressait.

Comment savoir s'il y avait un lendemain ? Le solitaire, sous son toit glacé, ne voyant de sa lucarne que le sommet dépouillé des arbres du Luxembourg, dans l'hiver de 1793, précipitait l'âpre travail, les jours sur les jours, les nuits sur les nuits, heureux de dire à chaque feuille, à chaque siècle de son histoire : « Encore un âge du monde soustrait à la mort. »

Il avait, à la fin de mars, revécu, sauvé, consacré tous les siècles et tous les âges; la vitalité des sciences, leur puissance d'éternité semblait dans son livre et dans lui. Qu'est-ce que l'histoire et la science ? La lutte contre la mort. La véhémente aspiration d'une grande âme immortelle pour communiquer l'immortalité emporta alors le sage jusqu'à élever son vœu à cette forme prophétique : « La science aura vaincu la mort. Et alors on ne mourra plus. »

Défi sublime au règne de la mort, dont il était environné. Noble et touchante vengeance !... Ayant réfugié son âme dans le bonheur à venir du genre humain, dans ses espérances infinies, sauvé par le salut futur, Condorcet, le 6 avril, la dernière

---

1. Cette sécheresse n'est qu'extérieure. On le sent bien en lisant, dans ses dernières paroles à sa fille, la longue et tendre recommandation qu'il lui fait d'aimer et ménager les animaux, la tristesse qu'il exprime sur la dure loi qui les oblige à se servir mutuellement de nourriture.

ligne achevée, enfonça son bonnet de laine et, dans sa veste d'ouvrier, franchit au matin le seuil de la bonne Mme Vernet. Elle avait deviné son projet et le surveillait; il n'échappa que par ruse. Dans une poche il avait son ami fidèle, son libérateur; dans l'autre, le poète romain qui a écrit les hymnes funèbres de la liberté mourante[1].

Il erra tout le jour dans la campagne. Le soir, il entra dans le charmant village de Fontenay-aux-Roses, fort peuplé de gens de lettres, beau lieu où lui-même, secrétaire de l'Académie des Sciences, associé pour ainsi dire à la royauté de Voltaire, il avait eu tant d'amis, et presque des courtisans. Tous en fuite ou écartés. Restait la maison du *Petit Ménage;* on nommait ainsi M. et Mme Suard. Véritable miniature de taille et d'esprit, Suard, joli petit homme, Madame, vive et gentille, étaient tous deux gens de lettres, sans faire de livres pourtant, seulement de courts articles, quelques travaux pour les ministres, des nouvelles sentimentales (en cela

---

[1]. Altera jam teritur bellis civilibus ætas;
Suis et ipsa Roma viribus ruit...
Barbarus, heu! cineres insistet victor, et Urbem
Eques sonante verberabit ungula...
. . . .
Justum et tenacem propositi virum
Non civium ardor, prava jubentium...
Monte quatit solida, neque Auster...
Si fractus illabatur orbis,
Impavidum ferient ruinæ.
. . . .
Et cuncta terrarum subacta
Præter atrocem animum Catonis.

excellait Madame). Jamais il n'y eut personne pour mieux arranger sa vie. Tous deux aimés, influents et considérés jusqu'au dernier jour. Suard est mort censeur royal.

Ils se tenaient tapis là, sous la terre, attendant que passât l'orage, se faisant tout petits. Quand ce proscrit fatigué, à mine hâve, à barbe sale, dans son triste déguisement, leur tomba à l'improviste, le joli petit ménage en fut cruellement dérangé. Que se passa-t-il? On l'ignore. Ce qui est sûr, c'est que Condorcet ressortit immédiatement par une porte du jardin. Il devait revenir, dit-on; la porte devait rester ouverte ; il la retrouva fermée. L'égoïsme connu des Suard ne me paraît pas suffisant pour autoriser cette tradition. Ils affirment et je les crois, que Condorcet, qui quittait Paris pour ne compromettre personne, ne voulut point les compromettre; il aura demandé, reçu des aliments : voilà tout.

Il passa la nuit dans les bois, et le jour encore. Mais la marche l'épuisait. Un homme, assis depuis un an, tout à coup marchant sans repos, fut bientôt mort de fatigue. Force donc lui fut, avec sa barbe longue, ses yeux égarés, d'entrer, pauvre famélique, dans un cabaret de Clamart. Il mangea avidement, et, en même temps, pour soutenir son cœur, il ouvrit le poète romain. Cet air, ce livre, ces mains blanches, tout le dénonçait. Des paysans qui buvaient là (c'était le comité révolutionnaire de Clamart) virent bientôt tout de suite que c'était un ennemi de la République. Ils le traînèrent au district. La difficulté était qu'il ne pouvait plus faire un pas. Ses pieds étaient déchirés. On le hissa sur une misérable haridelle d'un vigneron qui passait. Ce fut dans cet équipage que cet illustre représentant du dix-huitième siècle fut solennellement conduit à la prison de Bourg-la-Reine. Il épargna à la République la honte du parricide, le crime de frapper le dernier des philosophes sans qui elle n'eût point existé.

Deux révolutions frappées, deux siècles en deux hommes, le dix-huitième en Condorcet, le dix-neuvième en Lavoisier.

Le premier avait fermé les temps polémiques; le second ouvrait les temps organiques, commençait l'âge nouveau par la création d'une science, celle qui non seulement ouvrit le sein de la nature, mais fit de l'homme un créateur et une seconde nature.

Nous en parlerons tout à l'heure; mais nous devons auparavant terminer un grand sacrifice, l'extermination de la Commune, l'extinction (en Chaumette) de cette force populaire qui, sous forme triviale, si l'on veut, n'en avait pas moins été, un an durant, la plus intense fécondité de la Révolution. Dans ses misères, dans ses bassesses, Paris engendrait pour le monde.

CHAPITRE III

MORT DE CHAUMETTE ET DE LA COMMUNE (12 AVRIL 1794).

Paris creuset de la grande chimie. — Rien ne remplaça la Commune de Chaumette. — Ce qu'était Chaumette. — Conspirations des *moutons*. — Courage de Lucile Desmoulins; sa mort. — Zèle religieux de Dumas et Fouquier-Tinville. — Mort de Chaumette.

Ceux qui n'ont pas eu l'honneur de naître dans la sainte boue de la métropole du monde, qui n'ont pas vu et senti la puissance de cet étonnant creuset où les races et les idées vont se transformant et créant sans cesse, arrivent rarement à savoir ce que c'est que la grande chimie sociale. Qu'ils aient la science, l'intelligence et le génie même, ils sortent difficilement des classifications étroites ; à grand'peine comprennent-ils la fluidité de la vie. Qu'ils humilient leur science, qu'ils viennent étudier, ces docteurs. A ce point central du globe où se rencontrent et se combinent tous les courants magnétiques, ils pénétreront à la longue le souverain mystère, invisible, intangible, des mélanges de l'Esprit.

Rien ne caractérise plus la rare originalité d'Anacharsis Clootz que le sentiment profond qu'il eut de Paris, sa déférence docile pour la Commune de Paris, en qui il reconnaissait le Précurseur du genre humain, l'ardent, l'aveugle messager, instinctif et inspiré, qui, sans savoir ce qu'il fait, court devant la Révolution, portant son flambeau.

Il vit là la Révolution, et non pas ailleurs, — là l'orthodoxie. Il ne fut point rebuté des accidents, des souillures qui accompagnent toute grande opération sociale. Il suivit naïf et docile, attentif (comme, après tout, on marchait en pleine nuit) à serrer de très près la voie, à ne point s'écarter d'un pas. De là sa dévotion un peu littérale. Il s'en excuse très bien dans sa réponse à Desmoulins : « Suivons toujours, et de près, la sainte sans-culotterie. »

Touchant spectacle de voir ce génie idéaliste écouter religieusement les triviales prédications, toutes basses et terre à terre, de l'apôtre des Filles-Dieu. L'Allemand, par un noble effort, sorti de tout panthéisme, libre de toute scolastique, apprenait, sous un polisson, sous un gamin de Paris, à matérialiser suffisamment sa pensée pour qu'elle s'assimilât la matière vivante et qu'elle en dégageât l'esprit.

L'apôtre Chaumette en lui-même était peu de chose, mais il était beaucoup comme fétiche de Paris. Cela ne se discute pas. Un fétiche, comme saint Janvier pour les lazzaroni de Naples, est ou adoré ou battu; mais il ne se discute pas, il ne se remplace pas.

Robespierre remplaça Chaumette par un homme de grand mérite, plein d'esprit, de feu, le méridional Payan. Tout fut inutile. Le peuple ne mit plus les pieds à l'Hôtel de Ville. La nouvelle Commune eut beau payer les mendiants. Cela ne réussit pas mieux. La foule décidément avait pris un autre chemin.

Rien ne remplaça jamais l'ancienne Commune, Pache, Hébert, Chaumette. Hébert même était populaire, quoique muscadin (portant deux montres à sa culotte); Paris était habitué à entendre de bonne heure la gueule infernale de ses colporteurs : « Il est b... en colère, ce matin, le *Père Duchesne!* » Le maire Pache était populaire par sa bonne représentation, son apparente honnêteté, sa calme et large face suisse. Chaumette était populaire par je ne sais quoi de bonhomme, par ses cheveux plats, luisants, exactement divisés, par ses trivialités et ses apophtegmes. Rarement, très rarement il ceignait l'écharpe. Il était peuple dans le peuple. Ses textes ordinaires, la guerre aux jeux et aux filles, ses exhortations banales d'être bon époux, bon père, etc., tout était fort bien reçu. Il ne bougeait de la Commune, sauf pour prêcher aux Filles-Dieu. Il vivait là, infatigable, dans la grande salle Saint-Jean, au milieu d'une foule bruyante qui se renouvelait sans cesse, doux, poli, facile ayant toujours la réponse, trouvant toujours sans se lasser les mots de la situation. Si la séance trop longue envahissait l'heure des repas, l'assistance avait le plaisir de voir Anaxagoras tirer un petit morceau de pain de sa poche et le manger sobrement, à sa grande édification. Le Parisien d'autrefois disait aux nouveaux débarqués : « Vous avez vu au Pont-Neuf la Samaritaine battre les heures au carillon? » et le Parisien de 1793 disait de même : « Avez-vous vu Anaxagoras Chaumette? »

Nous entrons dans un temps sombre avec 1794, tellement que je me surprends à croire qu'il y eut du soleil encore dans la nuit de 1793. Le volcan, au moins, y fit la lumière. On mourait, mais on vivait. Une page de Desmoulins ou Clootz, une boutade de Marat, faisaient tressaillir. Les carrefours avaient encore leurs orateurs, leurs assemblées; Varlet criait sur ses tréteaux. Vous auriez entendu dire : « N'est-ce pas là Danton qui passe?... » Ah! la coupe était encore pleine.

Tout cela, c'étaient des forces, — discordantes, — mais c'étaient des forces.

Où est-il, celui qui disait : « Irez-vous alors aux catacombes fouiller les ossements?... Direz-vous au peuple affamé : « Voici les cendres des morts... « Mange, peuple, rassasie-toi... car nous n'avons « rien de plus! »

Ce temps est venu. La vie, la force, la substance, ce qui nourrissait la Révolution, cela a déjà passé dans la terre.

D'autant plus vivante et terrible se réveille et

se relève la contre-révolution. Elle va centupler ses efforts.

Et que ferait-on contre elle ? Peut-on centupler la Terreur ?

Nous avons déjà caractérisé Chaumette. C'était un petit homme, d'une figure agréable et commune, avec des yeux noirs et vifs. Fils d'un cordonnier de Nevers, mousse à treize ans, un moment soldat, puis de nouveau pilotin, il imagina de se faire le pilote de l'esprit public, s'en vint écrire à Paris. Il s'intitulait alors étudiant en médecine, mais travaillait chez Prudhomme, sous l'excellente direction de Loustalot. Il était juste au niveau de la foule, ni au-dessus ni au-dessous. Sa carrière toute mêlée, très pratique, son habitude de vie collective, lui donna un bon sens et une bienveillance qu'Hébert n'eut jamais. Nous avons marqué ailleurs ses dissentiments avec Hébert. Hébert reprochait à Chaumette de trop attaquer les filles, soutenant qu'elles étaient nécessaires. Chaumette, en revanche, ne suivait pas Hébert dans sa cruelle persécution des orateurs en plein vent, dans sa ligue avec Robespierre contre Roux et autres. Enfin, loin de demander, comme Hébert, qu'on exterminât la Vendée, il voulait qu'on y envoyât une mission de prédicateurs révolutionnaires. (Voir *Journal de la Montagne*, 3, 15 et 23 octobre.)

Chaumette, nous l'avons dit, était d'un caractère très faible. Du reste, fort honnête et les mains très nettes, il ne fit pas ses affaires comme Hébert. Son fils a été laboureur; son petit-fils, bon pépiniériste à Nevers, ruiné par sa probité même, est maintenant jardinier.

Le peuple sentait d'instinct qu'il devait être honnête homme et ne se lassait pas de l'écouter. Tout ouvrier sans ouvrage, au lieu d'aller traîner à la Grève, entrait et ne s'en allait pas sans emporter quelque bon sermon de Chaumette. Sa figure banale était entrée dans les yeux et dans la pensée populaire.

Nous avons vu comment Chaumette, fort abattu depuis décembre par la trahison d'Hébert, très docile aux comités et nullement dangereux, fut enlevé de la Commune par un simple jeu de bascule, pour équilibrer par ce coup à gauche le coup qu'on venait de frapper à droite. Jusqu'au bout, il ne put pas croire qu'on l'associât à Hébert, ayant spécialement refusé de faire appuyer par la Commune le mouvement hébertiste. Encore moins imaginait-il qu'il pût jamais être frappé comme complice de Danton et de Camille Desmoulins. C'est pourtant ce qui arriva et ce qu'on lit expressément dans le texte du jugement. Chaumette, à son grand étonnement, mourut avec la veuve Hébert et la veuve Desmoulins.

Cette affaire est la première de celles qu'on appelle *les grandes fournées*, et la première aussi des fameuses *conspirations de prisons*, meurtrières fictions que la Terreur agonisante inventa, multiplia, dans son horrible dernier mois, pour saouler la guillotine de plus en plus affamée, et qui, faute d'aliment, allait dévorer ses maîtres.

Là parut pour la première fois la race nouvelle des *moutons*, c'est-à-dire des bons prisonniers qui écoutaient et dénonçaient les autres. Cette race multiplia. Le *mouton* Laflotte, qui, par sa délation du Luxembourg, avait fourni le moyen de tuer Danton, donna l'exemple aux *moutons* Benoît et Beausire, qui firent ici leurs premières armes et s'illustrèrent en messidor.

Les accusés ne se connaissaient pas. A peine s'étaient-ils vu. Tout ce qui les rapprochait, c'était la crainte commune qu'ils avaient eue d'un 2 septembre. L'apôtre Chaumette vit pour la première fois le général des Girondins de Nantes, le joyeux Beysser, qui continuait de boire et faire des chansons. La jeune Lucile Desmoulins y rencontra Mme Hébert, ex-religieuse, spirituelle, intrigante, qui avait tripoté avec les agioteurs, mais conspiré nullement. Le dantoniste Simon, Grammont l'hébertiste, Gobel, évêque de Paris, tous ensemble, sans savoir pourquoi. Le royaliste Dillon s'y trouva en compagnie d'un des grands exécuteurs des royalistes de Lyon, le commissaire Lapallus. Que faisait-là celui-ci? C'était une pièce d'attente. Cet ingénieux procès, fils du grand procès (Hébert et Danton), engendrait, par Lapallus, un autre procès non moins grave, celui des affaires de Lyon, qu'on entama en guillotinant Marino, qu'on poursuivit en Fouché, et qui eût atteint Collot sans le 9 thermidor.

Le président n'était plus le louche et perfide Herman. C'était Dumas, violent, furieux robespierriste, qui jugeait pistolets sur table. Il insultait les accusés, méprisait si outrageusement toute forme de justice qu'il fît passer un juré (Renaudin) au rang des témoins; puis, quand il eut témoigné, il revint au banc des jurés, se refaisant ainsi juge de son propre témoignage.

Le seul des accusés qui montra un grand courage fut Lucile Desmoulins. Elle parut intrépide, digne de son glorieux nom. Elle déclara qu'elle avait dit à Dillon, aux prisonniers, que si l'on faisait un 2 septembre, « c'était pour eux un devoir de défendre leur vie ».

Il n'y eut pas un homme, de quelque opinion qu'il fût, qui n'eût le cœur arraché de cette mort. Ce n'était pas une femme politique, une Corday, une Roland; c'était simplement une femme, une jeune fille, à la voir, une enfant pour l'apparence. Hélas!... qu'avait-elle fait? voulu sauver un amant?... Son mari, le bon Camille, l'avocat du genre humain. Elle mourait pour sa vertu, l'intrépide et charmante femme, pour l'accomplissement du plus saint devoir.

Sa mère, la belle, la bonne Mme Duplessis, épouvantée de cette chose qu'elle n'eût jamais pu soupçonner, écrivit à Robespierre, qui ne put ou n'osa y répondre. Il avait aimé Lucile, dit-on, voulu l'épouser. On eût cru, s'il eût répondu, qu'il l'aimait encore. Il aurait donné une prise qui l'eût fortement compromis.

Tout le monde exécra cette prudence. Le sens humain fut soulevé. Chaque homme souffrit et pâtit. Une voix fut dans tout un peuple, sans distinction de partis (de ces voix qui portent malheur) : « Oh! ceci c'est trop! »

Qu'avait-on fait en infligeant cette torture à l'âme humaine? On avait suscité aux idées une cruelle guerre, éveillé contre elles une redoutable puissance, aveugle, bestiale et terrible, la sensibilité sauvage qui marche sur les principes, qui, pour venger le sang, en verse des fleuves, qui tuerait des nations pour sauver des hommes.

Sans preuves, pièces ni témoins (on ne peut nommer ainsi trois mouchards), ils furent tous *convaincus* d'avoir voulu égorger la Convention, rétablir la monarchie, usurper la souveraineté, etc. Le peuple, quoique habitué, ne put voir sans étonnement, confondu sur les charrettes, cet horrible *plum-pudding*, où l'on avait trouvé moyen de mêler toute nuance, toute opinion, tout parti.

L'évêque de Paris, placé là, était un grand enseignement pour les prêtres de ne plus se faire révolutionnaires. Avis à eux qu'ils seraient mis à mort par la République, s'ils étaient républicains. Qui en rit? L'ancien clergé! Pour les gallicans, les assermentés, ils crurent que Robespierre décidément marchait avec eux et conçurent beaucoup d'espoir.

Si Dumas, si Fouquier-Tinville, eussent eu un peu plus d'esprit, un peu de l'adresse d'Herman, ils auraient évité de donner au procès la moindre apparence religieuse. Loin de là, maladroits flatteurs de Robespierre et du nouveau mouvement indiqué le 6 par Couthon, ils prirent le langage à la mode. Ils parlèrent souvent, fort et ferme, de Divinité, d'athéisme, d'Être suprême, etc. Ils reprochèrent expressément à Gobel d'avoir abjuré, à Lapallus d'avoir dépouillé les églises de Lyon, à Chaumette d'avoir fermé les églises de Paris, de s'être coalisé avec Clootz « pour effacer toute idée de la Divinité ». Pour comble de maladresse, ce fut à cette occasion que le juré Renaudin, intime de Robespierre, changea tout à coup de rôle par une bizarre sortie, exprimant son indignation d'avoir entendu Gobel, Clootz et Fabre d'Églantine « se réjouir de ce que les églises étaient fermées ».

Le président fut prodigieusement ridicule contre Chaumette. Chaumette, dit-il, fermait les églises et mettait les filles en prison. Pourquoi? Afin que, d'une part, les libertins désespérés outrageassent les honnêtes femmes, et que, d'autre part, les fanatiques se réunissent aux libertins pour renverser le gouvernement!

Chaumette pouvait les écraser. Mais il plaida à plat ventre, se montra ce qu'il était, un pauvre homme de lettres, craintif et tremblant, jusqu'à dire qu'il n'avait pas eu beaucoup de rapports avec Anacharsis Clootz. Il croyait que, s'il se lavait de l'amitié du grand hérétique, il trouverait grâce peut-être devant Robespierre.

L'hérétique au fond, l'impie, le martyr de la liberté, n'était pas tant Chaumette ou Clootz que Paris même. C'était lui qu'on frappait en eux, c'était l'audacieuse avant-garde de la pensée humaine, du libre génie de la terre, qui eut son Précurseur dans la grande Commune. Après ce coup de massue, Paris, un moment retardé (un demi-siècle est un moment), s'écarta des voies religieuses et de l'initiation philosophique, pour y retourner plus tard par le circuit du socialisme, qui l'y ramènera sans nul doute.

Chaumette, malgré sa faiblesse, a emporté un double titre. Jamais magistrat populaire ne se montra si inépuisablement fécond en idées bienveillantes, utiles[1].

D'autre part, grâce à la farouche intolérance de ses ennemis, il tient sa place dans la glorieuse série de ceux qui payèrent de leur sang pour la liberté religieuse. Les Bruno, les Morin (celui-ci brûlé sous Louis XIV, 1664!) ont pour successeur légitime le pauvre Anaxagoras. Les six cent mille protestants émigrés sous le grand roi, les cinquante mille jansénistes mis à la Bastille, les martyrs bien plus nombreux de la liberté de pensée qu'une intolérance plus machiavélique fait depuis mourir de faim, ils doivent reconnaître un frère dans l'apôtre de la Raison, qui fut la voix de Paris.

---

1. On l'a vu au livre XV. J'y pourrais ajouter beaucoup. L'organisation de la Morgue, la bienfaisance judiciaire, consultations gratuites pour les pauvres, etc. Sa tolérance pour les prêtres mêmes est frappante dans les *Révolutions de Paris*, devenues (en octobre) l'organe de la Commune (n° 224).

CHAPITRE IV

CAMBON MENACÉ. — ASSIGNATS. — BIENS NATIONAUX
(16 AVRIL 1794).

Haine de Robespierre et de Saint-Just pour Cambon. — Accusations publiques contre lui. — Ce qu'il eût pu répondre. — Difficulté insurmontable de la situation.

La dictature qui se faisait d'elle-même et fatalement pouvait-elle s'arrêter dans la proscription? Elle l'eût voulu en vain. Elle était menée, poussée par la force des choses à proscrire et les rois déchus, j'appelle ainsi les représentants revenus des missions de 1793, et tôt ou tard les rois régnants, j'appelle ainsi le roi des Finances, le roi de la Guerre, Cambon et Carnot.

Celui-ci, qui, par la suppression du ministère de la guerre, avait désormais endossé la responsabilité complète, allait être seul accusé en cas de revers. Robespierre se fit une loi de ne jamais signer une seule pièce de la Guerre, tandis qu'à chaque instant ses actes, ceux de Saint-Just et Couthon recevaient de Carnot la signature de complaisance qu'on ne se refusait pas entre collègues. Il se tint, par cette réserve, en état de pouvoir toujours l'accuser, pour toute mesure dont l'utilité serait contestable, ce qui eut lieu en Thermidor.

Quant à Cambon, c'est l'homme que Robespierre et Saint-Just ont haï le plus.

Plus que Danton, plus que Vergniaud. Ceux-ci furent des individualités, mais Cambon fut un système. Ils le haïrent, non d'une haine éphémère et personnelle, mais d'une haine intrinsèque, inhérente au fonds même de leurs systèmes et de leurs idées.

Le premier discours de Saint-Just a été dirigé contre Cambon. Le dernier discours de Robespierre finira contre Cambon.

L'intelligent et perfide baron de Batz, habile agent royaliste, avait deviné la seule chance par où peut-être il eût pu entrer en rapport avec Robespierre (*Déposition de Chabot*). C'était de lui adresser des plans de finances propres à faire sauter Cambon.

L'antipathie des deux grands utopistes de la Révolution contre son grand homme d'affaires était tout à fait conforme au sentiment de leur parti et du peuple en général. La tyrannie de l'assignat, l'effrayante augmentation du papier, la disparition du numéraire, la déperdition si rapide des ressources de l'État, que sais-je? le maximum, la famine... tout cela s'appelait Cambon.

« Qui seul a fait tout le mal de la Révolution? Qui fut son mauvais génie, si ce n'est cet homme?... Un homme? non, un gouffre où la France s'est abîmée!

« Qu'a-t-il fait de nos espérances? Où est cette superbe dépouille des biens ecclésiastiques? Quatre milliards!... Absorbés. Où est le domaine royal?... Et les biens des émigrés? Voilà qu'ils fondent, ils disparaissent... Demain ils seront dévorés.

« Cette grande dot de la nation, ce patrimoine du pauvre, cette restitution naturelle des oisifs au peuple, le rêve de la Révolution, qu'est-ce que tout cela est devenu? Tout a péri entre les mains ineptes, perfides peut-être, de cet exterminateur de la fortune publique.

« Qu'a-t-il su et qu'a-t-il fait? Quelle fut la recette de cet empirique? Une seule, la planche aux assignats. Cette planche, il s'y acharne, la roulant la nuit, le jour. A tout une seule parole, toujours la même réponse : « Encore un milliard! » Non content des gros assignats, il les a divisés menus, partout divisés en parcelles. Et voilà que l'agiotage s'est répandu, jusque dans les moindres villages.

« Tout cela est-il innocent? La faculté d'acheter les biens nationaux par annuités, qui a-t-elle favorisé? L'homme d'argent, le spéculateur, qui, dès qu'il a jeté son premier payement minime, son sou à la nation, revend à profit, embourse et, de ce prix de revente, spécule, agiote et accapare, cache les denrées, organise la disette et regagne encore.

« N'avait-on pas dit à Cambon, l'autre hiver, que ses ventes précipitées des églises amenaient la guerre civile?... Qui fit la Vendée? C'est lui.

« Homme fatal!... Et le pis, les maux qu'il a faits dureront toujours. Tout a passé aux voleurs; nous restons la faim aux dents. La ruse triomphe à jamais.

Décidément l'Ancien-Régime pourra se moquer de nous et nous dire en ricanant la parole d'Évangile : « Vous aurez toujours des pauvres. »

« C'est fait de la Révolution. Elle a mangé un peu de miel, et voilà déjà qu'elle meurt. Elle avait cru mordre aux pommes du jardin des Hespérides, elle n'a trouvé sous la dent que fiel et que cendre. »

Telle était la douleur publique, les injustes accusations qui rapportaient à un homme tout ce que la situation avait fatalement engendré de maux.

Ce qui défendait Cambon, c'est qu'en l'attaquant on ébranlait les lois qu'il avait proposées ; on portait un coup terrible au crédit, à la confiance.

Frapper Cambon ? mais qu'était-ce ? Frapper la fatalité de la France en 1793. Cambon n'était pas autre chose.

Ce n'était pas lui qui avait agi, c'était la situation, le péril, la crise désespérée. Ce temps déjà trop oublié où la France désarmée vit le monde entier contre elle, cette misère du 12 mars où le Trésor n'eut plus que quelques mille francs en papier, permettait-elle de choisir les moyens ? Laissait-elle les loisirs d'organiser des républiques de Lycurgue et de Numa ?

Ce grand homme eût d'ailleurs pu faire une foudroyante réponse : « Voulez-vous savoir pourquoi il m'a fallu vous ruiner ? Pourquoi la guerre a dévoré les ressources de la France ? Parce que vous n'avez pas voulu la guerre que je demandais. Ma guerre n'eût pas été la vôtre. Je la voulais offensive, et toute en pays ennemi. Vous l'avez préchée défensive. Je l'ai voulue sociale ; vous l'avez faite politique. Vous déclariez aux Jacobins que la République française ne se mêlait point des autres peuples. Moi, je lançais la croisade, attribuant à la guerre les biens nationaux des peuples affranchis. Enfin je sonnais le tocsin et vous y mettiez la sourdine... Les rois, aujourd'hui rassurés, vous font des avances ; c'est bien. Ils voient que décidément vous n'avez pas remué en Europe la question capitale, celle des biens nationaux. La Révolution française restera chose isolée, et la France en payera les frais.

« Qu'ai-je fait, dans cette misère? Une grande chose : j'ai sauvé l'honneur. La République française, dans sa plus terrible crise, août 1793, devant les banqueroutes des rois, a recueilli, accepté, consacré dans son *Grand-Livre* tous les engagements du passé. Si elle n'a pu payer le fonds, elle a garanti la rente, s'obligeant à payer toujours pour des fautes qui ne furent pas siennes, expiant l'injure du passé qu'elle pouvait repousser et bâtissant l'avenir sur cette libre et généreuse expiation.

Du reste, qu'ai-je pu, malheureux, en face des plus terribles exigences dont l'histoire ait parlé jamais ? Impossible d'emprunter, impossible d'imposer. On feignait de croire que le but de la Révolution était de ne rien payer. Nous avions beau rappeler la suppression des dîmes, des aides, des corvées, des gabelles ; toutes choses déjà oubliées. Mais on soupirait toujours sur la contribution mobilière ; on pleurait sur le pauvre peuple. Les enfouisseurs se lamentaient. Les vieilles qui donnaient tout aux prêtres ne laissaient lever l'impôt chez elles que le sabre à la main. Donc je ne pouvais que vendre, vendre vite, vendre à tout prix. Plus on avançait, plus les ventes étaient difficiles. Le pauvre fut de suite à sec ; au second des douze payements arrivait le spéculateur. Et nous en étions bien heureux ; nous proclamions patriotes ceux qui se portaient acquéreurs et voulaient bien faire fortune... La République, hélas ! eut à faire sa cour aux riches. Sans argent, nous périssions. On les laissa acheter les biens communaux, ce patrimoine des pauvres. On les laissa acheter les biens ecclésiastiques, les plus faciles à revendre. On fit effort pour s'assurer qu'au moins les biens des émigrés seraient divisés en parcelles ; on défendit d'en acheter pour plus de cinq cents francs, plus de quatre arpents. Eh bien, impossible de vendre. La spéculation s'éloignait. Il fallut bien fermer les yeux sur la violation des lois. »

Cambon, du reste, est justifié par un mot même de Saint-Just.

Dans ce discours du 16 avril, il dit que le mode d'acquisition par annuités permettait d'agioter, et un peu plus loin : Qu'il faut *tranquilliser les acquisitions, innover le moins possible dans le régime des annuités :* — Établissant ainsi : 1° que ce mode est détestable ; 2° qu'il faut le maintenir.

Fatalité ! infranchissable mur où venait heurter la Révolution.

Au fond même des lois révolutionnaires, l'ennemi s'est glissé, caché. L'insecte vit au fond du fruit; on ne l'en sortira pas. Les lois de l'égalité ont refait l'aristocratie.

Mais, dira-t-on, si les lois sont impuissantes, pourquoi l'homme ne suppléerait-il ? Que sert d'avoir couvert la France d'autorités révolutionnaires, de sociétés populaires ? L'œil ouvert parmi les nuages qu'on voit sur le drapeau de la société jacobine, est-ce un insigne mensonger? Tous attaquent les agioteurs, tous maudissent les accapareurs. Sont-ce là de vaines paroles ? Cette réquisition immense, morale autant que politique, ne peut-elle observer de près les acquéreurs équivoques, les prête-noms, les hommes de paille, et saisir derrière la ruse du spéculateur le secret des coalitions?

La réponse à cette question, c'est la révélation d'un terrible mystère.

CHAPITRE V

LA BANDE NOIRE.

La bourgeoisie rentre dans les affaires. — Les comités de surveillance ne surveillent pas. — Les spéculateurs s'abritent derrière les autorités. — Les contre-révolutionnaires maîtres des comités des campagnes. — Spéculation de Jourdan et de Rovère. — Nécessité d'une épuration. — La bande noire insaisissable.

L'inquisition révolutionnaire, sous ses deux formes, comme *sociétés jacobines* et comme *comités de surveillance* de sections, de villes ou villages, ne pouvait rester pure et forte qu'autant qu'elle restait simplement inquisition. Si elle quittait son rôle de surveillance pour entrer dans les affaires, si le Jacobin surveillant était justement le même homme que le fonctionnaire public qu'il avait à surveiller, on pouvait prédire hardiment qu'il serait indulgent pour lui, que cette fantasmagorie terrible d'inquisition deviendrait illusoire, que, si elle continuait son rôle, ce serait de manière à donner le change, à détourner l'attention, dirigeant ses sévérités ailleurs que sur elle-même, se corrompant de plus en plus, comme tout pouvoir sans contrôle.

Cela arriva par trois fois, aux Jacobins des Lameth,

aux Jacobins de Brissot, aux Jacobins de Robespierre. Trois fois, la grande société quitta son rôle de surveillante pour celui de fonctionnaire; les Jacobins entrèrent dans l'administration, dix mille en une seule fois (1792).

A chaque évacuation de ce genre, la société purifiée, ce semble, recrutée dans une classe plus populaire, paraissait entrer d'un degré de plus dans la démocratie : 1793 y fit le dernier effort et se crut décidément tout près de l'égalité. Erreur, profonde erreur ! En 1793, comme auparavant, par des moyens plus détournés, la bourgeoisie domina.

J'entends ici par bourgeoisie la classe, peu nombreuse alors, qui savait lire, écrire, compter, qui pouvait (peu ou beaucoup) verbaliser, paperasser, le bureaucrate, le commis, celui qui peut l'être, l'ex-procureur, l'ex-clerc, le vrai roi moderne, le *scribe*.

Tel est le fruit savoureux que la société européenne recueille d'avoir eu douze cents ans le prêtre pour seul instituteur. La masse entière (moins un centième) est restée à l'état barbare, c'est-à-dire mineure, incapable; à la moindre affaire, la tête leur tourne; il leur faut se remettre à cette minorité minime qui seule sait compter, griffonner. Elle se trouva peu à peu, alors comme aujourd'hui, maîtresse des affaires.

Des dix ou douze membres d'un comité de surveillance, des quarante, cinquante, cent membres d'une société jacobine, presque tous alors étaient illettrés. Ces patriotes, généralement très embarrassés de leur royauté, ne manquaient pas d'aviser dans un coin l'homme modeste et discret qui pouvait tenir la plume. Il se faisait prier, presser, sommer au nom de la Patrie; c'était ainsi, malgré lui, qu'il s'emparait des affaires. Les autres croyaient rester maîtres. Il ne les contrariait pas. Seulement, à toute chose qui n'était pas dans ses vues, il les arrêtait par des textes : « Oui, si le décret de brumaire, oui, si la loi de ventôse, n'y étaient contraires », etc. A cela ils ne savaient que dire et suivaient comme des moutons.

La bourgeoisie, fort mêlée aux clubs en 1789, effrayée en 1791 et un moment éloignée, y revint timidement par peur en 1793, y régna peu à peu ensuite, les exploita à son profit.

Était-ce la même bourgeoisie? Comme classe, non. Comme individus, c'était en partie la même, les procureurs d'autrefois, huissiers et autres gens semblables, auxquels se mêlèrent ceux des marchands, artisans, qui pouvaient écrivailler, citer bien ou mal les décrets.

Les mêmes hommes furent les meneurs des sociétés populaires et des comités révolutionnaires ou de surveillance.

Sociétés et comités, au fond, c'était la même chose. Les Jacobins ayant déclaré qu'ils ne reconnaîtraient comme sociétés populaires que celles dont ces comités, essentiellement jacobins, seraient le noyau (23 septembre 1793), les autres sociétés fermèrent peu à peu.

Dans chaque localité, ce que les meneurs avaient préparé, proclamé comme *société*, les mêmes hommes l'exécutaient ensuite comme *comité*. Tout s'étant trouvé ainsi réduit dans chaque endroit à douze ou quinze personnes, qui menait ces douze était maître.

L'homme d'affaires qui tenait la plume, ou le spéculateur caché qui se liguait avec lui, pouvait opérer à l'aise, couvert, défendu, enhardi par la Terreur elle-même, je veux dire par ce comité de surveillance qui ne surveillait plus.

Le danger, on se le rappelle, avait fait cette tyrannie. Le gouvernement central l'avait augmentée en supprimant, énervant les pouvoirs intermédiaires qui gênaient ces comités, sans oser en prendre lui-même l'inspection. Il craignait de se dépopulariser, s'il partageait avec eux, en les surveillant, la responsabilité de l'action révolutionnaire. Il résulta malheureusement de cette timidité des deux comités gouvernants que ces petits comités révolutionnaires, quelque patriotes qu'ils fussent, devinrent, souvent sans le savoir, l'instrument des spéculateurs.

L'araignée, en sûreté derrière une telle protection, travaillait à l'aise. Non seulement elle participait à l'inviolabilité de la société et du comité, à leur puissance de terreur, mais elle employait cette terreur au profit de ses affaires, terrifiait ses concurrents ; il ne se trouvait aux enchères nul autre acquéreur patriote.

Et si on l'accusait plus haut, on ne pouvait frapper cet homme qu'à travers le comité, à travers le bouclier trois fois saint, trois fois sacré, de la société populaire.

Quelques faits feront connaître l'intérieur des comités.

On a vu comment se fit l'arrestation de Prudhomme. Ce journaliste avisé, qui toujours avait tourné selon le soleil et le vent, se croyait en sûreté parce qu'il avait défendu contre la Gironde Marat et Hébert (avril-mai 1793). Les hébertistes, en juin, n'en crurent pas moins le moment favorable pour tuer son journal, les *Révolutions de Paris*, et délivrer le *Père Duchesne* de ce concurrent.

Un hébertiste qui menait la section des Quatre-Nations, dans laquelle demeurait Prudhomme, fit à lui seul toute l'affaire. 1° Il dénonça Prudhomme à l'assemblée générale de la section (ces assemblées, à cette époque, étaient à peu près désertes) ; 2° président de cette assemblée, il prononça lui-même la prise en considération de la dénonciation et fit décider que l'accusé irait au comité révolutionnaire ; 3° il présida le comité et lui fit décider l'arrestation ; 4° il la fit lui-même à la tête de la force armée. Prudhomme, relâché bientôt, mais alarmé, découragé, cessa bientôt de paraître. C'est ce qu'on voulait. Il reparaît le 3 octobre, mais dompté, au profit d'Hébert et des hébertistes, dont il porte les couleurs.

Autre affaire, plus étonnante. A Paris, sous les yeux mêmes du Comité de sûreté, un comité révolutionnaire, celui de la Croix-Rouge ou du faubourg

Saint-Germain, imitant les spéculateurs qui créaient des maisons de santé pour recevoir les prisonniers qu'on favorisait, avait créé, rue de Sèvres, une prison confortable ou l'on payait des prix énormes, de sorte que ceux dont il avait prononcé l'arrestation, il les recevait et les exploitait comme pensionnaires.

Ceux-ci, du reste, n'avaient garde de se plaindre. C'était un brevet de vie. Le comité choyait, gardait, cachait son petit troupeau. On n'y toucha pas avant le 7 thermidor. Ce ne fut qu'alors enfin que la Terreur, qui ne respectait rien, troubla la spéculation du comité de la Croix-Rouge et guillotina quelques-uns de ses précieux pensionnaires.

Comment était composé ce comité?

Il y avait quatre artistes, un musicien et trois peintres, pauvres diables qui, vivant mal de leur art, avaient pris cette position. Il y avait quatre domestiques d'anciennes maisons qui pouvaient bien renseigner. Un homme d'exécution, ex-gendarme, et deux hommes forts, deux commissionnaires du coin de la rue. Trois marchands, et enfin un ancien notaire, qui probablement menait toute l'affaire et dressait le comité à la spéculation.

Tout cela se passait à Paris. En province, la surveillance était moindre encore. Les registres du Comité de sûreté générale, mutilés aux derniers mois, mais entiers jusqu'en mai 1794, ne donnent presque aucun acte relatif aux départements.

Si quelque chose transpirait des départements à

Paris, c'était un miracle, un vrai coup du ciel. Je n'en connais qu'un exemple.

Le 25 pluviôse 1794, on dénonça à la Convention un huissier (du district de la Souterraine, département de la Creuse), lequel, cumulant dans son village les fonctions de maire et de membre du comité de surveillance, exerçait sur les paysans une terreur lucrative, étonnamment audacieuse. Il les emprisonnait et les rançonnait à quatre cents, cinq cents, six cents livres par tête. Il leur vendait des exemptions de la réquisition. Il les faisait travailler à son profit par corvée sur un bien national dont il s'était fait fermier. Il les fit contribuer pour acheter des blés dans un moment de disette, puis, ces blés, les leur vendit trente sous plus cher par boisseau qu'ils ne lui avaient coûté. Ce tyran, à l'exemple des anciens seigneurs, mariait à sa volonté. Un homme qu'il mit en prison n'en sortit qu'en épousant une fille qu'il lui imposa. Le curé voulait se marier, il ne le permit pas, et, pour plus de sûreté, il enferma la fiancée, puis la bannit de la commune.

Ce qui le rendait si hardi, c'est qu'à bon marché il s'était fait un renom de patriotisme en célébrant avec éclat l'abolition de la féodalité. Pour la fête, il avait levé une somme énorme de deux mille quatre cents livres, et coupé dans les forêts de l'État cent cordes de bois dont il fit un feu de joie sur une montagne voisine.

On se plaignit au district. Mais un des administrateurs était parent de l'huissier. Le district ne souffla mot.

Le tribunal criminel du département n'osait trop mettre en accusation ce grand patriote. Il demanda à la Convention s'il était compétent pour le faire. La Convention, indignée, décréta qu'on l'arrêterait sur-le-champ, lui et ses protecteurs, les administrateurs du district, et les envoya tous au tribunal révolutionnaire.

Le 19 ventôse, aux Jacobins, le dantoniste Thirion déclara à la société que les comités de surveillance des petites communes étaient profondément corrompus, que les aristocrates, les intendants, économes, valets des anciens seigneurs y étaient les maîtres, que c'étaient eux qui empêchaient les paysans d'apporter leurs denrées en ville.

L'observation porta coup. Peu après, la Convention, sur la très sage proposition de Couthon, décida *qu'il n'y aurait plus de comité de surveillance qu'aux villes de district*, où sans doute le comité devait mieux marcher sous les yeux des Jacobins. Changement immense et trop peu remarqué! Ce n'est pas moins que le reflux de l'océan révolutionnaire. La Révolution, par une défiance tardive, se retire des campagnes, se concentre dans les villes.

Eh quoi! les acquéreurs de biens nationaux ne lui constituent-ils pas dans les campagnes une phalange invincible contre l'aristocratie?... Mais s'ils sont aristocrates?

Je crains que même au district, la spéculation

concentrée n'y soit pas moins cupide, pas moins contre-révolutionnaire. L'âge des principes s'en va, celui des intérêts commence. Là se fera, sans nulle peine, la monstrueuse alliance des partis. Faux patriotes, aristocrates, tous vont spéculer ensemble.

On se rappelle Jourdan, l'homme de la Glacière, chassé par les constitutionnels, ramené par Barbaroux en triomphe dans Avignon. Cet homme portait alors le drapeau des Girondins. En 1794, il s'était rapproché des royalistes et spéculait avec eux. Du reste, grand patriote, bien reçu des Jacobins de Paris, le 11 nivôse il reçoit l'accolade de leur président; le 28, il est reçu membre. On n'eût osé l'entamer, si, par un excès d'audace et d'effronterie, il n'avait soulevé contre lui la colère de l'Assemblée.

Le représentant Maignet envoya à la Convention une lettre où Jourdan, colonel de gendarmerie, désignait comme suspect un représentant qui avait passé à Avignon *avec un congé de l'Assemblée*. Jourdan se portait pour plus patriote que la Convention même. Merlin (de Thionville) et Legendre demandèrent que ce drôle fût envoyé au Comité de sûreté générale. D'autres appuyèrent. Jourdan fut arrêté, amené, épluché.

Et alors on en vit plus qu'on n'en voulait voir. Dans ses spéculations, il était l'associé du représentant Rovère, du comtat d'Avignon. Demi-Italien, ex-garde du corps du pape, riche, marquis de Fonvielle, changeant de figure tous les jours, tantôt des illustres Rovères d'Italie, tantôt petit-fils d'un boucher. Ce caméléon donna le plus surprenant spectacle. Avec Jourdan il organisa dans le Midi la première de ces *bandes noires* qui achetaient à vil prix les biens nationaux. Les complices furent des royalistes, les agents des émigrés, les parents, amis de ceux que Jourdan avait massacrés. Cet intelligent Rovère leur fit aisément comprendre qu'ils pouvaient, en profitant de la simplicité révolutionnaire, sur les dépouilles des morts, de leurs propres morts, faire les plus beaux coups. La Révolution elle-même avait travaillé pour eux; elle les faisait peu nombreux, et il ne tenait qu'à eux qu'elle ne les fît héritiers. Ils commencèrent à reconnaître que la Terreur avait du bon. Les marquises sympathisèrent fort avec M. de Fonvielle, que dis-je? avec *M. Jourdan.* « Hélas! disaient-elles en soupirant quand on lui fit son procès, on nous ôte *M. Jourdan* quand il revient aux bons principes. »

On guillotina Jourdan. Rovère resta à la Montagne, muet, tapi dans les rangs des dantonistes qu'il déshonorait. Ce furent eux cependant, précisément les dantonistes, qui firent, comme on vient de le voir, arrêter son associé.

Les faits qui précèdent indiquent combien rarement, difficilement venait la lumière.

Même chez les robespierristes, qui, d'après les vertus de leur maître, affectaient de grands dehors d'abstinence et d'austérité, on a vu la fortune subite du Jacobin Nicolas, ouvrier en 1792, possesseur en 1793 d'une vaste imprimerie, et qui, sur le tribunal seulement, avait déjà gagné cent mille francs.

Dubois-Crancé fit en avril une proposition hardie. De Rennes où il était alors, il écrivit aux Jacobins que leur rôle de *surveillants et censeurs des fonctionnaires* ne leur permettait pas d'être *fonctionnaires* eux-mêmes, qu'il fallait opter.

La chose était-elle possible? Le personnel révolutionnaire étant devenu si peu nombreux, les Jacobins n'étaient-ils pas obligés de cumuler ces choses peu conciliables? Les places délaissées par eux n'eussent-elles pas passé en des mains peu sûres? Quoi qu'il en soit, au seul énoncé de la proposition, la salle pensa s'écrouler. Les zélés se mettaient la main aux oreilles pour n'entendre un tel blasphème. Robespierre faillit en faire le point de départ d'une accusation de haute trahison.

Nul doute cependant que l'affaiblissement précoce du gouvernement révolutionnaire ne tînt à deux choses :

Premièrement ce cumul du *surveillant fonctionnaire*, n'ayant de contrôle que lui-même;

Deuxièmement *la tolérance* de plusieurs sociétés ou comités *pour la spéculation*, et l'agiotage exercé souvent par leurs propres membres, acquéreurs, vendeurs, trafiquants de biens nationaux, brocantant et s'enrichissant « pour le salut de la patrie ».

Ces deux fléaux minaient la République. Elle

triomphait de l'Europe et elle dépérissait en dessous.

Il devait lui arriver, comme à un vaisseau superbe qui règne sur l'Océan et qui porte dans son sein un monde de vers acharné à le dévorer.

Il est une ville de France, un port, dont plusieurs maisons, habitées par de nouveaux hôtes, peuvent s'écrouler un matin. Un vaisseau probablement les apporta des colonies. Depuis, maîtres absolus dans un quartier de La Rochelle, les *termites*, c'est leur nom, laborieux, silencieux, invisibles ouvriers, travaillent sans que rien les arrête. Un pieu neuf planté dans la terre est dévoré en vingt-quatre heures. Solives, lambris, portes, châssis de fenêtres, marches et rampes d'escaliers, tout mangé sans qu'il y paraisse. La forme seule reste. Vous appuyez sur ce bois ferme en apparence, vernis, reluisant, et la main enfonce, ce n'est que poussière. Les parquets cèdent sous les pieds; on tâche de marcher doucement. Que sont les poutres en dessous? On n'ose y penser. On vit suspendu à l'abîme...

Tel fut le réveil étrange de la Révolution, lorsque, toute préoccupée d'idées, de principes, de disputes et de factions, elle vit que par-dessous on pensait à autre chose, qu'il s'agissait d'intérêts, d'agio, de coalition, que tous s'entendaient avec tous.

De ces *termites* de 1794 et 1795, le nom était: *Bande noire*. Mais comment les reconnaître? L'insecte, plus dangereux que celui de La Rochelle, vivait non dans la maison seulement et dans le bois, mais dans l'homme, la chair et le sang, et jusque dans les entrailles des sociétés créées pour lui faire la guerre, de sorte que trop souvent, là où l'on cherchait le moyen de détruire le monstre, on trouvait le monstre même.

CHAPITRE VI

LAVOISIER. — LA GRANDE CHIMIE. — LES MOEURS EN 1794.

Pouvait-on en un jour guérir un mal de mille ans? — Ennui, blasement, mépris de la vie — Puissance, activité des femmes. — Galanteries funèbres, — Rapides transformations, avènement de la chimie. — On tue l'inventeur, 8 mai. — Férocité libertine de l'Ancien-Régime, continuée sous la République. — Un noble professeur de crime.

Rapprochez les deux mots qui suivent :
Un constituant disait ce mot amer et sceptique :
« Maintenant que nous avons fait des lois pour une nation, il ne nous reste plus qu'à faire une nation pour ces lois. »

Et un conventionnel héroïquement : « Si nous décrétons l'Éducation, nous aurons assez vécu. »

Décréter l'éducation était difficile pour une Révolution commencée qui n'apercevait elle-même qu'un côté de ses principes et devait recevoir du temps sa complète révélation.

Et c'était peu de décréter l'éducation, la création d'un peuple nouveau; il fallait changer l'ancien.

Mille ans d'une éducation anti-humaine, où l'on enseigna, systématiquement, la dégradation de l'homme, posant comme vertu parfaite la résignation au servage, c'est-à-dire l'acceptation de l'état de brute (pour l'homme l'éternité du fouet, pour la femme celle du viol, le servage n'est pas autre chose), — voilà l'œuvre longue et terrible que la Révolution était appelée à effacer en un jour.

Il lui fallait improviser un remède assez puissant pour guérir du premier coup ce chancre envieilli pendant tant de siècles.

Beaucoup avaient le sentiment triste, amer, qu'on ne guérit pas de telles choses.

Plusieurs se jetaient dans l'idée d'une épuration terrible, universelle, absolue.

Là une difficulté restait. Cette épuration pouvait-elle être individuelle? En frappant tel individu et tel autre encore, était-on sûr d'épurer? Le mal se trouvant en tous, ne fallait-il pas épurer en chaque individu même? Pas un, non, pas un n'était pur. Tous avaient en eux de quoi condamner, trier et proscrire. Robespierre crut que, Danton mort, tout était fini. Erreur. En lui-même, il restait matière à proscription. Il y eut un prêtre en Robespierre, comme un tyran dans Saint-Just. Dans son âme ardente et malade, combattu de plusieurs âmes, il devait, du Robespierre pur, proscrire le Robespierre impur, tuer la haine en lui, la vengeance, guillotiner l'hypocrisie.

La plupart, sans se bien expliquer ceci, n'en ressentaient pas moins confusément, instinctivement, l'inutilité de ce qui se faisait. La Terreur généralement frappait à côté. Cet énorme sacrifice d'efforts et de sang était en pure perte. De là, un grand découragement, une rapide et funeste démoralisation, une sorte de choléra moral.

Quand le nerf moral se brise, deux choses contraires en adviennent. Les uns, décidés à vivre à tout prix, s'établissent en pleine boue. Les autres, d'ennui, de nausée, vont au-devant de la mort ou du moins ne la fuient plus.

Cela avait commencé à Lyon; les exécutions trop fréquentes avaient blasé les spectateurs; un d'eux disait en revenant : « Que ferai-je pour être guillotiné? » Un des condamnés qui lisait, quand on l'appela, continua jusqu'à l'échafaud; au pied de la guillotine, il mit le signet. Cinq prisonniers à Paris échappent aux gendarmes; ils avaient voulu seulement aller encore au Vaudeville. L'un revient au tribunal : « Je ne puis plus retrouver les autres. Pourriez-vous me dire où sont nos gendarmes? Donnez-moi des renseignements. » Le plus fort fut à l'Assemblée; un homme qui voulait tuer Robespierre ou Collot d'Herbois alla en attendant à la Convention; Barère occupait le tapis en contant je ne sais quelle histoire de Madagascar ; l'homme s'endormit profondément.

De pareils signes indiquaient trop que décidément la Terreur s'usait. Cet effort contre nature ne pouvait plus se soutenir. La Nature, la toute-puissante, l'indomptable Nature, qui ne germe nulle part plus énergiquement que sur les tombeaux, reparaissait victorieuse, sous mille formes inattendues. La guerre, la terreur, la mort, tout ce qui semblait contre elle, lui donnaient de nouveaux triomphes. Les femmes ne furent jamais si fortes. Elles se multipliaient, remuaient tout. L'atrocité de la loi rendait quasi légitimes les faiblesses de la grâce. Elles disaient hardiment, en consolant le prisonnier : « Si je ne suis bonne aujourd'hui, il sera trop tard demain. » Le matin, on rencontrait de jolis jeunes imberbes, menant le cabriolet à bride abattue; c'étaient des femmes humaines qui sollicitaient, couraient les puissants du jour. De là, aux prisons. La charité les menait loin. Consolatrices du dehors ou prisonnières du dedans, aucune ne disputait. Être enceinte, pour ces dernières, c'était une chance de vivre.

Un mot était répété sans cesse, employé à tout : « *La Nature!* suivre la nature! Livrez-vous à la nature », etc. Le mot *vie* succéda en 1795 : « Coulons la vie!... Manquer sa vie », etc.

On frémissait de la manquer, on la saisissait au passage, on en économisait les miettes. On en volait au destin tout ce qu'on pouvait dérober. De respect humain, aucun souvenir. La captivité était, en ce sens, un complet affranchissement. Des hommes graves, des femmes sérieuses, se livraient aux folles parades, aux dérisions de la mort. Leur récréation favorite était la répétition préalable du drame suprême, l'essai de la dernière toilette et les grâces de la guillotine. Ces lugubres parodies comportaient d'audacieuses exhibitions de la beauté ; on voulait faire regretter ce que la mort allait atteindre. Si l'on en croit un royaliste, de grandes dames humanisées, sur des chaises mal assurées, hasardaient cette gymnastique. Même à la sombre Conciergerie, où l'on ne venait guère que pour mourir, la grille tragique et sacrée, témoin des prédications viriles de Madame Roland, vit souvent à certaines heures des scènes bien moins sérieuses; la nuit et la mort gardaient le secret.

De même que, l'assignat n'inspirant aucune confiance, on hâtait les transactions, l'homme aussi n'étant pas plus sûr de durer que le papier, les liaisons se brusquaient, se rompaient, se reformaient avec une mobilité extraordinaire. L'existence, pour ainsi parler, était volatilisée. Plus de solide, tout fluide, et bientôt gaz évanoui.

Lavoisier venait d'établir et démontrer la grande idée moderne : solide, fluide et gazeux, trois formes d'une même substance.

Qu'est-ce que l'homme physique et la vie? Un gaz solidifié [1].

---

[1]. Je trouve avec bonheur, chez Liebig (*Nouvelles lettres sur la chimie*, lettre XXXVI), cette observation si juste, qui, dans cette extrême mobilité de l'être physique, me garantit la fixité de mon âme et son indépendance. « L'être immatériel, conscient, pensant et sensible, qui habite la boîte d'air condensé qu'on appelle homme, est-il un simple effet de sa structure et de sa disposition intérieure? Beaucoup le croient ainsi. Mais, si cela était vrai, l'homme devrait être identique avec le bœuf ou autre animal inférieur dont il ne diffère pas, comme composition et disposition. » Plus la chimie me prouve que je suis matériellement semblable à l'animal, plus elle m'oblige de rapporter à un principe différent mes énergies si variées et tellement supérieures aux siennes.

Le découvreur de cette idée, grande, terrible, féconde, qui, sur son chemin, supprimait l'immortalité des corps et le Jugement dernier, Lavoisier, était la Révolution elle-même contre l'esprit du Moyen-âge.

C'est lui qui, sans s'arrêter aux superstitions locales, avait vidé le vieux Paris de ses morts, enlevé tous ses cimetières, pour les verser aux catacombes.

Quelle révolution plus grande que celle qui introduit au fond même de la composition des êtres l'homme jusque-là errant autour? Il les palpait, il les pénètre; le voilà dans leur essence, tête à tête avec le Créateur... Que dis-je? le voilà créateur et devenu lui-même le rival de la nature!

Cette science, à ce moment, faisait ses premiers miracles. Aussi féconde d'applications que sublime en son principe, elle enfantait, de moment en moment, des armes pour la Patrie. Elle lui mettait en mains la foudre. Elle fouillait à fond la France et elle en tirait de quoi terrifier l'Europe. Ce n'était pas seulement une science que Lavoisier avait faite, il avait engendré un peuple. Une immense tribu de chimistes, *les élèves du salpêtre*, comme on les appelait, remplissaient tout de leur activité. Partout les chaudières et les appareils où le salpêtre était fondu. Partout les députations qui portaient à l'Assemblée ces offrandes patriotiques. Une grande fête fut donnée à l'école, qu'on eût pu appeler la fête de la chimie. « Un siège, un trône, y était sans doute, dressé pour ce créateur ? » Oui, sur la fatale charrette, à la place de la Révolution.

Pas un mot de plus. Ceci parle assez. Avec la grandeur du mouvement, on voit sa brutalité, son aveuglement, son vertige.

Elle commence, la grande, la terrible opération, qui, par jugements, proscriptions, batailles, famines, hôpitaux, va, de 1794 à 1815, pendant plus de vingt années, dissoudre, décomposer, rendre au repos de la nature cette énorme masse vivante de tant de millions d'hommes.

Une émotion de plaisir, sauvage, homicide, est attachée, chez beaucoup d'hommes, à la destruction. Chose triste et sombre à dire : ils aiment à détruire autant qu'à créer. Dans les basses et stériles natures, c'est à détruire qu'on se sent dieu.

Et plus la nature est stérile, pauvre et tarie de jouissances, plus elle demande ses joies à la mort, à la douleur. Les récréations d'un peuple serf, délaissé sans vie morale, sans idée, sans espoir d'amélioration, c'étaient la potence et la roue. Les récréations de ses maîtres, c'étaient l'outrage et les coups, c'étaient le fouet et le bâton. Ce que nous voyons en Russie, où, de relais en relais, le postillon est fouetté, de quelque façon qu'il aille, pour l'amusement du conducteur, offre une image affaiblie de ce joyeux Moyen-âge. *Joyeuse France, joyeuse Angleterre*, c'est un mot proverbial, tout pays alors est joyeux.

Au dix-septième siècle encore, il y avait beaucoup de *joyeux* seigneurs. La guerre, la chasse, le duel, trois manières de verser le sang, et sans préjudice de l'assassinat. Lisez aux *Mémoires* de Fléchier les plaisanteries un peu fortes de la noblesse d'Auvergne, un homme entre autres qu'on s'amuse à murer, pour le faire mourir de faim.

Le grand Condé avait dit à je ne sais quel carnage : « Bah! ce n'est qu'une nuit de Paris! » Les Condé, chasseurs sauvages, trop faits à la vue du sang dans ces immenses tueries qu'on appelait grandes chasses, vivaient volontiers dans les forêts, avec mille caprices étranges. Le fils du grand Condé se croyait souvent chien de chasse et, comme tel, aboyait des heures. Son petit-fils (voir Saint-Simon) fut un nain fantasque et féroce. Ces princes, éloignés des armées par la défiance des rois, étaient soufferts comme rois, dans la liberté sauvage de leurs plus damnables fantaisies. L'un d'eux, Charolais, pour se distraire, assassinait de temps à autre. La tyrannie illimitée de ces grandes maisons sur leurs domestiques et vassaux durait en plein dix-huitième siècle. « Ces gens-là vivent de nous, disaient-ils ; qu'importe s'ils meurent par nous? »

Ce 1793 obscur des bons temps de la monarchie, très soigneusement obscurci par la connivence des rois, *qui sauvaient l'honneur des familles*, gêné par le progrès de l'ordre, était en revanche animé, irrité par les résistances croissantes de la dignité humaine. L'outrage était plus savoureux ne tombant plus sur des brutes, comme celles du Moyen-âge. Le plaisir n'était plus de jouir, mais de briser. Misérables générations, lie dernière d'un monde fini, sans cœur, sans imagination et dépourvues de sens même, qui du plaisir ne savent plus rien que la douleur, et pour qui, dans leur vice impuissant, un enfer commence.

Dans les châteaux des Condé, d'une de leurs dames d'honneur, naquit le héros du genre. M. de Sade, de la noble famille d'Avignon illustrée par la Laure de Pétrarque, était un aimable viveur; seulement ses gaietés de prince le brouillaient avec la justice. La première fois, une femme qu'il battait et torturait se jeta par la fenêtre. Pour cent louis, il en fut quitte. Une autre fois, il donne à dîner à des filles de Marseille et, *pour rire*, les empoisonne. Le Parlement d'Aix se fâche; de Sade se sauve, et, sur la route, il enlève sa belle-sœur. Comme il recommençait toujours, le roi, las de le gracier, l'avait mis à la Bastille. Qu'un tel homme vécût encore, rien ne prouvait mieux la nécessité de détruire l'arbitraire hideux de l'ancienne monarchie. Il vivait, mais enfin, la justice rentrant en ce monde, le premier essai de la guillotine lui appartenait de droit.

Prisonnier de la Bastille, il se posa en victime. On accueillait crédulement toute menterie de ce genre. Il fut bien reçu, dit-on, de M. Clermont-Tonnerre et des constitutionnels; bien reçu des hommes de 1793, assez bien pour présider sa section, celle des Piques ou de la place Vendôme, la section de Robespierre.

Comment s'y était-il glissé? Dans le trouble du 2 septembre. Dans ce jour où tout le monde se tenait chez soi, il jugea, non sans raison, qu'il y avait plus de sûreté pour un ci-devant au sein même de sa section. Il quitta sa rue (déserté alors), la rue Neuve-des-Mathurins, et vint le soir aux Capucines, près de la place Vendôme. Les amis de Robespierre n'y étaient pas, s'étant portés aux Jacobins. Il n'y avait pas grand monde et personne qui sût bien écrire. De Sade n'était connu que comme un homme qui avait été en prison sous l'Ancien-Régime. Il avait l'air doux et fin, était blond, un peu chauve et grisonnant. « Voulez-vous être secrétaire? — Volontiers. » Il prend la plume.

Notre homme calcula fort juste qu'il ne fallait pas, avec tous ses précédents, se mettre trop en avant. Il prit un rôle tout à la fois actif et paisible, le métier de philanthrope. Bonne âme qui employait tout son temps aux hôpitaux. Il fit des rapports là-dessus, fort goûtés de la section. Quand on parla de créer l'armée révolutionnaire à quarante sols par jour, il saisit l'occasion, prit en mains cette affaire populaire et fut nommé d'enthousiasme président de la section.

Cela le mit trop en lumière. Vers la fin de 1793, la Commune essayant d'appuyer son nouveau culte sur une épuration morale, la guerre aux filles, aux libertins, aux livres obscènes, à la vermine de tout genre qui se cachait dans Paris, on commença à s'enquérir de cet hypocrite ; on le déclara suspect, on l'arrêta. En prison, il fit le malade et obtint l'adoucissement d'une maison de santé, d'où le tira le 9 thermidor.

Agé alors de cinquante ans, professeur émérite de crime, il enseignait avec l'autorité de l'âge, et dans les formes élégantes d'un homme de sa condition, que la nature, indifférente au bien, au mal, n'est qu'une succession de meurtres, qu'elle aime à tuer une existence pour en susciter des milliers, que le monde est un vaste crime.

Les sociétés finissent par ces choses monstrueuses, le Moyen-âge par un Gilles de Retz, le célèbre tueur d'enfants ; l'Ancien-Régime par de Sade, l'apôtre des assassins.

Terrible situation d'une République naissante, qui, dans le chaos immense d'un monde écroulé, était surprise en dessous par ces reptiles effroyables. Les vipères et les scorpions erraient dans ses fondements.

LIVRE XIX

CHAPITRE PREMIER

DISSENTIMENTS DE ROBESPIERRE ET DE SAINT-JUST (16 AVRIL).

Idée d'épuration par la dictature. — Saint-Just veut pousser la Terreur. — Robespierre voudrait enrayer. — Décret mixte du 16 avril. — Solitude de Saint-Just.

Cette terrible pourriture qu'on découvrait en dessous, ces souterrains fangeux, ces gouffres creusés sous la République, à mesure qu'on les voyait, ralliaient beaucoup d'honnêtes gens au vœu de Saint-Just, la création d'un grand épurateur, d'un censeur impitoyable, qui, armé de la dictature, passerait au creuset la Révolution.

Saint-Just croyait que Robespierre était l'homme nécessaire : il voyait en lui le seul homme qui eût vécu l'âge même de la Révolution, ses cinq siècles en cinq années, celui qui semblait en être la conscience, la perpétuité vivante, et qui pesait dans son destin du poids de cette antiquité. Plus Saint-Just trouvait la France éloignée de son idéal de la République, plus il la jugeait incapable de se gouverner elle-même, plus il embrassait l'idée d'un dictateur moral. Un seul homme était capable de ce rôle, et cet homme était Robespierre.

Maintenant on va supposer qu'il y eut unité entre eux. Rien n'est moins exact.

Quoique Saint-Just appartînt à Robespierre et par le cœur et par l'idée, la force des choses tendait à l'en éloigner malgré lui.

Déjà, dans l'affaire de Danton, leur conduite avait été absolument contraire.

Saint-Just tua Danton, parce que seul il n'eut pas la moindre hésitation ni le moindre doute. Il crut d'après Robespierre; mais, bien plus que lui, il eut la foi atroce de cet acte sauvage. Au moment où la Loi mourante vint encore réclamer aux comités, qui fut à son poste? qui fit taire la Loi? qui fut à cette heure la Loi et la dictature?

Robespierre, au contraire, en s'engageant dans cette route, ne négligea rien pour faire voir qu'il y avait été poussé. Il proclama et répéta qu'un autre avait eu la première idée, dit le premier mot; qu'à ce mot on avait essayé d'opposer le souvenir de l'ancienne relation, et qu'il avait résisté pour le salut public. Chacun fut tenté de croire qu'en ce cruel sacrifice d'un compagnon de tant d'années, Robespierre s'était sacrifié lui-même, avait immolé son propre cœur.

Donc c'était Saint-Just qui avait pris la responsabilité capitale de l'acte : il en savait la gravité. Plus d'une fois, dans ses notes pleines de pensées funèbres, il paraît très bien sentir qu'après de telles choses, directe est la voie du tombeau.

Mais s'il avait fait cette chose énorme, fait passer la République sur le corps de son père, c'est que ce passé si cher, si sacré aux patriotes, lui apparaissait comme obstacle sur la route de l'avenir où il avait hâte d'engager la Révolution.

Donc, bien plus que Robespierre, il avait besoin d'aller en avant. Son acte le lui commandait. S'il ne faisait les grandes choses dont Danton lui semblait l'obstacle, Saint-Just restait un assassin.

Il avait toujours volontiers consulté, dès son premier âge, les oracles de la mort. Nous avons dit les étrangetés de sa jeunesse, comment, au milieu d'une ville très corrompue de province, d'une école de droit dissolue, au milieu des séductions intérieures d'une imagination lubrique, il s'était fait un refuge, une chambre tendue de noir et de blanches têtes de morts, qu'il habitait seul à certaines heures avec les grands morts de l'Antiquité. Là, sans doute, lui apparut ce mot qui a fait sa vie : « Le monde est vide depuis les Romains. »

Un passage saisissant de son discours du 16 avril, qui ne semble qu'un trait d'audace, une moralité cynique après un tel événement (« Ambitieux, allez vous promener une heure au cimetière où dorment », etc.), ce passage nous porte à croire, nous qui connaissons bien l'homme, que lui-même effectivement il alla consulter les morts; que, fort de sa sincérité, il demanda conseil à ceux qu'il avait tués, et que, de leur tombe même, il rapporta la pensée révolutionnaire.

Que lui disaient Monceaux et la Madeleine? que lui dit le roi? « Qu'il n'y aurait jamais paix entre l'ancien et le nouveau monde. » Et les Girondins? et les Dantonistes? Ce qu'il a écrit lui-même : « Ceux qui font les révolutions à demi ne font que creuser leurs tombeaux. »

Voici son raisonnement, dont il n'a daigné donner que la conclusion.

Nous rétablissons les prémisses.

« Il faut exterminer l'ancien monde... mais par un procédé plus définitif que la mort. La mort le réhabilite et le fait revivre. »

« Il faut l'exterminer par la honte. »

« Droit, morale et révolution, trois choses identiques. Le contre-révolutionnaire et l'homme immoral, qui sont le même homme, doivent, également flétris, traîner le boulet, casser les pierres sur les routes, former un peuple d'ilotes... Ils faisaient travailler le peuple par corvées. Eh bien, à leur tour!... Les privilégiés, nobles et prêtres, seront de droit galériens. »

Ce privilège d'avilissement contre les privilégiés, cette création d'un enfer social, d'une damnation visible des ennemis de l'Égalité, était une chose si terrible qu'elle eût supprimé la Terreur, eût brisé la guillotine comme un joujou inutile, propre seulement à glorifier les aristocrates, à déguiser en martyrs les fripons et les Du Barry.

La question était de savoir si l'opinion admettrait vraiment cette flétrissure, si des classes respectées naguère seraient avilies tout à coup, si la pitié sans cesse réveillée par ce spectacle ne plaiderait pas tout bas les circonstances atténuantes, si les opprimés d'hier ne prendraient pas parti pour leurs oppresseurs.

Quand le rêveur apporta son idée au Comité de salut public, avec la sécurité du somnambule qui marche les yeux fermés, il se heurta tout à coup. Pas une voix n'était pour lui.

Avait-il communiqué la chose à Robespierre? Je ne le crois pas. Leurs idées étaient déjà visiblement opposées, autant que leur point de départ. Saint-Just partait de Lycurgue, Robespierre de Jean-Jacques Rousseau. Saint-Just croyait que la Révolution périssait si elle ne procédait à son épuration radicale, à l'anéantissement de ses ennemis, anéantissement *moral*, qui est le seul vrai et complet. Robespierre, au contraire, s'imaginait diviser l'ennemi, en partie le rallier. Son disciple proscrivait les prêtres; lui, il voulait les rassurer, non seulement en général par sa fête de l'Être suprême, mais par des moyens plus directs dont nous parlerons tout à l'heure.

Autre différence. Saint-Just proscrivait les nobles, les anoblis, tout privilégié. Robespierre, comme on va voir, demanda quelques exceptions.

Dévoilant timidement ses secrètes idées d'indulgence, il n'en prétendait pas moins garder une ligne immuable de sévérité. Il croyait pouvoir relever l'autel sans briser l'échafaud. Devant Billaud, devant Collot, à la Convention et aux Jacobins, il se flattait de raser, sans y tomber jamais, le marais du modérantisme où s'était engouffré Danton.

Chose infiniment difficile, où le sens moral n'était guère moins forcé que dans le projet de Saint-Just. L'homme, par la logique du cœur, croit invinciblement que le créateur de la vie en est le conservateur, et que Dieu signifie clémence.

Les comités, quoiqu'ils devinassent bien que Robespierre ne pouvait se tenir sur cette pente, et que peut-être, un matin, il ferait sa paix avec l'opinion en les sacrifiant eux-mêmes, n'hésitèrent pas à préférer sa ligne et à combattre Saint-Just. Ils entrevoyaient en celui-ci quelque chose de plus terrible encore, une tyrannie fanatique, redoutable par la bonne foi et par l'intrépidité. Ils l'arrêtèrent au premier mot, forts de l'appui de Robespierre.

Tout d'abord, unanimement (sauf Billaud peut-être), ils effacèrent le mot *prêtres*[1] du décret proposé. Les nobles seuls furent atteints.

Saint-Just aurait voulu le bannissement absolu des étrangers. On se borna à ceci : « Les nobles et les étrangers n'habiteront ni Paris ni les places frontières. »

Et encore on ajouta cette restriction qui pouvait annuler tout : « Le Comité est autorisé à mettre en

---

[1]. C'est dans les papiers de Robert Lindet que je trouve cette proscription *des prêtres*, par Saint-Just.

réquisition (à faire rester à Paris) ceux qu'il croit utiles. »

Toute la nuit, on disputa, on tailla, rogna. Saint-Just perdit patience, laissa tout et dit en partant : « Vous ménagez l'ennemi, à la bonne heure ! Eh bien, la contre-révolution vous emportera. »

Le lendemain, sans doute en son absence, sur ce décret tout changé, chacun broda un article. Le seul qui semble garder l'empreinte de Saint-Just est celui-ci : « On codifiera les lois ; on rédigera un corps d'institutions qui gardent les mœurs et la liberté. »

Les auteurs des autres articles sont faciles à deviner. (Robespierre :) Les conspirateurs ne seront désormais jugés qu'à Paris. (Billaud :) Les oisifs qui se plaignent, déportés à la Guyane. (Lindet :) On encouragera par des récompenses et des indemnités l'industrie, le commerce, les mines, on protègera les transports, la circulation des rouliers, etc. On voit par ce dernier article tout le chemin qu'avait fait le décret, pas moins que l'histoire tout entière, toute la distance historique entre Dracon et Colbert. Saint-Just détestait le commerce et le proscrivait spécialement, disant qu'il n'y a de bon peuple qu'un peuple agricole, que les mains de l'homme ne sont faites que pour la terre et les armes.

Ainsi ce décret fut un monstre, un accouplement bizarre des plus hostiles esprits. Une confusion si étrange, qu'on eût pu attribuer à la précipitation dans un moment moins paisible, avait toute la valeur d'un aveu d'inconciliables discordes. Elle mettait à nu le trouble intérieur du Comité, semblait une amère satire du gouvernement collectif, un titre pour qui eût réclamé le gouvernement d'un seul et la création de la dictature.

Elle poussait à la grandeur de Robespierre. Elle brisait les utopies draconiennes de Saint-Just.

L'un eût voulu avancer dans les mondes inconnus. L'autre eût voulu enrayer.

Et le décret résultant de ces tendances diverses montrait trop que désormais la Révolution ne pouvait avancer ni reculer.

Quelque découragé que fût Saint-Just et sans espoir sur l'avenir, il ne refusa pas de présenter cette production étrange à la Convention. Il était le rapporteur désigné et attendu, il ne se fût abstenu qu'en dénonçant par son silence la discorde intérieure du Comité, et celle même du triumvirat, c'est-à-dire en portant le coup le plus grave à l'autorité du gouvernement. C'était l'entrée de la campagne; d'énormes armées alliées apparaissaient à l'horizon. Saint-Just, avec une vraie grandeur, couvrit la situation. En tête de ce décret, il lut l'immense rapport qu'il avait préparé, dans un tout autre esprit.

Quelque soin pourtant qu'il ait mis à effacer du rapport tout ce qui eût rappelé les dissentiments, on y trouve une chose bien grave et bien peu robespierriste, un éloge de Marat. Saint-Just n'ignorait nullement que Robespierre, très antipathique à ce souvenir, jaloux de ce dieu, en regardait tout éloge comme un acte d'hostilité. Celui qu'en fit Fabre d'Églantine, avant son arrestation, contribua certainement à le lui rendre implacable.

Ceci était un léger signe, non d'hostilité, mais d'émancipation. Politiquement dévoué à Robespierre et le voulant pour dictateur, moralement Saint-Just était seul.

Seul à la Convention, il s'était vu non moins seul dans le Comité de salut public. Sa solitude intérieure plus profonde encore, son état d'abstraction qui le tenait à mille ans au delà ou en deçà, lui rendait chaque jour le présent de plus en plus intolérable. Sa chambre des morts le suivait idéalement. Il ne vivait volontiers qu'aux armées, sur les chemins; et là encore, dans un grand isolement, tenant les généraux à distance dans le respect et la terreur, haïssant d'avance en eux l'avènement du pouvoir militaire, la brutalité du sabre, et croyant qu'on ne pouvait le tenir trop ferme, trop bas. Il avait chassé les filles de l'armée; un soldat qui garda la sienne un jour de plus et s'en vanta, Saint-Just le fit fusiller.

A travers les embarras de ce rôle étrange de dictateur des armées, il ne laissait pas que d'écrire. Au milieu des généraux tremblants et courbés, il lui arrivait souvent de tirer un agenda qu'il portait toujours, et l'on croyait qu'il écrivait des ordres de mort. C'étaient des rêves généralement philanthropiques, des vœux, des idées pour la République de l'avenir, où il rejetait ses espérances, les lois d'une cité agricole où régneraient l'égalité et la vertu.

Chose étrange! le proscripteur et le proscrit, Saint-Just et Cordorcet, écrivaient en même temps, l'un dans la cachette, l'autre à la tête des armées et tout-puissant, et tous deux écrivaient des rêves, — bien divers, mais toujours empreints d'un amour profond de l'humanité.

Ces notes de Saint-Just, qu'une main systématique a prétendu ordonner pour former un livre, devaient être laissées dans leur succession accidentelle, quelque confuse qu'elle semblât, comme elles lui sont venues à Paris ou sur les chemins, telle aux armées et devant l'ennemi, telle dans les nuits laborieuses du Comité, telle en rêvant à Monceaux ou à la Madeleine.

Il y a des mots d'une telle solitude de cœur, d'un tel élan vers les âges futurs, qu'on est bien tenté de croire que le présent n'est plus pour lui. L'amitié vit-elle encore? Oui, mais sans doute affaiblie. D'autant plus embrasse-t-il l'humanité à naître avec une tendresse sublime : « L'homme, obligé de s'isoler du monde et de lui-même, jette son ancre dans l'avenir et presse sur son cœur la postérité innocente des maux présents. »

C'est l'amour de l'avenir qui le rend terrible à son temps. Gardien austère de la Révolution, dont il répond aux générations futures, il semble enfermé de plus en plus dans une île âpre, escarpée et sauvage, dans l'idéal impossible que le monde fuit de plus en plus.

Ce jeune Dracon, ce Lycurgue, c'est celui que tous trahissent.

L'esprit même du temps le trahit.

Le Comité le trahit. Barère donne six mille exemptions au décret contre les nobles. Carnot les emploie, quand il peut, pour l'avantage de la République.

Son maître même le trahit. Saint-Just parti pour l'armée, Robespierre fit excepter les anoblis du décret qui frappait les nobles.

Lebas, l'homme de Robespierre, en mission avec Saint-Just même et voyageant avec lui, le quittait souvent en route, se faisait donner les registres des comités révolutionnaires et en arrachait les dénonciations contre les prêtres. Ces feuilles arrachées subsistent dans la famille Lebas.

Rappelé par Robespierre, presque à la veille de la fête de l'Être suprême, Saint-Just n'y assista point et repartit pour l'armée.

CHAPITRE II

LES ROBESPIERRISTES PRÉCIPITENT LEUR CHEF AU POUVOIR
(AVRIL-MAI 1794).

Tous les pouvoirs dans la main de Robespierre. — Opposition contre lui. — Discours sur la fête de l'Être suprême, 7 mai. — Refus d'aider la Pologne.

« Ce dictateur, ce censeur, ce grand juge, que vous voulez élever au pouvoir le plus haut qu'un homme ait occupé jamais, sera-t-il libre d'en descendre ?... Un parti va l'y porter, dans l'intérêt d'un parti... Ce parti, couvert récemment du sang le plus cher à la République, peut-on croire qu'il ménagera, qu'il respectera quelque chose ? Maître une fois et régnant sous le philosophe utopiste qui le couvre de sa popularité, il l'enchaînera à la dictature, le forcera de rester roi, au nom du salut public. »

Telles étaient les pensées de la grande majorité des républicains, et non pas, comme on le croit, des hommes seuls qui avaient à craindre la justice de Robespierre, non pas seulement des Fouché, des Tallien, des Thermidoriens. — Non, les plus honnêtes gens de la Montagne, les Romme, les Soubrany, les Maure, les Ruhl, irréprochables citoyens qui, loin de céder à la réaction, l'ont combattue au prix de leur sang, n'appuyèrent nullement Robespierre, convaincus qu'ils étaient que son triomphe eût été celui d'un parti, moins que d'un parti, d'une coterie étroite de plus en plus, d'une toute petite Eglise.

Même parmi les Thermidoriens, plusieurs de ceux qu'une aveugle sensibilité mena très loin dans la réaction, qui se montrèrent violents, imprudents, inconséquents, Lecointre, par exemple, n'en furent pas moins honnêtes et désintéressés dans leur haine de Robespierre : c'est la dictature imminente. c'est la royauté renaissante qu'ils haïrent en lui.

C'est une chose étrange à dire, mais vraie, l'homme qui se mit le plus en avant contre Robespierre, qui l'attaqua de meilleure heure, qui parla haut contre lui, rassura les braves, communiqua même aux faibles son audace ou sa folie, fut Lecointre, de Versailles. C'était un bonhomme un peu fou, excessivement colérique, hardi par la chaleur du sang. Né grotesque, d'une physionomie saisissante par le ridicule, une de ces créatures privilégiées que la nature semble avoir faites pour faire rire. Gauche en tout, ne doutant de rien, il faisait burlesquement des choses très audacieuses. Depuis que Legendre gisait dans sa honte, aplati comme un bœuf saigné, Lecointre seul avait la puissance de dérider la Convention.

On se rappelle que Lecointre, marchand de toiles

à Versailles, marchand de la Cour, n'en avait pas moins travaillé contre la Cour, aux dépens de son intérêt visible. Il était fort entreprenant, ardent philanthrope, à Sèvres, où il blanchissait ses toiles, il avait bâti pour les pauvres, les logeait, les occupait, leur faisait des avances. Le 6 octobre, il prit le commandement de la garde nationale, abandonnée de son chef, remplaça à lui seul la municipalité qui s'était enfuie. Nommé à la Législative, il dénonça Narbonne, Beaumarchais et d'autres. A la Convention, il demanda, au nom de l'humanité, que le prisonnier du Temple pût communiquer avec sa famille, et n'en vota pas moins la mort sans appel et sans sursis. On a vu la demande hardie de Lecointre pour que l'Assemblée imposât une surveillance à l'arbitraire illimité des comités révolutionnaires. Mais ce qui étonna le plus, ce fut qu'au 30 août 1793, Robespierre étant président, Lecointre crut apercevoir qu'il proclamait comme décrétée une chose non votée encore, et lui dit ces propres paroles : « *Monsieur*, je vous apprendrai à respecter les volontés de la Convention nationale. » Robespierre en sortant lui demanda tranquillement pourquoi, par cette apostrophe, il avait excité l'Assemblée contre lui. Et Lecointre répliqua : « Tu me connais, je n'ai point abattu un tyran pour en subir un autre. » On le crut devenu fou.

Ce sont ces sorties de Lecointre, celles de Bourdon (de l'Oise), celles de Ruamps et Bentabole (anciens maratistes) qui ont préparé Thermidor. Les intrigues des fripons, des Fouché, des Tallien, n'auraient rien fait; pas un d'eux n'eût osé (comme on dit) attacher le grelot, si la chose n'eût été préparée. Ce qui fut le plus efficace, ce fut cette espèce de conspiration publique d'hommes étourdis et violents qui rassura la Convention et lui donna la force de se sauver elle-même.

Peu de jours après la mort de Danton, Lecointre invita à dîner chez lui deux hommes qui ne se connaissaient pas. L'un était Fouquier-Tinville, cousin de Camille Desmoulins, placé par lui au tribunal, et qui venait d'être condamné à l'horrible tâche de le faire périr. Fouquier était en rapport intime avec le Comité de sûreté, dont il prenait l'ordre tous les soirs, et très probablement confident de sa haine pour Robespierre, qui venait de créer une concurrence au Comité en démembrant la police. L'autre invité était Merlin (de Thionville), ami de tous les dantonistes, très spécialement haï de Robespierre pour son influence aux armées; les députés militaires, Merlin, Dubois-Crancé et autres, étaient couchés sur ses livres en lettres sanglantes, et ils ne l'ignoraient pas.

Quelle fut la conversation ? Il est bien facile de le deviner ; sans nul doute, on nota avec effroi les pas rapides que Robespierre faisait vers le pouvoir. Chacun des grands jugements l'en avait approché d'un degré :

La mort d'Hébert et Chaumette, en mars et avril, lui livre la Commune, qu'il gouverne par Payan.

Le jour où le Comité de sûreté l'a délivré de Danton, il organise, contre le Comité une police nouvelle qu'il dirige par Herman.

Le 6 avril, le lendemain, infatigable, insatiable, il se prépare une sorte de pontificat.

Voilà ce qui sautait aux yeux, voilà ce dont purent parler Lecointre, Fouquier, Merlin.

Mais depuis, les choses marchèrent bien plus vite :

Le 7 mai on apprit que la proclamation de l'Être suprême et l'inauguration d'un culte philosophique seraient accompagnées d'un grave retour au passé : la liberté de l'ancien culte.

Le 8 mai, il concentra à Paris la justice révolutionnaire de toute la France, sous le président Dumas.

Le 26, la Commune robespierriste commence à solder le peuple, assignant aux indigents quinze sols par jour.

Le 28, Couthon obtient du Comité de salut public un sursis général pour le payement des taxes révolutionnaires qu'avaient imposées les représentants en mission. Et, le même jour, il fait donner par l'Assemblée au Comité, c'est-à-dire à Robespierre, le droit de rappeler ces représentants ; tous ces dictateurs temporaires sont balayés rapidement, remplacés par des hommes sûrs, nommés sous une seule influence.

La Commune, gouvernée par un homme à lui, Payan, pouvait à toute heure du jour armer pour lui la garde nationale commandée par Henriot ;

celui-ci très dépendant, Robespierre l'ayant sauvé du procès d'Hébert où on eût pu l'impliquer.

La garde nationale, triée, était convoquée, aux jours douteux, par billets à domicile, adressés aux robespierristes.

On ne s'y fiait pas encore. Le 1er juin, on créa une force armée spéciale, une école militaire de trois mille garçons d'environ seize ans, sous la direction de Lebas, l'agent le plus dévoué de Robespierre.

Sans un hasard, elle eût fait ce que la garde mobile fit en juin 1848.

Il était impossible d'aller plus vite, plus droit à la dictature, ni d'une course plus rapide.

Il y a de quoi étonner infiniment ceux qui connaissaient le caractère de Robespierre. Et l'on n'y comprendrait rien, si l'on ne voyait derrière la terrible impatience du parti robespierriste, qui poussait avec fureur. Ils ne laissaient plus marcher leur chef ni toucher la terre. Ils le portaient, ils l'enlevaient. Par quoi? par l'ambition? Non. Mais par la secrète terreur que lui laissait la mort de Danton, la disparition subite de tous les hommes connus, l'effroi du désert, l'idée de la dictature était maintenant son seul asile. Il confondait sa sûreté avec celle de la France, avait hâte, pour elle et pour lui, de trouver un port; mais ce port, où était-il, sinon au pouvoir du plus digne, qui n'accepterait la tyrannie que pour fonder la liberté? Ces pensées lui ôtaient toute résistance contre l'emportement des siens. Ému, inquiet d'aller si vite, il n'en avançait pas moins, il courait, volait... avec la brûlante vitesse d'une étoile qui file au ciel, ou d'un boulet de canon; la fatalité l'emportait.

Entre tant de mesures que prit si rapidement le parti robespierriste, les seules peut-être dont son chef eût la vraie initiative et qui portent l'empreinte de son caractère, ce fut sa création d'une police spéciale, et sa tentative religieuse.

La première, exécutée dans un moment si violent par un homme si puissant, ne s'en fit pas moins avec infiniment d'adresse et de ruse. Dans le démembrement du ministère de l'intérieur, on créa une administration des prisons, et comme simple appendice un petit bureau de police, uniquement occupé des rapports du gouvernement avec la police des communes. Le chef de bureau fut Lanne, du pays de Robespierre, et le directeur Herman, d'Arras; la haute surveillance fut donnée à Saint-Just, toujours absent, qu'il fallut bien faire suppléer par Couthon et Robespierre. Ce petit bureau grossit, acquit très rapidement de nouvelles attributions, jusqu'à devenir en messidor le redoutable rival du Comité de sûreté, jusqu'à l'accuser de lenteur, jusqu'à se poser, à l'envi, comme pourvoyeur rapide de la guillotine.

L'affaire religieuse fut menée de même, avec prudence, en trois degrés. Le 6 avril, la simple énonciation d'un rapport sur une fête à l'Éternel. Un mois après, le 7 mai, un grand et habile discours pour Dieu et contre les prêtres, mais dans la conclusion accordant précisément ce que les prêtres demandaient, la liberté des cultes, la liberté des catholiques. Un mois après (8 juin), plus qu'un discours, l'acte décisif : Robespierre posé devant le peuple comme une sorte de pontife civil, unissant les deux pouvoirs.

Dans le célèbre discours du 7 mai, tout en disant force injures aux prêtres et aux fanatiques, Robespierre ne leur assurait pas moins la seule chose dont ils eussent besoin pour se relever. Que la loi ne s'expliquât pas, qu'elle ne posât pas la véritable garantie révolutionnaire (*inconciliabilité du gouvernement de la liberté avec la religion de l'autorité*), c'était tout ce qu'il leur fallait.

Une éducation nouvelle ne s'organise pas en un jour. Jusque-là l'éducation morale du grand peuple ignorant, barbare (femmes, enfants, paysans), restait en dessous au clergé, grâce à la loi de Robespierre. La République laissait à ses mortels ennemis de quoi la détruire dans un temps donné.

L'Être suprême ainsi que l'immortalité de l'âme proclamés, la religion placée dans la pratique du devoir, la création des fêtes morales, qui pouvaient relever les âmes, c'étaient de hautes et nobles idées. Seulement elles étaient souillées d'un triste mélange d'injures que ce rancuneux moraliste lançait à ses ennemis, s'acharnant sur la mémoire des victimes à peine immolées, trépignant sur la cendre tiède de Danton, tâchant de faire rire l'Assemblée aux dépens de Condorcet.

Ce discours, œuvre littéraire, académique, souvent éloquente, peu originale d'idées, commence par une grande prétention d'innovation : « Qu'y a-t-il de commun entre ce qui est et ce qui fut?... Ne faut-il pas que vous fassiez précisément le contraire de ce qu'on a fait avant vous ? » etc. Cela dit, il ne donne guère que des *banalités* morales, tirées du *Vicaire savoyard*.

Ce qui y choquera toujours les hommes vraiment religieux, c'est que la religion y est préconisée comme *utile*, recommandée pour *l'avantage* qu'y trouve la législation. Il ne faut pas croire qu'on fasse rien de sérieux par un tel *utilitarisme*. C'est ne rien faire ou mal faire, aller droit contre son but, que de donner ainsi Dieu comme un spécifique moral, salutaire aux maux dont la législation est la médecine.

Les catholiques, à qui la loi était si favorable (assurant leur liberté), n'en furent nullement contents. Ils espéraient mieux encore. Les Durand de Maillane, les Grégoire et autres espéraient que Robespierre ferait un pas plus hardi ; ils furent blessés surtout de ce que les nouvelles fêtes étaient placées au décadi. Ils auraient voulu le dimanche. Cette affaire leur tenait au cœur plus que tous les principes. Robespierre essaya de leur complaire par les arrêtés que la Commune prit en leur faveur. Elle abolit (floréal) les réunions qui se faisaient au dernier décadi de chaque mois. Elle permit aux marchands *d'ouvrir leurs boutiques tout le décadi*, c'est-à-dire de regarder comme jour ordinaire le jour férié de la loi. C'était implicitement remettre au dimanche le jour du repos, revenir à l'Ancien-Régime. On trouva cela bien fort. La Commune alors, qui sentit qu'elle allait trop vite, décida que, le décadi, on ouvrirait jusqu'à midi seulement (8 messidor). En réalité, les boutiques ne fermèrent que le dimanche. Les catholiques eurent cause gagnée.

Tout cela, chose étonnante, était plus remarqué, senti en Europe qu'à Paris même. Le discours du 7 mai fit considérer Robespierre de tous les gouvernements comme l'homme gouvernemental. Dès longtemps il leur plaisait comme artisan de la guerre défensive, ennemi de la propagande, adversaire des Girondins qui avaient rêvé la croisade universelle. La rapidité avec laquelle il se saisit, en six semaines de tous les moyens du pouvoir, le désigna aux politiques comme l'homme d'ordre et de force avec qui on devait traiter. Ce fut l'objet positif d'un mémoire que le Prussien Hertzberg remit à son roi. Les trois gouvernements ligués pour le partage de la Pologne regardèrent l'organisation du pouvoir robespierriste en avril et en mai comme une heureuse compensation de l'insurrection de Pologne qui éclata le 17 avril sous Kosciuszko[1]. L'envoyé polonais, Bars, arrivé en mai

---

[1]. Il est triste de dire qu'on refusa à la Pologne ce qu'on prodiguait aux neutres. Un discours de Saint-Just (*Revue rétrospective*) apprend les sommes énormes qu'on leur donna, 40 millions à la Turquie, 40 à la

à Paris, y trouva un très froid accueil. On craignait de mécontenter la Prusse. On promit de faire, un peu en dessous, trois millions en assignats et quelques artilleurs, si l'on croit Niemcewicz. Mais Zayonzek affirme qu'on promit moins encore, « de faire ce qui serait possible. »

C'est par la même politique que Robespierre lui-même ne poussa pas activement les succès que son frère obtenait à l'armée d'Italie par les talents de deux étrangers qu'il s'était acquis, l'un Piémontais, l'autre Corse, Masséna et Bonaparte. Pendant qu'on forçait les Alpes, Robespierre jeune les tournait; c'était déjà le plan de 1796. Trente mille hommes étaient en pleine Italie. On pouvait voir le changement considérable qui s'était fait dans l'esprit de l'armée. Les soldats de Robespierre (on les nommait déjà ainsi), politiques comme leur chef, passèrent comme autant de saints sur ce territoire italien, respectant images et chapelles, ne riant point des reliques. Robespierre jeune en fit sa cour à son frère, et lui écrivit cette sagesse.

On s'arrêta. L'invasion de l'Italie eût été directement contraire à la politique robespierriste. Celle

---

Suisse, 54 à Gênes, etc... La France, dans l'ignorance où elle est de ses destinées, ne sait pas la malédiction qui pèse sur elle; elle ignore que ses gouvernements ont abandonné la Pologne *sept fois* : 1794, 1795, 1797, 1800, 1806, 1809, 1812. C'est ce qui est mis en complète lumière dans la rare et forte brochure de Sawazkiewicz, *Influence de la Pologne sur les destinées de la Révolution et de l'Empire*, 1848, 3ᵉ édition (Bibliothèque polonaise de Paris).

de Belgique n'eut lieu que parce que Carnot et Lindet déclaraient n'avoir aucun moyen de nourrir de telles armées, si on ne les faisait passer sur le territoire ennemi.

CHAPITRE III

ON CONSPIRE CONTRE ROBESPIERRE (MAI 1794).

Police morale. — Conspiration contre Robespierre, 24 mai. — Robespierre rappelle Saint-Just. — Adresse de Barère contre Robespierre.

L'intronisation du nouveau pouvoir fut marquée par une rigueur toute nouvelle de la police et de la censure.

La police arrêta sur les chaises des Tuileries des discoureurs imprudents qui causaient d'idées sociales, et qu'on accusa, à tort ou à droit, de prêcher la loi agraire.

L'administration des prisons, moraliste tout à coup et préoccupée de l'âme des prisonniers (sinon de leur vie), leur ôta les livres dévots qui, disait-on, pouvaient exalter le mysticisme, et les livres indévots qui les auraient corrompus.

Le coup le plus significatif frappa le théâtre. Ce ne fut pas, comme en novembre, le Comité de salut public qui agit. Ce fut tout directement un homme de Robespierre, Jullien (de la Drôme), qui, le 9 mai, assistant à une grande répétition du *Timoléon* de

Chénier, mit son *veto* à la pièce. Cette tragédie d'un frère immolant un frère tyran parut trop propre sans doute à faire des Charlotte Corday. Jullien prit adroitement le moment où le tyran reçoit la couronne et cria : « C'est abominable !... La pièce ne peut pas se jouer », etc. Père et fils, les deux Jullien, c'était Robespierre lui-même. Le fils, garçon de vingt ans que nous avons vu à Nantes, était alors à Bordeaux et, sans titre, trônait hardiment dans les fêtes sur un siège égal à celui du représentant du peuple. Les amis de Chénier lui dirent qu'il était un homme perdu, s'il ne sacrifiait sa pièce. Bon gré mal gré, ils le menèrent au Comité de sûreté, et là ce pauvre homme fit ce qu'avait refusé Desmoulins (disant : « Brûler n'est pas répondre »). Chénier ne répondit pas, mais il brûla et vécut.

Quelque docile et résignée que fût la Convention, elle montrait sa désapprobation en se donnant pour présidents les membres du Comité les moins agréables à Robespierre, la trinité des travailleurs, Lindet, Carnot et Prieur, opposés à la trinité des robespierristes. Ils présidèrent six semaines, chose d'autant plus marquée que c'était l'entrée en campagne, époque d'un travail excessif pour ces dictateurs de la Guerre. Ce fut justement le 7 mai, le soir du fameux discours religieux de Robespierre, que l'Assemblée mécontente porta Carnot à la présidence.

Robespierre, pour forcer la main à la Convention, fit appuyer sa loi par les deux voix menaçantes de Paris, les Jacobins et la Commune. Chose inattendue : même aux Jacobins, *chez lui*, il trouva obstacle. La faute en fut au zèle extrême du petit Jullien, qui, revenu de Bordeaux, s'était chargé de l'adresse. Dans sa dévotion étroite, aveugle pour Robespierre, il le compromit, ayant placé dans l'adresse ce mot (incroyable alors) : « Qu'on devait bannir de la République quiconque ne croirait pas à l'Être suprême. » C'était un mot de Rousseau, qui certainement ne l'écrivit que par occasion polémique, contre la coterie d'Holbach. Par une autre maladresse, Jullien faisait dire à la société qu'elle adoptait pour son *credo* le discours de Robespierre. C'était provoquer, défier la résistance, et elle eut lieu en effet. Royer dit courageusement qu'une telle adresse ne pouvait être adoptée, qu'elle aurait l'air de tomber d'en haut, imposée par l'autorité du Comité de salut public. Robespierre et Couthon, alarmés, vinrent et revinrent au secours. Robespierre fit effacer l'absurde intolérance de Jullien, disant qu'on pouvait laisser *cette vérité* dans les écrits de Rousseau. La société, à ce prix, adopta et porta l'adresse à la Convention.

C'était la première fois, depuis le jour où les Jacobins refusèrent la radiation de Bourdon (de l'Oise), qu'ils hésitaient de suivre Robespierre. Une minorité était contre lui, laquelle pouvait par moments devenir majorité, comme il arriva bientôt quand la société prit pour président Fouché !

Le 23 mai, un homme tira sur Collot d'Herbois, le manqua, et déclara qu'il n'avait visé Collot qu'après avoir souvent et en vain guetté Robespierre.

Ce bruit, répandu dans Paris et remuant fort les esprits, produisit, comme il arrive, un acte d'imitation. Une petite fille royaliste, Cécile Renaud, fille d'un papetier de la Cité, fut prise chez Robespierre, munie de deux petits couteaux.

Le même jour (24 mai, 5 prairial), des députés, déplorant sans doute que la fille n'eût pas réussi, commencèrent à se demander s'il n'y avait nul moyen d'atteindre le dictateur. C'étaient Lecointre, Laurent, Courtois, Barras et Fréron, Thirion, Garnier (de l'Aube), Guffroy, tous dantonistes, unis dans leur haine et leur souvenir. Tallien et Rovère en étaient, par leur danger personnel, leur crainte des justices de Robespierre.

Voilà le germe de Thermidor, le premier commencement du complot contre le complot.

Robespierre fut-il averti? Eut-il la seconde vue d'un homme en péril? ou simplement l'impression de la petite fille Renaud? Le soir du 24 mai, il écrivit de sa main, au nom du Comité de salut public, à l'armée du Nord. Il écrivit qu'on craignait un complot des aristocrates et des *hébertistes*. Il savait probablement l'union des *dantonistes* et voulait donner le change. Il fit signer la lettre de Prieur, Carnot, Billaud et Barère. Cette lettre priait Saint-Just de revenir pour quelques jours à Paris.

Le même soir, aux Jacobins, immense attendrissement. Chacun avait la larme à l'œil. Legendre et Rousselin demandèrent qu'en présence de tels dangers que couraient les membres du gouvernement, *on leur donnât une garde.* Robespierre sentit le coup, le piège maladroit des dantonistes. Il repoussa violemment, aigrement cette proposition insidieuse, la regardant comme un couteau plus aigu que ceux de Cécile Renaud.

La vrai garde eût été le peuple. Payan le sentit. Cet ardent méridional, mis à la place de Chaumette à la Commune de Paris, s'empara habilement d'une loi de bienfaisance votée par la Convention. Il fit voter quinze sols par jour pour les mendiants. Au besoin, c'était une armée.

Saint-Just allait arriver, et Lebas, s'il le fallait, toutes les influences militaires. Ces rapides retours de Saint-Just avaient été souvent terribles. Barère, qui avec les autres avait signé sa lettre de rappel, était parfaitement averti. Si Robespierre n'eût craint le ridicule de paraître avoir peur, il eût écrit seul à Saint-Just. Et alors Barère, ignorant sa démarche, n'eût pas devancé Saint-Just, en donnant à Robespierre le plus violent coup de Jarnac que sa main gasconne eût jamais porté.

Il était convenu au Comité de salut public qu'au moment où notre flotte s'ébranlait de Brest pour combattre la flotte anglaise, il fallait profiter des assassinats, rejeter le tout sur Londres, créer à notre marine la nécessité de vaincre, décréter qu'on ne ferait plus de prisonniers de ce peuple assassin.

Mais ce qui n'était pas convenu, c'est que Barère, dans son rapport, insérerait tout au long les articles de journaux étrangers où l'on parlait de Robespierre comme s'il eût été déjà roi : *Robespierre a fait ordonner... Quatre cents soldats de Robespierre ont été tués... Les troupes de Robespierre se sont emparées de telle place* », etc.

Il ne s'attendait point du tout à cette lecture. Le noble et touchant discours qu'il avait préparé (sur ce texte : « J'ai assez vécu. ») n'y avait aucun rapport. Jamais il ne s'éleva plus haut, jamais ne fut plus sincèrement applaudi, et de ses ennemis mêmes. Cependant il ne répondait point du tout aux dangereuses citations de Barère, ne repoussait point cette royauté que lui donnait l'ennemi. Loin de là, il avertissait la Convention des alternatives fâcheuses auxquelles le gouvernement parlementaire expose les nations : « Si la France était gouvernée quelques mois par une législature corrompue ou égarée, la liberté serait perdue. » Quelle conclusion à en tirer ? Qu'un gouvernement individuel donne plus de garanties qu'un gouvernement républicain ?

Ce grand discours de Barère, passionné pour Robespierre, et tout préoccupé de sa sûreté, énonçait et publiait les deux formules fatales que personne n'eût osé dire et qui le poussaient à la mort.

Les soldats de Robespierre. — Ainsi, aux yeux de l'Europe, l'armée et la France lui appartenaient.

Et dans l'interrogatoire de la petite Renaud, que

citait Barère, ce mot qui n'est guère d'un enfant : « Je n'ai été chez Robespierre que pour voir *comment était fait un tyran.* »

Ce mot, vrai trait de lumière, sortit la situation de l'hypocrisie. Maître de toutes les forces publiques, Robespierre n'apparaissait pas encore un tyran. Son austérité, sa simplicité de vie et d'habit, la mesquinerie même de sa personne, tout éloignait l'idée du pouvoir suprême. Mais la Renaud le nomma, et Barère le répéta, tous le dirent après Barère, tous regardèrent Robespierre, comparèrent la figure au nom, le trouvèrent juste, dirent : « Oui, c'est un tyran! »

Saint-Just arriva le 27, quand le coup était porté. Il répéta sa recette au Comité : « Nous périssons, c'est fait de nous, si nous n'avons un dictateur... Et le seul, c'est Robespierre. »

Le 25, on l'eût écouté. Le 27, la majorité du Comité tourna le dos, décidée à ne pas entendre. Le plus indulgent fut Barère, qui lui dit, tout en respectant ce délire de patriotisme, qu'une telle proposition devait faire longuement songer.

Il n'y avait rien à faire du côté du Comité. Saint-Just resta peu de jours et ne voulut pas assister à la fête de l'Être suprême. Parfaitement isolé du parti robespierriste, il jugeait avec un sens profond que tout le monde allait voir dans cet acte un retour vers le passé.

Robespierre avait sa voie invariablement tracée vers l'abîme.

Il ne prévoyait qu'un danger, le moindre, l'assassinat. Toute puissance était dans sa main. Toute place occupée par les siens. Des trois forces collectives que comptait la France, la jacobine était à lui, la militaire lui venait; la troisième, celle des prêtres, sourdement protégée par lui, se rallie toujours au pouvoir. La fête de l'Être suprême allait être un premier pas dans la voie du rapprochement.

Ces pensées satisfaisantes l'occupaient dans le jardin de ses promenades habituelles, le parc réservé de Monceaux. Avec Dumas, Renaudin, Payan, Coffinhal, ses fidèles, ses violents, il marchait deux heures au moins, d'un pas rapide, accéléré, au mouvement de ses rêves, se parlant haut, sortant là de sa raideur ordinaire. La mort était à deux pas... Le savait-il ? Songeait-il qu'à peine un méchant petit mur le séparait du lieu aride, du lit de chaux dévorante où il avait mis Danton, Desmoulins, et où dans cinquante jours il devait venir lui-même? Cette longue association de tribune avec Danton, cette camaraderie d'éloquence, ce bon, ce grand cœur de Camille, qui lui fut si dévoué, tout ce passé déchirant était là tout près de lui dans la terre; ils l'attendaient, l'appelaient, non comme des ombres irritées, mais comme des amis magnanimes, dans la clémence et la nature.

CHAPITRE IV

FÊTE DE L'ÊTRE SUPRÊME (10 JUIN 1794).

Ce que le peuple espérait. — Robespierre attend le tribunal, fait attendre l'Assemblée. — Irritation, désappointement. — Au retour, la fureur éclate.

Nulle fête n'excita jamais une si douce attente, nulle ne fut jamais célébrée avec tant de joie. La guillotine disparut le 19 prairial au soir. On crut que c'était pour toujours. Une mer de fleurs (à la lettre le mot n'est pas exagéré) inonda Paris; les roses, de vingt lieues à la ronde, y furent apportées, et des fleurs de toutes sortes, ce qu'il fallait pour fleurir les maisons et les personnes d'une ville de sept cent mille âmes. Toute fenêtre devait avoir sa guirlande ou son drapeau. Toutes les mères portaient des roses, les filles des fleurs variées, les hommes des branches de chêne, les vieillards des pampres verts. Entre les deux files immenses, des hommes à droite, des femmes à gauche, marchaient l'orgueil des mères, leurs fils, enfants de quinze à seize ans, joyeux de porter un sabre ou des piques ornées de rameaux.

Ces fleuves vivants de peuple, ces rivières de fleurs, confluèrent comme une mer aux Tuileries. Jamais plus charmant iris ne sourit sous un plus beau ciel. Devant le sombre palais, un long portique improvisé offrait des arcades en guirlandes (combien plus gaies et plus aimables que ces lampions fumeux dont on attriste nos fêtes!).

Au milieu, montant du parterre jusqu'au balcon sous l'Horloge, un vaste amphithéâtre attendait la Convention. Une tribune s'en détachait et planait sur les gradins. Grand sujet de discussion et de conjectures dans le peuple. Il était difficile de croire qu'une voix d'homme entreprît de discourir dans un lieu tellement immense ; beaucoup supposaient que c'était un trône, ou que, si on parlait de là, c'était pour proclamer un mot : « Grâce pour tous ! » par exemple. « La Révolution est finie », etc.

Quelle serait la mesure de l'audace de Robespierre ? Hasarderait-il ce miracle ? ou bien resterait-il dans la fatalité du temps ?

Sans nul doute, pour en sortir, pour répondre à la pensée populaire, il fallait faire au terrorisme une hasardeuse surprise, dangereuse non pour lui seulement, mais pour la Révolution. Robespierre ne l'osa point.

Loin de là, préoccupé de rassurer les terroristes et de leur donner un gage, sous le prétexte de voir le peuple et les apprêts de la fête il alla au pavillon de Flore déjeuner chez Vilatte, juré révolutionnaire qui y avait un logement. Le président Dumas avait le matin averti Vilatte qu'il y amènerait le tribunal. Robespierre craignait vraisemblablement que, dans ces vains bruits d'amnistie, le tribunal ne se tournât vers le Comité de sûreté générale et son homme Fouquier-Tinville.

Il en résulta une chose fâcheuse pour Robespierre : c'est que le tribunal ne vint que très tard, et que, l'attendant en vain, il dépassa l'heure indiquée et fit lui-même attendre la Convention.

Elle prit fort mal ce retard, l'interprétant comme une insolence royale, une insulte volontaire. Son apparition fut reçue par un silence de mort, que rendirent plus hostile encore les acclamations aveugles du peuple. N'importe, Robespierre, dans le costume que la Convention portait à la fête, celui des représentants en mission (panache et ceinture tricolores, habit bleu à revers rouges), s'en distinguait quelque peu par une nuance de bleu un peu plus pâle ou céleste. Tous un gros bouquet à la main, mais le sien était énorme, d'épis, de fleurs et de fruits. Plusieurs, comme Bourdon (de l'Oise), tournèrent visiblement le dos et n'écoutèrent que de travers. De son discours, absolument perdu dans un tel espace, rien n'arriva à la foule, sinon : « Périssent les tyrans !... Demain nous combattrons encore », etc. Rien enfin de ce qu'on attendait, ni grâce, ni dictature.

Il descendit des gradins de la Convention, s'arrêta au premier bassin où s'élevait un groupe de monstres, l'Athéisme, l'Égoïsme, le Néant, etc. Il y mit le feu, et du groupe consumé surgit, libre de son voile, la statue de la Sagesse. Malheureusement elle parut, comme on pouvait s'y attendre, enfumée et noire, à la grande satisfaction des ennemis de Robespierre.

On s'achemina donc en longues files vers le Champ de Mars. Robespierre, alors président de la Convention, marchant naturellement en tête. Il paraissait rayonnant. C'est, je crois, d'après ce jour que David l'a fait dans le portrait de la collection Saint-Albin. Nulle part il n'est plus terrible. Ce sourire fait mal. La passion qui visiblement a bu tout son sang et séché ses os, laisse subsister la vie nerveuse, comme d'un chat noyé jadis et ressuscité par le galvanisme, ou peut-être d'un reptile qui se raidit et se dresse, avec un regard indicible, effroyablement gracieux.

L'impression toutefois, qu'on ne s'y trompe pas, n'est point de haine; ce qu'on éprouve, c'est une pitié douloureuse, mêlée de terreur. On s'écrie, sans hésiter, que de tous les hommes qui vécurent ici-bas, celui-ci a le plus souffert.

Robespierre habituellement marchait vite, d'un air agité. La Convention n'allait nullement de ce pas. Les premiers qui étaient en tête, malicieusement peut-être, et par un respect perfide, restaient fort en arrière de lui, le tenaient ainsi isolé. De temps à autre, il se retournait et se voyait seul.

Une montagne symbolique s'élevait au Champ de Mars, assez grande pour recevoir, outre la Convention et les musiciens, deux mille cinq cents personnes, envoyées des sections, mères et filles, pères et fils, en écharpes tricolores, qui devaient chanter l'hymne à l'Être suprême. Au plus haut, une colonne était chargée de trompettes, dont la voix perçante dirigeât, annonçât les mouvements dans l'espace immense. L'hymne chanté, le coup d'œil fut un moment ravissant. Les filles jetèrent des fleurs au ciel, les mères élevèrent leurs petits enfants, les jeunes gens tirèrent leurs sabres et reçurent la bénédiction de leurs pères. L'artillerie qui tonna associait ses voix profondes à l'émotion du peuple.

Robespierre, arrivé le premier avec le fauteuil où l'on portait Couthon, s'était trouvé par cela même au plus haut de la Montagne, et la Convention sous ses pieds. Cette circonstance, fortuite peut-être, décida l'explosion. Au retour, la crainte céda à la fureur de la haine. Bourdon *le rouge*, travaillé de rage intérieure, semblait un démon. Merlin (de Thionville) se retrouvait le Merlin des champs de bataille, parlait fort et haut. Ces mots, jetés dans les airs, de Brutus, ou de Tarquin, ou de roche Tarpéienne, s'entendaient trop bien du peuple. L'irritation de l'Assemblée gagnait les rudes sans-culottes qui se trouvaient dans la foule. L'un d'eux dit tout en un mot : « Le b...! il n'est pas content d'être maître! il lui faut encore être dieu! »

Le plus violent coup de théâtre, c'est qu'un des représentants articula sans ambages, près de Robespierre, de manière à être entendu de lui, de l'Assemblée, de la foule, sa haine pour le tyran. Il dit ces propres paroles : « Je le méprise, et je le hais. »

Cet homme hardi était Lecointre, un peu fou, ridicule, nous l'avons dit. Mais ici personne ne rit. Être outragé ainsi en face, et outragé par Lecointre, c'était chose sinistre pour Robespierre.

Cette hardiesse avait déchaîné toutes les langues. Elles se lâchaient à mesure que l'on rentrait dans Paris. Le peuple, non sans étonnement, voyait la Convention, comme une malédiction vivante, suivre Robespierre en grondant. Il marchait vite et les autres marchant vite aussi pour le suivre, tout ce retour avait l'air non d'une pompe, mais d'une fuite. Le triomphateur semblait poursuivi. Plus pâle encore qu'à l'ordinaire et plus clignotant, il laissait, malgré lui, jouer d'une manière effrayante les muscles de sa bouche. Non moins agités, bilieux, jaunes ou blancs, comme des morts, ceux qui le suivaient montraient une colère tremblante, sous les mots désespérés que la haine leur tirait du cœur. Ce cortège fantastique dans une immense poussière, quand il rentra au noir palais, apparut celui des Furies.

CHAPITRE V

LOI DU 22 PRAIRIAL (10 JUIN 1794). — ÉCHEC DE ROBESPIERRE.

Robespierre poussé fatalement à la dictature judiciaire. — Réaction imminente de l'Ouest et du Midi. — Tribunal d'Orange. — Loi du 22 prairial (10 juin 1794). — Irritation du Comité de salut public. — Résistance de la Convention.

La situation tout entière apparaît dans une circonstance peu remarquée de la fête. Robespierre ne fit attendre la Convention que parce que lui-même attendit le tribunal révolutionnaire.

Celui-ci, en réalité, était le premier pouvoir, ou plutôt le seul. Il représentait la Terreur, qui dominait également le gouvernement, l'Assemblée, le peuple.

L'autorité morale elle-même, je veux dire Robespierre, ce censeur, cet épurateur, ce sauveur, ce messie, qu'on appelait au secours de la société, il était plus que personne le serf de la Terreur. Il en paraissait le maître. L'horreur de son rôle double éclatait de plus en plus.

Le désappointement fut grand quand, au lieu de l'amnistie que la fête religieuse avait fait attendre, on apprit que les exécutions seraient seulement éloignées des quartiers du centre, qu'elles se feraient désormais au faubourg Saint-Antoine. On sentit parfaitement que ce n'était pas sans cause qu'on les écartait des regards. Tout changement de ce genre était une aggravation. Depuis que la guillotine cachait ses morts à Monceaux, elle consommait davantage. Elle devint bien plus avide encore du jour qu'elle fonctionnait à son aise dans ces quartiers reculés.

Quels que fussent les sentiments personnels de Robespierre, ses essais timides de modération, ses vues d'avenir, une terrible fatalité le poussait à la vraie dictature du temps, la dictature judiciaire.

Rappelons-nous le progrès de sa fortune. Évitant l'autorité et le maniement des intérêts, n'engageant sa responsabilité dans aucune affaire précise, il avait grandi surtout par l'accusation. Il avait représenté un côté très légitime de la Révolution, mais resserré, négatif, celui de la défiance. Jusqu'au 25 septembre 1793, il fut, pour dire son vrai nom, le grand accusateur de la République.

Depuis, maître de l'Assemblée et des Jacobins, du Comité de sûreté, du tribunal révolutionnaire, — c'est-à-dire pouvant accuser, arrêter, juger, — il eut, sans autre appareil, dans sa simplicité privée, la position redoutable de grand juge.

Mais lui-même il sentait qu'il avait autre chose en lui. Ce rôle si éminent, cette royauté négative ne contentait pas son cœur. Peu pitoyable, il n'était pourtant pas né cruel, et il était fils du dix-huitième siècle, du grand siècle d'humanité. La haute idéalité, l'amour du bien qu'il en avait reçu, il ne pouvait les satisfaire qu'en quittant cet âpre rôle d'implacable accusateur. Là pourtant était sa force et peut-être, en un tel moment, le salut de la Révolution. De là des mouvements doubles et contradictoires, qui donnèrent prise sur lui[1]. Il osa parfois en ce sens, mais timidement, et fut humain en dessous. On l'y surprit en octobre, en décembre, encore, et il se réfugia vite dans son rôle d'accusateur. C'était fait dès lors. Toute voie pacifique lui fut fermée pour l'avenir. Il fut violemment lancé vers le pouvoir politique, qui n'était alors rien autre que celui du glaive. De quelque part qu'il se tournât, la férocité du destin lui mit en mains le couteau.

« Dictateur? Oui, si tu veux, mais dictateur de l'échafaud. Pontife? Oui, si tu veux, mais pontife de la guillotine. »

La sanglante loi de prairial, lancée le 10 à l'Assemblée, *en réponse* aux injures du 8, ne fut pas cependant, comme l'ont dit quelques-uns, un fait tout accidentel, un simple piège où il crut faire tomber ses ennemis. Elle était dans la voie rigide

---

[1]. Par exemple, Reverchon, bon robespierriste, à Lyon, et, dans le Jura, Robespierre jeune, en étaient encore à la modération, pendant que leur chef, poussé par de nouvelles circonstances, redevenait terroriste. Reverchon écrivait des lettres étonnées, désespérées, voyant Robespierre encourager les exagérés de Lyon qu'il décourageait la veille. Tels étaient les mouvements faux, contradictoires, destructifs les uns des autres, qui désorganisaient le parti.

de sa fatalité; elle en était un pas nécessaire et logique[1].

Cette loi qu'on demandait à la Convention, avant d'être, elle agissait; elle régnait dans le Midi. Elle était déjà le code du tribunal que les robespierristes avaient établi à Orange.

Suivons bien l'ordre des faits.

Quand Saint-Just, le 31 mars, demanda la mort de Danton, il dit nettement à l'Assemblée que ce sacrifice était le dernier, qu'après « elle serait tranquille ». Toute la France prit ce mot pour elle. Et elle le crut bien plus quand, le 15 avril, Saint-Just fit voter les commissions qui devaient purger les prisons, quand Couthon, le 7 mai, obtint que les tribunaux révolutionnaires de département seraient supprimés et toute justice politique concentrée à Paris.

Une espérance effrénée surgit tout à coup; une immense réaction d'indulgence chez les patriotes, d'audace chez les royalistes, apparut à l'horizon dans l'Ouest et le Midi.

Les résultats déplorables du système d'extermination suivi l'hiver dans la Vendée avaient rejeté les esprits dans une voie tout à fait contraire. Les réclamations de Lequinio, vivement appuyées

---

1. Cette tentative était-elle un tour de jésuite ou de procureur par lequel Robespierre voulait escamoter ses ennemis? C'est ce qu'assurent ses enthousiastes de l'école catholico-robespierriste. Ils soutiennent qu'il ne voulait rien qu'attraper subtilement une douzaine de Montagnards, leur faire voter leur propre mort, que l'immense accélération du mouvement de la Terreur qui résulta de cette loi lui fut tout à fait étrangère. Autrement dit, que le machiniste maladroit, pour tuer ce petit nombre d'hommes, aurait sottement fabriqué cette immense et épouvantable guillotine à la vapeur.

de Carnot, décidèrent le Comité à user de modération. En pratique, la modération devient faiblesse et relâchement. Bô et Bourbotte, successeurs de Carrier à Nantes, hébertistes comme lui, n'en furent pas moins entraînés par cette invincible réaction. Ils arrivèrent au moment où l'on venait d'exécuter, aux applaudissements de la ville, Lamberty, l'agent de Carrier. Eux-mêmes firent condamner à mort les dénonciateurs d'un officier qui n'avaient pu donner de preuves (28 mai). Peu de semaines après, effrayés des meurtres nocturnes que commettaient les chouans et de l'audace des réactionnaires, ils eurent de nouveau recours aux mesures de terreur.

Dans le Midi, les royalistes se chargèrent de démontrer combien peu l'on pouvait s'en écarter. Ils commencèrent, dès mai 1794, les assassinats de la *Terreur blanche* dans les environs d'Avignon. Le centre de leurs complots, la petite ville de Bédouin, fut dénoncé par un militaire très peu terroriste, Suchet (depuis maréchal). Le Comité de salut public ordonna de la brûler. Le représentant Maignet, robespierriste d'idée, sans rapport personnel avec Robespierre, réclama la création d'un tribunal spécial pour le Midi. Représentant du Puy-de-Dôme, collègue de Couthon, de Romme et de Soubrany, Maignet était un homme très honnête, incapable de composer avec le crime et la trahison. Il avait saisi Rovère et Jourdan dans leurs opérations honteuses, Rovère, par exemple, pour quatre-vingt mille francs (assignats), se faisant donner une terre qui en eût valu, en numéraire, plus de cinq cent mille. Royalistes et Girondins, gentilshommes et procureurs, usuriers et assassins, toute la lie des partis marchait d'ensemble à la conquête des biens nationaux. Ces coalitions ne pouvaient être poursuivies que sur la scène de leurs crimes. Le grand nombre des détenus, le nombre plus grand des témoins qu'il eût fallu faire voyager ne permettait pas d'appliquer la loi qui concentrait à Paris la justice politique. Il fallait juger sur les lieux, mais par des juges étrangers au pays. C'est ce que demanda Maignet. Immédiatement les comités, sur cette demande, appuyée de Couthon et de Payan, créèrent un tribunal révolutionnaire à Orange.

Cette *création* était une chose hardie où les comités avaient outrepassé leurs pouvoirs. La loi leur permettait de *conserver* un tribunal qu'ils jugeraient nécessaire, mais non pas d'en *créer* un. Encore moins leur permettait-elle d'organiser ce tribunal dans une forme toute nouvelle et de s'en faire législateurs.

Ils n'en adoptèrent pas moins celle que proposa Payan. *Plus d'instruction écrite. Plus de jurés.* Une forme toute sommaire.

Telle fut l'origine réelle et le premier essai de la loi de prairial, en vigueur dans la Provence dès le 3 juin, quoiqu'on ne l'ait demandée à la Convention que le 10.

Il y avait pourtant une différence notable. Le tribunal d'Orange, organisé dans un pays menacé par la *Terreur blanche* qui y commençait, avait l'excuse du péril. Commission temporaire, il agissait rapidement, militairement en quelque sorte. Cette rapidité, qui frappa trois cents détenus sur douze mille, libérait une foule d'hommes qui, par les formes ordinaires, eussent été longtemps en prison.

Mais la loi de prairial demandée pour la France entière, pour le tribunal central où les accusés de tous les départements devaient comparaître, semblait l'établissement d'un droit de proscription universelle.

A qui donnait-on ce droit? A Robespierre seul. La loi conservait le jury (supprimé à Orange), mais un jury tout personnel, composé de ses dévoués, de ses fidèles, des plus aveugles fanatiques, prêts à frapper sans regarder.

Et cette loi pour Robespierre, qui la proposait? Robespierre (Couthon, c'était la même chose). Les Comités n'en savaient rien. Saint-Just étant alors absent, la loi ne venait pas même du triumvirat; elle n'avait pas même la faible garantie des trois signatures. Elle n'en fut pas moins présentée « au nom du Comité de salut public ».

Cette loi, lancée sur l'Assemblée, au moment où celle-ci venait de trahir sa haine pour lui, tirait d'un pareil moment une signification terrible. Présentée quelques jours plus tard, elle eût paru sans doute menaçante pour la France, mais moins pour la Convention. Pourquoi Robespierre précipita-t-il la mesure, au point de la hasarder au jour le moins opportun? Ce fut dans l'idée (juste au fond) que la fête lui imprima : toutes ses forces restant entières, *la puissance lui échappait*, une vertu lui échappait, la terreur, ce phénomène mystérieux de fascination qui rend la victime immobile, ou l'attire, la fait d'elle-même venir au-devant de la mort. Il n'y avait pas un moment à perdre pour voir si cette puissance s'exercerait encore une fois.

L'homme en qui elle fut au plus haut degré, Saint-Just, était à l'armée. Robespierre employa Couthon, c'est-à-dire la ruse. Couthon pauvre paralytique, doux de figure et de langage, touchant par le contraste de sa faiblesse physique et de sa grande volonté, était infiniment propre à ces grandes occasions de mensonge solennel. Très probe en toute affaire privée, il était prêt, pour le salut public, à faire litière, non seulement de sa vie, de son cœur, de son humanité, mais de l'honneur même.

Couthon présenta cette loi comme le simple accomplissement de ce que la Convention avait *ordonné* au Comité de salut public, comme un *perfectionnement* du tribunal révolutionnaire.

L'Assemblée trouva cette perfection effrayante.

Cinquante jurés, robespierristes¹.

Plus de défenseurs. « Défendre les traîtres, c'est conspirer. La loi donne pour défenseurs aux patriotes calomniés des jurés patriotes ; elles n'en accorde point aux conspirateurs. »

Plus d'interrogatoire préalable.

Plus de dépositions écrites.

Plus de témoins, s'il n'est absolument nécessaire.

La preuve morale suffit.

Sont condamnés, comme ennemis du peuple, *ceux qui parlent mal* des patriotes, ceux qui *dépravent les mœurs*, ceux qui *empêchent l'instruction*, etc.

A cette loi si terrible, sans doute préparée dès longtemps, la circonstance semblait avoir ajouté deux articles qui frappaient la Convention :

Nul n'est traduit au tribunal que par la Convention OU *les deux comités.* Donc les comités y envoient tout droit, sans la Convention. Eh quoi ! si les comités s'avisaient d'y envoyer la Convention elle-même ?

La Convention déroge à toutes lois précédentes. A toutes? même à la loi qui fait sa dernière barrière, son unique garantie de vie, à la loi par laquelle nul représentant n'est envoyé au tribunal que sur un vote d'accusation accordé par l'Assemblée?

Lorsque Couthon, de sa plus douce voix, eut lu ce décret perfide, il y eut encore un homme dans la Convention; le maratiste Ruamps s'écria : « S'il passe, je me brûle la cervelle. »

Lecointre et Bourdon demandèrent l'ajournement.

Robespierre, avec l'appui du lâche et double Barère, usa la séance à réfuter ce que personne ne disait : Qu'il ne fallait point un nouveau jury. Il croyait, avec raison, qu'on n'oserait préciser la question, montrer dans sa main le lacs qu'il filait pour étrangler ses ennemis. Il s'adressa à la droite, lui rappela qu'il l'avait défendue, lui dit qu'après tout la loi ne menaçait que les conspirateurs (c'est-à-dire tels Montagnards).

Cette assurance réussit. Un article fut voté, puis deux, puis trois, enfin tous. Le tour était fait.

La Convention stupéfiée vota par-dessus (selon son usage, du reste) le renouvellement des pouvoirs du Comité.

Robespierre avait agi royalement dans l'affaire, sans consulter ses collègues. Le lendemain 11, au matin, il trouva le Comité exaspéré contre lui. Billaud lui demanda comment il avait osé présenter seul un décret. A quoi il dit avec une froide insolence que jusque-là *tout se faisant de confiance* au Comité, il avait pu agir seul avec Couthon. — « Dès ce moment, nous sommes donc sous la volonté d'un seul. » — Alors il battit la campagne; pour faire taire la colère des autres, il feignit une grande colère, cria (les passants entendaient sur la terrasse du jardin, il fallut fermer les fenêtres) : « Je vois bien que je suis seul... Il y a un parti pour me perdre... — Je te connais, dit-il à Billaud avec fureur. — Et moi aussi je te connais... *Tu es un contre-révolutionnaire.* » Mot terrible qui, des deux côtés, précipita la guillotine, chacun voulant à tout prix se laver de ce reproche.

Robespierre alors, comme il lui arrivait souvent, s'attendrit sur lui-même, se mit à verser des larmes. Il consentit qu'on travaillât à modifier la loi.

Ce qui le rendait plus facile, c'est que, par deux ou trois fois, on vint avertir le Comité qu'une discussion, au moment même, s'engageait à l'Assemblée pour faire révoquer le vote de la veille. Que serait-il arrivé, si le Comité tout entier, laissant pleurer Robespierre et marchant à la tribune, l'eût désavoué, se fût déclaré étranger à tout ce qui s'était fait?

Bourdon (de l'Oise) avait eu le courage de poser la vraie question : *L'Assemblée seule a le droit d'envoyer au tribunal un membre de l'Assemblée.* Il avait été appuyé par Bernard (de Saintes), ennemi personnel des deux Robespierre. Merlin (de Douai) demanda et obtint la déclaration que l'Assemblée *n'abandonnait pas son droit de décréter seule l'arrestation d'un de ses membres*, avec ce considérant : *Attendu que ce droit de l'Assemblée est inaliénable.*

Battus ainsi à l'Assemblée et battus au Comité, Robespierre et Couthon exécutèrent le lendemain une solennelle reculade. Couthon assura que c'était *une horrible calomnie* d'accuser le Comité *d'intentions si perfides.* Et Robespierre s'indigna de ce qu'au lieu d'accuser le Comité absent, on ne lui demandait pas des explications *fraternelles*. Il se jeta de côté, dans une diversion contre Tallien, qui avait pris à la gorge un espion des comités, et enfin tomba sur Bourdon, échappant par la fureur à l'avilissement du mensonge.

Le secourable Barère avait en poche, tout à point, une belle carmagnole anglaise sur un bal masqué de Londres, où l'on avait vu une Charlotte Corday poursuivant un Robespierre de son poignard ensanglanté.

Donc on pouvait révoquer le considérant ajouté à l'article additionnel.

L'Assemblée ne réclama pas contre cette logique et révoqua de bonne grâce. Menaçante pour la France, la loi n'atteignait plus du moins la représentation nationale ni l'existence même de la République.

Cependant, pouvait-on croire qu'un tel homme, s'étant avancé si loin et s'étant vu condamné à ce mensonge évident, ne chercherait pas une autre arme? La loi manquant, qui l'empêchait de recourir à la force, quand il tenait Paris par Henriot et Payan, quand l'agent même des comités, le chef de la police armée, Héron, prenait l'ordre de lui? Un nouveau 31 mai lui eût été trop facile. Ses adversaires étaient morts, s'il savait vouloir un seul jour.

L'attaquer en ce moment, c'était une audace insensée. Tout le monde haussa les épaules, quand Lecointre, toujours absurde autant qu'intrépide, montra le 24 prairial à ses amis de la Montagne *l'acte d'accusation de Robespierre* tout dressé et prêt.

Lui-même le sut le lendemain et n'y fit nulle attention. Il connaissait sa forte base et ses profondes racines. Une attaque légale était impossible[1].

Pour l'attaquer en dessous et miner sa réputation, c'était chose dangereuse et longue. Quel moyen de ruiner tout à coup ce que tant d'années avait élevé, ce colosse de réputation? On savait trop ce qu'il en avait coûté à Desmoulins, à Fabre d'Églantine. On ne

---

1. Déjà, en avril ou mai, un nommé Féral proposait au Comité de faire le procès de Robespierre; il offrait de prouver qu'au procès des hébertistes on avait supprimé les traces des rapports de Robespierre avec eux. Lindet lui dit : « Robespierre est encore trop fort. Nous le guettons. Il creuse son tombeau. » (Papiers manuscrits de Robert Lindet.)

pouvait l'égratigner; il fallait d'un coup le détruire, sinon on était perdu. Comment le faire? En le convainquant de vouloir la dictature? Mais, dans ce pays monarchique, dans cette extrême lassitude, dans le grand progrès de la paresse, du doute, beaucoup la désiraient.

La position de Robespierre, d'autre part, qui restait si forte matériellement, n'en était pas moins devenue moralement assez mauvaise. Chose dangereuse en France, il avait paru ridicule. Il pleurait, se désolait de ce que cette méchante, cette cruelle Convention s'obstinait dans le caprice de ne pas vouloir se guillotiner elle-même. Elle ne sentait nullement ce que c'était que la grandeur, oubliant l'enseignement qu'il lui donnait en février : « Quoi de plus beau qu'une Assemblée qui va se purgeant, s'épurant?... Qui a donné ce spectacle? Vous, représentants, vous seuls! »

Si cela n'eût été terrible, c'était chose du plus haut comique. Fabre d'Églantine, s'il l'a su là-bas, dut être bien fâché d'être mort.

Notez que le philanthrope ne voulait point appliquer lui-même à l'Assemblée ce fer salutaire; il voulait, exigeait qu'elle se l'enfonçât de sa propre main.

Lui, ainsi, fût resté pur, devant le monde et devant lui en sa propre conscience, pouvant se dire : « Telle est la loi!... Si je décime l'Assemblée, c'est qu'elle-même l'a voté ainsi. »

Ainsi, par un profond pharisaïsme intérieur, de lui

pour lui-même, il eût trompé sa conscience et trouvé le secret, en exterminant la loi, de la respecter.

Insoluble fut pour lui la difficulté. Il ne la surmonta pas. Il tourna le dos dès lors à la Convention et aux Comités, indigné contre ces malades qui repoussaient l'amputation et ne voulaient pas guérir.

LIVRE XX

CHAPITRE PREMIER

LUTTE DES DEUX POLICES. — LES SAINT-AMARANTHE.
CALOMNIE CONTRE ROBESPIERRE (13-14 JUIN 1794).

Exécution de la loi de Prairial. — Robespierre s'absente du Comité, du 3 prairial au 5 thermidor. — Il prêche aux Jacobins contre l'indulgence. — Les Comités cherchent à l'attaquer. — Robespierre jeune. — La maison Saint-Amaranthe. — Robespierre se défend par la Terreur. — Toute-puissance de son bureau de police. — Les Comités le dépopularisent par la grande fournée de ses assassins.

La loi votée, tels furent la terreur et le tremblement où tombèrent ses adversaires que pas un n'osait plus coucher dans son lit. Plus de soixante députés n'eurent plus de domicile fixe jusqu'au 9 thermidor. A peine venaient-ils à la Convention, et ils ne s'asseyaient guère, croyant toujours que les portes allaient se fermer sur eux. Bourdon (de l'Oise) tomba malade, ayant comme reçu sa sentence, ressentant l'agonie et les affres de la mort.

Quelle fut la terreur aux prisons! on le devine aisément, quand on songe que celui même qui devait appliquer la loi, Fouquier-Tinville, en était lui-même terrifié. Il se voyait précipité dans une telle mer de sang qu'il n'en surnagerait jamais. Nous avons dit ses liaisons secrètes avec les indulgents, son dîner chez Lecointre avec Merlin (de Thionville) ; on a vu que, suspecté, il lui fallait subir un adjoint, c'est-à-dire un surveillant dans l'affaire de son parent Camille Desmoulins.

Quand il reçut sur la tête ce pavé de prairial... éperdu, il se confia au Comité de sûreté, dit à ses patrons qu'il ne savait comment faire. Ils convinrent que la loi était inexécutable et lui enjoignirent de l'exécuter. Quand il revint (à minuit), toute la Seine lui semblait du sang.

Les exécutions devaient se faire désormais au faubourg Saint-Antoine. Les charrettes n'avaient plus à traverser les passages étroits du Pont-Neuf, des rues du Roule et Saint-Honoré. L'échafaud ne serait plus serré de la foule. C'était l'émancipation de la guillotine. Elle allait respirer d'un grand souffle exterminateur, hors du monde civilisé, n'ayant plus à rougir de rien.

Mais le tribunal était plus choquant que la guillotine. Ceux qui y virent fonctionner cette machine de prairial furent saisis d'horreur. Des juges de 1793, qui vinrent comme observateurs, n'en purent supporter la vue. On avait exclu des jurés tout ce qui avait encore quelque indépendance, Antonelle, Naulin, par exemple, et même on les fit arrêter[1].

---

1. Chef des jurés révolutionnaires en 1793, Antonelle n'avait accepté cette ingrate et pénible fonction qu'à la condition d'entourer les jugements de la

L'ancien tribunal, en 1793, tout en prodiguant la mort, sérieux par le péril et la grandeur de la crise, motivait souvent ses jugements d'une manière digne et noble. Par l'organe du président, du chef du jury, il adressait parfois des paroles honorables aux condamnés. Les juges, hommes convaincus, même dans leurs adversaires qu'ils envoyaient à la mort, respectaient la conviction. Il suffit de citer les considérants d'Antonelle dans son verdict contre le Bordelais Ducournaud, l'un des brillants enfants

lumière la plus complète, de motiver solennellement les déclarations du jury; il sentait que la Terreur, pour être efficace et forte, avait besoin de montrer à tous qu'elle était clairvoyante, de convaincre surtout les patriotes, d'assurer leur conscience. S'ils en venaient à douter de la justice nationale, tout était perdu. Au défaut d'une publicité spéciale, habile, que le gouvernement eût dû organiser lui-même et étendre jusqu'au fond du dernier hameau, le jury de 1793, peu satisfait de la sécheresse du *Bulletin officiel*, fit parfois imprimer ses considérants. La persécution commença; les rois d'alors ne voulaient point de publicité; ils firent rayer Antonelle de la liste des Jacobins comme ex-noble. Le Comité de salut public défendit au jury de motiver ses décisions. (Registres du Comité, 21 pluviôse.) Défense fort arbitraire, brutalement signifiée, prétendant « qu'on ne pouvait supposer aux jurés qui motivaient un but innocent ». Antonelle promit de ne plus motiver à l'avenir, mais publia un spécimen des motifs déjà prononcés : *Déclarations motivées d'Antonelle dans diverses affaires.* (Collection Dugast-Matifeux.) Cette brochure, rare et précieuse, mériterait d'être réimprimée. Elle est de nature à changer singulièrement l'opinion sur le tribunal de 1793. Il y a plusieurs acquittements motivés avec une équité éclairée et humaine. — Le tribunal révolutionnaire sera un jour l'objet d'une histoire spéciale. On y verra que beaucoup de condamnations furent l'application très dure, mais très littérale, des lois. M. de Malesherbes périt pour *avoir envoyé de l'argent aux émigrés*, ce qui entraînait la peine de mort. Madame Élisabeth, si l'on doit croire le royaliste abbé Guillon, avait fortement préparé la guerre civile à Lyon en 1790; elle disait : « Il faut la guerre civile. » (Guillon, Lyon, I, 67.) — Ce qu'on a dit des prisons, spécialement du Temple, mérite aussi un sérieux examen. Je lis dans les registres de la Commune (Archives de la Seine) qu'un horloger-mécanicien réclame 1,000 francs pour avoir réparé la mécanique d'une grande cage dorée où chantaient des oiseaux automates et *dont Simon amusait le petit Capet*. Un enfant pour qui on faisait cette énorme dépense était-il aussi maltraité qu'on l'a prétendu?

de la Gironde ; il reconnaît hautement et ses services, et son courage, son esprit étincelant. Cet hommage de la vérité par la bouche de la mort était beaucoup, entre Français. La plupart voulaient bien mourir avec leur principe vaincu, mais voulaient mourir honorés.

Le tribunal de prairial, exécrable par sa rapidité furieuse, le fut encore plus par l'insulte, les lâches et les basses risées. Dumas était ricaneur. Le premier des jurés, Vilatte, le seul du moins qui fût lettré, ex-prêtre et régent de collège, jeune, écervelé, libertin, imitant les élégantes légèretés de Barère et autres grands seigneurs du temps, jugeait la montre à la main et, dans ces fournées terribles de cinquante hommes à la fois, ne pardonnait pas aux mourants de le faire dîner trop tard.

Nul doute que l'idée adoptée alors et devenue fixe ne fût la proscription absolue de tous les suspects. Il fallait le dire. Il valait mieux imiter la franchise de Sylla. Mais ces comédies de juges, de jurés, cette dérision de justice, voilà qui était horrible.

La multiplicité des mains par qui la chose passait faisait précisément la nullité des garanties.

Qui devait alimenter le tribunal? Le Comité de sûreté. Qui l'alimentait lui-même? Une commission établie au Louvre qui choisissait dans les prisons, dressait les listes des morts, les envoyait au Comité. Le Comité les signait, les donnait le soir à Fouquier-Tinville.

La responsabilité se trouvait ainsi divisée. Elle était triple, elle était nulle.

La commission disait : « Nous pouvons aller grand train ; le Comité reverra, et après, le tribunal. »

Le Comité disait : « Nous pouvons signer toujours ; la commission a examiné, et le tribunal jugera. »

Le tribunal à son tour : « Ceux que la commission et le Comité ensuite ont déjà jugés accusables sont très bons à condamner. »

Au total, la responsabilité majeure devant le public tombait sur le Comité de sûreté. Et c'est ce qu'il sentait de plus machiavélique dans la loi de prairial.

Les listes lui arrivaient du Louvre. A lui de les envoyer promptement au tribunal. Il se trouvait lancé par la loi robespierriste dans une voie d'accélération qui devait en peu de temps l'écraser sous la haine publique et le livrer aplati au couteau de Robespierre.

Lui cependant, que faisait-il ? Il s'était retiré chez lui, le lendemain de la dispute (23 prairial), disant : « Je ne suis plus rien », et se lavant les mains de tout ce qui s'allait faire.

La plus cruelle dénonciation eût été moins forte qu'une telle absence. Les comités trahissaient donc, puisque l'*incorruptible* n'y pouvait plus mettre les pieds ? Toute responsabilité tombait sur eux maintenant. Tout pouvoir lui restait à lui. Au fond, qui gouvernait ? Sa loi. Il n'allait plus au Comité de salut public, mais gardait la signature, signait chez

lui (nombre d'arrêtés existent signés de sa main).
Couthon siégeait à sa place, et à l'autre Comité
Lebas et David. Il tenait toujours la Commune,
les prisons, les tribunaux, par Payan, Herman,
Dumas. Chaque soir, il arrivait aux Jacobins redoutablement encadré entre Dumas, président, Renaudin et autres jurés du tribunal révolutionnaire.
Qui ne sentait, en le voyant au milieu de tels acolytes, que cet homme *retiré*, ce rêveur, ce philosophe, ce moraliste inoffensif, qui ne se mêlait
plus de rien, c'était lui qui tenait le glaive?

Était-ce une illusion? Non, Robespierre prenait
soin d'établir par ses paroles qu'en effet la voie
orthodoxe était dans l'accélération des jugements
révolutionnaires. Chaque soir, ou lui ou Couthon
faisait aux Jacobins un discours *contre l'indulgence*.
Chose étrange après l'indulgence dont Couthon fit
preuve à Lyon. Tout s'oublie si vite en France,
l'audace des contradictions est si légèrement passée
aux hommes de tribune par un public prévenu,
que c'était précisément sur ce terrain de Lyon que
Robespierre s'établissait hardiment, assurant que la
commission temporaire avait été trop indulgente,
qu'elle n'avait persécuté que les patriotes. L'indulgence de Marino! l'indulgence de Collot d'Herbois!
l'indulgence de Fouché! (Discours du 10 juin, 9, 11,
14 juillet.)

Les Comités, poussés ainsi, acceptèrent l'horrible
gageure. Seulement, comme ils savaient que l'abîme,
dans cette voie, allait les dévorer bientôt, ils ne

perdirent pas une heure pour fouiller sous sa cuirasse, s'il n'y avait pas quelque jour pour lui plonger le poignard.

Robespierre, politiquement accepté et désiré, n'était pas aisément prenable.

Mais, moralement peut-être, s'il offrait la moindre prise, on pouvait espérer le perdre.

La grande joie de nos pères, l'éternel sujet des anciens noëls, des vieux fabliaux, c'est le prêtre convaincu d'être homme, le saint pris en flagrant délit. Tartufe est le sujet chéri dont la France s'est toujours égayée, bien avant Molière.

Surprendre ce personnage blême en quelque chose d'humain, quelque chose qui ressemblât au bonheur, au plaisir, c'eût été un coup vainqueur! Il ne donnait pas grande prise. Épuisé de plus en plus, maigri, le sang altéré, il marchait deux heures par jour, d'un pas rapide et sauvage. Que fallait-il à un tel homme ? Il était tellement attentif à ne pas toucher d'argent que, la pension faite à sa sœur, le reste au linge, sans doute au vêtement, et des sols donnés aux petits Savoyards, il n'avait exactement rien. Il ne pouvait payer Duplay. Il lui devait quatre mille francs au 9 thermidor.

Où allait-il ? A Monceaux, parfois aux Champs-Élysées, seulement pour les deux heures de marche qui lui étaient nécessaires. Ou entrait-il? Parfois chez quelques artisans, pour se populariser, chez des menuisiers de préférence, en souvenir de l'*Émile*.

On le voyait entrer parfois chez une marchande

de tabac de la rue Saint-Honoré ; c'était très probablement une sainte de la petite église. Nul autre délassement. Un intérieur fermé et sombre. On supposait, à tort peut-être, qu'il lui fallait une femme, et l'on attribuait ce rôle à Cornélia Duplay. D'autres disent que, se rendant justice, il n'eût associé personne à sa triste destinée, et qu'il voulait la marier à son frère. Ce qui est sûr, c'est qu'elle veillait inquiètement sur ses jours ; instruite par la mort de Marat, elle ne laissa pas arriver à Robespierre la jeune Cécile Renaud.

Robespierre, peu attaquable en lui-même, pouvait l'être en sa famille, qui fut son fléau. Sa sœur, l'aigre et triste Charlotte, avait trouvé un amant. Et quel ? Le mortel ennemi de Robespierre, Fouché, revenu à Paris et logé dans un grenier de la rue Saint-Honoré, tout en lui creusant sous les pieds des mines chez les Jacobins, avait eu l'idée hardie de se glisser dans sa famille, de surprendre ses secrets. Ce grand homme de police, malgré sa figure atroce qui faisait frémir l'amour, avait imaginé de faire l'amoureux de la sœur de Robespierre. Séparée de lui dès longtemps, rien du présent ne pouvait être su par elle. Elle ne pouvait trahir que son passé, ses précédents. Très éloignée de son frère, n'ayant le moindre accès chez lui, si elle avait affronté la porte de la maison, elle eût été arrêtée net par un terrible cerbère, l'intrépide Mme Duplay, et Cornélia Duplay se serait plutôt fait tuer sur le seuil.

Restait le frère de Robespierre. C'est par lui qu'on trouva prise.

Robespierre jeune, avocat, parleur facile et vulgaire, homme de société, de plaisir, ne sentait pas assez combien la haute et terrible réputation de son frère demandait de ménagements [1]. Dans ses missions, où son nom lui donnait un rôle très grand et très difficile à jouer, il veillait trop peu sur lui. On le voyait mener partout, et dans les clubs même, une femme très équivoque.

Il avait vivement embrassé, par jeunesse et par bon cœur, l'espoir que son frère pourrait adoucir la Révolution. Il ne cachait point cet espoir, ne tenant pas assez compte des obstacles, des délais qui ajournaient ce moment. En Provence, il montra de l'humanité, épargna des communes girondines. A Paris, il eut le courage de sauver plusieurs personnes, entre autres le directeur de l'économat du clergé (qui plus tard fut le beau-père de Geoffroy-Saint-Hilaire).

Dans la précipitation de son zèle anti-terroriste, il lui arriva parfois de faire taire et d'humilier de violents patriotes qui s'étaient avancés sans réserve

---

1. Il hasardait pour son frère une propagande audacieuse et maladroite, montrant aux officiers de Toulon des lettres de Robespierre, où il déplorait les excès des commissaires de la Convention ; lettres probablement fabriquées. Robespierre était très prudent, écrivait très peu de lettres et bien moins sur de tels sujets. Celles que Robespierre jeune écrivait du Jura à son frère semblent l'avoir été sous la dictée des aristocrates et dans leur style habituel : « Il existe un système d'amener le peuple à niveler tout ; si on n'y prend garde, tout se désorganisera », etc. Cela écrit le 3 ventôse ; au moment où l'on tuait Danton pour avoir voulu enrayer, on voulait enrayer soi-même.

pour la Révolution. Dans le Jura, par exemple, il imposa royalement silence au représentant Bernard (de Saintes). Cette scène, très saisissante, donna aux contre-révolutionnaires du Jura une confiance illimitée. Ils disaient légèrement (un des leurs, Nodier, le rapporte) : « Nous avons la protection de MM. de Robespierre. »

A Paris, Robespierre jeune fréquentait une maison infiniment suspecte du Palais-Royal, en face du Perron même, au coin de la rue Vivienne, l'ancien hôtel Helvétius. Le Perron était, comme on sait, le centre des agioteurs, tripoteurs de bourse, des marchands d'or et d'assignats, des marchands de femmes. De somptueuses maisons de jeu étaient tout autour, hantées des aristocrates. J'ai dit ailleurs comment tous les vieux partis, à mesure qu'ils se dissolvaient, venaient mourir là, entre les filles et la roulette. Là finirent les constituants, les Talleyrand, les Chapelier. Là traînèrent les Orléanistes. Plusieurs de la Gironde y vinrent. Robespierre jeune, gâté par ses missions princières, aimait aussi à retrouver là quelques restes de l'ancienne société.

La maison où il jouait était tenue par deux dames royalistes, fort jolies, la fille de dix-sept ans, la mère n'en avait pas quarante. Celle-ci, Mme de Saint-Amaranthe, veuve, à ce qu'elle disait, d'un garde du corps qui se fit tuer au 6 octobre, avait marié sa fille dans une famille d'un nom fameux de police, au jeune Sartine, fils du ministre de la Pompadour, que Latude a immortalisé.

Mᵐᵉ de Saint-Amaranthe, sans trop de mystère, laissait sous les yeux des joueurs les portraits du roi et de la reine. Cette enseigne de royalisme ne nuisait pas à la maison. Les riches restaient royalistes. Mais ces dames avaient soin d'avoir de hauts protecteurs patriotes. La petite Saint-Amaranthe était fort aimée du jacobin Desfieux, agent du Comité de sûreté (quand ce Comité était sous Chabot), ami intime de Proly et logeant dans la même chambre, ami de Junius Frey, ce fameux banquier patriote qui donna sa sœur à Chabot. Tout cela avait apparu au procès de Desfieux, noyé en mars, avec Proly, dans le procès des hébertistes.

Robespierre était très parfaitement étranger à ce monde-là, tellement que sa bête noire était justement cet être à deux têtes, gasconne-autrichienne, Proly et ce Desfieux, qui intriguaient contre lui. On se rappelle qu'en octobre, dans un moment où sa popularité était menacée, le Comité de sûreté lui rendit le service de mettre en prison Desfieux, qui fut à grand'peine délivré par Collot d'Herbois. Desfieux ayant été exécuté avec Hébert, le 24 mars, Saint-Just transmit une note contre la maison qu'il fréquentait au Comité de sûreté, qui, le 31, fit arrêter les Saint-Amaranthe et Sartine. (Comité de sûreté, registre 642, 10 germinal.)

Mais Robespierre jeune, aussi bien que Desfieux, était ami de cette maison; c'est ce qui, sans doute, valut à ces dames de rester en prison assez longtemps sans jugement. Le Comité de sûreté, auquel il dut s'adresser pour leur obtenir des délais, était instruit de l'affaire. Il avait là une ressource, un glaive contre son ennemi. Admirable prise ! La chose habilement arrangée, Robespierre pouvait apparaître comme patron des maisons de jeu !

Robespierre ? lequel des deux ? On se garda de dire *le jeune.* La chose eût perdu tout son prix. Il fut bientôt averti, sans doute par son frère même, qui fit sa confession. Il vit l'abîme et frémit.

Alla-t-il aux comités ? ou les comités lui envoyèrent-ils ? On ne sait. Ce qui est sûr, c'est que, le soir du 25 prairial (14 juin), deux choses terribles se firent entre lui et eux.

Il réfléchit que l'affaire était irrémédiable, que l'effet en serait augmenté par sa résistance, qu'il fallait en tirer parti, obtenir des comités, en retour de cette vaine joie de malignité, une arme réelle qui lui servirait peut-être à frapper les comités, en tout cas à faire un pas décisif dans sa voie de dictature judiciaire.

Lors donc que le vieux Vadier lui dit d'un air observateur : « Nous faisons demain le rapport sur l'affaire Saint-Amaranthe », il fit quelques objections, mollement, et moins qu'on ne croyait.

Et le même jour il fit donner par le Comité de salut public à son bureau de police le droit nouveau de *traduire les détenus au tribunal révolutionnaire.*

Ainsi ses deux hommes à lui (et tous deux d'Arras), le chef de division Herman et le sous-chef Lanne, allaient se trouver investis d'un droit que, seul jusque-là, le souverain Comité de sûreté exerçait au nom de la Convention, — droit qui différait infiniment peu de celui de vie et de mort.

L'expérience, faite en petit d'abord, *in anima vili*, sur les galériens de Bicêtre, était heureusement choisie pour effrayer peu. Le Comité de salut public, tout entier, signa l'autorisation. Il était fort effrayé de la retraite de Robespierre et croyait peut-être le rappeler par cette concession.

Énorme concession. Et elle ne suffit pas. Cinq jours après le Comité fut forcé de donner à Herman le droit d'interroger tous les citoyens dénoncés qui arriveraient à Paris. C'étaient (moins les accusés d'Arras et d'Orange) tous les accusés de la France qui devaient passer devant lui. Herman, par ce droit d'examen préalable, était constitué réellement une espèce de grand juge ou dictateur judiciaire[1].

L'extrait de l'arrêté du Comité qui autorisait Herman et Lanne à faire leur enquête à Bicêtre fut signé de Robespierre, qui fit signer avec lui Barère et Lindet. Lanne devait procéder à Bicêtre avec l'accusateur public. Mais celui-ci, Fouquier-Tinville, étonné de la forme insolite d'un tel acte, ne voulait bouger qu'avec une nouvelle autorisation, celle du Comité de sûreté qui n'osa la refuser.

Seize noms de galériens étaient écrits sur l'arrêté ; mais on y lisait de plus : « *Et tous autres*

---

1. Archives, Registres du Comité de Salut public, 30 prairial.

prévenus d'avoir pris part au complot. Un blanc restait que Lanne et Fouquier pouvaient remplir comme ils l'entendraient.

Lanne, dans son premier appétit, ne voulait pas moins que trois cents têtes! Où trouver tant de galériens? Ce fut Fouquier, si on l'en croit, qui, sagement, humainement, obligea Lanne d'abord de se contenter d'une trentaine, auxquels, peu de jours après, on en ajouta autant.

Pendant que Fouquier et Lanne instrumentaient à Bicêtre, le Comité de sûreté faisait son rapport à l'Assemblée sur les cinquante personnes qu'on présentait comme complices de l'assassinat de Robespierre et de Collot, et des tentatives corruptrices du baron de Batz. Avec Ladmiral et Cécile Renaud se trouvaient en tête les Saint-Amaranthe. — Violent, cruel coup de parti, de placer juste au milieu des assassins de Robespierre ces femmes royalistes qu'on disait ses amies, pour que leur exécution l'assassinât moralement.

L'homme qui se mit en avant pour le Comité et parla fut Élie Lacoste, le même qui, le 5 thermidor, tint en face contre Robespierre et articula en sa présence les griefs du Comité.

Le rapport était un poème, où le petit banquier de Batz élevé au rôle immense du Génie du mal, avec vingt millions en guinées, des manufactures d'assignats, etc., travaillait de trois façons, meurtre, corruption, banqueroute. Ce poème, par voie d'épisodes, rattachait au fil principal des groupes accessoires d'accusés, des royalistes de renom : Montmorency, Rohan, Sombreuil, le municipal Michonis soupçonné d'avoir essayé de faire échapper la reine, etc.

Il y en avait quarante-neuf. Tant de personnes en manteau rouge, cela paraissait suffire pour la pompe du spectacle Le Comité de sûreté n'en attendait pas davantage.

Mais, la veille au soir, Fouquier, attentif à flatter ses maîtres, dit en entrant au Comité : « J'en envoie près de soixante! » On cria bravo. Et on le cria bien plus quand on lut l'ingénieuse composition de la queue de liste. Fouquier y plaçait quatre ennemis personnels de Robespierre, les municipaux Marino, Soulès, Froidure et Dangé, de sorte que l'immense hécatombe, ouverte par ses assassins, se fermait par ses ennemis.

C'étaient des noms populaires. Soulès, ami de Chalier, est nommé dans son testament. Marino fut le vengeur de Chalier à Lyon. On reprochait à Marino d'avoir commis la faute grave d'arrêter un député; la Convention pouvait croire qu'on le punissait pour elle. Président de la commission temporaire de Lyon, ami de Fouché, Marino passait pour avoir faibli vers la fin. Robespierre ne perdait pas une occasion de dénoncer la *mollesse* de cette commission temporaire, de sorte que Marino semblait périr comme *indulgent*. Chose inquiétante pour tous. Qui était sûr d'être *à la hauteur*, si l'on notait de ce crime un homme qui avait envoyé dix-sept cents personnes à la mort?

Marino, peintre, artiste insouciant, loustic de profession, amusait beaucoup le peuple. Chose curieuse, il était assez aimé aux prisons. C'était lui qui, de bonne heure, en 1793, y avait organisé une sorte de mutualité, de sorte qu'un prisonnier riche, placé dans une chambrée, améliorait le sort commun et traitait ses camarades. On regrettait fort en prairial ces bonnes prisons de Marino, la bonne chère, la fraternité que donnait cet arrangement. L'administration robespierriste avait craint que les riches ne prissent ascendant. Elle établit la stricte égalité, les tables communes, et tout aux frais de l'État. La nourriture fut détestable par la faute des entrepreneurs (non par celle de l'État qui payait beaucoup), les prisonniers étaient au désespoir, et l'amphytrion des prisons, Marino, sans doute d'autant plus regretté.

L'immoler à Robespierre, le faire mourir sous l'habit rouge des ennemis de Robespierre, c'était d'une cruelle astuce contre celui-ci.

Les robespierristes, certainement, n'avaient pas prévu ceci, mais ils le sentirent très bien. Dans le *Journal de la Montagne*, qui se faisait aux Jacobins, ils effacèrent de la liste les quatre noms des municipaux de Paris, restes de l'ancienne Commune qui avait laissé un tel souvenir.

CHAPITRE II

LA MÈRE DE DIEU. — ROBESPIERRE COMME MESSIE.
EXÉCUTION DES SAINT-AMARANTHE (15-17 JUIN 1794).

Calomnies contre Robespierre. — Par où il était prenable. — Mysticisme du temps. — Ses dévotes. — Essais de comédie. — La Mère de Dieu. — Rapport d'un foudroyant comique. — Robespierre défend à la justice de poursuivre la Mère de Dieu. — Effet terrible de l'exécution des cinquante-quatre chemises rouges. — Combien il est difficile de punir les femmes.

Le rapport d'Élie Lacoste, avec les commentaires qu'on fit à l'oreille, fut reçu de la Montagne et de la Convention comme les premières gouttes de pluie par la Judée expirante après les trois ans de sécheresse sous le roi Achab.

Il donnait donc prise, il était donc homme; il cherchait les plaisirs humains; il vivait, ce triste fantôme!... S'il vivait, il pouvait mourir... Comme un homme, il avait du sang à répandre, un cœur qu'on pouvait percer.

L'invraisemblance du roman n'arrêta personne. Que cet homme sombrement austère, si cruellement agité, acharné à la poursuite de son tragique destin, s'en allât comme un Barère, un marquis de la Terreur, s'égayer en une telle maison, chez des dames ainsi notées, on trouva cela naturel!... La crédulité furieuse serrait sur ses yeux le bandeau.

Il était à craindre pourtant que l'équité et le bon sens ne retrouvassent un peu de jour, que quelques-uns ne s'avisassent de cette chose si simple : il y a deux Robespierre.

On ne perdit pas un moment pour redoubler, enfoncer le coup, pour continuer par une attaque mieux fondée, plus sérieuse, la première impression. Non, Robespierre n'était pas prenable du côté des mœurs; il l'était par un côté plus intérieur, plus profond.

Dans les luttes violentes, à mort, d'un combat pour les principes, il arrive souvent qu'à la longue les principes chez les plus sincères ne sont plus qu'en seconde ligne. Le combat est tout, le péril est tout, la victoire est tout. La main du combattant empoigne, égarée et convulsive, toute arme, même hostile aux principes.

Telle était la seule corruption possible dans un homme comme celui-ci. Il pouvait être tenté, dans sa situation terrible, d'exploiter pour son salut, pour celui de la Révolution, un moyen contre-révolutionnaire.

Et Robespierre, pour rencontrer ce moyen, cette tentation, n'avait pas à chercher loin, il l'avait en lui.

D'où était-il parti? D'Arras, des plus tristes précédents. Né dans une ville de prêtres, élevé par la protection des prêtres, qui même, dès qu'il fut homme, le reprirent encore à eux et le firent juge d'Église.

Comme son maître Rousseau, il s'affranchit par la volonté, jeta l'argent, embrassa la faim et l'honneur. Puis 1789 sonna, et son affranchissement fut celui de la France, qui dès lors le nourrit de son pain et vécut de sa parole.

Philosophe et logicien, dépassant les Girondins comme logique révolutionnaire, dépassé cependant par eux dans la question de la Guerre, dépassé par la Commune dans la question religieuse, il redevint l'homme d'Arras et pencha d'instinct à droite. Il encouragea l'espérance des ennemis du dix-huitième siècle, attaqua le *philosophisme* (décembre).

Ces paroles firent soupçonner, non sans cause, que ce philosophe ennemi du *philosophisme*, tout en parlant mal des prêtres, ne leur voulait pas grand mal.

Soupçonner? La chose était claire.

Exiger la liberté et l'application des principes au profit du catholicisme, tandis qu'on les ajournait en toute chose politique, imposer la liberté des cultes, la liberté des catholiques, la liberté de l'ennemi, quand la liberté de la tribune, de la presse et du théâtre était étouffée dans le sang, qu'était-ce sinon délier la contre-révolution et lier la Révolution?

Les feuilles arrachées par Lebas, dont nous parlions tout à l'heure, montrent combien son maître, en dessous, était favorable aux prêtres.

Cela parut mieux encore. Un Jacobin catholique pria Robespierre de tenir son enfant nouveau-né sur les fonts de baptême. Il accepta, fut parrain. Acte grave, parce qu'il était libre. Dans la famille, la mère, souveraine maîtresse d'un fruit sorti d'elle-même avec tant de douleur, force souvent le père philosophe de faire baptiser l'enfant.

Mais ici, qui le forçait? Il fut parrain et, comme tel, fit la promesse qu'on fait : Que l'enfant sera catholique.

Toute la question était, pour un homme qui tenait si peu compte du *philosophisme*, de savoir quel mysticisme il allait favoriser, celui du passé ou celui du présent, celui du vieux parti catholique, celui des nouveaux adeptes de la religion jacobine? Protégerait-il la foi de Jésus ou la foi de Robespierre?

Le temps était au fanatisme. L'excès des émotions avait brisé, humilié, découragé la raison. Sans parler de la Vendée, où l'on ne voyait que miracles, un dieu (dès 1791) avait apparu en Artois. Les morts y ressuscitaient en 1794. Dans le Lyonnais, une prophétesse avait eu de grands succès; cent mille âmes y prirent, dit-on, le bâton de voyage, s'en allant sans savoir où. En Allemagne, les sectes innombrables des illuminés s'étendaient non seulement dans le peuple, mais dans les plus hautes classes : le roi de Prusse en était. Mais nul homme de l'Europe n'excitait si vivement l'intérêt de ces mystiques que l'étonnant Maximilien. Sa vie, son élévation à la suprême puissance par le fait seul de la parole n'était-elle pas un miracle, et le plus étonnant de tous? Plusieurs lettres lui venaient, qui le déclaraient un Messie. Tels voyaient distinctement au ciel la *constellation Robespierre.* Le 2 août 1793, le président des Jacobins désignait, sans le nommer, *le Sauveur qui allait revenir.* Une infinité de personnes avaient ses portraits appendus chez elles, comme image sainte. Des femmes, des généraux même, portaient un petit Robespierre dans leur sein, baisaient, priaient la miniature sacrée. Ce qui est plus étonnant, c'est que ceux qui le voyaient sans cesse et l'approchaient de plus près, *ses saintes femmes*, une baronne, une Mme Chalabre (qui l'aidait dans sa police), ne le regardaient pas moins comme un être d'autre nature. Elles joignaient les mains, disaient : « Oui, Robespierre, tu es dieu. »

Que de telles scènes se passassent chez les bonzes de l'Inde, aux pagodes du Thibet, rien de mieux; mais à Paris, le lendemain de Voltaire, en plein *Contrat social!* et que ce fût le fils même de Rousseau et du rationalisme, le logicien de la Révolution, qui acceptât, encourageât de son silence ces outrages à la raison, cela était honteux et triste. Là certainement était la laideur de Robespierre.

Car qu'était-ce, même sans parler de raison, à ne consulter que le cœur? Tolérer cette idolâtrie, n'était-ce pas abuser de l'affaiblissement où l'excès des maux, la Terreur, avait mis ces pauvres âmes, tuant en elles ce qu'il y avait de liberté, de vraie vie, les abaissant de l'état d'homme à la sensibilité animale, à la tendresse servile du chien, à qui il faut un maître, qui veut être mené, battu, pauvre créature relative qui n'existe point en soi ?

Nous parlions en 1792 de la vieille idiote de la rue Montmartre, marmottant devant deux plâtres : « Dieu sauve Manuel et Pétion ! Dieu sauve Manuel et Pétion ! » Et cela douze heures par jour. Nul doute qu'en 1794 elle n'ait tout autant d'heures marmotté pour Robespierre.

L'amer Cévenol, Rabaut-Saint-Étienne, avait très bien indiqué que ces momeries ridicules, cet entourage de dévotes, cette patience de Robespierre à les supporter, c'était le point vulnérable, le talon d'Achille, où l'on percerait le héros. Girey-Dupré, dans un noël piquant et facétieux, y frappa, mais en passant. N'était-ce pas le sujet de comédie de Fabre qu'on fit disparaître, et pour laquelle peut-être Fabre disparut ? Et celle que le Girondin Salles écrivait caché dans la terre, au puits de Saint-Émilion, je suis bien porté à croire que ce travail acharné fut l'œuvre de la vengeance, la proscription du proscripteur, le drame du nouveau Tartufe.

Sujet bien supérieur à l'autre. Tartufe, dans Molière, est un pauvre diable qui, par un jargon mystique, abusant du nom de Dieu, trompe un imbécile. Ici Tartufe même est dieu ; l'idole, l'exploiteur de l'idole, sont même et unique chose. Idole de déraison sous le drapeau de la raison ! trompant les uns et les autres !... Et l'imbécile est le monde.

Pour formuler l'accusation, il fallait pourtant un fait, une occasion qu'on pût saisir. Robespierre la donna lui-même.

Dans ses instincts de police, insatiablement curieux de faits contre ses ennemis, contre le Comité de sûreté qu'il voulait briser, il furetait volontiers dans les cartons de ce Comité. Il y trouva, prit, emporta des papiers relatifs à la duchesse de Bourbon et refusa de les rendre. Cela rendit curieux. Le Comité s'en procura des doubles et vit que cette affaire, si chère à Robespierre, était une affaire d'illuminisme.

Quel secret motif avait-il de couvrir les *illuminés*, d'empêcher qu'on ne donnât suite à leur affaire ?

Ces sectes n'ont jamais été indifférentes aux politiques. Le duc d'Orléans était fort mêlé aux Francs-Maçons et aux Templiers dont il fut, dit-on, grand maître. Les Jansénistes, devenus sous la persécution une société secrète, par l'habileté peu commune avec laquelle ils organisaient la publicité mystérieuse des *Nouvelles ecclésiastiques*, avaient mérité l'attention particulière des Jacobins. Le tableau ingénieux qui révélait ce mécanisme était le seul ornement de la bibliothèque des Jacobins en 1790. Robespierre, de 1789 à 1791, demeura rue de Saintonge au Marais, près la rue de Touraine, à la porte même du sanctuaire où ces énergumènes du Jansénisme expirant firent leurs derniers miracles; le principal était de crucifier des femmes qui, en descendant de la croix, n'en mangeraient que mieux. Une violente recrudescence du fanatisme, après la Terreur, était facile à prévoir. Mais qui en profiterait ?

Au château de la duchesse prêchait un adepte, le chartreux dom Gerle, collègue de Robespierre à la Constituante, celui qui étonna l'Assemblée en demandant, comme chose simple, qu'elle déclarât le catholicisme religion d'État. Dom Gerle, à la même époque, voulait aussi que l'Assemblée proclamât la vérité des prophéties d'une folle, la jeune Suzanne Labrousse. Dom Gerle était toujours lié avec son ancien collègue ; il allait souvent le voir, l'honorait comme son patron, et, sans doute pour lui plaire, demeurait aussi chez un menuisier. Il avait obtenu de lui un certificat de civisme.

Bon républicain, le chartreux n'en était pas moins un prophète. Dans un grenier d'un pays latin, l'esprit lui était soufflé par une vieille femme idiote, qu'on appelait la Mère de Dieu. Catherine Théot (c'était son nom) était assistée dans ses mystères de deux jeunes et charmantes femmes, brune et blonde, qu'on appelait la *Chanteuse* et la *Colombe*. Elles achalandaient le grenier. Des royalistes y allaient, des magnétiseurs, des simples, des fripons, des sots. Jusqu'à quel point un homme aussi grave que Robespierre pouvait-être mêlé à ces momeries, on l'ignore. Seulement on savait que la vieille avait trois fauteuils, blanc, rouge et bleu ; elle siégeait sur le premier, son fils dom Gerle sur le second à gauche ; pour

qui était l'autre, le fauteuil d'honneur à la droite de
Mère de Dieu? N'était-ce pas pour un fils aîné, le
Sauveur qui devait venir ?

Quelque ridicule que la chose pût être en elle-
même et quelque intérêt qu'on ait eu à la montrer
telle, il y a deux points qui y découvrent l'essai
d'une association grossière entre l'illuminisme chré-
tien, le mysticisme révolutionnaire et l'inauguration
d'un gouvernement des prophètes.

« Le premier sceau de l'Évangile fut l'annonce
du Verbe ; le second, la réparation des cultes ;
*le troisième, la Révolution; le quatrième, la mort
des rois;* le cinquième, la réunion des peuples ; le
sixième, le combat de l'ange exterminateur ; le
septième, la résurrection des élus de la Mère de
Dieu, et le bonheur général *surveillé par les prophètes.* »

« Au jour de la résurrection, où sera la Mère de
Dieu ? Sur son trône, *entre ses prophètes,* dans le
Panthéon. »

L'espion Sénart, qui se fait initier pour les trahir
et les arrêta, trouva, dit-il, chez la Mère, une lettre
écrite en son nom à Robespierre comme à son
premier prophète, au fils de l'Être suprême, au
Rédempteur, au Messie.

Était-ce réellement la minute d'une lettre qui fut
envoyée ? ou bien faut-il croire que ceux qui, pour
servir Robespierre, attribuèrent un faux à Fabre
d'Églantine, ont pu, pour perdre Robespierre, faire
aussi un faux ? Les deux suppositions ont une telle

égalité de vraisemblance qu'on ne peut, je crois, décider[1].

Les deux Gascons, Barère, Vadier, qui firent ensemble l'œuvre malicieuse du rapport que les comités lançaient dans la Convention, y mirent (comme ingrédients dans la chaudière du Sabbat) des choses tout à fait étrangères; je ne sais quel portrait par exemple du petit Capet qu'on avait trouvé à Saint-Cloud. Cela donnait un prétexte de parler dans le rapport de royalisme, de restauration de la royauté. L'Assemblée, désorientée, ne savait d'abord que croire. Peu à peu elle comprit. Sous le débit morne et sombre de Vadier, elle sentit le puissant comique de la facétie. La plaisanterie dans la bouche d'un homme qui tient son sérieux emporte souvent le fou rire sans qu'on puisse résister. L'effet fut si violent que, sous le couteau de la guillotine, dans le feu, dans les supplices, l'Assemblée eût ri de même. On se tordait sur les bancs.

On décida, d'enthousiasme, que ce rapport serait envoyé aux quarante-quatre mille communes de la République, à tous les administrations, aux armées. Tirage de cent mille peut-être !

Robespierre, percé d'outre en outre, n'en montra pas moins une décision assez vigoureuse. Il n'y

---

1. Ni ici ni ailleurs, Sénart ne mérite pas la moindre confiance, sauf en deux points peut-être : quelques détails de l'arrestation de la Mère de Dieu et ce qu'il dit contre Tallien. Tout le reste est d'un coquin devenu à moitié fou.

avait pas de séance aux Jacobins, et il ne pouvait rien faire de ce côté. Il alla au Comité de salut public, intima d'arrêter tout. Le Comité s'obstinait à ne pas vouloir comprendre, à soutenir que l'affaire n'avait nul intérêt pour lui, à demander comment, la chose une fois lancée, on pouvait arrêter le cours de la justice. Sans s'arrêter à ces raisons, il donna ordre qu'on fît venir Fouquier-Tinville. Lui venu et eux présents, il lui ordonna, en leur nom, exactement le contraire de ce qu'ils voulaient, et ils n'osèrent souffler mot.

Ce n'est pas tout. Il exigea que Fouquier lui remît les pièces, les prit, les emporta chez lui.

Fouquier, du Comité de salut public, alla au Comité de sûreté et dit : « *Il* ne veut pas. »

Le grand mot : *Je veux* était rétabli, et la monarchie existait.

Ce fut une grande consolation pour les comités que la chose se posât ainsi solennellement.

Désormais, à toute occasion, ils avaient un mot terrible : « *Il* le veut, *il* ne le veut pas. »

Ce qui leur restait, c'était de battre le tambour, de bien faire retentir cette suppression de la justice. Le Comité de sûreté dit partout qu'il poursuivrait l'accusateur public pour avoir lâché de ses mains des pièces si importantes.

Vadier fit la chose hardie de poursuivre Robespierre de son rapport, même aux Jacobins. Il comptait là sur la masse des Jacobins opposants qui avaient porté Fouché à la présidence. Cependant il compta mal. Il lut, mais ne fit rire personne ; il y eut un grand silence, des murmures, et, de quelques-uns, des soupirs de deuil et d'indignation. Plusieurs, vraiment patriotes, trouvaient aussi, dans ces risées, la Révolution avilie par l'avilissement de Robespierre. Vadier obtint l'impression, mais non l'impression en nombre pour les sociétés affiliées.

Le lendemain eut lieu à grand bruit, avec un appareil incroyable, le supplice solennel des *assassins de Robespierre*.

Le drame de l'exécution monté avec un soin, un effet extraordinaire, offrit cinquante-quatre personnes, portant toutes le vêtement que la seule Charlotte Corday avait porté jusque-là, la sinistre chemise rouge des parricides et de ceux qui assassinaient les pères du peuple, les représentants. Le cortège mit trois heures pour aller de la Conciergerie à la place de la Révolution, et l'exécution employa une heure.

De sorte que, dans cette longue exhibition de quatre heures entières, le peuple put regarder, compter, connaître, examiner *les assassins de Robespierre*, savoir toute leur histoire.

Les canons suivaient les charrettes, et tout un monde de troupes. Pompeux et redoutable appareil qu'on n'avait jamais vu depuis l'exécution de Louis XVI. « Quoi ! tout cela pour venger un homme ! Et que ferait-on de plus *si Robespierre était roi ?* »

Il y avait cinq ou six femmes jolies et trois toutes

jeunes. C'était là surtout ce que le peuple regardait et ce qu'il ne digérait pas, — et autour de ces femmes charmantes, leurs familles tout entières, la Saint-Amaranthe avec tous les siens, la Renaud avec tous les siens, une tragédie complète sur chaque voiture, les pleurs et les regrets mutuels, des appels de l'un à l'autre à crever le cœur. Mme de Saint-Amaranthe, fière et résolue d'abord, défaillait à tout instant.

Une actrice des Italiens, Mlle Grandmaison, portait l'intérêt au comble. Maîtresse autrefois de Sartine qui avait épousé la jeune Saint-Amaranthe, elle lui restait fidèle. Pour lui, elle s'était perdue. Elles étaient là ensemble, assises dans la même charrette, les deux infortunées, devenues sœurs dans la mort et mourant dans un même amour.

Un bruit circulait dans la foule, horriblement calomnieux, que Saint-Just avait voulu avoir la jeune Saint-Amaranthe, et que c'était par jalousie, par rage, qu'il l'avait dénoncée.

Il y avait encore une fille de seize ans sur ces voitures, une ouvrière, misérable de mine et d'habits, la pauvre petite Nicole, qui, disait-on, n'avait rien fait que de porter à manger à Mlle Grandmaison. Le mouchard qui l'arrêta raconte que, quand il arriva jusqu'à son septième étage, où elle logeait sous le toit, sans meubles qu'une paillasse et un panier de guenilles, les larmes lui vinrent aux yeux. Il alla dire au Comité de sûreté qu'il était absolument impossible de faire périr cette enfant. Ils répondirent sèchement qu'à tout prix il fallait garantir la vie des représentants, des membres des comités, qu'ils ne prenaient pas légèrement un attentat contre Robespierre.

Voulland, pétillant de bonheur, de vengeance et de joie, alla voir l'effet de la scène, si le peuple murmurait, si la calomnie prenait. Il se posta au point le plus serré de la foule, au coin des rues Richelieu et Saint-Honoré, et quand il vit venir de loin les cinquante chemises rouges, branlantes sur les charrettes, par-dessus les têtes innombrables des curieux, il dit aux siens : « Allons devant; nous verrons au grand autel célébrer la messe rouge. »

L'effet désiré fut produit. Un déchirement de pitié, contenu d'autant plus cruel, mille morts vouées à Robespierre, des cœurs étouffants de malédiction, ce cri avalé par la peur, mais rentrant dans les entrailles pour les déchirer : « Ah! maudit cet homme! et ce jour! »

Ces morts de femmes étaient terribles[1].

---

1. Qu'on sache bien qu'une société qui ne s'occupe point de l'éducation des femmes et qui n'en est pas maîtresse est une société perdue. La médecine *préventive* est ici d'autant plus nécessaire que la *curative* est réellement impossible. *Il n'y a, contre les femmes, aucun moyen sérieux de répression.* La simple prison est déjà chose difficile : *Quis custodiet ipsos custodes ?* Elles corrompent tout, brisent tout; point de clôture assez forte. Mais les montrer à l'échafaud, grand Dieu! Un gouvernement qui fait cette sottise se guillotine lui-même. La nature, qui, par-dessus toutes les lois, place l'amour et la perpétuité de l'espèce, a par cela même mis dans les femmes ce mystère (absurde au premier coup d'œil) : *elles sont très responsables, et elles ne sont pas punissables.* Dans toute la Révolution, je les vois violentes, intrigantes, bien souvent plus coupables que les hommes. Mais, dès qu'on les frappe, on se frappe. Qui les punit se punit. Quelque chose qu'elles aient faite, sous quelque aspect qu'elles paraissent, elles renversent

Celle de Charlotte Corday, sublime, intrépide et calme, commença une religion.

Celle de la Du Barry, tout horripilée de peur, pauvre vieille fille de chair, qui d'avance sentait la mort dans la chair, reculait de toutes ses forces, criait et se faisait traîner, réveilla toutes les fibres de la pitié animale. Le couteau, disait-on, n'entrait pas dans son cou gras... Tous, au récit, frissonnèrent.

L'exécution encore de Lucile Desmoulins, la jeune, la courageuse, la charmante femme du bon Camille,

---

la justice, en détruisent toute idée, la font nier et maudire. Jeunes, on ne peut les punir. Pourquoi? Parce qu'elles sont jeunes, amour, bonheur, fécondité. Vieilles, on ne peut les punir. Pourquoi? Parce qu'elles sont vieilles, c'est-à-dire qu'elles furent mères, qu'elles sont restées sacrées, et que leurs cheveux gris ressemblent à ceux de votre mère. Enceintes!... Ah! c'est là que la pauvre justice n'ose plus dire un seul mot; à elle de se convertir, de s'humilier, de se faire, s'il le faut, injuste. Une puissance est ici qui brave la loi; si la loi s'obstine, tant pis; elle se nuit cruellement, elle apparaît horrible, impie, l'ennemie de Dieu! — Les femmes réclameront peut-être contre tout ceci; peut-être elles demanderont si ce n'est pas les faire éternellement mineures que leur refuser l'échafaud; elles diront qu'elles veulent agir, souffrir les conséquences de leurs actes. Qu'y faire pourtant? Ce n'est pas notre faute, si la nature les a faites, non pas faibles, comme on dit, mais infirmes, périodiquement malades, nature autant que personnes, filles du monde sidéral, donc, par leurs inégalités, écartées de plusieurs fonctions rigides des sociétés politiques. Elles n'y ont pas moins une influence énorme, et le plus souvent fatale jusqu'ici. Il y a paru dans nos révolutions. Ce sont généralement les femmes qui les ont fait avorter, leurs intrigues les ont minées, et leurs morts (souvent méritées, toujours impolitiques) ont puissamment servi la contre-révolution.

Distinguons une chose toutefois. Si elles sont, par leur tempérament qui est la passion, dangereuses en politique, elles sont peut-être plus propres que l'homme à l'administration. Leurs habitudes sédentaires et le soin qu'elles mettent en tout, leur goût naturel de satisfaire, de plaire et de contenter, en font d'excellents commis. On s'en aperçoit dès aujourd'hui dans l'administration des postes. La Révolution, qui renouvelait tout, en lançant l'homme dans les carrières actives, eût certainement employé la femme dans les carrières sédentaires. Je vois une femme parmi les employés du Comité de salut public. (Registre des procès-verbaux du Comité, 5 juin 1793, p. 79.)

fut un coup de pitié. Nulle ne laissa tant de regret, tant de fureur, ne fut plus âprement vengée.

L'impression allait croissant. La plus simple politique eût dû supprimer l'échafaud pour les femmes. Cela tuait la République.

Mais ici, justement, dans l'affaire des Saint-Amaranthe, on avait compté donner au public une cruelle émotion, dire en réponse à celui qui déplorait l'indulgence des juges de Lyon, l'indulgence du Comité de sûreté : « Il veut du sang, en voilà... Et le sang des royalistes qu'il a protégés. »

On m'a conté le fait suivant. D'après l'âge indiqué, il s'applique à la Nicole ; d'après l'effet général que produisit sa mort (sur la police elle-même!), je ne fais aucun doute qu'il ne se rapporte à elle.

Un homme, très dur et très fort, d'une constitution athlétique, de ces gens qui n'ont point de nerfs, qui n'ont que des muscles, gagea de supporter de près la vue de l'exécution. Était-il avec les bourreaux ou autrement, je ne sais. Il endura tout, sans broncher, vit répandre, de tête en tête, l'horrible fleuve de sang. Mais, quand cette petite fille vint, s'arrangea, se mit à la planche, dit d'une voix douce au bourreau : « Monsieur, suis-je bien comme ça ? » tout lui tourna, il ne vit plus rien, sa force de taureau manqua, il tomba à la renverse ; un moment on le crut mort ; il fallut le rapporter chez lui.

CHAPITRE III

LES CONSPIRATIONS DE FABRIQUE. — CELLE DE BICÊTRE. MORT D'OSSELIN (24 JUIN-1ᵉʳ JUILLET 1794).

Effets tout-puissants de la calomnie. — Les colporteurs de Paris. — Nécessité de gagner une bataille; Fleurus, 26 juin. — Sage conseil de Payan à Robespierre. — Il sembla croire plutôt Herman. — Eut-il connaissance des machinations d'Herman? — Herman purge les prisons, Bicêtre. — Exécution d'Osselin mourant.

Toutes les conditions de l'horreur et du ridicule s'étaient réunies. Le Comité de sûreté, dans son drame atroce, mêlé de vrai et de faux, avait dépassé à la fois la comédie, la tragédie, écrasé tous les grands maîtres.

La violence des contrastes, l'inattendu des surprises, avaient donné à la pièce des effets terribles, inouïs, et de déchirante pitié, et de rire, à rendre fou. L'immuable et l'irréprochable, surpris dans le pas secret d'une si leste gymnastique, montré nu entre deux masques, ce fut un aliment si cher à la malignité qu'on crut tout, on avala tout, on n'en rabattit pas un mot. Philosophe chez le menuisier, messie des vieilles rue Saint-Jacques, au Palais-Royal souteneur de jeux! Faire marcher de front ces trois rôles, et sous ce blême visage de censeur impitoyable!... Shakespeare était humilié, Molière vaincu; Talma, Garrick, n'étaient plus rien à côté.

Mais quand, en même temps, on réfléchit au lâche égoïsme qui lançait en avant les siens et qui les abandonnait! à la prudence infinie de ce messie, de ce sauveur, qui ne sauvait que lui-même, laissant ses apôtres à Judas, avec Marie-Madeleine, pour être en croix à sa place!... oh! la fureur du mépris débordait de toutes les âmes!

Hier, dictateur, pape et dieu... l'infortuné Robespierre aujourd'hui roulait au ruisseau.

Telle fut l'âcre, brûlante et rapide impression de la calomnie sur des âmes bien préparées. Il avait, toute sa vie, usé d'accusations vagues et trop souvent fausses. Il semblait que la calomnie, lancée si souvent par lui, lui revenait au dernier jour par ce noir flot de boue sanglante...

Les colporteurs au matin, de clameurs épouvantables, hurlant *la sainte guillotine, les cinquante-quatre en manteaux rouges, les assassins de Robespierre,* aboyaient plus haut encore les *Mystères de la Mère de Dieu.* Une nuée de petits pamphlets, millions de mouches piquantes nées de l'heure d'orage, volaient sous ce titre. Ces colporteurs, maratistes, hébertistes, regrettant toujours leurs patrons, poussaient par des cris infernaux la publicité monstrueuse du rapport déjà imprimé par décret à cinquante mille.

On ne les laissait pas tranquilles. Mais rien n'y

faisait. Le combat des grandes puissances se combattait sur leur dos. La Commune de Robespierre hardiment les arrêtait. Mais le Comité de sûreté à l'instant les relâchait. Ils n'en étaient que plus sauvages, plus furieux à crier. De l'Assemblée aux Jacobins et jusqu'à la maison Duplay, en face de l'Assomption, toute la rue Saint-Honoré vibrait de leurs cris; les vitres tremblaient. *La grande colère du Père Duchesne* semblait revenue triomphante dans leurs mille gueules effrénées et dans leurs bouches tordues.

Que faire? Occuper bien vite l'attention d'autre chose, remonter par un coup de force, montrer qu'on savait frapper. Une victoire au dehors, au dedans une âpre énergie de police et de tribunaux, c'était tout ce que le parti voyait de plus efficace. Tous étant terrifiés, tous tâtant pour voir si leur tête tenait encore à leurs épaules, qui pourrait songer à rire?

Ces remèdes avaient déjà réussi. Dans son grand danger d'octobre, surpris en flagrant délit de modérantisme, il fut sauvé par Wattignies.

En janvier, serré de près par Phelippeaux et les autres pour son alliance hébertiste, il avait fait taire la meute en mordant qui le mordait, prenant et emportant Fabre.

On écrivit à Saint-Just : « Tu vaincras tel jour. » Il vainquit. Le bonheur de Robespierre lui donna encore cette grande et dernière faveur, une victoire sans Carnot, une victoire qui donnait moyen de faire le procès à Carnot, au Comité de salut public.

Carnot et le Comité agissaient en politiques (pas un des historiens militaires n'a compris ceci). Ils recevaient des ouvertures de paix et croyaient avec raison que la Prusse n'agirait pas. Ils voyaient l'Autriche entrant en Pologne, très affaiblie à l'ouest par la haine des Pays-Bas. Ils croyaient n'avoir d'ennemi sérieux, acharné, que l'Angleterre. C'était le moment où la jeune marine révolutionnaire, formée par Jean-Bon Saint-André, nos vaisseaux lancés par lui, montés par leur créateur, avaient tenu trois jours de suite devant la grande flotte anglaise, suppléant la science par l'enthousiasme et, quoique avec des pertes graves, faisant entrer au port de Brest l'immense convoi américain qui venait nourrir la France[1]. La suite de cette bataille pour le Comité, c'était l'occupation des ports qui regardent l'Angleterre, Ostende, Nieuport, Anvers. Il voulait isoler l'Anglais de ses alliés et le menacer chez lui. La menace géographique, permanente, pour lui, c'est Anvers, cette position redoutable que Napoléon appelait « un pistolet visant au cœur de l'Angleterre ».

Le rêve du Comité, c'était la future descente, c'était

---

1. Le prodige de ce temps de prodiges, c'est la création subite d'une marine républicaine par Jean-Bon Saint-André ! et de voir cette marine d'hier se soutenir en présence de la vieille et redoutable marine britannique !... Il faut un livre pour dire les travaux préparatoires, législatifs, matériels, l'énorme improvisation et de vaisseaux et de marins, de détails, d'organisation, le code de la discipline, celui de l'administration, celui des forêts, de la marine, etc.

Je ne m'étonne pas que notre marine, ancienne et nouvelle, toujours fidèle au même esprit, ait soigneusement étouffé ou tourné en dérision ce grand souvenir.

la conquête des ports. Robespierre, en d'autres temps, ne différait point d'avis; pour lui, l'Angleterre était tout. Mais, à ce moment, le lendemain du violent coup du 15 juin, froissé, avili, malade, il lui fallait une bataille, une victoire, et sur-le-champ, une victoire populaire qui ne fût qu'aux robespierristes, qui fît oublier Wattignies gagné par Carnot.

Le 18 juin, Saint-Just, instruit de la séance du 15, montra à Jourdan devant lui la Sambre qu'il fallait passer et, derrière, la guillotine. Pour la cinquième fois, Jourdan passa, et pour la troisième, se remit à bombarder Charleroi. L'incomparable pléiade des généraux de Sambre-et-Meuse, Jourdan, Kléber, Marceau, Lefebvre, Championnet, firent des miracles de bravoure acharnée, d'obstination. L'objet était Charleroi, et l'on se battait toujours qu'il était déjà rendu (26 juin, 8 messidor). Les Autrichiens, les premiers, cessèrent ce massacre inutile. Un ordre vint du Comité de salut public de ne pas pousser plus loin. Nouveau texte contre Carnot, nouvelle prise pour Robespierre.

Il put se féliciter alors de la prudence obstinée avec laquelle il avait toujours refusé de signer la moindre des choses de la Guerre, laissant tout entière à ses collègues la responsabilité des actes, mêlée de tant de hasards. Carnot ici avait agi; on pouvait le perdre; Saint-Just avait de lui deux lettres avec lesquelles un jour ou l'autre Carnot ne pouvait guère manquer de rejoindre Houchard et Custine.

Mais revenons à Paris. On ne savait pas encore si

la bataille était gagnée. Cette victoire commandée, si on la gagnait, c'était un topique extérieur, un ajournement au mal. Mais n'y avait-t-il pas un remède intérieur, une vraie médecine, qui agît profondément et changeât définitivement la situation?

La destinée, soigneuse, ce semble, de sauver un homme en qui, après tout, étaient tant de grandes choses et avec qui peut-être périssait la Révolution, la destinée, prodigue pour lui au dernier moment, ne se contenta pas de lui donner la victoire; elle lui offrit la sagesse.

Un de ses nouveaux apôtres, Payan, son homme à la Commune, qu'il avait mis à la place de Chaumette, homme d'esprit, de sens et de tête, neuf aux affaires et les voyant d'autant mieux, d'une vue moins fatiguée, lui dit le mot de la situation et le vrai remède.

Le remède était la franchise, l'abandon des voies tortueuses.

N'osant dire ces choses en face, il écrivit, il lui représenta le mal immense que lui faisait l'affaire de la Mère de Dieu, l'avertissant qu'il ne pouvait se taire, qu'il devait répondre, envelopper sa réponse dans une accusation générale qui frapperait en même temps toutes les factions, mais « *qu'il ne pouvait faire un tel acte sans attaquer le fanatisme, sans donner vie aux principes philosophiques* de son rapport sur les fêtes, sans effacer les dénominations superstitieuses, ces *Pater*, ces *Ave*, ces épîtres prétendues républicaines », etc. Il voulait dire que Robespierre devait cesser de nager entre les philosophes et les gallicans, laisser ceux-ci qui le compromettaient et se placer franchement où il était fort, sur le terrain de la Révolution.

Il ne pouvait tout à la fois invectiver contre les prêtres à la fête de l'Être suprême, et s'en aller par-devant eux, comme parrain d'un enfant.

Le sens de la lettre, en réalité, était celui-ci : « On ne peut être à droite et à gauche; décidez-vous, soyez net et planez sur les partis. »

Malheureusement Payan, homme très emporté du Midi, obscurcissait son propre conseil, si lumineux en lui-même, en imposant à son maître, non seulement de dominer les partis, mais de les *anéantir*.

On n'*anéantit* jamais tout. Mais, en mettant cette affiche, on peut donner aux ennemis l'audace du désespoir, unir contre soi les hommes les plus hostiles entre eux et former de sa main même les coalitions invincibles auxquelles on succombera.

Robespierre, pour être franc, que devait-il faire? Préciser nettement son procès et le limiter, nommer par leurs noms Tallien et cinq ou six voleurs, au plus, accuser hardiment, frapper... Et rassurer tout le reste, couvrir la Convention et tout le passé de 1793 d'une trop légitime amnistie.

Le salut pour lui n'était pas *à gauche;* encore moins était-il *à droite*. Mais il était *au-dessus*.

Ni dans l'atrocité ni dans l'indulgence; point dans la bassesse du juste milieu sans foi, point dans l'ignoble bascule. Non, plus haut que tout cela, dans une magnanimité sévère, par-dessus la tête de tous, qui ramenât la Révolution à elle-même, c'est-à-dire à l'héroïsme, et la posât décidément dans une lumière supérieure.

Il semble n'avoir fait aucune attention à la lettre de Payan. Il inclina malheureusement du côté où l'entraînaient ses routines, se disant encore le mot qu'il disait au parti prêtre de la Convention avant juin 1793, et qu'il pratiqua lui-même (décembre) en se rapprochant d'Hébert : « *La sûreté* est à gauche. » Mais la gauche par delà Hébert, la gauche par delà Fouché, qu'il accusait d'indulgence, où était-ce, sinon dans la fosse qui le reçut en Thermidor ?

L'homme qui, visiblement, influa sur lui à cette époque maudite, fut celui qui déjà lui avait rendu le mortel service de faire condamner Danton, son ami d'Arras, Herman. Ce doucereux philanthrope, à l'œil équivoque et louche, magistrat de l'Ancien-Régime, formé en cours féodales, ecclésiastiques, dans l'esprit d'inquisition, paraît en avoir gardé les traditions de police, les vieilles machines politiques de fabriques de complots et d'agents provocateurs, d'espions de prisons et le reste.

Plus je sonde l'expérience, l'histoire et la nature, plus j'interroge l'étude que je fais depuis dix ans du caractère de Robespierre, plus je suis porté à croire qu'il ne sut les machinations de sa propre police que d'une manière très générale, qu'il n'en connut point le hideux détail. Une chose, par la lassitude et l'irritation, était comme un axiome pour lui et pour tous les chefs de la Révolution, c'est que la contre-révolution était incorrigible, et qu'il eût été à souhaiter que, par un cataclysme naturel, toutes les prisons de France s'abîmassent en une fois. Ce miracle ne se faisant pas, comment y suppléerait-on? Ce n'était pas l'affaire des rois de la France, mais celle de leur police. Ils se gardaient de s'informer du mode de l'exécution. Tous les rois ont fait de même. Qui d'entre eux pourrait dormir, s'ils savaient ce qu'on fait pour eux? Cette ignorance, plus ou moins volontaire, est pour eux une grâce d'état. Si l'on excepte le bigot François II d'Autriche, qui lui-même et personnellement administrait le Spielberg, s'inquiétant de savoir si, pour le salut de leur âme, les prisonniers souffraient suffisamment, les souverains ignorent ces choses. Robespierre ne les aura sues qu'en gros et pour les résultats. Dès longtemps, il gouvernait en réalité, et déjà il avait pu acquérir une âme de roi.

Les robespierristes, liés à sa destinée, devant régner avec lui, tomber avec lui, étaient trop intéressés à agir pour lui. Quel était son vrai danger, depuis l'affaire des Saint-Amaranthe et celle de la Mère de Dieu? Être accusé d'indulgence, de connivence secrète avec la contre-révolution.

Ils entreprirent de le laver, en faisant par sa police une razzia dans les prisons, en lançant une masse d'accusés aux tribunaux et renvoyant à la police du Comité de sûreté le reproche d'indulgence.

Le 3 messidor (24 juin), Herman adressa un rapport au Comité de salut public : Tous les complices des anciennes conspirations de prisons vivent encore; il faut *purger les prisons*. Le 7, Robespierre signa, au nom du Comité, une autorisation de rechercher ces complices et d'en faire rapport au Comité. Barère signa complaisamment et fit signer Billaud-Varennes.

Il y avait à Bicêtre un peintre nommé Valagnos, qui avait été condamné à dix ans de fers. Le grand succès de Laflotte, le prisonnier du Luxembourg, qui dénonça ses camarades (comme voulant délivrer Danton), avait fortement excité l'émulation de Valagnos, qui, au moment même, en avril, dénonça les prisonniers de Bicêtre au Comité de sûreté. Cette dénonciation, méprisée du Comité, fut de nouveau envoyée, mais au Comité de salut public. C'est là que la trouva Herman. Du 3 au 7, il envoya à Bicêtre son sous-chef Lanne, qui emmena avec lui Fouquier-Tinville. Tous deux, sur les renseignements de Valagnos, firent une liste de trente et un détenus.

Cette liste, autorisée par le Comité de salut public, fut néanmoins soumise par Fouquier-Tinville au Comité de sûreté générale, sans lequel il ne faisait rien. On examina. C'étaient trente galériens, quelques-uns très dangereux, de ces voleurs serruriers qui échappent de toute manière pour commettre de nouveaux crimes. On approuva. Et bientôt une seconde liste fut faite de condamnés moins dangereux. Y avait-il entre eux quelque projet d'évasion, comme on le disait? Cela est probable. La loi prononçait la mort contre ceux qui « oseraient *ouvrir* les prisons ». Mais cela s'entendait-il du prisonnier qui voudrait fuir? On leur appliqua cette loi. Pour orner la liste sans doute, on y ajouta quelques noms connus, un bâtard de Sillery et le représentant Osselin.

Ce malheureux Osselin, qui avait marqué dans les premiers jours de la Convention, était certes bien éloigné d'être un contre-révolutionnaire. On se rappelle sa faute. Il voulut sauver une jeune femme, la cacha. Faute grave, il est vrai; il était à ce moment membre du Comité de sûreté, et plus que personne sans doute tenu de respecter les lois. Cette femme, Mme Charry, cachée par lui chez un parent, dans une maison isolée des bois de Versailles, fut surprise, emprisonnée, jugée et guillotinée. Osselin, ainsi frappé au cœur, le fut d'une autre manière, et plus que de mort, flétri d'une condamnation à dix ans de fers. Hélas! si l'on eût flétri tous ceux qui sauvèrent des hommes, qui ne l'eût été? Robespierre, nous l'avons vu, sauva un fermier-général, force prêtres, par Lebas. Fouquier sauva nombre de personnes. Couthon, qui avait alors la direction du fatal bureau de police, Dumas même, le président du tribunal révolutionnaire, s'ils n'osaient sauver des hommes, ils conseillaient à ceux qui venaient solliciter de faire oublier leurs amis; cela dépendait d'un commis; le dossier de ces prisonniers qui arrivait à son tour, on le mettait sous les autres. Ajourner, c'était sauver[1].

Le nom d'Osselin réveillait une plaie vive, tout le groupe des dantonistes, ses amis, ensemble égorgés. Sous les visages immobiles, et sous les yeux secs, coulaient au plus profond des cœurs des larmes de sang...

« Ah! Camille!... ah! Phelippeaux!... ah! pauvre Bazire! Pauvre Bazire, qu'as-tu fait? »

Si le monde les pleure encore, qu'était-ce donc en ce moment, près de la mort de Danton, quand ces places énormes étaient vides, quand les bancs déserts, la salle, les voûtes muettes, paraissaient frappés de deuil!

Osselin, abîmé de douleur, de honte et de désespoir, ne sortait point de sa chambre, ne voyait nul prisonnier. Il n'était pas facile de dire qu'il conspirait avec eux. Il n'en fut pas moins mis sur la liste de mort, et par une main inconnue. Celle d'Herman ou du Comité?

Cette dernière supposition me paraît la plus vraisemblable. Le Comité de sûreté, en donnant cet ornement à la liste robespierriste, la rendait cruellement odieuse à la Convention, lui montrait que

---

[1]. M. Terrasse, mort chef de la section judiciaire aux Archives, et quelques autres personnes sollicitèrent Dumas et Fouquier-Tinville pour le grand-père de M. Bastide, pour le directeur d'Alfort et un troisième détenu. Ils répondirent : « Ne demandez pas qu'on les juge; faites-les oublier, s'il se peut. » Couthon alla plus loin; il leur dit : « Si vous connaissez un employé, faites brûler les pièces. » Ce dernier fait m'a été garanti par M. Carteron, ex-employé aux Archives et aujourd'hui envoyé de France à Hambourg.

l'affaire de Bicêtre, méprisée d'abord comme affaire de galériens, n'était qu'une expérience qui allait monter plus haut. Un représentant du peuple! un membre des Comités! un montagnard éminent! un malheureux patriote qui n'avait failli qu'une fois par faiblesse et par amour! un pauvre homme déjà condamné!... C'était un coup violent pour l'Assemblée elle-même. Elle devait y pressentir l'ouverture du grand procès qui, de l'un à l'autre parti, des hébertistes aux dantonistes, menaçant deux cents représentants revenus de mission, pouvait gagner, comme un chancre, la Convention tout entière.

Fouquier, avec plus de malice qu'on ne lui eût supposé, rendit le procès ridicule autant qu'il était atroce. Il accusa ces prisonniers d'avoir voulu égorger les membres des Comités, *leur rôtir et manger le cœur*.

La terreur fut telle à Bicêtre, quand on fit l'enlèvement, qu'un homme de quatre-vingts ans, qui n'était pas sur la liste, jeta son argent aux latrines et s'ouvrit le ventre avec un rasoir. Les trente furent menés à Paris, et la nuit déposés au Plessis, où Osselin, faute d'autres armes, se perça le cœur d'un clou. Malheureusement il vivait quand on vint le prendre; on le traînait, et il ne pouvait mourir; les uns le tirant en arrière, disant : « Il est mort »; les autres en avant : « Il mourra. » Et ce corps, quasi expiré, présenté au tribunal, on l'interrogea. Il râlait... On précipita le départ, moyennant quoi il put être encore guillotiné vivant. Mais il n'y eut pas un homme qui, devant un tel spectacle, ne maudît son sort d'avoir vu cela et ne gardât une haine profonde contre ceux qui en avaient souillé la lumière de Dieu !

CHAPITRE IV

CONSPIRATION DU LUXEMBOURG.
LES JACOBINS COMMENCENT A SUIVRE DIFFICILEMENT ROBESPIERRE
(1ᵉʳ-16 JUILLET, 12-28 MESSIDOR).

Indignation des sans-culottes. — Robespierre s'indigne de l'indignation. — Terroristes philanthropes. — On organise la conspiration du Luxembourg. — Robespierre reproche aux jacobins leur abattement. — Il commence aux Jacobins le procès des représentants en mission en 1793. — Les jacobins obéissent malgré eux. — Banquets fraternels, censurés par la Commune. — Billaud-Varennes blâme le tribunal révolutionnaire.

Un ordre du jour d'Henriot nous apprend que le soir du 9 messidor, quand Fouquier-Tinville vint à l'ordinaire prendre les ordres du Comité de sûreté générale et traversa les sans-culottes qui montaient la garde à la porte, ils *se conduisirent très mal envers lui.*

C'est-à-dire que la mort d'Osselin avait marqué la limite de la patience publique et que des cris de malédiction s'élevèrent contre le servile assassin.

On lit au même ordre du jour que *les fonctionnaires chargés de la surveillance de la société* (les mouchards du Comité) trouvaient dans la garde nationale, garde nationale sans-culotte, la seule qu'on employât alors, une franche et courageuse répulsion.

On s'était trop avancé pour reculer. Peu de jours avant, Couthon avait pris la défense des violences de Lebon contre les autorités révolutionnaires d'Arras, montrant par cette défense que Lebon ne dépassait pas la pensée robespierriste. De même, l'agent de Robespierre à Bordeaux, le jeune Jullien, que beaucoup croyaient modéré, se justifia parfaitement en faisant savoir la capture qu'il venait de faire des derniers Girondins. Deux se tuèrent. Les autres furent cherchés dans les cavernes de Saint-Émilion et chassés avec des chiens[1].

Le drapeau robespierriste se retrouva, à ce prix, le drapeau de la Terreur. Tout ce qu'on avait pu croire des secrètes intentions d'indulgence, de modération, qu'avait Robespierre, n'était que trop réfuté. Il se trouva innocenté, lavé dans le sang, remonté au pinacle de haine, dont, par le ridicule, on croyait le faire descendre.

Le 1er juillet (13 messidor), par son discours aux Jacobins, il reprit possession de cette haute et horrible position.

Ce discours extraordinaire s'indignait de l'indignation qu'on avait montrée, de la sensibilité qu'on

---

1. La lettre écrite de Saint-Émilion et lue à la Convention le 6 messidor fait honneur au jeune agent robespierriste d'avoir dirigé l'expédition, en indiquant les mesures qu'on devait prendre, envoyant *et renvoyant* les chasseurs, d'abord maladroits, etc. Peut-être y eut-il moins de part et voulut-on, en donnant cette couleur au récit, flatter Robespierre. Jullien a passé toute sa vie à effacer cette lettre, vie honorable, laborieuse, prodigieusement active, tout occupée de philanthropie et de choses utiles.

témoignait *pour les conspirateurs*, du système qui tendait à soustraire *l'aristocratie* à la justice. — Quels aristocrates ? Du moins, dans les soixante-douze de Bicêtre, sauf Osselin, je ne vois que de pauvres misérables, presque tous condamnés aux fers, un maçon, un batteur de plâtre, un scieur de long, des ouvriers en boutons, etc.

« La faction des indulgents, grossie de toutes les autres, devient plus hardie. On ose calomnier le tribunal révolutionnaire. On poursuit de calomnies tel patriote qui ne veut que venger la liberté... On dit à Paris, comme à Londres, qu'il a organisé le tribunal pour égorger la Convention, qu'il veut se faire dictateur. Isolé, il n'a pour lui que son courage et sa vertu. (Un citoyen des tribunes : « Tu as pour toi tous les Français ! ») La vérité est mon seul asile, toute ma défense est dans ma conscience. »

Ce ton plaintif effrayait fort. Il amenait, on en était sûr, de nouvelles accusations. Robespierre désignait clairement ces agents de calomnies ; ils étaient *revêtus d'un caractère sacré*, c'est-à-dire représentants. Les calomnies étaient répétées, *dans un lieu !... Vous frémiriez si je disais en quel lieu !...* Peut-être on viendrait à bout de *l'obliger à renoncer à une partie de ses fonctions*, autrement dit, le Comité l'amènerait par ses persécutions à donner sa démission.

Ceci annonçait une fixe résolution de suivre la guerre à mort, de reprendre le grand procès contre les représentants. La chose fut expressément demandée à la Convention par une foudroyante adresse qu'on fit venir d'Avignon. Elle répétait les propres paroles du discours de Robespierre sur la faction des indulgents, mais elle précisait les choses, demandant, imposant à l'Assemblée la mort *de ceux qui siégeaient à côté de Danton, de ceux qui ont craint l'institution des tribunaux de prairial.*

Cette pétition contenait une calomnie meurtrière. Elle disait que les dantonistes s'étaient *déclarés les seconds de Jourdan.* Loin de là, c'était le dantoniste Merlin (de Thionville) qui avait demandé qu'il fût amené à Paris, poursuivi, jugé.

Toutefois avant de passer outre, d'exiger de l'Assemblée qu'elle se saignât encore, les robespierristes crurent devoir serrer fortement dans leurs mains le drapeau de la Terreur. L'affaire de Bicêtre, n'ayant guère frappé que des pauvres diables, ne les popularisait guère, s'ils ne la soutenaient par une proscription de véritables suspects.

Le philanthrope Herman, cette fois, ne s'en fia à personne. Il alla lui-même, avec Lanne, au Luxembourg, faire une battue de prisonniers (12 messidor, 1er juillet).

Philanthrope? On croit que je raille; non, ils étaient philanthropes. Couthon était philanthrope; on l'avait bien vu à Lyon. Herman l'était en principe. Ses circulaires, dignes des Beccaria et des Dupaty, respirent une tendre humanité[1]. Seulement ils

---

[1]. Le régime des prisons, établi par lui, fut détestable par la faute des entrepreneurs. Mais il était établi largement; l'État payait 50 sols (assignats

croyaient que le salut de la France tenait au seul Robespierre, que le salut de Robespierre tenait à ce qu'il prît le pas sur les terroristes, l'avant-garde de la terreur. Donc encore un peu de terreur! pas beaucoup de sang!... Tout était fini. Les comités guillotinés, la Convention épurée, Robespierre allait fonder une république de Berquin et de Florian, commencer ici l'âge d'or, inaugurer le paradis, où tout ne serait que douceur, tolérance et philosophie, où les loups, désapprenant leurs appétits sanguinaires, paîtraient l'herbe avec les moutons.

Pour préparer cet Éden, il fallait d'abord, il est vrai, quelques centaines de têtes. L'avocat général d'Arras, Herman, imposait ce sacrifice à la sensibilité de son cœur. Ce qui l'adoucissait pourtant, c'est qu'après tout ces gens ne seraient que guillotinés. Les magistrats d'Ancien-Régime, faits à brûler, rompre et pendre, regardaient la guillotine comme chose indifférente; c'était, dans leur opinion, comme si l'on mourait dans son lit, — un peu plus tôt il est vrai; — mais enfin il faut mourir.

Pour choisir les trois cents têtes qu'il fallait se procurer, ils s'adressaient à l'homme qui les avait servis dans l'affaire du 2 avril, à l'administrateur de police Wiltcheritz, attaché au Luxembourg. Wiltcheritz était un étranger, cordonnier de son état, qui avait été adopté par le parti robespier-

ou numéraire, les assignats étant au pair) pour chaque prisonnier. Tous avaient du vin.

riste, et qui, à la chute d'Hébert, de Chaumette et de l'ancienne Commune, était entré dans la nouvelle, avec Payan, Fleuriot, comme administrateur de police municipale, spécialement attaché aux prisons.

Nous l'avons vu au 2 avril rendre au parti le service d'organiser, pour brusquer la mort de Danton, la première conspiration de prison. Il endoctrina ce Laflotte qui dénonça les prisonniers du Luxembourg.

Quand Herman et Lanne y vinrent, il y avait dans cette prison un homme de plaisir et d'argent, un viveur nommé Boyenval, qui, je ne sais comment, avait pris des épaulettes et se croyait capitaine. Wiltcheritz l'indiqua et le fit venir. On lui montra une liste de quatre-vingt-douze noms, en lui disant qu'il pouvait rendre un service à la patrie, s'immortaliser, qu'il fallait trouver deux cents autres noms; on en voulait trois cents en tout. Ce nombre lui parut grand. Il s'enferma avec un ami, Beausire, et un porte-clés, Verney, et, à force d'y rêver, ils trouvèrent jusqu'à cent cinquante. Mais leur imaginative, toute leur bonne volonté, ne purent aller au delà.

On sut bientôt dans la prison ce qui se faisait. Qu'on juge de la consternation. Un détenu entra dans un tel désespoir qu'il se précipita du toit de la balustrade de marbre, se brisa en pièces. Le concierge écrivait tous les matins à Herman qu'il n'y avait aucun bruit, pas le moindre soupçon d'émeute, de conspiration. Où puiser des vraisemblances pour la dénonciation? L'époque approchant, Boyenval, qui devait la soutenir de son témoignage, quoique buvant, s'étourdissant, commençait à prendre peur. Pour remonter son courage, on imagina de lui amener deux hommes graves, qui le virent à la buvette et burent avec lui. Ce n'était pas moins, disait-on, que Robespierre et Carnot : « Capitaine Boyenval, lui dirent-ils, vous serez bientôt général. »

La liste des cent cinquante-quatre détenus que Fouquier-Tinville devait se faire amener du Luxembourg, porte en tête seulement : « *Le Comité de salut public* arrête que les nommés... seront traduits au tribunal révolutionnaire. » Pas un des membres n'a signé[1], pas même Couthon, surveillant du bureau d'Herman, qui dressait la liste. Elle venait hardiment, comme la loi de Prairial, au nom du Comité de salut public, sans avoir besoin d'une seule signature pour se faire croire.

Fouquier, recevant cette liste énorme, sous même chef et même titre, fit (sans doute de l'aveu de ses maîtres, du Comité de sûreté), fit venir des charpentiers et leur commanda de bâtir dans la salle du tribunal un échafaudage immense pour recevoir en une fois cette légion d'accusés. L'effroyable construction dut se faire en une nuit. Elle partait des tables mêmes, montait au plafond, et,

---

1. Archives, section judiciaire, dossier de Fouquier-Tinville.

par une exagération vraiment sauvage et satirique, on mit aux extrémités, comme pièces d'attente, des poutrelles qui permettaient des deux côtés un agrandissement facultatif. Les places auraient bientôt manqué pour le tribunal. Herman, selon toute apparence, fut averti de cette maligne ostentation. On fit venir Fouquier-Tinville au Comité de salut public, et verbalement *on* (quel est cet *on?*) lui intima de diviser les cent cinquante-quatre en trois fournées.

Il y avait dans la liste d'abord une masse imposante, tout le Parlement de Toulouse, cinq ou six des grands noms de la monarchie, une douzaine de nobles ou de prêtres; le reste était des gens obscurs. Mais ni les uns ni les autres n'étaient des hommes d'action. Qu'ils eussent désiré se sauver, cela se peut, mais conspirer, nullement. L'anachronisme était choquant. En 1792, à la bonne heure, ou même en 1793; mais, en 1794, l'abattement, la prostration était absolue, les courages à néant... Les royalistes étaient brisés, et récemment encore, de la bataille de Fleurus. A Lazare, huit cents prisonniers, le croira-t-on? avaient en tout... *un* geôlier! et il n'y eut de désordre que des plaintes sur la nourriture.

Le héros de l'audience fut naturellement Boyenval. Fortement lesté d'eau-de-vie, presque seul, il suffit à tout, témoigna sur tout et sur tous, *convainquit les accusés!* Magnifique d'assurance, il remonta au Luxembourg comme il eût fait au

Capitole. Il rentra maître à la prison et fit écrire sur sa porte : *Commissaire national.* Les prisonniers, devant lui, étaient frémissants, à genoux; mais il se montra bon prince. Il se contenta de la femme d'un homme qui, sur son témoignage, venait d'être guillotiné. Il promenait dans la cour la victime humiliée, la tenant au bras, la montrant dans une amoureuse insolence.

Une chose peu remarquée, mais facile à constater, c'est que, dans ces horribles jours, l'abattement des jacobins fut extraordinaire. Le parti anti-robespierriste prenait chez eux beaucoup de force. Il avait fait nommer Fouché président, puis Barère et enfin Élie Lacoste, trois ennemis de Robespierre. Barère présidait encore, le soir de la seconde fournée (21 messidor, 9 juillet), quand Robespierre, y voyant les mines tellement allongées, saisit une occasion pour gourmander les jacobins : « Si cette tribune est muette, ce n'est pas qu'il ne reste à dire; *ce silence des jacobins est l'effet d'un sommeil léthargique qui ne leur permet pas d'ouvrir les yeux sur les dangers de la Patrie...* On veut revenir aux Danton, effrayer la Convention, la prévenir contre le tribunal révolutionnaire... (Puis pinçant le président Barère) : Quand on voit des hommes se borner aux tirades contre les tyrans, aux lieux communs contre Pitt et les ennemis du genre humain, toujours déclamer, et, derrière, s'opposer aux moyens utiles, se taire quand il faut parler, ne sacrifier les aristocrates que pour la forme... *il est temps* de les surveiller, de se mettre en garde contre leurs complots. »

Barère se reconnut à merveille, sentit qu'on venait à lui. Les trois fournées de suspects étaient un pas préalable pour passer aux représentants. Il était très effrayé, mais ne perdait pas la tête. Rentrant chez lui avec Vilatte, un jeune juré bavard, il lui fit, comme par élans, par soupirs d'effusion, la liste effroyable des représentants que Robespierre allait frapper : « Encore s'il n'en voulait que tant... S'il ne voulait que ceux-ci ! S'il ne voulait que ceux-là », etc. Confidences que Vilatte ne manqua de répandre et qui étendirent la terreur dans toute la Convention.

Les jacobins chancelant fort, Robespierre ne perdit point de temps pour tirer d'eux ce qu'il voulait : la radiation d'abord de Dubois-Crancé, de Fouché et le vote d'une adresse où la société, se déclarant contre l'indulgence, endosserait la responsabilité de tout le sang qu'on versait.

Le lendemain de la troisième fournée du Luxembourg (qui eut lieu le 10 juillet, 22 messidor), il mit donc les fers au feu, répéta la dixième fois la calomnie tant répétée : *Que Dubois-Crancé avait sauvé les Lyonnais.* Les jacobins le rayèrent[1].

---

[1]. Il est curieux de voir comment MM. Bouchez et Roux profitent des moindres équivoques pour faire dire à Robespierre le contraire de ce qu'il veut dire. Lisez la table de leur tome XXXIII, vous le trouverez, p. 341 : *Robespierre déclare qu'il veut arrêter l'effusion du sang.* Allez à cette page (copiée du *Moniteur*, qui lui-même copie le *Journal de la Montagne*, imprimé aux Jacobins); vous y lisez que, selon Robespierre, *la justice natio-*

Il allait passer à Fouché, mais la société était si morne, elle paraissait si froide, que Robespierre jeune ne put s'empêcher de lui reprocher son *silence et sa torpeur*. Couthon arriva à temps pour réchauffer la séance, disant très habilement pour Robespierre ce qu'il n'avait dit nullement : « Qu'il ne savait comment faire ; que, *modéré pour les uns*, exagéré pour les autres, il réunissait sur lui les poignards ; mais que lui, Couthon, demandait à partager tous ses dangers... — Et moi ! et nous ! » ce fut le cri universel dans la salle ; car ils aimaient Robespierre, quelle que fût leur inquiétude sur la voie où il les précipitait.

La société, il faut le dire, était surmenée par lui ; elle pliait sous le faix de ses exigences. Elle l'avait porté longtemps, comme son fidèle coursier, à travers la Révolution ; mais il la menait par de tels chemins, sur le bord de tels précipices, qu'elle n'allait plus si bien et, sans regimber, hésitait.

nale n'a pas été exercée à Lyon *avec le degré de force qu'exigent les intérêts d'un grand peuple*, que *la commission temporaire* (de Collot d'Herbois et Fouché) *déploya d'abord de l'énergie, mais bientôt céda à la faiblesse humaine* qui se lasse, etc. *La persécution fut établie contre les patriotes*. Puis il rappelle qu'il a défendu *ces patriotes*. Et le rédacteur du journal étendant complaisamment la pensée de Robespierre : « Les principes de l'orateur sont d'arrêter l'effusion du sang *versé par le crime*. » Ce qui précède explique parfaitement que Robespierre parle spécialement de Lyon, des ultra-terroristes de Lyon qu'il protégeait contre Fouché, de ceux qui ne se contentaient pas des seize cent quatre-vingt-deux exécutions faites sous Collot d'Herbois et Fouché.

C'est la tête de ces patriotes que Robespierre prétend avoir sauvée des persécutions de Fouché et qu'il veut protéger encore. Telle est si bien sa pensée qu'il invoque à l'appui le souvenir de Gaillard, le plus violent des ultra-terroristes de Lyon.

Il voulait faire le tour de force de lui faire rayer, chasser son dernier président Fouché ; il exigeait qu'elle se donnât cette humiliation et ce démenti. Il prit le 14 juillet, lorsque la société, pleine du grand anniversaire, était prête aux idées morales. Ce fut après une attaque (qui parut accidentelle, mais qui préparait) sur l'immoralité de Rousselin que Robespierre, au nom de la conscience, attaqua l'immoralité de Fouché, demanda qu'on le rayât. Pour faire faire à la société ce sacrifice d'amour-propre, il s'adressa justement à son amour-propre, reprochant à Fouché de ne pas venir se justifier devant la respectable société. La haine l'inspirant contre cet homme, en effet si haïssable, il fut vraiment éloquent : « Craint-il les oreilles du peuple? craint-il ses yeux?... Craint-il que sa *triste figure* ne présente visiblement le crime? que six mille regards fixés sur lui ne découvrent dans ses yeux son âme tout entière, et qu'en dépit de la nature, on n'y lise ses pensées? »

La chose ainsi fut emportée, Fouché rayé. C'était la seconde fois (la première fut Clootz) qu'il leur rayait leur président. Ils obéirent, mais le soir même à la fin de la séance, ils témoignèrent leur chagrin en portant à la présidence un membre du Comité de sûreté, Élie Lacoste, rapporteur de l'affaire des Saint-Amaranthe, si nuisible à Robespierre.

Cela le 14 juillet. Le 19, la Convention, enhardie par ce choix anti-robespierriste des jacobins, fit comme eux ; elle se donna pour président l'homme dont les poumons, l'entrain, la violente sensibilité, pouvaient le mieux lutter, au besoin, contre Robespierre, l'ami de Fouché, Collot d'Herbois. Celui-ci à ce moment était fort populaire. Il jouait une bonne pièce. On a vu qu'il avait été quelque peu assassiné, sauvé par un serrurier qui fut blessé à sa place. Le serrurier étant guéri, Collot s'était fait son cornac, le menait partout, le montrait à la Convention, aux Jacobins, aux sections. Il l'embrassait sur les chemins, pleurait, racontait ses vertus ; il s'était à peu près établi chez la serrurière, voulant éclipser Robespierre, qui logeait chez un menuisier. De là mille scènes pleureuses de fraternisation sans fin, humectées de plus en plus et toujours plus attendries.

Tout au contraire, Robespierre, triste et buveur d'eau, venait de faire une chose qui assombrissait Paris.

Le 14 juillet, à la faveur de l'expansion de la fête et de la beauté de la saison, plusieurs personnes eurent l'idée, heureuse en soi, mais sans doute hasardée dans un tel moment, de dresser des tables dans les rues, d'essayer des repas civiques. C'était une idée de Danton. Elle fut reprise et proposée par la section peut-être la plus affamée de Paris, la pauvre section de la Cité[1]. Riches et pauvres

1. Voir aux Procès-verbaux de la section de la Cité (Archives de la Préfecture de police) l'éloge que cette section fait de l'idée du banquet et de celui à qui elle l'attribue : « Attendu que cette glorieuse journée a pris naissance dans la personne du citoyen Grenier, son nom sera au procès-verbal. »

s'y assirent, et il y eut vraiment un moment de fraternité sincère. Les riches, en un temps pareil, étaient trop heureux qu'on voulût bien d'eux. Ils savaient gré aux sans-culottes de leur cordialité; ceux-ci, simples et confiants, acceptaient de tout leur cœur les politesses des riches. S'ils les avaient vus égoïstes, ils ne s'en souvenaient plus. Le spectacle fut admirable, très attendrissant. Hélas! cela dura un seul jour. La situation réelle, qui n'en subsistait pas moins en dessous, rendait de tels rapprochements au moins bien précoces. La sévérité était nécessaire encore, la justice, et elle eût été difficile dans ces effusions fraternelles.

Ce fut cependant une chose fort impopulaire et triste, très mal vue des pauvres autant que des riches, quand le lendemain la Commune, par l'organe de Payan, flétrit ces repas, les découragea, les déclara suspects. Barère suivit docilement cette impulsion et répéta le discours de Payan à l'Assemblée, ravi d'appuyer tout ce qui pouvait faire haïr les robespierristes.

Ceux-ci s'enfonçaient eux-mêmes, entrant jusqu'au cou dans le sang. Le Luxembourg rendant peu, Herman cherchait à la Force, aux Carmes, à Lazare. Les listes, dressées par les *moutons* de ces prisons, de concert avec les administrateurs de police qui y résidaient, passaient au bureau d'Herman, qui les faisait signer au Comité de salut public.

Signer de qui? Apparemment des membres qui

étaient là, des plus assidus, c'est-à-dire le plus souvent des travailleurs du Comité, de ceux mêmes qui, absorbés entièrement dans leurs fonctions, étaient le plus étrangers aux idées de proscription.

Étrange, injuste arrangement qui répartissait la responsabilité exactement en sens inverse de la raison et de la justice !

La spécialité était tellement établie au Comité que personne n'eût discuté les choses étrangères à sa sphère. On signait les yeux fermés.

Qui eût dû signer ? Évidemment les trois membres qui eurent successivement la surveillance du bureau de police d'Herman : Saint-Just, Robespierre, Couthon.

Robespierre restait chez lui. Saint-Just était à l'armée. Couthon était seul, et encore assez peu exact, par suite de ses infirmités. Les œuvres de leur Herman durent être constamment endossées par d'autres.

Cette situation étrange était-elle supportée patiemment ? Non. Le seul qui osât se plaindre, c'était le seul qui fût sûr de n'être point accusé d'indulgence, Billaud-Varennes. Nous le savons d'un témoin qu'on ne peut guère récuser, de Saint-Just lui-même. Il dit dans son dernier discours : « Billaud assiste à toutes les séances sans parler, à moins que ce ne soit contre Paris, *contre le tribunal révolutionnaire.* »

LIVRE XXI

CHAPITRE PREMIER

DES CIMETIÈRES DE LA TERREUR. — RÉCLAMATIONS DU FAUBOURG
SAINT-ANTOINE
(SUITE DE JUILLET-MESSIDOR).

Vertige et blasement. — Grandes chaleurs et craintes d'épidémie. — La Madeleine. — Monceaux. — Exécutions à la barrière du Trône. — Sainte-Marguerite. — Picpus. — Craintes et mécontentements du faubourg. — On cherche un autre cimetière. — Plan d'un monument pour brûler les morts. — Les dénonciateurs s'effrayent et renoncent.

La situation devenait épouvantablement tendue. On pouvait le reconnaître à l'abattement des jacobins.

Le chiffre des prisonniers avait dépassé huit mille. On en avait entassé deux mille dans la seule enceinte, fort étroite, des Quatre-Nations (aujourd'hui l'Institut). Plusieurs de ces prisonniers étaient les noms les plus populaires de la France : Florian, Parny, les plus glorieux, Hoche et Kellermann, les plus patriotes, Antonelle. Qui pouvait se vanter d'être plus avancé que le chef du jury de 1793 !

De révolte, aucune apparence. Extrême était

l'abattement. La guillotine roulait à son heure, faisait son repas. Les charrettes de cette boucherie venaient lui apporter sa viande ; le tombereau retournait plein. C'était une sorte de routine, une mécanique arrangée. Chacun semblait habitué. Était-ce blasement ou vertige ? Ce qu'on peut dire, c'est que l'homme qui semblait tourner cette roue, Fouquier-Tinville, commençait à s'éblouir. On assure qu'il eut l'idée d'introniser la guillotine au tribunal même. Les comités lui demandèrent s'il était devenu fou.

La terreur n'augmentait pas : soixante têtes, quarante ou trente, pour l'effet, c'était même chose. Mais l'horreur venait.

Je touche ici un triste sujet ; l'histoire le veut. Parvenu au plus haut de la Terreur, j'y trouve, comme au sommet des grandes montagnes, une extrême aridité, un désert où la vie cesse. Tout ce que je vais écrire est tiré littéralement de la sécheresse administrative des actes de l'époque [1]. La pitié était éteinte ou muette, l'horreur parlait, le dégoût, l'inquiétude de la grande ville, qui craignait une épidémie. Les vivants s'alarmèrent, crurent être entraînés par les morts. Ce qu'on n'eût osé dire au nom de l'humanité, on le dit au nom de l'hygiène et de la salubrité.

---

1. Je dois tous les renseignements qui suivent à MM. les employés des archives de la Préfecture de la Seine. M. Albert Aubert m'a ouvert ce précieux dépôt, et M. Hardy a bien voulu faire le travail très considérable qui pouvait seul éclaircir ces questions, jusqu'ici absolument inconnues.

Si l'on songe à l'immensité des massacres qui se firent sous la monarchie à diverses époques, sans que Paris ait eu les mêmes craintes, on s'étonnera que douze cents suppliciés en deux mois l'aient inquiété pour la santé publique.

Le faubourg Saint-Antoine, qui, depuis cent cinquante ans, enterrait et ses morts et ceux des quartiers voisins au cimetière Sainte-Marguerite (des milliers de morts par an) sans souffrir de ce voisinage, déclara ne pouvoir supporter le surcroît, minime en comparaison, des guillotinés.

La chaleur était très forte et sans doute aggravait les choses. Cependant il faut remarquer que les plaintes avaient toujours été les mêmes, en tout quartier, en toute saison. C'était un trait général de l'imagination populaire. Les cimetières des suppliciés l'émouvaient, l'inquiétaient, lui faisaient toujours redouter des épidémies, même à l'époque où leur nombre très limité ajoutait un chiffre véritablement imperceptible au chiffre énorme des inhumations ordinaires de Paris.

Les plaintes avaient commencé dès le 7 février (19 pluviôse), en plein hiver, au quartier de la Madeleine, quartier bien moins peuplé alors et parfaitement aéré. Mais le roi, mais les Girondins étaient là ; l'imagination en était préoccupée. Les voisins se croyaient malades. La Commune (14 pluviôse et 14 ventôse), sur ces plaintes réitérées, décida que le cimetière serait fermé, qu'on enterrerait à Monceaux. Du 5 mars au 25 mars, les sections y enterrèrent. Mais les guillotinés étaient mis encore à la Madeleine. Hébert et Clootz furent les derniers qu'on y enterra le 24.

Le 25, comme on a vu, l'accusateur public avertit l'exécuteur que désormais les corps iraient à Monceaux. Danton, Desmoulins, Lucile, Chaumette, ont inauguré ce cimetière.

L'autorité n'ignorait pas l'amour et le fanatisme qui s'attachaient à ces noms. Elle fit pendant quelque temps un mystère des inhumations de Monceaux. Les suppliciés étaient d'abord déposés à la Madeleine, et c'était quelques jours après qu'on les portait à Monceaux, sans doute pendant la nuit. Les voisins n'en savaient rien ; ils croyaient qu'on les enterrait au haut de la rue Pigalle (alors le cimetière Roch) ; ils s'en plaignaient même et soutenaient que ces corps des suppliciés produiraient une épidémie.

Lorsqu'on sut positivement leur inhumation à Monceaux, ce furent d'autres plaintes. La naissante commune des Batignolles, si aérée, si clairsemée, au vent du nord, dans la plaine de Clichy, ne pouvait plus, disait-elle, supporter l'odeur des cadavres. En réalité, ce petit angle, détaché du parc de Monceaux (dix-neuf toises en tout sur vingt-neuf), se comblait et regorgeait. Quatre immenses sections de Paris venaient y enterrer leurs morts (sept mille en moins de trois ans). Les guillotinés comptaient pour bien peu dans ces nombres énormes. Ils y vinrent pendant dix semaines (du 25 mars au 10 juin), et du jour qu'ils n'y vinrent plus, les plaintes cessèrent ; les voisins ne s'aperçurent plus de la présence des morts.

Le lendemain de la terrible loi de prairial, qui devait tellement accélérer la machine révolutionnaire, on décida que les exécutions n'auraient plus lieu à la place de la Révolution, qu'elles se feraient à la place Saint-Antoine (ou de la Bastille). Dès longtemps, la rue Saint-Honoré se plaignait du passage des fatales charrettes ; ce quartier, le plus brillant alors, le plus commerçant de Paris, était inondé à ces heures d'un flot d'aboyeurs mercenaires et des furies de guillotine, affreux acteurs, toujours les mêmes, qui mettaient en fuite la population ; même après, la rue en restait attristée et funestée.

Cette décision du 23 fut réformée le 24. La place de la Bastille est un lieu de grand passage où arrivent nos routes de l'Est. C'est un centre de commerce pour les deux grands arts du faubourg, le fer et le bois, pour l'ébénisterie surtout et la fabrication des meubles, qui emploient des milliers de personnes. Cette place où fut la Bastille, où sur ses ruines on mit pour la fête du 10 août la Nature aux cent mamelles, où s'accomplit la scène la plus belle et la plus touchante de 1793, la communion de l'eau sainte entre nos départements, c'était le lieu sacro-saint de la Révolution, bien plus que la place qui sépare les Tuileries des Champs-Élysées. La souiller du sang des aristocrates, c'était un sacrilège qui devait blesser fort la délicatesse patriotique du faubourg.

On recula devant son opinion, et l'on décida qu'à partir du lendemain (25 prarial, 13 juin), les exécutions se feraient à l'autre bout du faubourg, à la barrière du Trône.

La file lugubre des charrettes dès lors suivait tout entière la longue, l'interminable rue. Les drames variés qu'elles offraient aux yeux s'accomplissaient sous les yeux des rudes travailleurs, des pauvres, des populations souffrantes, partant les plus irritées. Là, la fibre était plus dure. Cependant les accidents tragiques de famille et de parentés, la grande jeunesse des uns ou la vieillesse des autres, toutes ces choses de nature étaient peut-être plus senties dans le peuple des ouvriers que dans le monde du plaisir, plus facile aux larmes, mais au fond plus égoïste, plus prompt à détourner les yeux, à se refoncer bien vite dans les jouissances et l'oubli. Au faubourg, au contraire, loin des distractions du plaisir, on restait sur ces impressions. Les femmes les sentaient fortement, les exprimaient franchement, souvent, au foyer du soir, les retrouvaient, les ressassaient. Sous des paroles dures, furieuses, les cœurs peu à peu s'ébranlaient. De là leur immobilité au 9 thermidor. Ils ne firent rien pour soutenir le régime qui, quarante jours durant, les avaient saoulés, dégoûtés de ce rebutant spectacle.

La jalousie peut-être aussi y fit quelque chose. On avait soulagé de tout cela les beaux quartiers de Paris, et on l'infligeait au pauvre faubourg. Belle récompense de son patriotisme. Il devenait l'abattoir, le cimetière de la Révolution. Les condamnés, menés vivants le long du faubourg, morts le traversaient de nouveau pour aller se faire enterrer au centre même du quartier, au milieu de la section de Montreuil, au cimetière Sainte-Marguerite, cimetière comble et regorgeant. Dès germinal, les élèves du salpêtre, qui travaillaient dans l'église, ne supportaient pas, disaient-ils, la puanteur des fosses voisines. Le 26 prairial, les administrateurs de police écrivirent que le faubourg craignait une épidémie, si l'on ajoutait les guillotinés à ce foyer d'infection. Cent et quelques suppliciés qu'on y enterra, jusqu'au 4 messidor, portèrent au comble l'inquiétude et l'irritation de la section. Les habitants déclarèrent qu'ils n'en supportaient plus l'odeur.

Il y avait un remède. C'était de jeter force chaux, de hâter la destruction. A quoi se trouva un obstacle. Les suppliciés étant mis pêle-mêle à Sainte-Marguerite avec les morts du faubourg, on n'aurait brûlé les uns qu'en brûlant les autres. Et c'est à quoi s'opposait la sensibilité du peuple. Les sans-culottes voulaient que leurs morts pourrissent là à loisir et tranquillement.

Il y avait bien un autre cimetière dans le faubourg, non dans la section de Montreuil, mais dans celle des Quinze-Vingts. C'était celui de l'Abbaye Saint-Antoine (aujourd'hui hospice des Enfants). La section des Quinze-Vingts, désirant fort peu qu'on mit ce dépôt chez elle, montra que ce cimetière était de peu de ressources; à dix pieds dessous, on rencontrait l'eau. Il était à craindre qu'on ne gâtât les puits du voisinage... On n'avait jamais enterré là que les dames de l'Abbaye, assez peu nombreuses. L'église était devenue un grenier à grains; ces exhalaisons méphitiques ne les altéreraient-elles point? On ne manqua pas de faire valoir encore cette considération.

La Commune, au reste, avait choisi un autre local, à la dernière extrémité du faubourg, à Picpus, près du mur d'enceinte de la barrière, où se faisaient les exécutions. C'était le jardin d'un couvent de chanoinesses. Ce bien national avait été loué à un spéculateur qui en faisait une affaire, excellente alors, fort commune, que faisaient beaucoup de gens. C'était une maison de santé, qui, pour des prisonniers riches ou favorisés, servait de maison d'arrrêt; je dis prisonniers des deux sexes, messieurs d'autrefois, grandes dames. La liberté était extrême dans ces galantes prisons; on s'y amusait beaucoup; l'incertitude du sort rendait les cœurs tendres. La mort était une puissante et rapide entremetteuse.

Cette maison, jusque-là fort tranquille en ce désert, se trouva fort dérangée, très cruellement surprise, quand tout à coup la Commune, « pour cause d'utilité publique », prit la moitié du jardin, l'entoura de planches, se mit à creuser des fosses. Ces pauvres suspects eurent sous leurs yeux un terrible *Memento mori*, quand chaque fois arrivait le tombereau comble. Les scènes les plus funèbes s'y passaient la nuit.

On y dépouillait les corps en plein air et sous le ciel, pour envoyer les habits à la rivière, de là aux hospices. Les employés qui verbalisaient demandent à la Commune (lettre du 21 messidor) qu'elle leur bâtisse au moins une petite échoppe en planches; car le vent éteint la lumière; ils restent en pleines ténèbres avec leurs guillotinés, au préjudice réel de la chose publique; les dépouilles, dans ce cas, peuvent disparaître dans l'ombre.

Du 4 au 21 messidor (23 juin-12 juillet), une première fosse fut pleine. La Commune en fit creuser une seconde, une troisième. Le mécontentement du faubourg était extrême, et non sans cause. Le sang inondant la place, on n'avait su d'autre remède que de creuser un trou de une toise en tous sens où il tombait. Le terrain, dur et argileux, n'absorbait rien : tout se décomposait là. Affreuses s'étendaient au loin les émanations. On couvrait ce trou de planches; mais cela n'empêchait pas que tout ce qui se trouvait sous le vent, de quelque côté qu'il soufflât, ne sentît, à en vomir, cette odeur de pourriture.

« Que serait-ce, dit Poyet, l'architecte de la Ville chargé d'examiner la chose, si ce foyer d'infection s'étendant se confondait avec celui qui se forme aux fosses mêmes qui en sont peu éloignées? » Il proposait que le sang fût reçu dans une brouette doublée de plomb, et qui, chaque jour, après l'exécution, serait emportée.

La situation du faubourg n'était pas rassurante

en réalité. Il était entre trois cimetières, tous trois alarmants. Sainte-Marguerite regorgeant, il avait fallu enterrer à Saint-Antoine, et là chaque lit de corps n'avait pas quatre pouces de terre. Pour Picpus, où allaient les guillotinés, on n'en soutenait pas la vue. L'argile repoussait tout, refusait de rien cacher. Tout restait à la surface. La putréfaction liquide surnageait et bouillonnait sous le soleil de juillet. La voirie, qui fit son rapport, n'osait répondre que la chaux absorbât cette odeur terrible. On couvrit les fosses de planches, et les corps étaient jetés par des trappes. On y jeta la chaux en masse, mais on versa maladroitement tant d'eau à la fois que l'état des choses empira encore.

Le 29 messidor, on songeait, qui le croirait? à quitter Picpus, à conduire les guillotinés à Saint-Antoine, jugé comble le 27.

L'architecte trouva (1ᵉʳ thermidor) un terrain hors des barrières sur la route de Saint-Mandé. C'était une vieille carrière de sable abandonnée qu'on appelait Mont-au-Poivre. Seulement il fallait le temps de l'approprier à la chose. Il fallait au moins le fermer de planches et creuser les fosses. En notant ces dispositions, il fait cette curieuse remarque : « Qu'elles permettront de conserver une belle vigne et des arbres dont il serait intéressant de récolter les fruits. »

Pour tout préparer, il fallait quelques jours, mais, quelque promptitude qu'on y mît, la guillotine allait si vite que Picpus, comble et surchargé, fermentant de plus en plus, risquait de faire fuir tout le monde, de chasser ses fossoyeurs. La Commune, avertie le 8 thermidor, pensa qu'on pourrait bien attendre encore un jour ou deux, prescrivant seulement « de brûler sur les fosses du thym, de la sauge et du genièvre pendant les inhumations ».

Un architecte, sans nul doute inspiré de ces souvenirs, imagina un monument pour la combustion des morts qui aurait tout simplifié. Son plan était vraiment propre à saisir l'imagination. Représentez-vous un vaste portique circulaire, à jour. D'un pilastre à l'autre, autant d'arcades, et sous chacune est une urne qui contient les cendres. Au centre, une grande pyramide qui fume au sommet et aux quatre coins. Immense appareil chimique, qui, sans dégoût, sans horreur, abrégeant le procédé de la nature, eût pris une nation entière au besoin, et de l'état maladif, orageux, souillé, qu'on appelle la vie, l'eût transmise, par la flamme pure, à l'état paisible du repos définitif.

Il eut cette idée après la Terreur et la proposa en l'an VII, par un pressentiment, sans doute, de l'accroissement immense qu'allait recevoir l'empire de la Mort. Qu'était-ce que les douze cents guillotinés de ces deux mois (de prairial en thermidor), en présence des destructions prodigieuses par lesquelles commence le dix-neuvième siècle[1] ?

Revenons. Cette attitude du faubourg, ces récla-

---

1. Ce qu'on a guillotiné d'hommes à Paris pendant toute la Révolution fait la quarantième partie des morts d'une bataille, de la Moskowa.

mations, l'horreur, le dégoût qui gagnaient Paris, étaient bien capables d'enhardir les autorités qui voudraient enfin enrayer.

L'angoisse était telle aux prisons, la pâleur des prisonniers, la défaillance des femmes, que les faiseurs de listes mêmes ne tinrent pas à ce spectacle. Dans des lettres éperdues à Carnot, à Lindet, à Amar, ils déclarèrent qu'il leur était impossible de soutenir davantage leur horrible rôle, qu'ils défaillaient, qu'on eût pitié d'eux.

D'autre part, la commission du Louvre, jalouse du bureau d'Herman, déclara qu'un de ces *moutons* en qui il avait confiance était un aristocrate qui, le 10 août, tirait sur le peuple.

Le Comité de sûreté, fort de cette révélation, reprit quelque hardiesse. Amar, si faible jusque-là, se hasarda jusqu'à dire : « Qu'il était indigné des confidences dont les administrateurs de police se faisaient l'intermédiaire au Luxembourg. » Confidences de qui à qui? Il n'osait le dire encore. Mais tout le monde comprenait : « Confidences du *mouton* Boyenval, transmises par l'administrateur Wiltcheritz au bureau d'Herman et Lanne. »

On répétait une parole, échappée à Collot d'Herbois, mot terrible, de l'histrion aux vertueux! de l'homme des mitraillades au parti des philanthropes : « Que nous restera-t-il donc, lorsque vous aurez démoralisé le supplice ? »

CHAPITRE II

MOUVEMENT DES DEUX PARTIS. — ROBESPIERRE AU COMITÉ.
(1ᵉʳ-5 THERMIDOR, 19-23 JUILLET 1794).

Attitude menaçante des robespierristes. — Les Comités subordonnent le bureau de police robespierriste. — Robespierre revient au Comité, accuse Carnot. — Essai de rapprochement. — Quelles têtes demandait Robespierre.

Robespierre avait perdu beaucoup de sa force morale. Ses forces matérielles étaient tout entières.

Ni lui ni ses adversaires ne voulaient agir. Ils s'en tenaient aux paroles. Aux dénonciations plus ou moins directes des Jacobins contre les comités répondaient dans la Convention les allusions de Barère.

Mais, quelque éloignement qu'eût Robespierre pour en venir aux actes, le parti pouvait dépasser son chef. Ce parti était comme ivre de la bataille de Fleurus. La poudre lui montait à la tête. Si Saint-Just avait brisé l'épée de la coalition, comment Henriot et ses braves ne briseraient-ils pas à Paris la plume des comités?

Henriot était terrible. Dans Paris, hors de Paris,

on le rencontrait partout, caracolant, sabre nu, avec ses gens en moustaches, sur les routes, allant dîner à Charenton, à Alfort; ils couraient quatre de front, renversant tout sur le passage, jurant, sacrant, croyant sabrer les ennemis de Robespierre.

A la Commune, Payan, tête bien autrement saine, homme du Midi pourtant, tout nouveau dans le parti et brûlant de fanatisme, n'était pas maître de son impatience. Il lui arriva (fin messidor) de convoquer à la Commune, sans motif bien déterminé, les quatre ou cinq cents membres des comités révolutionnaires. Que voulait-il? qu'aurait-il fait? Le Comité de salut public fut plus ferme qu'on ne l'aurait cru; il agit comme il avait fait (4 novembre) contre Chaumette, il annula la convocation.

Le Comité, pour affaiblir Henriot, avait fait partir de Paris une bonne moitié des canonniers des sections. Avec l'autre moitié pourtant, avec la gendarmerie, avec la facilité de tirer de la Commune l'ordre de battre le rappel, Henriot restait formidable.

Un autre élément militaire, infiniment combustible, était la création nouvelle de la plaine des Sablons, la jeune École de Mars. Trois mille enfants de sans-culottes, garçons de seize à dix-huit ans, en costume demi-romain, y campaient et s'exerçaient, chauffés à blanc par David et par Lebas. C'était certainement pour prendre influence sur cette école que Lebas était resté à Paris, au lieu d'aller avec Saint-Just. Son caractère jeune et chaleureux devait

lui donner action sur ces tous jeunes militaires ;
il ne pouvait manquer de leur communiquer quelque
chose de son fanatisme pour Robespierre, fanatisme ardent, sincère, d'autant plus contagieux. Il
y avait à parier, en cas de collision, que la garde
nationale se diviserait, mais que l'École de Mars
mettrait du côté de Robespierre le poids de son
enthousiasme et de ses trois mille baïonnettes.
Étrange situation ! la décision du grand coup qui
allait trancher la chose pouvait, comme en juin 1848,
se trouver aux mains des enfants !

Les comités, contre ces forces, n'étaient pas même
sûrs de la police du Comité de sûreté, dont le
chef Héron était entièrement aux ordres de Robespierre.

L'ordre légal et le pouvoir de présenter des
décrets, c'est tout ce qu'ils avaient en mains. Ils
ne pouvaient comploter qu'à la tribune et dans
l'opinion.

Ils firent quatre choses d'une décision vraiment
vigoureuse, hardie :

1° Vadier proposa, l'Assemblée vota qu'avant deux
mois *tout laboureur*, *tout artisan* sortirait de prison,
et de plus *les détenus d'avant la loi de Prairial*. Ce
mot établissait bien que la loi robespierriste était
le cachet de mort qui maintenant fermait les prisons,
qu'elle seule y avait mis l'inscription : « Plus d'espérance. » La Terreur se trouvait nommée du nom
même de Robespierre.

2° Ils déclarèrent supprimé, *réuni à la police du*

Comité de sûreté le bureau d'Herman, c'est-à-dire *la police robespierriste*. Coup d'audace, inexplicable jusqu'ici ; mais ce qu'on vient de dire de l'attitude de Paris aide à le comprendre ; Robespierre y consentit-il ? Cela n'est pas impossible.

3° Ces deux mesures les auraient perdus, comme *indulgents*, s'ils n'y avaient joint deux mesures terribles. Le 2 thermidor, les deux comités réunis, ayant sous les yeux les noms de tous les détenus, prirent *cent trente-huit noms, les plus aristocratiques*. Ce sont les exécutés des 4, 5, 6 thermidor. Amar, Louis, Dubarran, Voulland, Ruhl, signèrent pour le Comité de sûreté ; Collot et Billaud pour le Comité de salut public, et Couthon encore. Ils envoyèrent cette liste à Robespierre et le firent signer [1].

Avec cela ils étaient couverts. S'il les accusait d'indulgence, ils tiraient leur liste, disaient : « Votre police a glané, a pris quelques têtes nobles... Nous, d'une fauchée ou deux, nous avons fait voler

---

[1]. Les listes de messidor et thermidor ont été généralement détruites, sans doute par les comités, et probablement parce qu'elles ne portaient pas la signature de Robespierre. Herman, son homme, qui faisait signer ses listes au Comité de salut public, se gardait bien de faire signer son maître. — On n'a conservé que trois listes : 1° celle des cent cinquante-quatre (20-22 messidor), principal monument des conspirations des prisons fabriquées par Herman ; 2° la liste des cent trente-huit (2 thermidor), où les deux comités firent signer Robespierre avec eux ; enfin une liste (du 3 thermidor) contenant trois cent dix-huit noms, signée d'Amar, Vadier, E. Lacoste, Voulland, Ruhl et Barère, Collot, Billaud, Prieur. Ces deux listes, chargées de noms aristocratiques, furent gardées par les comités, sans doute pour prouver au besoin qu'on les accusait à tort de faiblesse et d'indulgence. — Tel est le résultat de la recherche que M. Lejean a bien voulu faire pour moi aux Archives.

la tête même de l'aristocratie... De quel côté est l'indulgence ? »

4° Ils gardaient encore pour défense une proposition, violente en apparence, sage peut-être en réalité ; c'était de ne plus concentrer à Paris les jugements, les exécutions, de créer des *tribunaux ambulants*. Nul doute que l'horreur n'eût été moins grande. Rien n'était plus choquant, plus funeste à la République, que de centraliser la mort au point le plus lumineux de la France, au centre du monde civilisé.

Des mesures si vigoureuses avertissaient fortement le parti robespierriste, le poussaient vers l'action. Qu'il la voulût, et prochaine, une chose le fit assez connaître : des poudres destinées à l'armée du Nord s'étant présentées pour sortir à la barrière de la Villette, un officier d'Henriot, commandant du poste, prit sur lui d'empêcher la sortie. Pourquoi retenir ces poudres, si l'on ne voulait s'en servir ?

D'où partirait l'étincelle ? Des plus jeunes peut-être, de l'École de Mars. Ce que le Comité craignait le plus, c'était qu'on ne persuadât aux élèves qu'il se défiait d'eux, et que, par là, on ne les poussât peu à peu à l'action.

Il fit une chose très habile. Les canons que laissaient à Paris les canonniers qui partaient, il les envoya à l'École, les remit aux élèves pour leurs exercices. On a vu déjà plusieurs fois le goût tout particulier de nos soldats pour l'artillerie. Pour des soldats, de seize ans, c'était amour, c'était folie ; les canons, reçus aux Sablons, furent tendrement accueillis, amicalement hébergés, flattés, caressés, embrassés. La chose aussi était sensible à la vanité de l'École ; les élèves, décidément, étaient donc des hommes, des hommes sûrs et de confiance. Ils se regardèrent dès lors comme la garde constituée de la Convention.

Les plaintes que fit Couthon aux Jacobins, et sur l'inutilité de l'École et sur ces canons confiés, indiquaient la mauvaise humeur des robespierristes, mais n'étaient pas de nature à leur concilier les élèves.

Tout cela le 5 thermidor. Ce même jour, le Comité dénonça à la Convention les poudres arrêtées, envoya les canons à l'École, et le soir, non sans étonnement, il vit arriver Robespierre.

Que voulait-il en revenant au milieu de ses ennemis, après cette longue absence ? les tromper ? gagner du temps jusqu'au retour de Saint-Just, qui revenait de l'armée, et sans lequel il ne voulait point agir ?

Je ne le crois pas. Son caractère était autre ; il ne voulait point l'action. Ce qu'il voulait, c'était d'essayer encore une fois s'il exercerait sur eux cette fascination si puissante à laquelle ils cédaient toujours, et qu'ils avaient subie encore le soir du rapport sur la Mère de Dieu, s'il tirerait d'eux, sans combat, par simple intimidation, le prix capital du combat, l'abandon de quelques-uns des Montagnards et, par suite, la rupture de cette ligue des comités et de la Montagne qui faisait la force de ses ennemis.

Il venait armé, ayant acquis une nouvelle prise sur eux. L'occasion qu'il attendait de pouvoir attaquer Carnot et le Comité, il l'avait en mains. « Pourquoi avait-on affaibli l'armée de Fleurus, pourquoi n'avait-on pas suivi la victoire ? » Saint-Just s'en plaignait amèrement dans ses lettres. Il revenait les mains pleines d'ordres de Carnot qui pouvaient servir à lui faire son procès.

On avait, il est vrai, pris des places maritimes, Nieuport, et dans cette ville une forte garnison anglaise; mais c'était là justement ce qui accablait le Comité. Le représentant Choudieu, tout hébertiste qu'il était, n'avait pas cru devoir suivre le décret qui défendait de prendre aucun Anglais vivant. Il avait sauvé cette garnison, et le Comité l'approuvait.

Le texte de Robespierre était trouvé : on ménage l'Angleterre... On mollit, on se relâche... On fait sa cour à l'ennemi, etc. Il se mit à rappeler les crimes de Pitt, la guerre que l'Angleterre faisait à la Révolution par toute la terre, demanda si les rois ménageaient les patriotes, s'attendrit sur leurs victimes... Les larmes lui vinrent [1]...

En d'autres temps, on eût pris ces larmes pour

---

1. C'est Carnot lui-même qui a donné ces détails. (*Revue indépendante*, X, 525, 25 juin 1845.)
Ils sont présentés d'une manière très hostile; il semble que Robespierre

hypocrites ; mais alors, chez les politiques mêmes, malgré le machiavélisme voulu et prémédité, il y avait un fonds remarquable de candeur. Ces larmes que le Comité n'avait pas prévues le touchèrent lui-même ; les plus ennemis de Robespierre, ceux qui désiraient sa perte, se souvinrent qu'en ce grand homme, tout dangereux qu'il était, subsistaient pourtant la garantie la plus sûre et le palladium de la Révolution.

Les uns et les autres, il faut le dire, et Robespierre et ses ennemis, portaient la France et la liberté dans le cœur.

Une vive intuition, trop vraie, leur traversa l'esprit, que par leur dispute acharnée ils perdaient la République ; que, Robespierre leur manquant, les comités entamés ne se défendraient pas longtemps ; que, les comités brisés, la Montagne en minorité, serait dévorée par la Plaine ; que la Convention elle-même succomberait à la réaction.

Collot d'Herbois, homme mobile, de sensibilité facile, se jeta presque aux genoux de Robespierre et le pria d'avoir pitié de la patrie.

Robespierre était-il maître de les écouter ? Cela est douteux. Il était un système autant qu'un homme vivant. Ce grand procès d'épuration où nous l'avons vu se lancer, sa fatalité était de le suivre. Quand

---

pleure précisément de ce que le sang n'a pas été versé. On n'indique pas le jour, mais il n'y en a qu'un possible. Après la prise de Nieuport (30 messidor, 18 juillet), Robespierre vint une seule fois au Comité (5 thermidor, 23 juillet).

ses haines lui auraient permis de revenir en arrière, il avait mis dans les cœurs une si incurable défiance qu'entre lui et bien des hommes il n'y avait de traité que la mort. Les représentants des missions de 1793 étaient revenus sur leurs bancs poursuivis par des millions d'accusateurs qui, derrière, poussaient Robespierre, lui constituaient bon gré mal gré une royauté judiciaire, lui dressaient un trône de fer pour juger la Convention.

Lui-même d'ailleurs, né monarchiste, comme la France de l'Ancien-Régime, entraîné (mais assez tard) vers l'idéal républicain, l'état des mœurs, la corruption, la discorde, l'avaient déjà découragé. Il doutait, pour le moment, du gouvernement collectif; il le rejetait du moins dans l'avenir, ne croyait pas que le pays pût se guérir sans l'intervention spéciale d'un médecin unique qui lui appliquerait les sévères remèdes dont il avait besoin. Ses amis, aidés ainsi par les circonstances, avaient réussi enfin à le convertir à la dictature. Elle lui apparaissait comme un mal nécessaire. Pour l'asseoir, cette dictature, il fallait d'abord renverser les dictateurs existants, je veux dire Carnot pour la guerre et Cambon pour les finances, enfin les deux comités.

Donc nulle paix n'était possible. « Que demandez-vous ? » dirent-ils. A cela il ne pouvait répondre ; il eût dit, s'il eût été franc : « Vos têtes d'abord. »

Il ne pouvait que leur nommer celles qui devaient tomber dans la Convention. Quelles étaient-elles ?

Si l'on en croyait la liste écrite par la Commune le 9 thermidor, on n'eût demandé (outre cinq membres des comités) que les représentants Léonard Bourdon, Fréron, Tallien, Panis, Dubois-Crancé, Fouché, Javogues et Granet.

Cette liste visiblement n'indique que ceux qu'on croyait obtenir; les noms les plus forts y manquent. On n'y voit pas Billaud-Varennes, son vrai rival de terreur, Bourdon *le rouge*, son redoutable interrupteur, Lecointre, qui avait dressé son acte d'accusation (Robespierre le savait) dès le 25 prairial, Merlin (de Thionville), dont il haïssait tant la popularité militaire. La longue queue des dantonistes et des hébertistes y aurait passé de droit. Celle des maratistes aussi : Ruamps, pour le cri décisif qui arrêta la loi de Prairial; Bentabole, pour sa vive et audacieuse opposition en plusieurs moments très graves; Sergent (qui l'assure dans ses notes), mais pour quel grief? Était-ce pour les comptes de la Commune, vraiment impossibles à rendre?... Quand on voyait menacés des hommes aussi inoffensifs que Sergent et Panis, ces lointaines antiquités de 1792, qui pouvait se croire en sûreté?

Si les comités consentaient à entamer de nouveau la Montagne, s'ils livraient à Robespierre l'Assemblée qui venait de leur accorder des votes pour se garder de Robespierre, ils livraient leurs propres gardiens, ils se livraient eux-mêmes.

Ils montrèrent plus de fermeté qu'on n'eût attendu. Élie Lacoste articula simplement et fortement leur principal grief, cette absence dénonciatrice qui jetait sur les Comités la responsabilité de toutes les mesures révolutionnaires. Robespierre promit que, pour cacher du moins devant l'Europe la division intérieure du gouvernement, Saint-Just concerterait avec les Comités un rapport général sur la situation.

Les uns et les autres, s'étant approchés et vus, avaient bien mieux senti qu'ils étaient inconciliables. Lesquels trouveraient les premiers le moment d'accabler les autres? C'était l'unique question...

La seule nouvelle cependant que Robespierre était revenu au Comité, l'assurance que Barère donna à l'Assemblée que le gouvernement avait retrouvé la plus complète unité, terrifia la Montagne, spécialement les cinq ou six qui croyaient périr les premiers. Couthon, dans ses homélies aux jacobins, disait toujours *cinq ou six*. Tallien, Fouché, Bourdon, Fréron, Lecointre, assiégeaient les Comités : « Nous livrerez-vous? disaient-ils. — Jamais. — Eh bien, attaquons. — Pas encore. »

Ils résolurent, voyant que les Comités ajournaient toujours, de faire leurs affaires eux-mêmes et, s'ils ne pouvaient accuser, de poignarder le tyran.

CHAPITRE III

DISCOURS ACCUSATEUR DE ROBESPIERRE. — L'ASSEMBLÉE REFUSE L'IMPRESSION (8 THERMIDOR, 26 JUILLET 1794).

Adresse des jacobins. — Barère annonce qu'on parle d'un 31 mai. — Dernier discours de Robespierre, 8 thermidor. — Son apologie. Ses accusations. — Il accuse spécialement Cambon. — Il accuse les Comités et une coalition. — L'Assemblée vote l'impression. L'Assemblée se rétracte.

Robespierre, par une seconde vue de haine et de peur, assistait à leurs pensées

Contre ces poignards aiguisés, que préparait-il ?

Il avait des forces très réelles et n'en voulait point user :

La Commune et la force armée, l'administration peuplée des siens, les jacobins, les tribunaux, la police municipale, celle même du Comité de sûreté !...

Mais ce n'était pas sur tout cela qu'il comptait. Caractère remarquable de cet âge ! invincible respect de la loi !... Disposant de tant de moyens, il comptait sur un discours.

Il le préparait depuis un mois, ce discours, le forgeait et le reforgeait. Les nombreuses variantes témoignent assez et de son travail infatigable et de l'importance des résultats qu'il en attendait.

Cette baliste, cette catapulte, cette grande machine de guerre qu'il roulait contre l'ennemi, pour lui préparer le chemin, d'après la stratégie du temps, il fallait faire marcher devant une forte adresse jacobine.

Le 6 thermidor au soir, Couthon chauffa la chose. Il dénonça aux Jacobins le renvoi des canonniers, le don des canons à l'École de Mars, fit voter l'adresse qui, le 7, fut lue à la Convention.

Elle était violente, mais vague. Sauf le *mouvement des armées* (c'est-à-dire Carnot) attaqué assez clairement, le reste flottait. Elle accusait les *indulgents*. Mais il fallait véritablement être bien au courant de la polémique du temps pour reconnaître là ceux qu'on désignait, Fouché et Dubois-Crancé. C'étaient eux qu'en réalité les Jacobins venaient de rayer comme *indulgents*.

Dubois-Crancé répondit. Il réfuta pour la dixième fois la calomnie cent fois redite et récemment par Robespierre, d'avoir laissé échapper les insurgés lyonnais. La Convention lui accorda qu'un rapport fût fait sous trois jours, prenant visiblement à cœur cette cause, qui était celle de deux cents représentants revenus de mission.

Ce qui porterait à croire que, dans la société jacobine, travaillée et partagée par l'intrigue de Fouché, cette influence avait été forte jusque dans l'adresse, c'est que cette pièce, destinée à fortifier Robespierre, rappelait, par une inconséquence, voulue sans nul doute, les choses qu'en ce moment il cherchait à étouffer. Elle parlait sans nécessité d'une affaire déjà saisie par les tribunaux, d'une pétition bizarre pour appliquer *la peine de mort aux blasphémateurs!* « Pétition, disait-on, qui dégrade le décret contre l'athéisme et désigne les représentants comme *prêtres et prophètes* d'une religion. »

Barère profita sur-le-champ de l'adresse des jacobins. Il sortait du Comité, où Saint-Just revenu de l'armée avait repoussé les bases du rapport convenu *sur la situation*. La dernière espérance de conciliation s'était évanouie. Barère suppléa Saint-Just; il improvisa, plusieurs heures durant, une immense carmagnole sur les services du Comité. La finale, assaisonnée d'éloges pour Robespierre, posait pourtant la question. « *On parle d'un* 31 *mai*. La destinée d'un grand peuple ne tiendrait-elle donc qu'aux machinations de quelques contre-révolutionnaires, *cachés derrière les meilleurs citoyens ?...* Déjà un représentant, qui jouit d'une réputation méritée par cinq années de travaux et par ses principes imperturbables, a réfuté ces propos avec chaleur, prouvé qu'on devait arrêter ceux qui les tenaient. Il a dénoncé l'auteur de cette pétition qui ridiculise une fête célèbre », etc.

Ainsi le mot était dit : *On parle d'un* 31 *mai*. Saint-Just chercha tout le jour Robespierre pour le décider à agir. Il était à la campagne (à Montmorency, dit-on), où il travaillait à son grand discours. La tradition robespierriste, très-attentive à faire croire qu'il ne se mêlait plus de rien, assure qu'en ces derniers temps il faisait des excursions fréquentes dans les environs de Paris, portant sous le bras Gessner, Raynal, *Paul et Virginie*, et rêvant à la nature. Récits certainement romanesques. Robespierre travaillait toujours et n'avait aucunement ces tendances à la rêverie. Il lisait beaucoup moins d'idylles que de rapports de police, dont sa défiance croissante l'environnait chaque jour ; rapports misérables, à juger par les spécimens que l'on a donnés, propres moins à éclairer qu'à inquiéter, tirailler ; rapports de mouchards qui se font valoir et croient amuser le maître aux dépens des mœurs de tels députés ; rapports de commères bavardes qui dénoncent leurs voisines, etc. : c'étaient là les aliments de l'infortuné Robespierre. Plus le grand, le fameux discours, incessamment écrit, récrit. Il l'emportait à la campagne, s'enfermait dans un lieu sûr, s'absorbait dans le travail littéraire, effaçait et refaisait, polissait, améliorait et filait ses périodes.

Cette toile de Pénélope n'était pas près de finir, si la crise ne l'eût forcé de l'apporter telle quelle. Il l'eût amenée certainement à une forme plus concentrée, moins décousue.

Cette œuvre, comme il arrive aux choses trop travaillées, a le défaut grave de se composer de *morceaux*, plusieurs au reste éloquents, mais qui s'adressent à l'avenir plus qu'à la Convention, et qui diminuent l'efficacité du discours comme chose politique et pratique.

Était-ce un testament de lui-même qu'il voulait laisser ? Il y fallait plus de grandeur, ne pas descendre à chaque instant des régions de l'immortalité à d'aigres et violentes paroles sur ses ennemis morts et vivants.

Était-ce un discours pour la crise ? Il ne fallait pas l'énerver par tant d'idées générales, de vagues sentimentalités.

La solitude de Montmorency a fait tort à ce discours, et l'imitation laborieuse du grand solitaire de Montmorency.

Le premier tort peut-être, c'était de parler un jour trop tard, d'attendre au 8, au jour où Barère, rayonnant dans la victoire, vint proclamer à la tribune le solennel événement de l'occupation d'Anvers. Anvers vaut la Belgique entière, et plus, dans une guerre si essentiellement anglaise. Prendre ce moment pour entamer l'accusation de Carnot, pour dire, comme fait Robespierre : « L'Angleterre, tant maltraitée par nos discours, est ménagée par nos armes », c'était paraître envieux et choquer le sentiment général. Le *ménagement* était-il de n'avoir pas égorgé les cinq mille Anglais de Nieuport ? C'était placer la polémique sur un très mauvais terrain ; l'Assemblée était ravie qu'on eût violé son décret, purement comminatoire.

Ce discours est un volume. Nous insisterons seulement sur quelques points principaux.

Il commence comme apologie et continue comme accusation.

L'apologie est d'abord d'une humilité irritante. Il s'incline et prend pour juges ceux qu'il a tellement décimés, terrorisés. Rhétorique ou dérision ? Je crois le premier plutôt ; mais la Convention, j'en suis sûr, crut cette forme dérisoire.

« Les cris de l'innocence outragée n'importunent point votre oreille... » Et plus loin : « Vous n'avez rien de commun avec les tyrans qui m'oppriment ; les cris de l'innocence opprimée ne sont point étrangers à vos cœurs », etc.

L'apologie, en ce qu'elle a de plus clair, porte sur trois points :

1° Abusant d'une analogie de mots et de sons, on attribue malignement au bureau de police *générale* les opérations qui sont faites en partie par le Comité de sûreté *générale*. Il écarte en partie du bureau robespierriste la responsabilité terrible de ce sanglant messidor.

2° On attribue toutes choses à Robespierre, tandis que, depuis six semaines, il n'est plus rien, ne fait plus rien, n'a plus aucune influence. Affirmation odieusement ridicule dans la bouche d'un homme qui, sans titre, n'en avait pas moins toute la force matérielle, qui signait toujours (il est vrai, chez lui), qui ne paraissait en rien, mais qui, par ses hommes, par Payan, Herman, Dumas, par Henriot, par Lebas, avait agi en messidor avec une énergie terrible ou préparé l'action.

3° Cette duplicité évidente ne donnait pas beaucoup de crédit aux protestations qui suivaient. « On fait circuler des listes de représentants proscrits. Nous, proscrire les patriotes !... N'est-ce pas nous qui avons défendu la Convention ? Est-ce nous qui avons érigé en crimes ou des *préjugés* incurables ou des choses indifférentes ? (Ceci rassurait les prêtres, les catholiques, la droite, mais point du tout la Montagne.) Les purs auraient tort de craindre. (Oui, mais quels étaient les purs ?...) Il n'y a plus que deux partis, celui des bons, celui des méchants. » Oui, mais quels étaient les bons ?

De telles paroles, si vagues, étaient propres à augmenter la terreur. « On veut effrayer l'Assemblée », disait-il. Qui effrayait plus que lui, qui, constamment aux Jacobins, ayant à sa droite, à sa gauche, le président et les membres du terrible tribunal, pleurait chaque fois sur l'*indulgence* et la faiblesse du temps ? Quand on cherchait ces *indulgents*, il comptait parmi eux Fouché, le nom, après Carrier, le plus sanglant de la France !

Voilà les trois points capitaux de l'apologie. Passons à l'accusation.

Elle semblait vague d'abord. « On se cache, donc on conspire. » On a peur, donc on conspire ; il imputait comme crime la terreur qu'il inspirait.

Et si on le priait du moins de limiter cette terreur, de préciser les coupables : « Ah ! je n'ose pas les nommer ! »

Il ne nommait point les représentants, les membres des comités. Le glaive continuait de planer sur tous.

Un seul était désigné, Carnot, non pas nominativement. Le jour où la prise d'Anvers le relevait tant, il fallait ajourner encore.

Mais celui qui était nommé, celui sur qui le discours tombait d'aplomb avec raideur, ce n'était point un des ennemis positifs de Robespierre; c'était l'homme qu'un hasard mettait en péril ce jour-là, qui se trouvait entamé, et dont on pouvait espérer emporter la perte par une attaque résolue.

Il faut savoir qu'à ce moment Cambon était entouré d'un orage épouvantable, une insurrection de rentiers.

La trésorerie était littéralement assiégée par d'énormes légions de vieillards, d'infirmes, pauvres diables d'invalides, toussant, souffreteux, cacochymes, plusieurs demi-paralytiques qui venaient se traîner là. Cambon les avait soumis à une opération sévère, mais enfin indispensable dans la détresse publique. Il conserva les rentes viagères modiques, en les proportionnant à l'âge. L'homme de quarante à cinquante ans conserverait entière une rente de quinze cents à deux mille francs; de cinquante à soixante ans, une rente de trois mille à quatre mille, et ainsi de suite. Pour ce qui dépassait ceci, la rente, de viagère, devenait perpétuelle et par conséquent bien faible. Évidemment les intérêts des petits rentiers, des vieillards, avaient été sauvegardés autant qu'on pouvait. Tous cependant devaient apporter leurs titres, les voir brûler, remplacer par une inscription du *Grand-Livre*. Cela les épouvantait. En voyant passer dans les flammes ces sales et vieux papiers si chers, avec qui ils avaient vécu, ils croyaient mourir eux-mêmes.

Tous les hommes du Perron, les agioteurs, ne manquaient pas d'augmenter leurs frayeurs ; ils leur disaient qu'effectivement ils étaient ruinés, qu'on ne les payerait jamais ; ils montaient la tête à ces pauvres gens. La foule ne bougeait plus des portes, y séchait ; la lenteur de l'immense opération confirmait ses craintes. En réalité les agioteurs étaient furieux. Ils étaient les plus lésés. Cette nécessité de représenter les titres, de se faire reconnaître pour créanciers effectifs, de donner certificat de vie, tout cela paralysait dans leurs mains des titres innombrables d'émigrés qu'ils acquéraient à bon compte et par lesquels jusque-là ils tiraient les rentes, suçaient, épuisaient le Trésor.

Cambon s'était établi en personne à la trésorerie. Il ouvrit des salles vastes, couvertes, où les rentiers, qui jusque-là étaient dans la cour sur leurs jambes, attendirent commodément assis. Par un travail excessif de nuit et de jour, il précipita l'affaire, convertit, brûla, refit cette masse énorme de titres, hâta les payements.

Cela allait encore lentement au 9 thermidor. Ces salles de la trésorerie, plus bruyantes que les clubs, retentissaient de cris, de plaintes, de réclamations, des soupirs de l'inquiétude, des gémissements du désespoir.

Il était assez habile à Robespierre de se faire l'écho des rentiers.

Dans ce long, très long discours, il revient trois fois à la charge, trois fois très habilement.

D'abord il touche la matière en général, en parle comme de chose ancienne, pour préparer les esprits. « Des projets de finances destructeurs *menaçaient toutes les fortunes modiques* et portaient le désespoir », etc. « Les payements des créanciers de l'État *étaient suspendus.* »

Puis il en parle clairement, mais sous prétexte de se justifier lui-même : « On a proposé dans ces derniers temps des projets de finances qui m'ont paru calculés pour *désoler les citoyens peu fortunés* et multiplier les mécontents. J'avais appelé inutilement l'attention du Comité de salut public. Croira-t-on qu'on a répandu que ces plans étaient mon ouvrage ? »

Plus loin encore : « La trésorerie seconde parfaitement ces vues par le plan qu'elle a adopté (sous le prétexte d'un attachement scrupuleux aux formes) *de ne payer personne excepté les aristocrates, de vexer les citoyens malaisés* par des refus, des retards, des provocations odieuses. »

« Quels sont les administrateurs suprêmes de nos finances? Les compagnons et successeurs de Chabot, de Fabre, des brissotins, des feuillants, des aristocrates *et des fripons* connus, *les Cambon*, les Mallarmé, les Ramel. »

Tout le monde se regarda. L'étonnement fut au comble. Dans un discours si général, si vague partout ailleurs, où il ne donnait aucun nom, lancer tout à coup le nom le moins attaquable !... On n'était pas loin d'y voir une aliénation d'esprit.

Que voulait-il ? Exaspérer une foule déjà irritée, confirmer, autoriser les craintes, la fureur des rentiers ? Non, sans doute. — Probablement ébranler, miner l'estime de l'Assemblée pour Cambon ? Non, il ne l'espérait pas.

Ce qu'il croyait, c'est que l'Assemblée, sans changer d'opinion, en partie intimidée, en partie tentée de faire une chose populaire, se laisserait aller à briser cet homme désagréable à tous, cet homme triste, amer et dur, que tout le monde trouvait dans son chemin, armé d'épines et de refus, cet homme que la fatalité du danger public avait précipité dans tant de mesures odieuses, dont le nom maudit exprimait toutes les misères de la situation.

Les représentants revenus de mission n'était guère moins menacés. Il y avait dans le discours peu de mots sur eux, mais forts, qui encourageaient puissamment à les accuser. « Les coupables n'ont-ils pas établi cet affreux principe que dénoncer un représentant infidèle, c'est conspirer contre la représentation nationale ?... *Les départements* où ces crimes ont été commis *les ignorent-ils, parce que nous les oublions ?* »

De Lyon, de Nantes, de partout en effet, arrivaient de violents accusateurs, sûrs de l'appui de Robespierre.

Conclusion générale du discours : Il y a une conspiration.

Elle doit sa force à une *coalition* qui intrigue au sein de la Convention.

Elle domine au *Comité de sûreté générale*. On a opposé ce Comité au Comité de salut public et constitué ainsi deux gouvernements.

Des membres du *Comité de salut public* entrent dans ce complot.

Il faut épurer, subordonner le premier, épurer même le second, rétablir l'unité du gouvernement sous la Convention qui en est le centre et le juge.

Au moment où il se tut, Rovère disait à Lecointre :

« C'est le moment, il faut lire ton acte d'accusation...

— Non, dit-il, il attaque les Comités. Ils vont se détruire entre eux. »

Et tout haut : « Je demande l'impression. » — Bourdon : « Je m'y oppose... Renvoyons à l'examen des Comités. »

Barère appuie l'impression et Couthon la veut à grand nombre, pour envoyer à toutes les communes. La chose est décrétée ainsi.

Vadier, sans se décourager, reprend pour son Comité, incidente sur la Mère de Dieu.

Mais Cambon s'est élancé : « Avant d'être déshonoré, je parlerai à la France ! » Il explique le décret attaqué et finit par cette explosion : « J'ai dénoncé toutes les factions, quand elles attaquaient la fortune publique... Toutes, elles m'ont trouvé sur leur route... C'est l'heure de dire la vérité :

un homme paralyse la Convention, cet homme est Robespierre... Jugez. »

Robespierre : « Comment paralyserais-je la Convention *en matière de finances?*... Sans attaquer les intentions de Cambon... »

Manifeste reculade ; il l'avait appelé fripon et maintenant il déclarait ne point attaquer ses intentions.

Billaud : « Il faut arracher tous les masques... S'il est vrai que nous n'ayons pas la liberté d'opinion, j'aime mieux que mon cadavre serve de trône à un ambitieux que de devenir par mon silence le complice de ses forfaits. »

« Moi, dit naïvement Panis, qu'il me dise au moins s'il est vrai que mon nom est sur sa liste... Qu'ai-je gagné à la Révolution ? Pas de quoi donner un sabre à mon fils, une jupe à ma fille ! »

Fréron, dont toute la vie fut une suite d'inconséquences et de maladresses, au lieu de serrer la phalange des ennemis de Robespierre, laissa échapper le mot le plus propre à la dissoudre. Il s'attaqua à Billaud : « La liberté d'opinion, dit-il en reprenant ses paroles, comment l'aurions-nous, quand les Comités peuvent nous faire arrêter ?... Il faut leur ôter ce droit. »

On le fit taire, et Robespierre, relevé et raffermi par cette gauche diversion : « Je ne rétracte rien... J'ai jeté mon bouclier, je me suis présenté découvert à mes ennemis... Je n'ai flatté personne, je ne crains personne, je n'ai calomnié personne. »

Les maratistes Charlier, Bentabole, ne laissèrent pas la chose là : ils reprirent, enfoncèrent le coup.

Bentabole : « L'envoi du discours est dangereux... La Convention aurait l'air d'approuver... Elle serait responsable des mouvements d'un peuple égaré. »

Couthon : « Il faut que tout le peuple juge... Voilà pourquoi je demande l'envoi aux communes. »

Charlier : « Renvoyons aux Comités... »

Robespierre : « Quoi ! à ceux que j'ai accusés ?... »

Charlier : « Quand on se vante du courage de la vertu, il faut avoir celui de la vérité. Nommez qui vous accusez... »

Amar : « Qu'il nomme !... L'intérêt public ne comporte aucun ménagement. »

Robespierre : « Je persiste... Je ne prends aucune part à ce qu'on peut décider pour empêcher l'envoi de mon discours. »

Le dantoniste Thirion : « Envoyer, c'est préjuger... Pourquoi un seul aurait-il plutôt raison que plusieurs ?... Les présomptions sont pour les Comités. »

Bréard, membre du comité de législation : « C'est un grand procès à juger... Révoquons l'impression. »

On révoqua.

Barère, qui en votant l'envoi du discours, avait trahi les Comités au profit de Robespierre, passa lestement de l'autre côté : « J'avais voté l'impression parce que, dans un pays libre, je crois qu'on doit tout publier... Nous ne nous défendrons pas contre Robespierre ; à cette déclamation nous répondrons par des victoires... S'il eût suivi nos opérations depuis quatre décades, il eût supprimé son discours... Du reste, que le mot d'*accusé* soit effacé de vos pensées. »

Maintenant quel serait l'*accusé?* Les Comités ou Robespierre ?

CHAPITRE IV

LA NUIT DU 8 AU 9 THERMIDOR. — LA DROITE TRAHIT ROBESPIERRE.

Robespierre compte sur le centre, la droite. — Il ne veut point d'insurrection. — La Commune prépare l'insurrection. — Les Comités n'osent rien faire. — La Montagne prie la droite et l'entraîne contre Robespierre.

Quand Robespierre rentra chez lui et que Duplay et les siens, les dames Duplay tremblantes, exprimaient leur anxiété, il dit sans difficulté le fond de la situation : « *Je n'attends plus rien de la Montagne. Mais la majorité est pure... La masse de la Convention m'entendra.* »

La masse, c'était *la droite et le centre*.

Il y avait loin de ce jour à celui où, parlant du sein de la Montagne au centre, il dit : « Les serpents du *Marais*... » (25 septembre 1793). Il avait fait volte-face, changé évidemment d'appui, de moyen d'action.

Son discours du 8 thermidor contenait les plus forts appels à la droite. Non seulement il rappelait qu'il avait sauvé les soixante-treize, mais il allait jusqu'à dire qu'il s'était étonné de leur arrestation. Par deux fois, sans ménagement, il maniait, remaniait la plaie vive de la Montagne, la mort de Danton, ce coup cruel frappé sur elle, avec l'aide de la droite et du centre.

La droite et le centre, sans rapport direct avec Robespierre, se trouvaient liés avec lui d'un lien plus fort qu'aucun autre : la complicité. Qui avait tranché en novembre la question religieuse, c'est-à-dire arrêté court la Révolution ? La droite avec Robespierre. Qui lui permit en janvier d'étouffer Fabre d'Eglantine ? d'enlever la Commune en mars ? en avril Desmoulins, Danton ? Qui donna le vote terrible par lequel ce procès fut clos avant d'être commencé ? La connivence de la droite. Pour elle, 1794 avait été une vengeance permanente des violences de la Montagne en 1793, et Robespierre, sans s'en douter, en avait été l'instrument. Par sa guerre aux Montagnards revenus de mission, il plongeait de plus en plus dans la droite. Ses phrases contre les indulgents étaient d'impuissants efforts pour échapper à cette fatalité.

Le mot violent qui lui fut dit à la Constituante, quand il parlait pour les prêtres : « Passez à droite ! » ce mot prophétique, il allait se vérifiant.

La droite le tenait par la nécessité, et il croyait la tenir par la reconnaissance, par la sûreté qu'il lui donnait.

En réalité, la droite pensait (aussi bien que l'Europe) qu'après tout il était homme d'ordre, nullement ennemi des prêtres, donc un homme de l'Ancien-

Régime. Les anciens constitutionnels, amis de la monarchie, n'étaient pas loin de se résigner à celle de leur ancien collègue. Non seulement ils l'acceptaient comme fait accompli, mais l'entouraient de respect, d'assentiments empressés, de flatteries même. Un mois avant Thermidor, Boissy d'Anglas l'appelait l'Orphée de la France [1].

En ce dernier vote pourtant, la droite, le centre, avaient flotté, jugeant pour Robespierre d'abord ; puis, sans juger contre lui, sans renvoyer l'examen de son discours aux Comités, comme le voulaient ses ennemis, ils avaient *ajourné* le tout, *révoqué* l'envoi aux départements.

Grands signes d'indécision !

Contre ce sinistre augure, Robespierre se rassurait en songeant que si ses amis étaient froids et vacillants, ses ennemis étaient divisés, aussi près de s'attaquer entre eux que de l'attaquer lui-même. On l'a vu par l'intempestive sortie de Fréron, qui déjà, se détournant de Robespierre, faisait la guerre aux Comités. Il était facile à prévoir que les Comités, avertis ainsi que leur chute suivrait la sienne, agiraient bien peu contre lui. Et c'est ce qui arriva. Après l'avoir poussé si vivement les jours précédents, les Comités, comme on va voir, croisèrent les bras au 9 thermidor, tellement qu'on les accusa d'être d'accord avec lui.

---

1. *Essai sur les fêtes nationales*, par M. Boissy d'Anglas, 12 messidor, p. 22, 25, 67. Cette brochure d'un homme estimé dut faire croire à Robespierre qu'il était complètement accepté de la droite.

Que la Convention, ce grand corps, hétérogène et discordant, agît davantage, il y avait peu d'apparence. La Montagne, comme à l'ordinaire, devait être paralysée par la droite, et dans la Montagne elle-même plusieurs hommes, les meilleurs, qui voyaient la République menacée par lui, mais pourtant mêlée à sa vie, compromise dans sa destinée, ces hommes devaient rester immobiles, dans la neutralité du scrupule et du désespoir.

Devait-on, par une action brusque et violente, troubler la neutralité de cette partie de la Montagne, inquiéter, ébranler la fidélité de la droite ? Robespierre ne le croyait pas. Il connaissait l'Assemblée, comme un cavalier expérimenté connaît sa monture. Il croyait pouvoir en tirer tout service, pourvu qu'on changeât le moins possible ses allures habituelles. S'il eût demandé d'abord Tallien, Fouché et encore quelques-uns des plus salis, il les aurait eus sans difficulté. Saint-Just croyait comme lui qu'on ne devait frapper l'Assemblée que par l'Assemblée. Homme résolu et d'action, il ne voulait point agir ; il partageait le sentiment du spéculatif Robespierre. Tous les deux respectaient la loi.

Mais il n'y avait plus moyen de retenir le parti ; la Commune était lancée. Le volcanique Payan eût fait sauter les Comités ; Coffinhal, le rude Auvergnat, homme de bras et d'échine, aurait jeté l'Assemblée par les fenêtres. Ils n'attendaient qu'un signal. Les robespierristes étaient mûrs pour leur 18 brumaire. Robespierre ne l'était pas, ni, je crois, la France non plus. Ils agirent sans Robespierre, malgré lui, et le perdirent.

Le soir, pendant que Robespierre lisait son discours aux Jacobins et les attendrissait de son péril, Henriot avait déjà l'autorisation de la Commune et distribuait par ses officiers à sa garde nationale triée l'ordre de prendre les armes pour le matin à sept heures.

Robespierre, après sa lecture, dit : « C'est mon testament de mort... Je vous laisse ma mémoire, vous la défendrez... S'il me faut boire la ciguë, vous me verrez calme... — Je la boirai avec toi, s'écria David. — Tous ! tous ! » Ce cri partit de toute la salle, avec des larmes et des sanglots.

Payan, Coffinhal et les autres étaient là brûlants, inquiets, ne sachant encore s'ils tireraient de la bouche de leur maître quelque parole qui semblât une approbation de leurs démarches imprudentes. Une tradition, propagée sans doute par les ennemis de Robespierre, veut qu'un mot lui soit échappé : « Eh bien, essayez encore ! Délivrez la Convention, *comme vous le fîtes au 2 juin*. Séparez les méchants des faibles ! » Telle eût été l'autorisation, certainement faible et indirecte, que le parti déjà lancé en eût tirée pour la révolte.

Collot, Billaud, étaient mêlés dans la foule ; on les reconnut, on les conspua. Collot essaya en vain de se faire entendre, il arracha son gilet pour montrer la meurtrissure des coups de Ladmiral ; d'ironiques huées l'acccablèrent. Les couteaux se levaient sur eux. Ils s'enfuirent. La violence gagna les plus sages esprits. Couthon alla jusqu'à demander qu'on rayât les noms de tous les représentants qui avaient voté contre l'impression du discours de Robespierre. Les jacobins s'y laissèrent entraîner et se trouvèrent avoir proscrit la majorité de la Convention.

La question était de savoir si les hommes les plus en danger, comme Tallien, Fréron, Lecointre, pourraient mettre en mouvement les Comités refroidis par la sottise de Fréron.

Tallien avait double aiguillon. Du fond de la prison des Carmes lui était venu un billet de sa Thérésa : « Je vais demain au tribunal révolutionnaire ; je meurs avec le désespoir d'être à un lâche comme vous. » Tallien acheta un poignard, ou pour Robespierre, ou pour lui.

Dès neuf heures et demie du soir, Lecointre, toujours ridicule, même en un moment si grave, complètement armé en guerre, portant, sans parler d'autres armes, des pistolets à baïonnettes dont les pointes passaient ses poches, était à la porte du Comité de sûreté. Il n'y trouva que l'innocent et pacifique La Vicomterie. « On arme la garde nationale, dit Lecointre. Nous sommes tous perdus si vous n'arrêtez le maire, et Payan, et Henriot. » Le Comité était réuni au Comité de salut public, tous deux enfermés. Nul moyen d'entrer.

A une heure du matin, l'infatigable Lecointre heurtait de nouveau. Porte close; il écrivit. Fréron eut même aventure. Il trouva Cambon à la porte, il lui dit que non seulement il fallait prendre Henriot, mais terrifier Robespierre, en frappant sa maison même, enlevant tous les Duplay. Cambon se chargea de le dire, força la consigne. Le spectacle qu'il vit au dedans l'étonna. Saint-Just écrivait et, tout en écrivant, de temps à autre disputait avec Billaud. L'interminable dispute avait commencé dès onze heures, par une scène violente de Collot d'Herbois. Saint-Just s'était froidement établi au Comité pour en observer l'attitude. Collot, rentrant des Jacobins, furieux, renversant les portes, s'était jeté sur Saint-Just, l'avait secoué, fouillé, croyant trouver sur lui les preuves de sa perfidie. Carnot, Barère, Lindet, Billaud, protégèrent Saint-Just, qui leur dit qu'il demanderait seulement que Collot et Billaud ne fussent plus au Comité, qu'au reste il leur montrerait son rapport avant de le porter à la Convention. Les choses en étaient donc là, déjà bien calmées, lorsque Cambon arriva. Il vit qu'on restait ennemi, mais que des ennemis si paisibles n'étaient pas pour agir beaucoup. Dès lors il sortit sans mot dire, convaincu que Robespierre et Saint-Just reprendraient le lendemain tout leur ascendant.

Rien n'était plus vraisemblable. Les Comités en étaient déjà à s'excuser devant Saint-Just. Comme il prétendait savoir qu'ils faisaient dresser par Fouché un acte d'accusation contre Robespierre, ils envoyèrent chercher Fouché et le firent interroger par le plus âgé, le bonhomme Ruhl. Fouché nia fort et ferme, et Saint-Just fit semblant de croire.

Cependant la lettre de Lecointre ayant enfin pénétré *leur apprenait* que, pendant qu'ils perdaient ainsi le temps, Henriot avait dès le soir fait appel aux armes. Ils résolurent, non d'arrêter la Commune, ni Henriot, mais de les mander. Henriot ne daigna venir. Mais Payan vint hardiment, comme Pétion au 10 août; il se tira d'affaire plus facilement encore, près des rois de la Terreur, indécis comme Louis XVI.

Les Comités ne faisaient rien, ayant laissé échapper un si précieux otage, révélé leur paralysie, Saint-Just plia son rapport, prit son chapeau et partit. Il était cinq heures du matin.

Barère voyait tout échapper; il commença à prendre peur. Il se refit robespierriste, s'approcha amicalement de Couthon : « Si l'on t'attaque, dit-il, ne crains rien; je te défendrai. »

La Montagne était perdue si elle ne se sauvait elle-même. Elle n'avait pas grand'chose à attendre des Comités.

Mais l'instinct de conservation, la ferme volonté de vivre sont des passions trop clairvoyantes pour qu'on les aveugle aisément. Les plus menacés firent eux-mêmes la grande affaire du lendemain. Dure besogne. Il leur fallait s'adresser, à qui ? Aux restes de ceux qu'ils avaient proscrits, aux hommes que sans Robespierre peut-être ils auraient proscrits encore, qu'ils conspuaient, humiliaient, forçaient à l'hypocrisie. Ils vinrent à eux cependant, il le fallait bien, leur demander de perdre leur protecteur pour sauver leurs ennemis... Enfin ils demandèrent de vivre.

Il y avait encore quelques constituants dans la Convention. L'existence de ces ruines primitives d'un ancien monde, restées là à travers tant de cataclysmes, était, sans nul doute, un miracle, le miracle de leur prudence qui leur permettait de voter si longtemps contre leur parti et le miracle aussi de la politique de Robespierre. Les plus connus étaient Sieyès, un vieillard, le canoniste gallican Durand de Maillane, l'avocat Boissy d'Anglas.

On les attaqua par l'humanité : « Pouvez-vous voir, leur dit-on, rouler par jour soixante ou quatre-vingts têtes à la guillotine?... Arrêtons l'horrible charrette!... » A quoi ils dirent froidement : « Mais qui l'a lancée? c'est vous. »

Une seconde ambassade faisait valoir la justice. « Une minorité minime opprime la République... Comptez les robespierristes. Ce parti finit faute d'hommes. Son jugement, c'est le désert qui se fait autour de lui. » En réalité, dès avril, on ne put renouveler la Commune qu'en descendant au plus bas, aux illettrés, aux inconnus. Quel embarras en prairial pour recruter le tribunal! Au greffe de Fouquier-Tinville, il disait de ses greffiers : « Ils sont bons à guillotiner; mais, après, où en trouver d'autres? »

Tout cela faisait peu à la droite. Elle avait le temps pour elle, s'agrandissant chaque jour de la lassitude, de la défaillance, de la lâcheté publique.

Elle n'avait que faire d'agir. Robespierre, après l'avoir délivrée de la Montagne, devait se fondre lui-même et tarir comme parti.

Renvoyés la seconde fois avec une froideur ironique, les thermidoriens, frémissant d'une rage désespérée de vivre, vinrent prier encore ; et, cette fois, ils trouvèrent des mots pour tenter leurs ennemis : « Vous êtes la majorité... Qui gouvernera, si ce n'est vous après Robespierre ? »

Il faut dire pourtant que les thermidoriens eux-mêmes (excepté Rovère, Tallien, quelques-uns des plus scélérats) ne soupçonnaient nullement que ces hommes de la droite fussent en grand nombre des royalistes cachés. Ils ne savaient pas la transformation qui s'était faite, dans cette longue hypocrisie, chez des hommes habituellement avilis et provoqués. Le cœur ainsi comprimé s'était rejeté d'un présent si douloureux au passé, à la monarchie, à la haine de la République. De ceux qui s'adressèrent à eux et qui avec eux poussèrent dans la réaction, comme Legendre, Fréron même, la plupart étaient républicains (on le vit plus tard en 1795) et ils croyaient républicains ces gens de la droite. Ils leur demandaient secours, comme ils l'auraient fait à Vergniaud ; s'ils avaient quelque scrupule, c'était de s'associer à ce qu'ils croyaient la Gironde.

La droite finit par comprendre que, si elle aidait la Montagne à ruiner ce qui, dans la Montagne, était la pierre de l'angle, l'édifice croulerait. Chez une nation si peu changée, si anciennement idolâtre, écarter l'idole de la République, c'était infailliblement ramener l'idole de la royauté.

Robespierre, pas plus que Legendre ou Merlin (de Thionville), ne devinait cette perversité de la droite. Il la croyait girondine, mais enfin républicaine. Il croyait avoir avec elle un pacte tacite, au moins de garantie mutuelle, et ne devinait pas qu'en son dernier jour elle lui refuserait la vie qu'il lui avait conservée.

CHAPITRE V

LA JOURNÉE DU 9 THERMIDOR (28 JUILLET 1794).

Discours habile de Saint-Just. — Tallien interrompt Saint-Just. — Maladresse des accusateurs. — On étouffe la voix de Robespierre. — Barère essaye de sauver Robespierre. — Neutralité de la Montagne indépendante. — Robespierre s'adresse à la droite. — On demande son arrestation. — Il est arrêté. — Le peuple veut empêcher l'exécution du jour.

Robespierre, dans cette assurance, ayant conscience et de l'immense force morale qui restait encore en lui et des forces matérielles dont il lui était si facile d'entourer la Convention, sentit pourtant le matin du 9 que ce jour était décisif. Il était habillé avec un soin remarquable et portait l'habit bleu de ciel, si connu depuis la fête de l'Être suprême. Ses ennemis ont prétendu bassement (d'après eux-mêmes, d'après ce que sans doute ils auraient fait en ce cas), qu'il avait emporté des armes, de l'argent, beaucoup d'argent[1]. Mais en avait-il chez

---

1. C'est le témoignage de Mme Lebas (Mlle Duplay). On ne trouva chez Robespierre qu'un assignat de 50 livres et des mandats de l'Assemblée constituante pour son indemnité quotidienne de député, qu'il avait négligé de toucher. La vente de son mobilier, faite le 15 pluviôse (3 février), produisit

lui? J'en doute. Il devait à son hôte sa pension de plusieurs années. Pour des armes, il en avait ; quelles ? Ses immenses services rendus à la République, l'énergie de sa parole, sa grande présence d'esprit, l'habile et parfait maniement qu'il avait de l'Assemblée. Il ne doutait nullement de la ramener.

Ignorait-il entièrement les préparatifs militaires ? Non, sans doute. Mais il les regardait comme chose de précaution. Nulles troupes ne se montraient dans le voisinage. L'Assemblée paraissait libre ; elle pouvait avec dignité accepter la conciliation qu'apportait Saint-Just.

Le discours écrit par lui et certainement concerté avec Robespierre était d'une adresse infinie. Si la lecture eût pu être poussée seulement à la vingtième ligne, la curiosité, habilement éveillée, eût fait désirer l'entendre, et la Convention adoucie reprenait le joug.

Ce discours met hors de doute que l'esprit le plus utopiste de la Convention aurait été en même temps son plus grand homme d'affaires, son plus délié politique. La raideur de Saint-Just n'était qu'extérieure. Autant ses notes (qu'on appelle à tort ses *Institutions*) sont reculées dans les nuages, autant ses

---

en assignats, alors dépréciés des quatre cinquièmes, près de 40.000 francs, qui faisaient 8,000 en argent. Cette somme, encore considérable, pour un mobilier plus que simple, ne fut certainement atteinte que par la concurrence des curieux, étrangers ou nationaux. Son portrait seul (par David? Collection Saint-Albin) fut pour moitié dans la vente. Il monta jusqu'à 3,000 ou 4,000 francs. (Note communiquée par M. Dugast-Matifeux.)

discours à la Convention sont violemment oratoires et tyranniquement éloquents, autant dans cette œuvre dernière il montre d'adresse et de ruse. Un autre discours qui manque à ses œuvres, mais qui a été publié (*Revue rétrospective*, 2ᵉ série, IV, 425), étonne par l'étendue des connaissances, la netteté, la précision, l'admirable sens pratique, le nerf du vrai homme d'État.

Le fond du discours écrit pour le 9 thermidor est une récrimination très habile qui écarte de Robespierre le reproche de dictature. C'est Carnot, c'est Billaud-Varennes et Collot qui ont profité de l'absence de Robespierre, de Saint-Just, de Saint-André et autres membres du Comité pour prendre un pouvoir dictatorial.

C'est une chose incroyable combien ce violent génie a pu prendre sur lui pour changer de forme et de ton, mettre la sourdine à sa voix. Avec une connaissance merveilleuse de la nature, qu'on a rarement à cet âge, il calme la foule en faisant une part à la malignité, en se donnant à lui-même (si sérieux!) un léger ridicule, réduisant la grande question à une lutte d'amour-propre entre lui et Carnot, faisant le jeune homme irrité de ce qu'on lui disputait sa bataille de Fleurus : « On a parlé de la bataille; *d'autres* qui n'ont rien dit y étaient; on a parlé du siège; *d'autres* qui n'en ont rien dit étaient dans la tranchée. Ceux qui gagnent les batailles, ce sont ceux qui y sont. » De même sur Robespierre. Un tyran de l'opinion! un dictateur de l'éloquence ! Eh ! qui vous empêche, vous autres, d'essayer d'être éloquents ?

Avec un sentiment étonnant de sa force et de sa grandeur (la dignité de celui qui sait qu'on ne repousse pas la main d'un héros qui l'offre), dans un combat si terrible, au milieu d'une lutte à mort, il attestait... *l'amitié!*

Que voulait-il, que demandait-il ? Ce que tout le monde demandait, *l'atténuation de l'arbitraire des Comités*, spécialement que tout acte portât la signature de six membres (c'était abdiquer le triumvirat). Il notait avec bon sens ce rôle de ministre, qui absorbait Lindet, Carnot, les confinait dans l'administration et les éloignait du gouvernement. Il blâmait Carnot, Collot et Billaud, mais avec modération, disant : « Les membres que j'accuse ont commis peu de fautes... Je ne conclus pas contre eux ; je désire qu'ils se justifient et que nous devenions plus sages. »

Personne ne prévoyait un discours tellement modéré. Si Saint-Just eût tenu sa parole au Comité, s'il lui eût lu son rapport, le Comité, indécis, mollissant, entre deux dangers, se serait rapproché de lui, fût entré avec lui à la Convention, eût étonné l'Assemblée de ce rapprochement, et elle eût écouté Saint-Just. Il vint seul (il était midi). Tallien, Bourdon et quelques autres, frémissant d'audace et de peur, étaient dans les corridors, arrêtant et caressant leurs alliés du côté droit. Au troisième alinéa que lisait Saint-Just, Tallien entra et lui coupa la parole : « Qui ne pleurerait sur la patrie? Hier, un membre du gouvernement s'en est isolé; aujourd'hui un autre. Que le rideau soit déchiré! »

Billaud et les Comités entraient à l'instant, avertis à peine à midi par une lettre de Saint-Just, le trouvant à la tribune, furieux de son manquement de parole, qui leur fit croire qu'il voulait les pousser à mort. Impatients d'étouffer sa voix, se croyant perdus s'il parlait, Billaud interrompit Tallien : « Hier, des hommes aux Jacobins ont dit vouloir égorger la Convention nationale!... En voilà un sur la Montagne... Je le reconnais. »

« Arrêtez-le! arrêtez-le! » Ce cri part de tous les bancs. Quand une Assemblée, émue de son péril, est lancée ainsi habilement dans un élan de violence, elle peut aller très loin. La chasse aux hommes une fois commencée, il est facile de la pousser. Ceci fut un coup décisif qui peut-être emporta tout.

« L'Assemblée jugerait mal, si elle se dissimulait qu'elle est entre deux égorgements... Elle périra si elle est faible... »

« Non, non! » s'écrient tous les membres en se levant à la fois et agitant leurs chapeaux.

Ces spectacles ne manquent guère leur effet. Les tribunes se lèvent d'un même mouvement et crient : « Vive la Convention! vive le Comité de salut public. »

Lebas veut parler, s'agite... Il est rappelé à l'ordre. Plusieurs crient : « A l'Abbaye. »

Les accusateurs étaient trop émus, trop furieux pour être habiles. Billaud vomit pêle-mêle, parmi beaucoup de choses évidemment vraies, d'autres trop invraisemblables. Il dit que Robespierre, qui se disait opprimé, n'avait quitté le Comité qu'à cause de la résistance qu'y trouvait sa loi de prairial, qu'il avait organisé un infâme espionnage des représentants du peuple, que la veille aux Jacobins son Dumas avait fait chasser ceux qu'on voulait immoler. Tout cela était constant. Mais on haussa les épaules quand il dit que Robespierre favorisait les voleurs, persécutait les comités révolutionnaires, qu'il forçait le gouvernement de placer des nobles, etc. On ne vit dans Tallien qu'un comédien impudent lorsque, tirant un poignard, dans une pose mélodramatique, contre *le nouveau Cromwell, le nouveau Catilina* : il dit (lui Tallien) que le tyran voulait régner avec des hommes *crapuleux et perdus de débauche.*

Plus absurde fut Billaud quand il dit maladroitement qu'Henriot était complice d'Hébert, et que c'était lui Billaud qui avait accusé Danton, *que Robespierre, au contraire, l'avait défendu...* Il oubliait qu'alors même les Montagnards étaient presque tous hébertistes et dantonistes. Il blanchissait justement l'accusé qu'il voulait noircir.

Ce mot fut une avalanche de glace qui tomba sur la Montagne. Beaucoup, qui auraient parlé, s'abstinrent dès lors et parurent neutres. Merlin (de Thionville), Dubois-Crancé, Lecointre et bien d'autres, mortels ennemis de Robespierre, ne prononcèrent pas un mot contre lui. Loin de là, Lecointre disait qu'on devait l'écouter, qu'on ne pouvait empêcher sa défense.

Billaud et Tallien, Tallien et Billaud, se succédaient à la tribune, personne autre n'y montait.

Robespierre voulant répondre, la grande masse d'un même cri étouffait toujours sa parole : « A bas le tyran ! » Les coalisés étaient convenus de le faire périr ainsi. La mort sans phrases (le mot qu'on attribue à Sieyès) pouvait seule rallier une masse si hétérogène, si intéressée à cacher la diversité des mobiles qui la poussaient contre lui.

L'arrestation de Dumas, celle d'Henriot et de ses lieutenants, c'est tout ce qu'on osa d'abord. Cela laissait encore une belle porte ouverte pour Robespierre. On pouvait rejeter tout sur l'odieux président du tribunal révolutionnaire, sur l'ignoble chef de la force armée. Henriot seul aurait tout fait, seul appelé aux armes la garde nationale ; cette convocation furtive sans le rappel du tambour n'était-elle pas une erreur commise par Henriot dans un moment peu lucide ?

Barère que toute l'Assemblée appelait à la tribune, s'efforça de contenir l'affaire dans ces étroites limites. Il n'attaqua absolument que l'autorité militaire, de sorte qu'Henriot sacrifié, le généralat supprimé, le commandement partagé entre les chefs de légion, tout était fini.

Il voulut même sauver le maire, la Commune robespierriste, qui pourtant avait autorisé l'acte d'Henriot. Il vanta leur fidélité.

Toute sa crainte, on le voyait, était qu'en frappant Robespierre, les maladroits, les furieux, les Fréron n'abolissent les deux Comités. Il insista sur la nécessité de ne pas toucher « à ce sanctuaire du gouvernement », à cette unique garantie d'une action centrale et forte ; du reste, rejetant tout le mal, à l'ordinaire, sur les trames de l'étranger, sur les royalistes, les aristocrates.

Ce rapport sauvait Robespierre. Il le délivrait d'Henriot, de l'ivrogne et du bravache qui entravait son parti. Il lui laissait sa Commune où était sa grande force, et l'appel légal aux armes. Il divisait le commandement, au lieu de faire un général dévoué à l'Assemblée.

La séance languissait, l'affaire avortait. Un bavardage de vieillard que fit Vadier à la tribune sur la Mère de Dieu fit rire ; chose bien maladroite et qui pouvait finir tout. Qui rit est presque désarmé. Robespierre, à la tribune, les bras croisés sur la poitrine, endurait cette risée, s'efforçait de sourire lui-même, de simuler le mépris. Plusieurs l'auraient tenu quitte pour ce supplice de la vanité. Mais ceux qui étaient en péril, qui mouraient s'il eût vécu, arrêtèrent le vieux Vadier. « Ramenons, dit Tallien, la discussion à son vrai point... » — Robespierre : « Je saurai bien l'y ramener. » — Cris et violents murmures. Le président, Collot d'Herbois, donne la parole à Tallien.

Celui-ci, allant très droit, surtout voulant réparer la maladresse de Fréron, rallier les Comités, reprocha à Robespierre d'avoir calomnié ces Comités héroïques « qui avaient sauvé la patrie ».

Robespierre frémit du péril, voyant se reformer la ligue, il nia, cria, s'agita... Ses regards désespérés firent un suprême appel à la Montagne... Un groupe de Montagnards, nous l'avons remarqué, étaient restés immobiles. Quelques-uns, par chevalerie, comme Merlin, et parce que Robespierre était leur ennemi personnel, quelques autres, de la nuance de Romme, Soubrany, Maure, Baudot, J.-B. Lacoste, la Montagne indépendante, parce qu'ils n'eussent sauvé Robespierre qu'en lui donnant la dictature. Ils ne pouvaient accabler ce grand citoyen poursuivi par de tels hommes; d'autre part, comment l'appuyer, quand une fatalité terrible le poussait dans la tyrannie?

Le cœur percé, plus qu'il ne le fut du poignard de prairial, ils s'enveloppèrent du devoir, se détachèrent des personnes, détournèrent leurs visages sombres du coupable, de l'infortuné si cher et si dangereux à la liberté publique[1]. Car la crise

1. Romme, le mathématicien, l'un des principaux fondateurs du culte de la Raison, était l'oracle de cette partie de l'Assemblée, si peu connue, tellement étouffée par la gloire des dantonistes et des robespierristes, Romme, avec la figure de Socrate, avait son sens profond, l'austère douceur d'un sage, d'un héros, d'un martyr. Il était absent au 9 thermidor (je dois ce renseignement à son petit-neveu, M. Tailhand, juge à Riom, dépositaire de sa précieuse correspondance), mais son esprit était présent dans l'Assemblée. Son opinion sur Robespierre qui étouffa le culte de la Raison, ne peut être

durait encore... Une main lui eût été tendue du sein de la Montagne que la Plaine en eût pâli, que la droite eût reculé ; la déroute se fût mise parmi ses lâches ennemis.

Robespierre, sous ce jugement terrible, hélas ! mérité, se retourna en fureur vers la droite : « Vous, hommes purs ! c'est à vous que je m'adresse, et non aux brigands !... » Il leur redemandait la vie, qu'ils lui devaient, qu'il leur avait sauvée... Il n'en tira rien qu'outrage, des cris, des risées, la mort.

Alors, hors de lui et montrant le poing au président Collot d'Herbois : « Pour la dernière fois, président d'assassins, je te demande la parole !... »

Qui lui répondit ? La voix de Danton, je veux dire de Thuriot, qui avait pris le fauteuil à la place de Collot d'Herbois.

On se souvient que Thuriot, depuis le procès de Danton, devenu tout à coup muet, « malade de la poitrine », avait paru aussi mort que les morts du 5 avril. Il recouvra en ce jour une voix terrible et tonnante, comme celle du Jugement

---

douteuse. Son intime ami Soubrany, qui ne fut qu'une même âme avec lui et mourut avec lui, juge Robespierre avec une extrême sévérité (j'ai sous les yeux ses lettres que m'a communiquées M. Doniol, écrivain distingué de Clermont). — Grande gloire pour l'Auvergne d'avoir produit avec Desaix, le plus pur de l'armée, les purs de la Convention, je veux dire ceux qui, en faisant des choses héroïques, évitèrent jusqu'au soupçon d'ambition : Romme, Soubrany, le vainqueur des Espagnols, J.-B. Lacoste, le vainqueur du Rhin.

On a vu comment le parti robespierriste avait essayé de taire et d'étouffer les succès de Lacoste et Baudot, au profit de Saint-Just, dernier, et de ses poumons d'airain, du timbre, furieusement agité, d'une impitoyable sonnette, il exécuta Robespierre.

Il n'avait rien à espérer, étant tombé aux mains implacables des dantonistes.

« Le sang de Danton l'étouffe ! » dit Garnier (de l'Aube).

C'était un cri du sépulcre. Robespierre n'en fut pas atteint. Il se redressa, comme le serpent sur lequel on marche, et darda ce mot : « Ah ! vous voulez venger Danton !... » Risée amère de la lâcheté de ceux qui le lui livrèrent...

Du fond même de la Montagne deux voix qu'on n'avait entendues jamais :

« L'arrestation ! »

« L'accusation ! »

On se demandait les noms. C'étaient Louchet et Loiseau, gens obscurs, fermes jacobins, nullement thermidoriens et qui se montrèrent immuables contre la réaction.

Ils firent plus d'impression que les discours de Tallien. L'Assemblée tout entière appuie.

Robespierre jeune et Lebas veulent être arrêtés aussi. Accordé.

Robespierre crut voir ici une lueur. Il connaissait le cœur des foules. Il essaya de parler pour son frère. S'il eût attendri l'Assemblée, il était sauvé lui-même.

Mais un violent journaliste, supprimé par Robespierre, Charles Duval, s'écria : « Président, est-ce qu'un homme sera le maître de la Convention? »

Fréron : « Ah ! qu'un tyran est dur à abattre ! »

Billaud reprenait ici un bavardage très vague, au travers duquel peut-être Robespierre eût trouvé jour. Mais une masse de voix crièrent : « L'arrestation ! l'arrestation ! »

Thuriot la met aux voix. Décrétée à l'unanimité.

L'Assemblée tout entière se lève : « Vive la liberté ! vive la République ! »

« La République, dit Robespierre, elle est perdue ! Les brigands triomphent. »

Lebas : « Je ne partagerai pas l'opprobre de ce décret, je veux être arrêté aussi. »

« Oui, dit Fréron, Lebas, Couthon et Saint-Just. Couthon voulait, de nos cadavres, se faire des degrés pour monter au trône... »

« Moi, monter au trône ! » dit le cul-de-jatte en montrant ses jambes impotentes.

Cependant des deux côtés partaient des voix meurtrières.

De la droite, le royaliste Clausel : « Qu'on exécute le décret d'arrestation ! »

Le président : « Je l'ai ordonné ; les huissiers se sont présentés... Mais on refuse d'obéir. »

De la gauche, le jacobin Louchet : « A la barre les accusés ! Point de privilège ! Quand des membres furent arrêtés, ils descendirent à la barre ! »

Ils descendent en effet. Applaudissements frénétiques. L'Assemblée se croit libre enfin. Elle a vu passer son tyran au niveau de l'égalité.

Elle se leva bientôt, dans cette joie enfantine, sans rien faire pour son salut, sans se douter que la tyrannie restait tout entière, et elle s'ajourna au soir.

Il était trois ou quatre heures. Robespierre avait été conduit aux Comités, comme pour être interrogé... On a vu combien Barère l'avait encore ménagé. Sauf Billaud, Collot, Élie Lacoste, nul membre des Comités n'avait parlé contre lui. Qu'avait-il à craindre? De passer, comme Marat, au tribunal révolutionnaire? Là son immense ascendant moral, l'intérêt, le zèle d'une armée de fonctionnaires créés et placés par lui, les foudroyantes adresses des sociétés populaires arrivant de toute la France, lui ménageaient un triomphe tout autre que celui de Marat, bien près de l'apothéose. Sa personnalité multiple, qui remplissait toute chose, le rendait nécessaire et fatal, quoi qu'il arrivât. Il était devenu comme l'air dont la République vivait. Dans l'étouffement d'asphyxie qu'entraînerait son absence, la France allait venir à genoux dans cette prison lui demander de sortir. A lui d'exiger des juges, d'imposer à ses ennemis la nécessité du procès.

Cependant le bruit étonnant de l'arrestation de Robespierre se répandant dans Paris, le mot fut celui-ci : « Alors l'échafaud est brisé! »

Tellement il avait réussi, dans tout cet affreux messidor, à identifier son nom avec celui de la Terreur.

Ce jour même, un incident pathétique avait bouleversé les cœurs.

Une accusée, s'asseyant sur les gradins où son jeune fils avait été condamné la veille, tomba en épilepsie. La foule cria violemment qu'on ne pouvait la juger.

Le peuple espérait que, ce jour, il n'y aurait pas d'exécution. Telle était l'opinion du bourreau lui-même ; il croyait chômer. Donc lorsque, selon l'ordinaire, le tribunal révolutionnaire eut préparé une fournée, lorsque les lourdes charrettes vinrent à l'heure marquée rouler dans la cour du Palais de justice, l'exécuteur demanda à Fouquier-Tinville « s'il n'avait point d'ordre à donner? »

Fouquier se garda de comprendre cette demande d'un sens si clair et dit : « Exécute la loi. »

On vit donc sortir encore de la noire arcade de la Conciergerie quarante-cinq condamnés, et le lugubre cortège traversa encore une fois les quais, la rue, le faubourg Saint-Antoine. Nulle chose ne fut plus douloureuse ; la douleur nullement cachée. Plusieurs levaient les mains au ciel ; beaucoup criaient grâce. Quelques-uns enfin, plus hardis, sautent à la bride des chevaux et se mettent à vouloir faire rétrograder les charrettes. Mais Henriot, averti, arriva au grand galop et dispersa la foule à coups de sabre, assurant cette dernière malédiction à son parti et faisant dire dans le peuple : « La nouvelle est fausse sans doute. Nous ne sommes pas encore quittes du régime de Robespierre. »

Le tribunal révolutionnaire n'en était pas moins tué. Que Robespierre fût vainqueur ou vaincu, il finissait également. Le président Dumas en jugeait ainsi dès le 8 thermidor. Il croyait que les deux partis se rapprocheraient peut-être, en sacrifiant deux têtes, la sienne et celle d'Henriot. Dès lors il était prêt à fuir : il voulait faire partir pour la Suisse sa femme et sa famille.

CHAPITRE VI

LA SOIRÉE DU 9 ET LA NUIT DU 9 AU 10. — IMMOBILITÉ
DES JACOBINS.

Robespierre veut rester prisonnier. — Il ne peut entraîner ni les tribunaux ni la section de la Cité. — Le Comité ne veut rien faire. — Robespierre délivré malgré lui. — Le gendarme Merda. — Les jacobins soutiennent mollement Robespierre.

La Commune, avertie de minute en minute des moindres incidents de la séance, avant même qu'elle finît, était en insurrection.

Se fiant peu à la garde nationale qu'elle avait appelée et qui arrivait lentement, dès deux heures de l'après-midi, elle fit venir du Luxembourg la gendarmerie à la Grève. On lui distribua des cartouches et on lui dit qu'il s'agissait de réprimer une révolte des prisonniers de la Force.

Au moment où la nouvelle de l'arrestation de Robespierre parvint à la Grève, Henriot, à la tête de cette gendarmerie, suivit les quais au grand galop, renversant, foulant les passants. Un jeune homme qui avait sa femme au bras la quitta, criant à la foule : « Arrêtez-le ! arrêtez-le ! » et faillit être sabré. Dans la rue Saint-Honoré, la cavalerie fut retardée par un travail de paveurs. Henriot les harangua, leur parla de Robespierre, mais ne put les entraîner. Ils crièrent : « Vive la République ! » et se remirent à l'ouvrage.

A la porte des Tuileries, la garde croisait la baïonnette sur lui et ses hommes, lorsqu'un gros huissier de la Convention se jeta entre eux : « Gendarmes, cet homme-là n'est plus votre général... Voyez le décret ! » Les gendarmes reculèrent.

Henriot, qui venait d'arrêter Merlin (de Thionville) dans la rue Saint-Honoré, se trouva arrêté lui-même. Deux dantonistes, Robin et Courtois, qui dînaient chez un restaurateur, le virent flottant sur son cheval, suivi de sa troupe déjà ébranlée. Ils crièrent de la fenêtre qu'on l'arrêtât. Ce que firent les gendarmes, et ils le menèrent au Comité de sûreté, d'où Robespierre sortait à peine pour aller au Luxembourg.

Il y était arrivé, escorté plutôt que gardé. Là les administrateurs de police, Faro, Wiltcheritz, qui gouvernaient la prison (deux robespierristes dévoués), lui dirent qu'ils avaient reçu de la Commune défense de le recevoir, qu'on l'attendait à la Commune. Une foule de ses partisans qui remplissaient la rue de Tournon criaient de toutes leurs forces : « A la Commune ! à la Commune ! »

Il était six heures du soir, et l'insurrection était complètement déclarée. La Commune avait fait arrêter les messagers de la Convention. Elle ne reconnaissait plus le Comité de salut public et s'était créé à elle-même un comité d'insurrection (Payan, Coffinhal, Arthur, etc.). Elle battait partout le rappel, et déjà elle avait sur la Grève vingt pièces de canon en batterie.

Robespierre, qui trouvait ces mesures étrangement précipitées, fut d'autant plus éloigné d'aller à l'Hôtel de Ville. Il dit qu'il était prisonnier, arrêté par un décret, et que tel il voulait rester. Il ordonna à ses gardiens de le mener du Luxembourg à l'administration de police municipale, dont les bureaux occupaient, avec ceux de la mairie, l'hôtel de la Préfecture de police actuelle, quai des Orfèvres.

Ses amis et ses ennemis ont blâmé ici son hésitation. Nous croyons que cette démarche était la sagesse même. Il connaissait infiniment mieux que les siens l'état moral de Paris et le cœur du peuple.

Robespierre captif, Robespierre victime, Robespierre martyr des méchants, des voleurs, des traîtres qu'il avait osé accuser, c'était un texte admirable, du plus grand effet, qui pouvait lui donner Paris. Et Robespierre général, chef d'émeute, tirant le canon contre l'Assemblée nationale, était coupable et ridicule.

Si même il fallait en venir à l'insurrection, la position qu'il prenait n'était pas sans avantage. On sait que cet hôtel du quai des Orfèvres communique par derrière avec le Palais de Justice et la Conciergerie. Le tout forme en réalité, dans toute la largeur de l'île, une grande et énorme forteresse, que commandent les tribunaux, avec tous leurs employés, leurs geôliers, leur garde nombreuse. Le véritable maître du lieu qui y résidait et donnait les ordres était l'accusateur public du tribunal révolutionnaire. Si Fouquier-Tinville, sans sortir de chez lui, eût, de son Palais de justice, visité le prisonnier, celui-ci devenait bien fort. La calomnie du prétendu royalisme de Robespierre qu'on fit courir dans Paris, eût-elle pu prendre racine ? L'opinion du tribunal révolutionnaire eût d'avance couvert l'accusé. Les *exagérés*, qui, comme on verra, furent très actifs contre lui, n'auraient pas osé être plus difficiles en patriotisme que Fouquier-Tinville.

On sentait si bien la nécessité d'avoir celui-ci pour soi que, le même jour, 9 thermidor, Coffinhal avait voulu dîner avec Fouquier chez un ami commun derrière Notre-Dame (au Pont-Rouge, île Saint-Louis). Fouquier rentra au Palais à six heures du soir, presque au même moment où Robespierre entrait par l'autre quai à la Police qui y touche. Celui-ci y resta jusqu'à neuf, mais ni Fouquier ni Dobsent, président du tribunal criminel, ne firent le moindre pas vers lui.

Robespierre, à la Police, n'était pas même gardé. Il s'adressa à la section, celle de la Cité, section fort importante par sa position centrale, par le Palais, par Notre-Dame, par la facilité qu'elle a de disposer du bourdon, la grosse cloche qui peut sonner le tocsin pour Paris, et qui le sonna effectivement au 31 mai. La Cité était encore fortement influencée par les hommes du 31 mai, Dobsent, l'ancien président du club de l'Évêché, et d'autre part par un agitateur de bas étage, Vaneck, ami de Dobsent. L'un devenu modéré en haine des lois de Prairial, l'autre devenu *exagéré*, sans doute par les persécutions dont le parti robespierriste accabla les exagérés; ils étaient d'accord en un point, la haine de Robespierre.

Celui-ci ayant demandé cinquante hommes, la section les envoya. Mais quand les municipaux qui entouraient Robespierre expliquèrent qu'il s'agissait « de le prendre *sous leur sauvegarde* », le commandant répondit froidement qu'il ne le pouvait, Robespierre étant décrété d'arrestation. Ils lui dirent qu'il était un poltron, un aristocrate, lui dirent que lui-même était prisonnier et le retinrent en effet[1].

D'autre part, tous leurs efforts pour emmener Robespierre étaient impuissants. Il ne voulait bouger, croyant, non sans apparence, que les Comités n'agiraient pas plus que lui.

Leur police n'étant pas à eux, que pouvaient-ils faire ? Le chef Héron était à Robespierre, le Comité de sûreté ne disposait que d'un petit chef de brigade, agent inférieur, nommé d'Ossonville, lequel s'était attaché un homme d'exécution, un Dulac, ami de Tallien.

On ne leur donna nul ordre, nulle instruction précise ; les circonstances, infiniment variables, devaient seules les diriger.

1. Archives de la Préfecture de police, Procès-verbaux des sections, section de la Cité.

La seule chose qu'indiquait la situation, c'était sans doute, si l'on pouvait, de tuer moralement Robespierre, en faisant courir le bruit qu'il avait été arrêté pour un complot royaliste[1]; c'est ce que prêcha d'Ossonville dans les sections. Pour Dulac, on peut soupçonner sans risquer de faire trop de tort à ces honnêtes gens, que toutes ses instructions furent le poignard de Tallien.

La Convention, rentrée en séance à sept heures du soir, avait appris l'arrestation d'Henriot, mais elle était loin de soupçonner l'inaction des Comités. On avait mené le captif au Comité de sûreté; un seul membre s'y trouvait, Amar, et il s'esquiva. Il fallut mener Henriot au Comité de salut public. Barère, Billaud, d'autres y étaient. « Mais, dit Billaud à celui qui l'amenait, que veux-tu que nous en fassions?... — Il nous égorgera ce soir... — Que faire enfin? dit Barère; nommer une commission militaire qui juge prévôtalement?... — Ce serait un peu vigoureux, dit Billaud. — Ramenez-le, dit Barère, au Comité de sûreté; nous allons nous en occuper. »

Le Comité ne voulait pas pousser vivement les

---

1. Si l'on veut croire le très peu croyable Soulavie (t. V, 348), Robespierre aurait reçu des ouvertures de l'Angleterre, et la lettre aurait été interceptée par Vadier. Mais comment supposer que Vadier n'eût pas publié une telle lettre? De l'Angleterre! c'est absurde.

Quant aux puissances allemandes, il est certain qu'elles faisaient effectivement des ouvertures. Notre politique, à travers tous les partis (de Dumouriez, de Custine à Carnot et à Robespierre), fut invariable en ceci que tous crurent que la Prusse se détacherait la première de la coalition; c'est cette espérance qui fit le fatal abandon de la Pologne (en mai 1794). Un signe, un geste de la France, le simple envoi du drapeau eût donné à Kosciuszko une force incalculable.

choses. Il connaissait Robespierre ; il croyait qu'il voudrait toujours une solution légale, le jugement, le triomphe de Marat. Cela donnait du temps; on pouvait travailler l'opinion, l'avidité avec laquelle le public avait accueilli l'affaire Saint-Amaranthe et celle de la Mère de Dieu montrait combien l'homme était mûr, combien facile à attaquer, combien prêt à recevoir le coup de la calomnie.

Tout se fut passé ainsi, si Robespierre eût été maître de son parti. Il ne l'était pas.

Un peu avant dix heures du soir, le Comité écoutant tristement le tocsin de la Commune, les portes étant tout ouvertes, quelqu'un entra précipitamment, un gendarme : « Robespierre est délivré ! » Vers neuf heures effectivement, la Commune désespérant de le faire venir à elle, Coffinhal, l'hercule auvergnat, se chargea de l'apporter. Enveloppant Robespierre de sa voix assourdissante, de ses bras irrésistibles, de sa brutale amitié, il l'enleva de la mairie, l'entraîna à l'Hôtel de Ville, à l'insurrection, le fit insurgé malgré lui. Ce fut cette main coupable qui, dans la falsification du procès d'Hébert, prépara la mort de Danton, qui, dans celui de Danton mutila ses dernières paroles, ce fut, dis-je, cette même main, par une fatalité de crimes, qui enleva Robespierre de l'asile de la Loi où il s'efforçait de rester et le posa dans la Mort.

L'infortuné, sur la route, disait à cette bande étourdie et violente : « Vous me perdez ! Vous vous perdez ! Vous perdez la République ! » Eux, ils ne

voulaient rien comprendre. Ils répétaient leur mot
ordinaire, que Maximilien était un homme de scrupule vraiment excessif, d'une moralité désolante;
qu'il fallait bien que ses amis l'obligeassent d'être
homme d'État.

Le Comité de salut public, atterré de la nouvelle,
pensa que la Commune, maîtresse de Robespierre,
lui ferait vouloir ce qu'elle voudrait, que tout
était remis aux armes. On se repentit un peu tard
d'avoir divisé, annulé le commandement militaire.
Il fallait maintenant demander un général à la
Convention. Carnot regardait le gendarme qui apportait la nouvelle. Il était extrêmement jeune
(dix-neuf ans), une blonde figure innocente, résolue
pourtant, un soldat et rien de plus. Ce jeune
homme, nommé Merda, enfant de Paris, fils d'un
marchand, était entré à dix-sept ans dans la garde
constitutionnelle du roi. Comment un enfant de
cet âge fut-il admis dans ce corps d'élite, recruté
soigneusement parmi d'anciens militaires, des maîtres
d'armes, des lames renommées de Paris? Sans doute
pour sa dextérité peu commune dans les armes.
Passé en 1792 dans la gendarmerie *des hommes du
14 juillet*, il y était fort vexé soit à l'occasion de
son nom bizarre, soit comme *garde constitutionnel*.
Son sobriquet était *Veto*. Ces disputes continuelles,
qui, dans le corps, obligent tous les jours de tirer
l'épée, durent faire du jeune homme naturellement
pacifique un homme d'exécution, une main vive
et prompte à frapper. Du reste, pour achever son

histoire, il n'était point ambitieux, ne fit point sa cour au pouvoir, avança très lentement, et périt, simple colonel, à la bataille de la Moskowa.

Merda dit au Comité que c'était lui qui, de sa main, tout à l'heure, avait arrêté, lié Henriot, que, si l'on voulait, il allait ramasser quelques hommes, marcher sur la Commune. Et, plein de zèle, il courut au Comité de sûreté pour trouver ses camarades. Là, il fut en grand danger. Coffinhal, avec une masse de canonniers des faubourgs, avait forcé le Comité et délivré Henriot. Ce n'étaient que cris, embrassades du délivré et des libérateurs. Henriot reconnut Merda, qui se sauva à grand'peine au Comité de salut public : « Henriot est délivré... — *Quoi, tu ne lui as pas brûlé la cervelle ?* dit Barère ; on devrait te fusiller ! » Merda se le tint pour dit.

L'anxiété était extrême dans la Convention. Elle n'avait aucune défense qui empêchât Coffinhal, Henriot, malgré leur petit nombre, de pénétrer dans la salle ! Collot d'Herbois prit bravement le fauteuil et dit d'une voix sépulcrale : « Citoyens, voici le moment de mourir à votre poste... Le Comité de sûreté est envahi. »

« Courons-y », disent les tribunes. Sous ce prétexte, tous les assistants s'enfuirent si précipitamment que la salle se remplit d'un gros nuage de poussière.

La Convention resta seule, calme et digne, s'arrangeant pour mourir avec gravité. L'obstacle c'était

Lecointre, grotesque en ce moment même, qui, de ses poches inépuisables où il avait un arsenal, distribuait à ses collègues des cartouches et des pistolets.

La peur fait souvent des miracles. Ce fut précisément Amar, le plus craintif des membres des Comités, qui sortit au Carrousel; Amar, qui s'était sauvé devant Henriot enchaîné, pour ne pas le prendre en garde, alla au-devant d'Henriot délivré et sur la place, à la tête de ses canonniers. On savait au reste que ceux-ci étaient extrêmement indécis. Il n'y avait qu'une compagnie bien décidée pour la Commune. Mais les autres n'étaient guère ardents pour la Convention. La grande majorité ne suivit ni Henriot ni Amar; ils pensèrent qu'il était tard, s'en allèrent coucher. La place redevint solitaire et ténébreuse.

La scène n'était pas beaucoup plus animée à la Commune. A ses invitations pressantes peu disaient non, mais peu venaient. Le Département était nettement contre la Commune. Le Palais de justice restait dans une neutralité suspecte. Le maire Fleuriot y alla pour décider Fouquier-Tinville et ne gagna rien. Dobsent de même, président du tribunal criminel, ne s'ébranla que quand l'affaire fut éclaircie.

Dans cette froideur générale, Robespierre devait pourtant compter sur deux forces, qui n'en faisaient qu'une : les Jacobins *sociétés* et les Jacobins *comités*.

Je parle d'abord des quarante-huit comités révolutionnaires de sections, parfaitement Jacobins et robespierristes, fonctionnaires salariés, vrais rois de Paris, ayant tout à perdre au changement. Depuis plus de six mois, ces comités ne se recrutaient plus par l'élection; les membres qui manquaient étaient nommés (contrairement à la loi) par le Comité de salut public, ou plutôt par le triumvirat robespierriste. On comptait si bien sur eux que, vers la fin de messidor, à l'approche de la crise, Payan les avait convoqués à la Commune, redoutable convocation qui sentait son 31 mai. Le Comité de salut public hasarda d'interdire la réunion.

Quant à la grande société jacobine, on a vu le soir du 8 la scène qui s'y passa, l'enthousiasme, les larmes, les protestations, les serments. Si tout cela est quelque chose en ce monde, Robespierre devait y compter.

Des comités révolutionnaires, très peu vinrent. Ils étaient fonctionnaires et craignaient sans doute de perdre leurs places.

La société jacobine se ménagea plus qu'on n'eût cru. Elle essaya d'établir sa correspondance avec les sections et n'y parvint pas[1]. Elle envoya de deux heures en deux heures des députations à la Commune, mais n'y alla pas en corps. Cette démarche décisive, solennelle, qui eût entraîné peut-être les sections, fut attendue, désirée toute la nuit par la Commune.

1. Procès-verbal de la section Marat (Archives de la Préfecture de police).

Peut-être les Jacobins ne pouvaient faire mieux. Peu d'entre eux seraient venus. Un schisme se fût déclaré; les partisans de Fouché et autres représentants fussent restés rue Saint-Honoré, seuls maîtres du lieu sacré, d'où ils eussent excommunié la fraction qui eût passé à l'Hôtel de Ville. On a vu ces divisions : en votant pour Robespierre, la société, presque toujours, prenait pour président un de ses ennemis, un Fouché, un Élie Lacoste, un Barère. Cette nuit, leur président, Vivier, était un robespierriste. Un autre, Sijas, adjoint de la Guerre, les prêchait, les animait. Et pourtant rien ne remuait. Une paralysie latente immobilisait la société.

Le représentant Brival s'était chargé d'expliquer aux Jacobins l'arrestation de Robespierre. On lui demanda s'il l'avait votée : « Sans doute, dit-il; bien plus, je l'avais aussi provoquée, et, comme secrétaire, j'ai expédié, signé les décrets. » Vifs murmures, huées; on le raye, on lui enlève sa carte. Qui croirait qu'un moment après, Brival, rentré dans l'Assemblée, se voit rapporter sa carte par des commissaires jacobins? La société a révoqué sa radiation, rétabli comme jacobin un homme qui vient de se vanter d'avoir demandé, signé l'arrestation de Robespierre !

L'homme éminent des Jacobins, Couthon, ne paraissait pas à l'Hôtel de Ville. Infirme, se jugeant peu utile sur une telle scène d'action, il était resté chez lui, près de sa femme et de son enfant. On pensa que sa présence entraînerait la société à l'Hôtel de

Ville. Robespierre et Saint-Just écrivirent ce mot :
« Couthon, tous les patriotes sont proscrits ; le peuple
entier s'est levé ; ce serait le trahir que de ne pas
te rendre à la Commune, où nous sommes. »

Couthon vint à l'instant même. Mais les Jacobins
ne vinrent pas, sinon par députations.

La dernière ligne du procès-verbal de la Commune, interrompu par l'événement qui brisa tout,
indique qu'à ce moment suprême les Jacobins
envoyaient chercher des nouvelles, et que la Commune agonisante les invitait à venir en corps.

CHAPITRE VII

LA NUIT. — NEUTRALITÉ DE PARIS EN GÉNÉRAL ET DU FAUBOURG SAINT-ANTOINE. — LES ENRAGÉS SE RÉVEILLÈRENT-ILS ?

Cause de l'inaction générale. — Rancune des enragés et des hébertistes. — Initiative de l'*Homme-Armé*, de la *Cité*, de la rue Saint-Martin. — Neutralité du faubourg Saint-Antoine. — Conflits du faubourg Saint-Marceau. — Fluctuation des sections.

Un phénomène singulier, qu'aucun des partis n'attendait, apparut dans cette nuit : la neutralité de Paris.

Ce qui se mit en mouvement, ou dans un sens ou dans l'autre, était une partie imperceptible de cette grande population.

On aurait pu le prévoir. Depuis cinq mois, la vie publique y était anéantie. Partout les élections avaient été supprimées. Les assemblées générales des sections étaient mortes, et tout le pouvoir avait passé à leurs comités révolutionnaires, qui eux-mêmes n'étant plus élus, mais de simples fonctionnaires nommés par l'autorité, n'avaient pas grande vie non plus.

Tranchons le mot : on avait assommé Paris, si vivant du temps de Chaumette. Il n'était pas aisé de croire que les uns ou les autres le ressusciteraient en une nuit.

Les chefs le sentaient. Ils semblaient n'avoir à offrir aux leurs que des encouragements à la patience.

A dix heures, Collot disait, dans le fauteuil de la Convention : « Sachons mourir à notre poste. »

Et plus tard, Robespierre disait à Couthon, arrivé à la Commune : « Sachons supporter notre sort. »

D'où venait cet isolement ? De la lassitude sans doute, de l'ennui universel, de la cherté des vivres. La moisson était admirable, mais elle était encore sur pied. La Commune, large et généreuse pour les indigents, n'en avait pas moins mécontenté les masses, en déclarant que la question des subsistances ne la regardait plus, tandis que l'ancienne Commune en avait toujours fait sa principale affaire. Les nouvelles autorités avaient encore ce défaut : elles attristaient Paris. Elles venaient de défendre les petits jeux de place, les bateleurs, chanteurs, banquistes, etc. Elles avaient blâmé, empêché les repas publics dans les rues, le mélange des riches et des pauvres.

Enfin, et c'était le plus grand grief, le 5 thermidor, la Commune avait fait dans les quarante-huit sections par quarante-huit de ses membres la proclamation, peu agréable, du *maximum* qui limitait le salaire des ouvriers[1].

---

1. Archives de la préfecture de la Seine, registres du Conseil général, thermidor.

Quelle serait l'attitude des sections ? Problème infiniment complexe. Là, l'intrigue pouvait moins. Un Fouché avait bien pu, en groupant les haines, faire un schisme dans les Jacobins, les neutraliser. Un Tallien, un Bourdon (de l'Oise), avaient pu, dans l'Assemblée, tenter la droite et la séduire, créer une majorité contre Robespierre. Mais, sur le vaste théâtre des sections, il était bien plus difficile d'agir. Le plus probable était qu'elles ne bougeraient ni dans un sens ni dans l'autre. C'est ce qui arriva réellement pour la grande majorité.

Si les choses se passaient ainsi, les robespierristes avaient cause gagnée. Quoiqu'en minorité minime, ils faisaient un groupe fortement lié d'idées, d'intérêts; ils avaient un drapeau vivant. Ils ne pouvaient manquer au jour de se reconnaître et de se serrer, d'agir ensemble et de vaincre. C'est ce que sans doute pensait Robespierre, et qui se fût vérifié, si un élément imprévu n'eût compliqué la question. La Convention agit tard. A dix heures, au moment où Collot lui disait : « Sachons mourir », sans rien proposer, un député inconnu, Beaupré, prit l'initiative, demanda et fit voter la création d'une commission de défense, laquelle n'agit pas elle-même, mais remua les Comités. Ceux-ci proposèrent de nommer un général, Barras, collègue de Fréron à Toulon, puis de mettre *hors la loi* ceux qui se seraient soustraits à l'arrestation. Voulland, seul et en son nom, exigea, obtint que Robespierre nominativement, fût mis *hors la loi*.

Barras, général sans armée, ne donna aucun ordre, ne fit rien que quelques reconnaissances autour des Tuileries. Des représentants s'assurèrent de l'École de Mars, d'autres coururent les sections. Bien reçus, mais généralement n'y trouvant presque personne, ici un comité révolutionnaire, là un comité civil, ailleurs une soi-disant assemblée générale, à peu près déserte. Les envoyés de la Commune n'avaient pas meilleure chance. Les députations et les torches allaient, venaient, se croisaient. Les Parisiens restaient dans leurs lits.

Ne restait-il donc rien du parti hébertiste si terrible en 1793, si nombreux encore en mars, quand Robespierre l'étouffa? Les disciples de Chaumette et Clootz, l'église de la Raison avait-elle disparu dans ces vastes et profonds quartiers de l'industrie parisienne qui, au jardin des Filles-Dieu, aimaient tant à écouter les sermons d'Anaxagoras? Ceux qu'on appelait enfin *enragés*, anarchistes, partisans des lois agraires, etc., ceux qui, en juin 1793, semblaient tellement redoutables qu'ils décidèrent Robespierre à s'aider contre eux d'Hébert, ceux qu'on poursuivait encore en prairial 1794, au jardin des Tuileries, ne firent-ils rien en thermidor? On se rappelle les tréteaux de Varlet, les furies du Lyonnais Leclerc, amant de Rose Lacombe[1], les témérités de

---

1. Rose Lacombe, brillante et terrible dans la nuit du 31 mai, ne parlant que de massacre, avait, peu de mois après, molli, voulu sauver des hommes. On lui ferme bientôt son théâtre, la société des femmes révolutionnaires. En mars, quand elle voit l'orage gronder dans les discours de Saint-Just, elle part et se fait actrice à Dunkerque. En Thermidor, elle est marchande à la

Jacques Roux contre la Montagne, comment Robespierre détruisit l'*Ombre de Marat*, que rédigeaient Roux et Leclerc. Ce dernier a disparu. Varlet, presque toujours en prison, y est sans doute encore. Pour Jacques Roux, on a vu sa mort tragique en janvier. Mais n'ont-ils laissé nul ami, nul disciple, nul vengeur ?

Rappelons-nous les sections où ces hommes eurent influence[1]. Nous verrons ensuite quel fut leur rôle dans la journée décisive.

Les *Gravilliers* (quartier de la haute rue Saint-Martin, la plus éloignée de la Seine) furent le théâtre de Jacques Roux. Ils furent aussi celui des prédications de Chaumette; son acolyte zélé, Léonard Bourdon, avait dans cette section, à Saint-Martin (aujourd'hui Conservatoire des arts et métiers), son école des enfants de la Patrie.

Les *Arcis* (basse rue Saint-Martin, près de la Seine) paraissent avoir adopté une idée communiste de Roux, celle des greniers communs; ils proposèrent à la Commune de mettre cette idée en pratique. Et c'est pour cela, sans nul doute, qu'on brisa arbitrairement et renouvela leur comité révolutionnaire.

La *Cité*, point central de Paris, d'où partit le 31 mai, section très nécessiteuse, était fortement

porte des prisons, position lucrative, qui, par la connivence des geôliers, permettait de vendre à tout prix. Sans doute elle s'était amendée, soumise aux robespierristes.

1. Ce qui suit ressort d'une étude sérieuse et complète des Procès-verbaux des sections conservés aux archives de la Préfecture de police.

dominée par la question des subsistances. C'est d'elle qu'était sortie l'idée des banquets fraternels, qu'étouffèrent les robespierristes. Elle suivait l'influence de Dobsent et de Vaneck, hommes du 31 mai. Vaneck, homme secondaire avant Thermidor, joue après un grand rôle populaire; c'est lui qui parle à la tête du peuple dans le mouvement de famine qui épouvanta la Convention en germinal an III.

La section *Montmartre* avait pour principal meneur un autre homme du 31 mai, le métallurgiste Hassenfratz, homme de fer, homme de forge, puissant sur les ouvriers. Depuis, professeur au Collège de France, il a été destitué en 1815.

Ces quatre sections néanmoins, dans leur opposition aux robespierristes, furent précédées par celle de l'*Homme-Armé*. Et celle-ci entraîna sa voisine, la section de la *Maison-Commune*, où étaient la Grève même et l'Hôtel de Ville; de sorte que la Commune, à l'Hôtel de Ville, s'y trouva de bonne heure comme dans une île. Tout autour, les misérables rues de la Mortellerie et autres, quartier de famine, s'il en fut, étaient apparemment irritées par la cherté des vivres.

Tallien demeurait rue de la Perle, au Marais, précisément à la limite de la section de l'*Homme-Armé*. C'est lui très probablement qui, à huit ou neuf heures du soir, pendant que Robespierre était encore à l'hôtel de la police et de la mairie, fit savoir dans cette section : « Que la Convention était en grand danger, que la municipalité voulait se mettre au-dessus de l'Assemblée nationale, *qu'elle donnait asile aux individus décrétés d'arrestation.* » La section, convoquée bruyamment à son de caisse, décida que ses canons, qui, ce jour-là, étaient à la trésorerie, seraient envoyés à l'Assemblée. Elle prit la première initiative contre la Commune, se chargea de courir de quartier en quartier et d'éclairer les quarante-sept autres sections de Paris.

La *Cité* fut moins active, mais son inaction, sa neutralité, eurent des résultats plus décisifs encore. Robespierre, à la police, ne put, comme on a vu plus haut, obtenir que le commandant de la section le prît sous sa sauvegarde. Et quand la Commune l'eut tiré de la Police et l'eut dans son sein, elle ne put obtenir que la *Cité* appelât Paris à son secours, qu'elle sonnât au Bourdon de Notre-Dame le tocsin de l'insurrection. Il lui fallut se contenter du petit tocsin de clochette qui sonnait à l'Hôtel de Ville, attestant par ce faible son qu'on n'était pas maître des tours dont la voix grave avait tellement ébranlé les cœurs aux grandes journées populaires.

Les *Arcis*, si voisins de la Grève et littéralement à deux pas, avaient décidé d'abord qu'une députation les tiendrait en rapport avec la Commune. Cette députation revint dire : « Que la Commune lui semblait aller contre les principes. » Alors les *Arcis*, sans ménagement, non contents de fermer l'oreille aux officiers municipaux, qui leur venaient de l'Hôtel de Ville, les firent arrêter, leur disant avec rudesse : « Comment restez-vous décorés de l'écharpe municipale, vous qui venez nous proposer de marcher contre la loi? »

Les *Arcis* ne s'en tinrent pas là. Non contents d'une première députation aux quarante-sept sections, ils leur en envoyèrent une seconde immédiatement pour les engager à arrêter de même les messagers de la Commune.

Les *Gravilliers* se prononcèrent plus énergiquement encore et formèrent l'avant-garde contre la Commune.

Pour résumer, ces sections, qu'on avait appelées anarchistes (et qui réellement contenaient un premier levain de socialisme), se montrèrent précisément les plus zélées contre Robespierre. Ce qui s'explique aisément, quand on se rappelle la guerre qu'il fit à leurs chefs.

Une cause d'irritation dans ces sections et d'autres, dont les comités avaient été renouvelés par l'autorité supérieure et nommés sans élection, c'était l'opposition de ces comités imposés par le pouvoir et des anciens meneurs populaires, hébertistes ou enragés.

Plusieurs de ces comités allèrent joindre Robespierre, et justement pour cela leur section se déclara contre.

Au Luxembourg (*Mucius Scævola*), ancien centre d'Hébert et Vincent, les autorités envoyèrent à la Commune; mais l'assemblée générale de la section, invitée à lever la séance, déclara qu'elle resterait réunie *pour attendre les ordres de la Convention.*

A voir à l'Hôtel de Ville tel comité du faubourg Saint-Antoine, on l'aurait cru décidément déclaré pour la Commune. C'était le contraire. Nous avons vu les causes diverses de son mécontentement.

De ses trois sections, deux, *Montreuil* et *Popincourt*, pendant que leurs comités allaient à la Commune, adhérèrent à l'adresse que promenait l'*Homme-Armé* et déclarèrent qu'ils n'avaient de boussole que la Convention.

La troisième section du faubourg, celle des *Quinze-Vingts*, écrivit à l'Assemblée : « Qu'elle attendait, sous les armes, la connaissance des motifs qui causaient le rassemblement, protestant ne connaître personne que la République », c'est-à-dire ne voulant combattre pour aucun individu.

Des deux sections du faubourg Saint-Marceau, celle du Jardin-des-Plantes (ou des *Sans-Culottes*) était celle d'Henriot. Elle se déclara pour lui, sans nul doute. Nous avons perdu ses procès-verbaux. Ses colonnes étaient en marche; on les empêcha d'arriver à temps, en les amusant de la fable d'un complot royaliste de Robespierre.

L'autre section Saint-Marceau (celle des Gobelins ou du *Finistère*) fut le théâtre du plus violent conflit qui peut-être eut lieu cette nuit. Le comité révolutionnaire de la section s'étant déclaré pour la Convention, ainsi que le commandant de la garde nationale, un membre de la Commune les mit hardiment en arrestation. Mais l'assemblée générale, indignée, mit elle-même en arrestation ce membre de la Commune.

Pour résumer, le faubourg Saint-Marceau n'agit pas plus cette nuit que le faubourg Saint-Antoine.

Peu, très peu de sections prirent une forte initiative.

L'*Observatoire* fut fixe, invariable pour Robespierre.

Le *Pont-Neuf*, au contraire, arrêta le général nommé par la Commune dans l'absence d'Henriot et tint ses canons en batterie pour empêcher la communication des deux rives. La *Place-Vendôme* (les Piques), section de Robespierre, lui fut si hostile qu'elle brûla sans les lire les lettres de la Commune.

Quelques autres sections arrêtèrent les messagers qu'elle envoyait. Beaucoup flottèrent ou se partagèrent. Plusieurs changeaient d'heure en heure, selon les éléments nouveaux qui survenaient dans leur mobile assemblée [1].

1. Il nous manque les procès-verbaux de dix-sept sections, mais nous savons par ceux des autres le parti que plusieurs des sections voisines suivirent : *Panthéon*, Beaurepaire (*Thermes*), *Croix-Rouge*, Contrat Social (*Postes*), *Jardin-des-Plantes, Grenelle, Invalides, Ile-Saint-Louis*, et sur la rive droite : *Maison-Commune, Bonne-Nouvelle, Lepelletier, Roule, Tuileries, Ponceau, Mont-Blanc, Halle-au-Blé, Butte-des-Moulins*. (Archives de la Préfecture de police.) De ces dix-sept sections dont les procès-verbaux ont disparu, sept sont les sections les plus riches de Paris, deux sont extrêmement pauvres.

CHAPITRE VIII

LA NUIT. — MOUVEMENT DU QUARTIER SAINT-MARTIN (GRAVILLIERS, ARCIS) CONTRE ROBESPIERRE.
IL REFUSE D'AUTORISER L'INSURRECTION.

La Commune pouvait reprendre force au matin. — La rue Saint-Martin s'ébranle. — Léonard Bourdon, Dulac, Merda. — Situation de la Commune. — Robespierre refuse d'autoriser l'insurrection.

Les représentants, à force de courir les sections, parvinrent, dans toute la nuit, à ramasser et réunir à peu près dix-huit cents hommes dans le Carrousel. Peu à peu on les alignait sur le quai.

Pourquoi ne marchait-on pas ? Parce qu'on comptait sur le temps, sur l'effet de la mise *hors la loi*, parce qu'on craignait peut-être, si l'on commençait à tirer sur l'Hôtel de Ville, que le faubourg, ému par le bruit du canon et décidément réveillé, ne sortît de la neutralité, ne descendit pour Robespierre.

Quand on songe combien le faubourg, les Jacobins, les patriotes en général, semblèrent robespierristes plus tard, on est tenté de croire que beaucoup ceux qui restèrent inactifs au 9 thermidor eussent fini par se décider, si le nœud n'eût été tranché brusquement.

Il était très vraisemblable qu'au matin, l'Hôtel de Ville se trouverait beaucoup moins faible qu'il ne l'était en pleine nuit. Je doute de ce qu'on raconte de son abandon définitif. Plusieurs de ses défenseurs s'étaient éloignés, par ennui de ne point recevoir d'ordre ou pour aller voir leurs familles, mais ils seraient revenus. Si l'on eût tiré au matin, comme allait le faire Barras, le bâtiment très massif eût résisté quelques heures. La canonnade retentissante eût peut-être éveillé Paris. Qui peut dire quelle eût été l'émotion des cœurs dévoués, quand, le tocsin se faisant entendre, la voix lugubre du canon leur eût marqué, coup par coup, les cruels progrès de l'assassinat, les pas que faisait vers la mort cet homme qu'ils adoraient et qui était là délaissé?... N'était-il pas trop probable que, libres des terreurs de la nuit, ne pouvant, devant le jour, endurer leur propre honte, ils viendraient désespérés prendre les assiégeants par derrière et les assiéger à leur tour?

Le nœud fut tranché par un coup imprévu que ni les uns ni les autres n'avaient préparé.

L'Assemblée avait envoyé Léonard Bourdon, Legendre et un autre pour réveiller les sections. Ils se rendirent d'abord aux marchés, à la Halle-au-Blé, d'où les deux derniers, suivant la rue Saint-Honoré, allèrent fermer les Jacobins; Léonard Bourdon suivit les rues des Arcis et Saint-Martin, et alla jusque chez lui, à sa section des Gravilliers.

Ce quartier et celui des Arcis (haute et basse rue Saint-Martin), outre le petit commerçant, contiennent en nombre infini l'élément spécialement révolutionnaire et socialiste, le libre ouvrier, celui qui travaille chez lui, le petit fabricant en chambre. Le pouvoir, en y renouvelant et nommant d'autorité les comités révolutionnaires qui menaient ces sections, croyait les tenir. Il n'en avait pas arraché la mémoire de leur tribun, de leur apôtre. La rue Aumaire où vécut Roux, les Filles-Dieu où prêchait Chaumette, étaient hantées de leurs ombres.

Les petites sociétés du quartier, proscrites par les Jacobins, subsistaient-elles en dessous? Je le croirais. Le Comité de salut public y avait toujours l'œil et redoutait ces bas-fonds d'ou peut-être vint son salut et le mouvement décisif contre Robespierre.

Quinze jours avant le 9 thermidor, le Comité ordonne encore au maire d'arrêter le lieutenant d'une compagnie des Gravilliers (*Registres du Comité de salut public*, 23 messidor).

Il ne faut pas s'étonner si Léonard Bourdon, au milieu de la froideur générale, trouva là des éléments de vive et solide haine dont il sut tirer parti.

Lui-même, un pédant ridicule, il n'avait aucune action. Mais Robespierre le haïssait, comme un débris de Chaumette. Et cela seul le rendait populaire aux Gravilliers.

Le comité de cette section était allé à la Commune. Ce fut encore une raison pour qu'elle se déclarât contre la Commune. Elle fit marcher ses chefs, son commandant, qui, se souciant peu de se compromettre, partit, il est vrai, mais eut soin de ne pas avoir de cartouches. N'importe, ce mouvement des Gravilliers et des populeux affluents de la grande rue Saint-Martin devait avoir un effet décisif.

Léonard Bourdon et le commandant à la tête de cette colonne suivirent la rue dans toute sa longueur, jusqu'à la rivière, et hasardèrent d'approcher l'Hôtel de Ville.

Le jeune gendarme Merda, qui était avec eux, se donne ici, dans sa narration, le rôle principal; chose bien peu vraisemblable qu'un garçon de cet âge ait dirigé, combiné. Pour frapper, à la bonne heure! On peut le croire sans difficulté sur ce dernier point.

Il était personnellement intéressé à la chose. Il avait failli périr pour avoir arrêté Henriot. S'il réussissait encore à arrêter Robespierre, qu'arriverait-il? Que Robespierre prisonnier, jugé, plus fort que jamais, ferait fusiller Merda.

Donc il fallait le tuer.

Tel dut être son raisonnement. Et, s'il ne sut pas le faire, quelqu'un le lui fit.

Et qui? Ce Dulac, sans doute, ce mouchard, intime ami de Tallien, qui se trouva là à point.

Dulac n'a pas manqué de dire que c'était lui qui, à coups de hache, avait enfoncé les portes (qui étaient ouvertes), et qu'il avait tout fini. Je le crois, mais, dans ce sens, il poussa le meurtrier.

L'heure était très bien choisie. Les Parisiens, qui n'aiment pas à découcher, s'étaient dispersés la plupart pour prendre un moment de repos. Plusieurs se lassaient d'attendre les ordres. Plusieurs étaient effrayés de la mise *hors la loi*. La colonne des Gravilliers, arrivant devant Saint-Merri, rencontra des canonniers qui quittaient la Grève. Cette place restait solitaire et quasi abandonnée.

Il fut convenu que Léonard Bourdon et le centre de la colonne iraient jusqu'au pont Notre-Dame, que les hommes des Gravilliers, qui faisaient l'avant-garde, pousseraient jusqu'à la Grève, et que Merda, s'il pouvait, avec les gendarmes, monterait dans l'Hôtel de Ville.

On y était fort divisé. Saint-Just, Couthon, Coffinhal, presque tous voulaient agir. Robespierre voulait attendre. Et, quoi qu'on ait dit, il avait quelques raisons de son côté. Changer de rôle, commencer une guerre contre la Loi, n'était-ce pas en ce moment effacer toute sa vie, biffer de sa propre main l'idée dont il avait vécu, qui faisait toute sa force?... D'autre part, avoir écrit à Couthon de venir, avoir entraîné tant d'amis en ce péril!... « Nous n'avons donc plus qu'à mourir? » dit Couthon. Cette parole sembla l'ébranler un moment. Il prit une feuille au timbre de la Commune qui portait déjà tout écrit un appel à l'insurrection, et d'une lente écriture, à main posée, il écrivit trois lettres qu'on voit encore :

« Rob... » Mais, arrivé là sa conscience réclama, il jeta la plume.

« Écris donc, lui disait-on. — *Mais au nom de qui ?* »

C'est par ce mot qu'il assura sa perte, mais son salut aussi dans l'histoire, dans l'avenir.

Il mourut un grand citoyen.

CHAPITRE IX

LE 10 THERMIDOR (29 JUILLET). — ASSASSINAT DE ROBESPIERRE.

Merda blesse Robespierre. — On répand le bruit que Robespierre s'est blessé.
Robespierre exposé aux Tuileries.

L'assassin montait.

Il était deux heures et demie ou quelque peu davantage.

Le Conseil général siégeait devant les tribunes désertes. Il avait fait lui-même cette solitude.

Payan n'avait pas hésité de lire la mise *hors la loi*, et il avait ajouté, pour irriter et enflammer les assistants, que le décret atteignait tous ceux *qui se trouvaient à la Commune*. Les tribunes se vidèrent.

Dans cet extrême danger, les meneurs les plus hardis (Saint-Just et Payan peut-être) venaient de prendre un moyen désespéré; c'était d'appeler aux armes *pour délivrer la Convention opprimée*. On eût réuni ainsi une masse crédule, et, dans cet imbroglio, une petite avant-garde déterminée de robespierristes eût envahi l'Assemblée, frappé les deux Comités, frappé la coalition, et fait voter tout le reste. Au défaut de Robespierre, qui ne voulait rien signer, l'ordre était signé d'Henriot[1].

Il était trop tard. Avant que la ruse pût avoir quelque succès, le coup décisif fut frappé.

Quoique la foule se fût retirée de la Commune, les corridors cependant, les escaliers, restaient garnis des meilleurs hommes de Robespierre, de ses fidèles, de ceux qui étaient venus pour mourir avec lui. La plupart n'étaient pas armés; fanatiques obstinés, ils se croyaient suffisamment couverts, défendus de l'idée qu'ils avaient au cœur, d'être les amis de Maximilien.

Merda, avec trois ou quatre gendarmes, se hasarda dans l'escalier. Les autres montaient lentement, criant : « Vive Robespierre ! » Lui, jeune et svelte, sans arme apparente qu'un sabre (il avait ses pistolets dans sa chemise), se fit jour plus aisément : « Qui es-tu ? — Ordonnance secrète. » — Avec ce mot il avançait. Il passa la salle du conseil, entra dans un corridor, mais plein d'hommes qui refusaient le passage, l'assommaient de coups; il recevait et passait.

Dans son récit naïf et très croyable, une chose embarrasse seulement. Parmi cette confusion d'hommes, nullement bienveillants, et qui n'avaient garde de lui montrer le chemin, comment marcha-t-il si droit et sans s'égarer? Quelqu'un plus habile, qui connaissait les lieux, l'homme de Tallien sans doute,

---

1. Ce fait nous est révélé par le procès-verbal de la section des *Gardes-Françaises* (Oratoire). Archives de la Préfecture de police.

d'en bas l'avait renseigné, le guidait et le poussait.

Il arriva juste à la porte du secrétariat, frappa plusieurs fois. Enfin on ouvrit. Il se trouva dans une pièce où il y avait une cinquantaine d'hommes fort agités, sauf un, Robespierre, qui était au fond, assis dans un fauteuil, le coude gauche sur les genoux et la tête appuyée sur la main gauche. « Je saute sur lui, dit Merda, et, lui présentant la pointe de mon sabre au cœur, je lui dis : « Rends-toi, traître ! » Il relève la tête et me dit : « C'est toi qui es un traître, et je vais te faire fusiller ! » A ces mots, je prends de la main gauche un de mes pistolets, et, faisant un à droite, je le tire. Je croyais le frapper à la poitrine, mais la balle le prend au menton et lui casse la mâchoire gauche inférieure ; il tombe de son fauteuil. En ce moment, il se fait un bruit terrible autour de moi, je crie : « Vive la République ! » Mes grenadiers m'entendent et me répondent ; alors la confusion est au comble parmi les conjurés, ils se dispersent de tous côtés et je reste maître du champ de bataille.

« Robespierre gisant à mes pieds, on vient me dire qu'Henriot se sauve par un escalier dérobé ; il me restait encore un pistolet armé, je cours après lui. J'atteins un fuyard dans cet escalier ; c'était Couthon que l'on sauvait. Le vent ayant éteint ma lumière, je le tire au hasard, je le manque, mais je blesse à la jambe celui qui le portait. Je redescends, j'envoie chercher Couthon, que l'on traîne par les pieds jusque dans la salle du conseil général, je fais chercher partout le malheureux que j'avais blessé, mais on l'avait enlevé sur-le-champ.

« Robespierre et Couthon sont étendus aux pieds de la tribune. Je fouille Robespierre, je lui prends son portefeuille et sa montre, que je remets à Léonard Bourdon, qui vient en ce moment me féliciter sur ma victoire et donner des ordres de police.

« Les grenadiers se jettent sur Robespierre et Couthon qu'ils croient morts et les traînent par les pieds jusqu'au quai Pelletier. Là ils veulent les jeter à l'eau; mais je m'y oppose et je les remets à la garde d'une compagnie des Gravilliers. »

Robespierre remis justement aux hommes des Gravilliers! Telle fut la vengeance de Roux et Chaumette, apôtres et martyrs des ouvriers de Paris, du tribun de la rue Aumaire, du prédicateur des Filles-Dieu !

La Révolution classique, ennemie du socialisme et de la rénovation religieuse, succombe ici en Robespierre.

Robespierre tomba en avant sur l'appel à l'insurrection qu'il n'avait pas voulu signer, tacha de son sang la pièce capitale qui lave sa mémoire devant la postérité.

Sans doute il s'évanouit. Il n'était pas mort, mais blessé. Tué ou blessé, dans une telle position, c'est presque même chose. L'idolâtrie était tuée ; il était convaincu d'être homme, de n'être pas vraiment dieu. Que serait-il arrivé pourtant si, le coup étant fait en plein jour, on eût vu qu'il vivait encore? Sa situation matérielle n'était pas désespérée.

Son frère en jugea ainsi. Il montra une remarquable présence d'esprit. Le tumulte était extrême. Lebas se brûlait la cervelle; Coffinhal, hors de lui-même, accusant Henriot de tout, le jetait par la fenêtre. Robespierre jeune ôta ses souliers, passa hors de la croisée, regarda froidement la place, marcha une ou deux minutes, tenant ses souliers à la main, sur le cordon de pierre qui règne autour du monument. L'aspect désolé de la Grève, les canons qui se tournaient contre la Commune, lui firent croire que c'en était fait. Alors il se précipita, se brisa presque sur les marches, sans pourtant pouvoir se tuer.

Le meurtrier, si jeune et peu endurci, n'était pas trop rassuré sur ce qu'il venait de faire. Il s'adressa aux gardes nationaux des Gravilliers, comme pour leur expliquer qu'il n'était pas un assassin : « Je n'aime pas le sang, dit-il; j'aurais voulu verser celui des Autrichiens; je ne le regrette point, puisque j'ai versé celui des traîtres. »

Dans leurs récits officiels, Fréron et Barras voudraient faire croire qu'ils étaient là, et que ce fut leur approche qui décida tout. Tout a fui devant ces foudres de guerre.

Ils n'arrivèrent qu'à l'aube, entre trois et quatre heures, au moment où l'on regardait si Robespierre et Couthon existaient encore. Fréron vit Couthon gisant au parapet du quai, entouré d'hommes féroces qui le maltraitaient. Ils n'en tiraient pas une plainte : « Jetons cette charogne à la Seine », dirent-ils. Alors pourtant une voix douce sortit de cette pauvre chose sans nom, inerte et sanglante : « Un instant, citoyens, je ne suis pas encore mort. »

Le jour vit cet affreux spectacle. On ramenait à la Convention le cadavre et les blessés. Derrière le corps de Lebas marchaient, au bout d'une corde, Dumas et Saint-Just, celui-ci noble, ferme et calme.

Les vainqueurs n'étaient pas d'accord sur la manière dont ils devaient présenter l'affaire. Plusieurs avaient eux-mêmes horreur de ce qui s'était fait. Léonard Bourdon présenta Merda à la Convention « comme ayant tué deux des conspirateurs ». Chose tout à fait inexacte. Et il ne dit pas les noms. Le gendarme reçut, ce premier jour, de grandes promesses. Mais quand il alla au Comité, Collot et Billaud le reçurent très mal. « Ils t'en veulent beaucoup », dit Carnot.

La chose les blessait en deux sens. D'abord elle constatait que le nœud s'était tranché sans eux et par un coup fortuit. Ou, s'ils revendiquaient le coup, s'ils en faisaient honneur à leur prévoyance, ils s'assuraient la haine mortelle des robespierristes, dont l'appui ne pouvait tarder à leur être si nécessaire. Ce n'était pas trop de l'union étroite de toutes les fractions républicaines contre la réaction à laquelle un tel événement ouvrait la carrière illimitée.

Ils convinrent de dire, et Barère dit : « Que

Robespierre s'était tiré lui-même. » Suicide et non assassinat. Un chirurgien eut la complaisance de parler en ce sens, et on le fit appuyer par un portier de l'Hôtel de Ville.

Du reste, pour empêcher tout mouvement populaire, on alimenta avec soin la calomnie répandue dans la nuit : que Robespierre voulait faire roi le petit Capet.

Chose horrible ! au dire de Barère, on avait découvert chez lui un cachet à fleur de lys. On lui trouva dans les poches des pistolets royalistes marqués de trois fleurs de lys. Notez que ces pistolets dont il s'était tiré n'étaient pas déchargés encore. Le malheureux, exposé plusieurs heures aux outrages, dans une salle des Tuileries, couché sur une grande table, n'avait pour étancher le sang qui lui coulait de la bouche que cet étui fleurdelisé, industrieusement placé dans sa main comme pièce d'accusation.

« Robespierre a été apporté sur une planche au Comité de salut public, le 10 thermidor, par quelques canonniers et des citoyens armés. Il a été déposé sur la table de la salle d'audience qui précède le lieu des séances du Comité. Une boîte de sapin, qui contenait quelques échantillons de pain de munition, envoyés de l'armée du Nord, fut posée sous sa tête et lui servit en quelque façon d'oreiller. Il resta pendant près d'une heure dans un état d'immobilité qui faisait croire qu'il allait cesser d'être. Enfin, au bout d'une heure, il commença à ouvrir les yeux ; le sang coulait avec abondance de la blessure qu'il avait à la mâchoire inférieure gauche : cette mâchoire était brisée et sa joue percée d'un coup de feu ; sa chemise était ensanglantée. Il était sans chapeau et sans cravate ; il avait un habit bleu-ciel, une culotte de nankin, des bas de coton blanc.

« On s'aperçut qu'il tenait dans ses mains un petit sac de peau blanche, sur lequel était écrit : *Au Grand-Monarque. Lecourt, fourbisseur du roi et de ses troupes, rue Saint-Honoré, près celle des Poulies, à Paris.* Il se servait de ce sac pour retirer le sang caillé qui sortait de sa bouche. Les citoyens qui l'entouraient observaient tous ses mouvements ; quelques-uns d'entre eux lui donnèrent même du papier blanc (faute de linge), qu'il employait au même usage, en se servant de la main droite seulement et en s'appuyant sur le coude gauche. Robespierre, à deux ou trois reprises différentes, fut vivement maltraité de paroles par quelques citoyens, mais particulièrement par un canonnier de son pays, qui lui reprocha militairement sa perfidie et sa scélératesse. Vers six heures du matin, un chirurgien, qui se trouva dans la cour du Palais National, fut appelé pour le panser. Il lui mit par précaution une clé dans la bouche ; il trouva qu'il avait la mâchoire gauche fracassée ; il lui tira deux ou trois dents, lui banda sa blessure et fit placer à côté de lui une cuvette remplie d'eau.

« Au moment où l'on y pensait le moins, il se

mit sur son séant, releva ses bas, se glissa subitement en bas de la table et courut se placer dans un fauteuil. A peine assis, il demanda de l'eau et du linge blanc. Pendant tout le temps qu'il resta couché sur la table, lorsqu'il eut repris connaissance, il regarda fixement tous ceux qui l'environnaient, et principalement les employés du Comité de salut public qu'il reconnaissait; il levait souvent les yeux au plafond; mais, à quelques mouvements convulsifs près, on remarqua constamment en lui une grande impassibilité, même dans les instants du pansement de sa blessure, qui dut lui occasionner des douleurs très aiguës. Son teint, habituellement bilieux, avait la lividité de la mort. »

Ajoutons ici un détail de quelque intérêt. Un employé hébertiste, et des bureaux de Carnot, voyant le blessé si souffrant, mais en pleine connaissance, s'aperçut que, par moments, il se baissait avec effort et portait ses mains au jarret. Il approcha et lui détacha les boucles de jarretière de sa culotte, et abattit quelque peu ses bas sur ses mollets. Robespierre, à ce service, fit un effort pour parler et dit ces mots d'une voix douce : « Je vous remercie, *Monsieur*[1]. »

Ce retour inattendu au langage du vieux passé fut-il instinctif chez l'homme qui en avait gardé les formes? ou bien crut-il la Révolution finie avec lui, la République en lui morte? Les cinq grandes années,

---

[1]. Cet employé, qui depuis a passé aux archives de la Guerre, a raconté ce fait à M. le général Petiet, de qui je le tiens.

comme un rêve, disparurent-elles de son esprit, biffées, vaines, évanouies? Par une prévision de mourant, on peut le croire encore, il eut comme un sens amer de la réaction qui venait, de l'éternel roc de Sisyphe que roule la France, et crut qu'à partir de ce jour, on ne pouvait dire : *Citoyen.*

CHAPITRE X

SUITE DU 10 THERMIDOR. — EXÉCUTION DE ROBESPIERRE.
LA RÉACTION ÉCLATE.

Joie aux prisons. — Robespierre à l'Hôtel-Dieu, à la Conciergerie. — Vraies et fausses fureurs de la réaction. — Mort de Robespierre et de Saint-Just. — Réaction qui suit leur mort.

Robespierre ne se trompait guère, si telle était sa pensée. Une réaction violente, immense, dès son point de départ, avait commencé à l'heure même.

Et d'abord dans les prisons.

Pendant que les faubourgs, mornes et troubles, flottaient indécis, des prisons s'élevaient des chants, des cris de délivrance. Au Luxembourg, au Plessis, à Saint-Lazare, à la Force, les prisonniers avaient craint toute la nuit d'être massacrés. Un d'eux disait à la Force : « A cette heure, nous avons cent ans... » Quand, vers six heures, éclata la nouvelle de l'arrestation de Robespierre, de sa blessure, de sa mort (les récits étaient confus), un cri furieux de joie éclata. Au Plessis surtout, prison qui alimentait directement la Conciergerie et la guillotine. Le fameux marquis de Saint-Huruge, l'homme du 6 octobre, qui y était détenu, proclama la nouvelle d'une voix de stentor, la cria par la fenêtre. Les toits du voisinage, qui dominaient les cours de la prison, se couvrirent d'hommes et de femmes qui saluèrent les prisonniers de vœux, de félicitations.

Le Plessis, éclairé tout à coup d'une telle aurore, parut comme transfiguré. Les hommes brisèrent leur clôture, passèrent dans le quartier des femmes. Tous s'embrassaient et pleuraient. Mais déjà on pouvait voir combien cette réaction de joie serait violente. Les prisonniers robespierristes que l'on amenait trouvèrent leur Terreur aux prisons.

Le premier jour on les maudit; le second, on les outrageait. Les royalistes reprirent bientôt leur insolence duelliste, et dans le Midi suppléèrent bientôt le duel par l'assassinat.

La Conciergerie, mieux fermée, isolée des bruits du dehors, ne savait rien encore à neuf heures du matin. Le général Hoche s'y promenait dans un corridor assez tristement. Un guichet s'ouvre, un jeune homme de haute taille baisse la tête pour passer, il la relève... Hoche reconnaît Saint-Just... Cette apparition disait tout. Le héros se détourna, lui épargna une vue humiliante, un pénible souvenir, respecta le malheur de son illustre ennemi.

L'opinion de Paris s'était prononcée déjà avec une telle force que les Comités décidément vainqueurs firent faire à Robespierre l'inutile et dure promenade d'aller à l'Hôtel-Dieu, où étaient déjà les autres blessés, sous prétexte d'un nouveau pansement. On le montra ainsi par les rues, au milieu des témoignages de la joie publique, avant de l'envoyer à la Conciergerie.

Qu'il fût jugé par ses propres juges et jurés de Prairial, que leur président Dumas fût expédié le 10 de la main de Fouquier-Tinville avec qui il siégeait le 9, c'était chose monstrueuse qui choquait la pudeur, la morale publique. Fouquier, à neuf ou dix heures du matin, fit observer à la Convention que, pour exécuter son décret de *mise hors la loi*, il fallait reconnaître l'identité des personnes, ce qu'on ne pouvait faire qu'en présence de municipaux, mais eux-mêmes étaient hors la loi. Cette difficulté, ce retard exaspéra Thuriot. Il dit : « Ils doivent mourir sur l'heure ; il faut faire dresser l'échafaud... Purgeons le sol de ce monstre. » On renvoya le tribunal au Comité de sûreté, qui se moqua du scrupule et fit passer outre.

A trois heures, Fouquier et ses juges, ses *solides* jurés, non moins convaincus de la culpabilité de Robespierre qu'ils ne l'eussent été, s'il eût vaincu, de celle de ses ennemis, reconnurent l'identité des personnes et les envoyèrent à l'échafaud.

De cinq à six eut lieu, dans la lugubre et lente promenade des charrettes, par l'étroite rue Saint-Denis, par la rue de la Ferronnerie, par toute la rue Saint-Honoré, la hideuse exhibition.

Hideuse dans plusieurs sens. C'étaient des morts et des mourants, de misérables corps sanglants qu'on livrait aux joies de la foule. Pour les faire tenir debout, on avait attaché avec des cordes, aux barreaux des charrettes, leurs jambes, leurs bras, leurs troncs, leurs têtes branlantes. Les cahots du rude pavé de Paris devaient les briser à chaque pas.

Robespierre, la tête enveloppée d'un linge sale taché d'un sang noir, qui soutenait sa mâchoire détachée, dans cette horrible situation que nul vaincu n'eut jamais, portant l'effroyable poids de la malédiction d'un peuple, gardait sa raide attitude, son ferme maintien, son œil sec et fixe. Son intelligence était tout entière, planant sur sa situation et démêlant sans nul doute ce qu'il y avait de vrai et de faux dans les fureurs qui le poursuivaient.

Le flot de la réaction montait si vite et si fort que les Comités crurent devoir tripler les postes des prisons. Sur tout le passage des condamnés se précipitaient de prétendus parents des victimes de la Terreur, pour aboyer à Robespierre, jouer dans cette triste pompe le chœur de la Vengeance antique. Cette fausse tragédie autour de la vraie, ce concert de cris calculés, de fureurs préméditées, fut la première scène de la Terreur blanche.

L'horrible, c'étaient les fenêtres louées à tout prix. Des figures inconnues, qui depuis longtemps se cachaient, étaient sorties au soleil. Un monde de riches, de filles, paradait à ces balcons. A la faveur de cette réaction violente de sensibilité publique, leur fureur féroce osait se montrer. Les femmes surtout offraient un spectacle intolérable. Impudentes, demi-nues sous prétexte de juillet, la gorge chargée de fleurs, accoudées sur le velours, penchées à mi-corps sur la rue Saint-Honoré, avec les hommes derrière, elles criaient d'une voix aigre : « A mort! à la guillotine! » Elles reprirent ce jour-là hardiment les grandes toilettes, et le soir elles *soupèrent*. Personne ne se contraignait plus. De Sade sortit de prison le 10 thermidor.

Les gendarmes de l'échafaud, qui, la veille, dans le faubourg, sous les ordres d'Henriot, dispersaient à coups de sabre ceux qui criaient : « Grâce! » aujourd'hui faisaient leur cour à la nouvelle puissance, et de la pointe du sabre sous le menton des condamnés, les montraient aux curieux : « Le voilà, ce fameux Couthon! le voilà, ce Robespierre! »

Rien ne leur fut épargné. Arrivés à l'Assomption, devant la maison Duplay, les acteurs donnèrent une scène. Des furies dansaient en rond. Un enfant était là à point, avec un seau de sang de bœuf; d'un balai, il jeta des gouttes de sang contre la maison. Robespierre ferma les yeux. Le soir, ces mêmes bacchantes coururent à Sainte-Pélagie, où était la mère Duplay, criant qu'elles étaient les veuves des victimes de Robespierre. Elles se firent ouvrir les portes par les geôliers effrayés, étranglèrent la vieille femme et la pendirent à la tringle de ses rideaux,

Robespierre avait bu du fiel tout ce que contient le monde. Il toucha enfin le port, la place de la Révolution. Il monta d'un pas ferme les degrés de l'échafaud. Tous, de même, se montrèrent calmes, forts de leur intention, de leur ardent patriotisme et de leur sincérité. Saint-Just, dès longtemps, avait embrassé la mort et l'avenir. Il mourut digne, grave et simple. La France ne se consolera jamais d'une telle espérance; celui-ci était grand d'une grandeur qui lui était propre, ne devait rien à la fortune et seul il eût été assez fort pour faire trembler l'épée devant la loi.

Faut-il dire une chose infâme? Un valet de la guillotine (était-ce le même qui souffleta Charlotte Corday?) voyant dans la place cette fureur, cet emportement de vengeance contre Robespierre, lâche et misérable flatteur de la foule, arracha brutalement le bandeau qui soutenait sa pauvre mâchoire brisée... Il poussa un rugissement... On le vit un moment pâle, hideux, la bouche ouverte toute grande et ses dents brisées qui tombaient... Puis il y eut un coup sourd... Ce grand homme n'était plus.

Vingt et un suppliciés, c'était peu pour la foule. Elle avait soif, il lui fallait du sang. Le lendemain, on la régala de tout le sang de la Commune; soixante-dix têtes en une fois! Et pour dessert du banquet, douze têtes le troisième jour.

Notons que, de ces cent personnes, il y en avait la moitié parfaitement étrangères à Robespierre et qui n'avaient jamais figuré que de nom à la Commune.

Respirons, détournons les yeux. « A chaque jour suffit sa peine. » Nous n'avons pas ici à raconter ce qui suivit, l'aveugle réaction qui emporta l'Assemblée et dont elle ne se releva qu'à peine en Vendémiaire. L'horreur et le ridicule y luttent à force égale. La sottise des Lecointre, l'inepte fureur des Fréron, la perfidie mercenaire des Tallien, encourageant les plus lâches, une exécrable comédie commença, d'assassinats lucratifs au nom de l'humanité, la vengeance des *hommes sensibles* massacrant les patriotes et continuant leur œuvre, l'achat des biens nationaux. La *bande noire* pleurait à chaudes larmes les parents qu'elle n'eut jamais, égorgeait ses concurrents et surprenait des décrets pour acheter à huis clos.

Paris redevint très gai. Il y eut famine, il est vrai, mais le Perron rayonnait, le Palais-Royal était plein, les spectacles combles. Puis ouvrirent ces *bals des victimes*, où la luxure impudente roulait dans l'orgie son faux deuil.

Par cette voie nous allâmes au grand tombeau où la France a enclos cinq millions d'hommes.

Peu de jours après Thermidor, un homme qui vit encore et qui avait alors dix ans fut mené par ses parents au théâtre, et à la sortie admira la longue file de voitures brillantes qui, pour la première fois, frappaient ses yeux. Des gens en veste, chapeau bas, disaient aux spectateurs sortants : « Faut-il une voiture, *mon maître?* » L'enfant ne comprit pas trop ces termes nouveaux. Il se les fit expliquer, et on lui dit seulement qu'il y avait eu un grand changement par la mort de Robespierre.

CONCLUSION

La conclusion de ce livre est elle-même un livre.

Le resserrer ici en quelques pages serait le rendre obscur, stérile. Il sera publié à part, dans une forme libre qui permettra, à travers le passé, d'anticiper l'avenir.

En faisant ici mon adieu au grand travail qui m'a tenu compagnie si fidèle dix années de ma vie, je dois lui dire, je dois dire au public ce que j'en pense moi-même, en l'envisageant froidement.

Toute *Histoire de la Révolution* jusqu'ici était essentiellement monarchique. (Telle pour Louis XVI, telle pour Robespierre.) Celle-ci est la première républicaine, celle qui a brisé les idoles et les dieux. De la première page à la dernière elle n'a eu qu'un héros : le peuple.

Cette justice profonde et générale qui a ici son premier avènement, n'a-t-elle pas entraîné avec soi plusieurs injustices partielles ? Cela se peut. L'auteur, dans sa trop minutieuse anatomie des personnes et des caractères, n'a-t-il pas souvent trop réduit la grandeur des hommes héroïques qui, en 1793 et 1794, soutinrent de leur indomptable personnalité la Révolution défaillante ? Il le craint, c'est son doute, son regret, dirai-je son remords ? Il reviendra sur ce sujet et, dans une appréciation plus générale des événements, donnera à ces grands hommes tout ce qui leur est dû.

Egregias animas qui sanguine nobis
Hanc Patriam peperere suo.

Grands cœurs ! qui, de leur sang, nous ont fait la Patrie !

TOME SEPTIÈME ET DERNIER
DE L'HISTOIRE DE LA RÉVOLUTION FRANÇAISE.

TABLE DES MATIÈRES

LIVRE XV.

Pages

Chap. I. Du renouvellement de la royauté. — Victoires : Landau, Toulon, le Mans (décembre 1793). 1
II. Tentatives impuissantes pour arrêter la Terreur, pour subordonner la royauté renaissante (décembre 1793). 25
III. La conspiration de la comédie. — Fabre arrêté (janvier 1794) 37
IV. Preuves de l'innocence de Fabre d'Églantine (janvier 1794). . 50

LIVRE XVI.

Chap. I. Carrier à Nantes. — Extermination des Vendéens (du 22 octobre au 13 décembre 1793). 66
II. Suite de la mission de Carrier (du 23 décembre 1793 au 6 février 1794). 87
III. Lutte de Robespierre contre les représentants en mission (février 1794). 109
IV. La révolte de Desmoulins contre Robespierre (février 1794). 125
V. Robespierre menace les deux partis par Saint-Just (26 février 1794) 316

LIVRE XVII.

Chap. I. Mouvement des Cordeliers. — Arrestation des hébertistes. — Premier coup sur les dantonistes (25 février-18 mars 1794) 142
II. Les dantonistes essayent de désarmer la dictature (10 mars 1794) 154

TABLE DES MATIÈRES

	Pages
Chap. III. Mort d'Hébert et Clootz. — On propose la mort de Danton (24 mars)	163
IV. On arrache aux Comités l'ordre d'arrêter Danton (nuit du 30 au 31 mars)	171
V. Arrestation de Danton, Desmoulins, Phelippeaux (31 mars 1794)	177
VI. Procès de Danton (2-3 avril 1794)	185
VII. Procès et mort de Danton, Desmoulins, etc. (4-5 avril, 15-16 germinal)	198

LIVRE XVIII.

Chap. I. Épuisement et paralysie de Robespierre. — L'Être suprême (6 avril 1794)	211
II. Mort de Condorcet (9 avril 1794)	220
III. Mort de Chaumette et de la Commune (12 avril 1794)	230
IV. Cambon menacé. — Assignats, biens nationaux (16 avril 1794)	241
V. La bande noire	248
VI. Lavoisier. — La grande chimie. — Les mœurs en 1794	261

LIVRE XIX.

Chap. I. Dissentiments de Robespierre et de Saint-Just (16 avril)	272
II. Les robespierristes précipitent leur chef au pouvoir (avril-mai 1794)	283
III. On conspire contre Robespierre (mai 1794)	295
IV. La fête de l'Être suprême (10 juin 1794)	303
V. Loi du 22 prairial (10 juin 1794). — Échec de Robespierre.	309

LIVRE XX.

Chap. I. Lutte des deux polices. — Les Saint-Amaranthe. — Calomnie contre Robespierre (13-14 juin 1794)	323
II. La Mère de Dieu. — Robespierre comme Messie. — Exécution des Saint-Amaranthe (15-17 juin 1794)	339
III. Les conspirations de fabrique. — Celle de Bicêtre. — Mort d'Osselin (24 juin - 1er juillet)	355
IV. Conspiration du Luxembourg. — Les Jacobins commencent à suivre difficilement Robespierre (1er-16 juillet, 12-28 messidor)	369

LIVRE XXI.

Pages

Chap. I. Des cimetières de la Terreur. — Réclamation du faubourg Saint-Antoine (suite de juillet-messidor) 384
II. Mouvement des deux partis. — Robespierre au Comité (1er-5 thermidor, 19-23 juillet 1794) 396
III. Discours accusateur de Robespierre. — L'Assemblée refuse l'impression (8 thermidor, 26 juillet 1794) 407
IV. La nuit du 8 au 9 thermidor. — La droite trahit Robespierre. 422
V. La journée du 9 thermidor (28 juillet 1794) 433
VI. La soirée du 9 et la nuit du 9 au 10. — Immobilité des Jacobins. 448
VII. La nuit. — Neutralité de Paris en général et du faubourg Saint-Antoine. — Les enragés se réveillèrent-ils ? 461
VIII. La nuit. — Mouvement du quartier Saint-Martin (Gravilliers, Arcis) contre Robespierre. — Il refuse d'autoriser l'insurrection. 471
IX. Le 10 thermidor (29 juillet). — Assassinat de Ropespierre . . 477
X. Suite du 10 thermidor. — Exécution de Robespierre. — La réaction éclate. 487

FIN DE LA TABLE DU TOME SEPTIÈME ET DERNIER.

IMPRIMERIE E. FLAMMARION, 26, RUE RACINE, PARIS.

ŒUVRES COMPLÈTES
DE
J. MICHELET

ÉDITION DÉFINITIVE, REVUE ET CORRIGÉE

DÉTAIL DE L'ŒUVRE COMPLÈTE

Histoire de France. *Moyen-âge*.	6 vol.
— *Temps modernes* (Renaissance. — Réforme. — Guerres de religion. — Henri IV. — Richelieu. — Louis XIV et la Révocation de l'Edit de Nantes. — Louis XIV et le duc de Bourgogne. — La Régence. — Louis XV. — Louis XV et Louis XVI).	10 vol.
— *Révolution*.	7 vol.
— *XIXᵉ Siècle*.	3 vol.
Vico.	1 vol.
Histoire romaine.	1 vol.
L'Oiseau. — La Mer.	1 vol.
Luther (Mémoires).	1 vol.
Le Peuple. — Nos Fils.	1 vol.
Le Prêtre. — Les Jésuites.	1 vol.
La Montagne. — L'Insecte.	1 vol.
L'Amour. — La Femme.	1 vol.
Précis d'histoire moderne. — Introduction à l'Histoire universelle.	1 vol.
La Bible de l'Humanité. — Une année du Collège de France (1848).	1 vol.
Les Légendes du Nord. — La Sorcière.	1 vol.
Les Origines du Droit. — La France devant l'Europe.	1 vol.
Les Femmes de la Révolution. — Les Soldats de la Révolution.	1 vol.
Lettres inédites adressées à Mlle Mialaret (Mme Michelet).	1 vol.
TOTAL.	40 vol.

Prix de chaque volume 7 fr. 50.
(Envoi franco contre mandat ou timbres).

PRIX SPÉCIAL AUX SOUSCRIPTEURS DE L'OUVRAGE COMPLET
Chaque volume : **6** francs (franco).

www.ingramcontent.com/pod-product-compliance
Lightning Source LLC
Chambersburg PA
CBHW050240230426
43664CB00012B/1768